権威の社会現象学

人はなぜ、権威を求めるのか

FUJITA, Tetsuji
藤田哲司

東信堂

はしがき——「人はなぜ、権威を求めるのか」をめぐって

　人はなぜ、権威を求めるのだろうか。権威を求めるとき、人は大なり小なり、自身の立場が揺れ動いている、心理的に"迷っている"状態にあるといえるはずである。医師のアドバイスや高額商品の購入、あるいは転職など、身近な例について考えていただきたい。権威を求めるということは、自らの立場の浮遊化や「迷い」に対処するために、心理的・社会的に"落ち着きたがっている"、"〈お墨付き〉を得たがっている"ことの裏返しである。現代の日本社会で一人ひとりの立場の浮遊や迷いが蔓延しつつあるとすれば、権威は古いようでいて新しい問題として、注目すべきテーマなのである。
　では、「どのような形で」人は権威を求めつつ、自分（の立場）を落ち着かせようとするのだろうか。そのことをわかりやすく思い浮かべていただくために、権威現象の構造的イメージについて、まず触れておきたい（〈権威現象〉についてくわしくは、〈序〉で触れる）。
　これまで人類が刻んできた権威の研究史に照らしつつ結論を単純に言えば、権威はいわば「織物」のような構造をもっている。織物は、縦糸と横糸によって織り上げられることによって、単なる「線」（糸）がはっきりと目にみえ、触れることができる「面」（布地）という形になっているのと同時に耐久性を得ている。線と線の結節が面を織り成し、細い「糸」よりはっきりとした「布地」として、人間の視覚や触覚の対象となっている。権威現象の構造が織物的なのは、たとえば、ローマ教皇（神）に対する信者という縦のラインと、戴く神を同じくする信者たちの相互牽制という横のラインから成り立っているからである。社会に存在している「目にみえる権威」はすべて、じつは「氷山の一角」であり、表面に現れた氷山の麓に一見しただけではわからない「裾野 (grass-roots)」とでも呼ぶべき危険な陰翳を随伴している。

権威に対する〈縦糸的〉憧憬と権威の受容者集団による〈横糸的〉つながりが、歯車のように噛み合っていくことで、権威の現象性（私的判断の放棄と自発的遵守）が生成され、その周縁には排除が隠然と渦巻くのである。縦のラインと横のラインが有機的に結びつき、その歯車が世代を越えていくとき、権威は「永続化」する道を歩み出したとみることができる。

　一方、人が権威を求めやすくなる条件について考えてみよう。人は程度の差はあれ古今東西を問わず、糸の切れた凧のような立場の浮遊化や精神的な「迷い」に遭遇せざるを得ない。老化など身体的変化、近親者との死別・事故・失業といった社会生活上の変化など、広義の「変化」が訪れた際、人は迷いや浮遊化に遭遇しやすくなる。そうした機会に、権威という織物的構造に進んで自らを絡みつかせることで、人は迷いや浮遊化を食い止めようとする可能性が高まるのである。

　その一方で、人はいかなる権威を求めたがるのだろうか。つまり、どのような特徴を強く帯びた権威を、人は一般に求めたがるのだろうか。この問いに対する答えは、一概には言えない。ただし、人が権威に惹かれる特性、権威の最大公約数的魅力についてだけは、指摘することができる。長期にわたり「受け継がれて、続いていること」、つまり「継続」の長期性＝持続性こそが、権威の魅力といってよいのではないだろうか。殊に急に病を得たりあるいは老化したりなど、心細い立場に急に追い込まれたとき、頼もしいと見直すのが権威の持続的性質なのである。　この持続的な権威という社会現象を理解しようとするならば、いくつかの「切り口」を定めて、思索的な接近をはかるしかない。とはいえ、くわしくは「序」でのべるが、たかだか100年前後の寿命しか持ち得ない「人」が、長期にわたり持続している権威（ローマ教皇・天皇…）について理解するには、いくつかの点で制約がある。ただし、これら制約について踏まえておくことが、逆に権威理解につながるというのが本書の立場であり、大きく分けて3つの制約、つまり3つの視点に集約していくことができる。それは、「ことば（発想）」、「感情」、そして「時間」である。以下ではこれらの視点と本書での論及順序について触れておくことにしたい。

まず本書では、権威・"authority" という「発想（ことば）」が、西洋と東洋・古代から現代まで、あまねく「有りつづけている」ことに着目する。内容の異同はあるにせよ、ことばがあるということは、その時代・文化において権威現象に対するニーズがある、と考えられるからである。そして、古今東西に照らした「内容の異同」について明らかにしようとしたのが１章と２章である。西洋と東洋それぞれの「語源・用例」、そして翻訳過程について検証していくのだが、そこからわかったのは、「永さ（時間）に対する敬意（感情）」の対象となる"高齢"（経験）性が、"authority" という発想自体を形づくる特徴的要素だということである。

　ただし、この１、２章は、３章以下の基礎固めにあたるため、権威現象そのものの実態あるいは問題性に直ぐあたりたい読者には、やや迂遠に感じられるかもしれない。そうした場合は、１、２章を素通りして３章または６章から読み始め、適宜遡って未読の章に戻るという読み方を取っていただいても良いと思う。

　以下３章では「時間」、４章では「感情（敬意）」について、権威を解く際にいかに整理すればよいのかという問題に取り組む。さらに５章では、権威に対する研究についての大まかな流れについて触れ、６章と７章では、権威現象そのもの（私的判断の放棄と自発的遵守）についての構造的見取り図を呈示していく。

　７章で論考するように、権威現象の弊害（問題性）の１つは、権威が敬意という感情に根ざすがゆえに、差別や排除を随伴せざるを得ないところにある。世の中に権威嫌いの人が少なからずいるのは、権威という響きに、心理面・社会生活面で人（人々）をよそよそしくのけものにする疎外的ニュアンスがあるためかも知れない。食わず嫌いではないが、ただ嫌っているだけでは問題の核心（なぜ・いかなるとき、人は権威を求め、あるいは問題が生じてくるのか）にせまることは難しい。権威嫌いな人にこそ本書をお薦めし、権威という社会現象を時代的、構造的に相対視していくのに役立ててもらいたい。

　なお、本書を仕上げている段階で東日本大震災が発生した。十分な検討については稿を改めなければならないが、震災後の政府・企業・学者の対応は、

本来権威として信頼されるべき存在が、有事には全く頼りにならないことを浮き彫りにした。いわば「張り子の虎」だったわけである。とはいえ、"虎の威" ならではの役割こそ、本来権威（者）が果たす独自のものであるとも、「西洋版の権威＝"オーソリティ"(authority)」という発想は教えてくれている。

　起源的発想によれば、権威ある組織（人）は本来、率先して危機と向き合い、"模範" として（規範定立的に）ふるまうよう、つとめるべきである（"指導者" ＝ "dux"：本書 第 1 章 注 21 および索引 "ノーブレス・オブリージュ"（高い身分に伴う義務）項を参照）。ところが日本型の権威はいつの時代でも、日露戦争における乃木軍の (立ち) 位置に象徴されるように、"兵卒" を見殺しにし、自分（たち）は（のちに乃木自身が学習院院長になったように）温存し栄達するよう行動する傾向にある。むしろ権威（者）は、従者（受容者）に左右されない精神（無慈悲さ）を備えるべき（神に近い "神性" を証明すべき）とされる。東電と、信号を一方的に止められ亡くなった人や原発の現場作業員の方々という事例は、有事に際し、この精神が際立った類例の 1 つにすぎない。意識を変革しない限り、こうした事例は日本で、今後もくり返し立ち現れつづけていくことだろう。

　日本人は今こそ、指示待ちをするのではなく、これまで放棄してきた自らの考え・行動を取り戻すべきである。本書で示す手順を用い、自立した判断を妨げる「権威という幻想」を、自らの手で解体していってもらいたい。

2011 年 6 月
西荻松庵にて筆者記す

目次

はしがき──「人はなぜ、権威を求めるのか」をめぐって ……………… i

序：本書のテーマと構成―自発的遵守と私的判断の放棄としての権威― …… 3

　視覚経験としての社会現象―人間の五感から考える現代の社会状況―（3）
社会現象としての権威の特徴―忘我的同調としての自発的遵守と判断停止―
（4）　本書のテーマ―持続の謎と曖昧さの解明：私的判断放棄と自発的遵守か
ら把握する権威―（5）　本書の構成と注意点：権威の曖昧さ―時間と感情にど
う切り込むか：分析対象による分類―（7）　時間と感情を現象レベルと概念レ
ベルという視角から分析―4つの説明方法―（9）　4つの論点と既存の権威論
―（10）　権威に対するビジョンとしての四局面配列（権威がたどるパターンのイ
メージ化）：権威過程（過程としての権威）（12）　権威の特徴としての主題領
域と崇拝―崇拝が招く排除―（14）　権威の特徴としての時間の流れ―崇拝対
象としての時間の長期（高齢）性―（15）　「現象」的制約―本書の実践的ねら
い―（16）

　注　18

第1章　権威の発生(1)―"authority"語源三要素とその継受― ……… 23

　第1節　はじめに―権力と権威をめぐって―　23

　　権力と権威のイメージ：目に見える権威＝権威者像の特徴とは何か（23）　既
成権威から自由になる手段としての〈意識化〉（26）　権威の曖昧さから自由に
なる方法（27）　対比の軸（28）　既成専門語に対する初学者の自明視と判断停
止という問題：現象と概念の"交差する焦点"としての〈権威とオーソリティ〉
問題―「訳語の問題」という発想の"継受"―（29）

　第2節　定義に対する判断放棄　32

　　研究概念特有の問題としての〈自明視〉―わからないから頼るのか、識ってい
ても頼るのか―（32）　概念定義の受容連鎖（33）　遺産の権威源泉性：新人の
信用創造のバイタルとしての大家定義（36）　現代日本社会学からのアプロー
チとしての概念研究のポイント（38）

　第3節　オーソリティ　39

　　1）オーソリティという発想の起源　39

　　　はじめに〈法〉ありき（39）　語源的三構成観念（語源三要素）（41）　時代効
果の超越性と地域効果の限定性：地域効果としての「西」洋ならではのキリス
ト教の影響（46）　〈先行権威（語源）〉継承の足跡としての「用例」：西洋権威

観念の「用例」における、「語源」との対応関係の検討（48）　クリーガー権威論に足りない2つのポイント（49）　権威現象としての「継受」：権威現象の痕跡としての「用例」（49）　いかに継受されるか—「継受」役割は、グローバル化社会でも依然として、尊敬を集める「長老」という高齢者が担うべきか：継受資格と継受者による継受内容の恣意的選択性（49）

2）オーソリティという発想のニュアンス(用例)の継受—中世から現代まで— 51
西洋史における権威観念をトレースするねらい（51）　〈高齢・人格〉要素が重要視された中世（53）　近代を構成する3つの立場（55）　近世：政治権力を〈後見〉する権威（55）　権威の存在理由を〈創始・開始〉的要素にのみ認めた近代自由主義（56）　〈高齢〉的蓄積要素に拠り所を見いだした近代保守主義（59）　〈追加・後見〉要素への偏重、あるいは権威三要素自体を軽視するようになった現代（62）　アウクトリタスが持続した三条件（63）　権威現象性の源としての伝達内容自体の魅力（65）

注　67

第2章　「権威」の発生(2)—定訳の権威の源流と成立をさぐって— …… 73

第1節　「権威」の発生—権力、支配との対比— 73

1）権威という語の起源　73
オランダ語から英語へ（73）　権と威の「文字」と字義上の位置づけ（74）　〈権力＝悪〉というニュアンスはどこからきたのか（75）　〈権〉の字義（80）

2）権威という語の継受—中世から近代の用例としての辞書項目— 80
古辞書の見出しの有無（80）　近代辞書における〈権力〉見出しの発生とその背景—「権力」という「新漢語」普及の痕跡としての近代辞書の項目立て（80）

3）オーソリティ（authority）の定訳語としての「権威」の誕生　87
オーソリティが権威と訳されるまで（87）　訳者の模倣と案出（87）　パワーが権力と訳されるまで（91）　オーソリティと権威：翻訳語としての〈高齢・個人〉要素の追加（91）　オーソリティにあって権威にはなかった〈第一人者〉というニュアンス（93）　和語独自の意味要素（94）　権威とオーソリティにおける自発的遵守の違い（96）　"国字"としての準新漢語：準新漢語としての権威（99）

第2節　むすび—現代社会と「権威」：新たな 知識としてのオーソリティ・オーソリティの私的性質・知識継受をめぐる〈高齢(経験)〉的要素という"資格"— 100
知識社会学としての「権威」：「権威」という語の新しさがサイクルを通して重みを増し、客観的知識と化す過程（100）　オーソリティ教育（ことばの内在化過程）とその帰結としての「…の権威」：知識（リ）サイクルの諸局面（101）　知識の内面化場所の問題（104）　オーソリティのみに宿る私的性質（105）　日本語と中国語の交互浸透の問題（106）　定訳語に対する自明視のゆらぎ—〈権威とオーソリティ問題〉の時代背景—（107）　現代社会のなかのブランドと、私性ゆえの権威的後光—私的性質に対する敬意的要素の現代的意義—（108）　知識サイクルとしての漢語（111）　英米語の威力・概念が帯びる覇権的優位性と木に竹を接ぐ空虚さ—「権威」という定訳語にみる定訳語という権威の功罪

—（112）　発生契機の解明という発想の重要性：〈権威の社会現象学〉の着眼点（114）　準新漢語問題：権威の曖昧さを解明するための6つの手順（114）　オーソリティ（権威）現象と概念の"交差点"としての定義受容連鎖—知識"継受"の痕跡（117）　自明視の発生過程の究明としての〈準新漢語問題〉と観念からの現象への接近としての〈権威とオーソテリティ〉：定訳語となることで権威源泉として新たな現実を紡ぎ出すようになる作用の焦点化（118）

注　121

第3章　局面配列としての権威―権威過程的接近― 127

第1節　はじめに―高齢性と権威―　127
高齢と時間と権威（127）　社会現象としての権威を曖昧にする時間に対する接近法としての権威関係（127）　局面配列という〈客観的知識〉としての権威（128）

第2節　権威関係の焦点　130
1）権威関係の背景　130
権威に巻き込まれる側面と入り込む側面（130）
2）権威関係の性質　133
道具的側面と帰属的側面（133）　道具性から帰属性へ（135）
3）権威の主題領域　137
二者権威関係（137）　ボヘンスキーの論理学的アプローチ：権威概念の構成要素（138）　権威関係の構成要素（139）　主題領域の種類による区分：知識的権威と義務的権威（140）　権威主題領域の誤用（144）　科学と権威（147）　権威だけが「主題領域」限定的（151）

第3節　局面配列と権威関係―曖昧な権威を客観的知識として記録する試み―　153
1）時間的な経過プロセスとしての局面配列という観点から捉える権威という曖昧な現象　153
過程としての権威を構成する四局面（153）　各局面と関連するポイント（155）
2）権威源泉とその発生　168
権威源泉としてみた支配の三類型（168）　三類型の特徴（170）
3）権威源泉所在の問題　173
第1局面における受容者側・担い手側主導の権威源泉認定（173）　受容者ニーズの局面変化に耐えられないカリスマ的権威（175）　権威源泉のシステム（系統）的性格（178）
4）権威源泉発生の問題：空間権威と時間権威　180
社会的勢力の発生（180）　権威源泉の生成パターンとしての〈先行的存在〉に対する〈接続〉（181）　時間権威と空間権威（184）　個人権威と通世代継承権威（186）　個人権威と通世代継承権威の交差点としての「接続」：継受者資格を備えた者が継受内容をセレクトしたうえで「先行的存在」に「接続」を行うことで、新権威は生まれる（188）　権威源泉の関係外在性（190）

第4節　むすび―先行的存在への接続と権威形成における「認知」・「資格」・「セレクト」―　190
　　背景と権威関係（190）　出来事連鎖の累積という動的感覚―権威過程という"時間"を視覚経験可能な形に記録する試み（191）　継受に基づく高齢性への敬意（192）　先行的存在への接続による権威形成―先行的存在の認知・継受者資格・継受内容のセレクト―（193）

注　195

第4章　敬意対象としての権威―高齢要素重視へ向けて―　201

第1節　はじめに―時間と感情をどう捉えるか―　201

　1）権威行使・正統・敬意　201
　　人を示す観念としてのオーソリティ（201）　現代でも意義を保っている、権威の特徴としての自発的遵守と判断停止（201）　自発的遵守と判断停止を後押しする敬意要因（203）　権威研究における敬意への言及（204）

　2）感情（敬意）と社会関係　205
　　感情が先か社会関係が先か（205）　社会関係が先で感情が後（206）　ポジション間関係が感情を生む（207）　時間と権威（207）　位置間関係という時間の中での感情（208）

第2節　下位者イニシアティヴ権威論―権威関係の現代的様相と関係構造―　211
　　下位者への着目（211）　関心のちがい（212）

　1）ブレーゲンらの権威論の前提となる先行研究　213
　　組織内権威関係の3つの特徴（213）　構造論と相互作用論の統合（213）

　2）ブレーゲンらの権威関係論の特徴　215
　　前提とする社会状況認識（215）　権威者のイメージ（215）　依頼者（受容者）の状況（215）　知識的権威関係（216）　入り込む権威関係（217）　交渉と駆け引き：道具性重視（217）　8つの命題と選択過程図（218）　第1局面で制度的に（上位者側から）正統化されていても、第3局面で下位者側から正統化されつづけないと継続しない権威（223）　権威をめぐる2つの正統性でのタイムラグ（224）　敬意は下位者側による是認的（第3局面的）正統化に関与（224）

第3節　正統性／正統化をめぐる問題　225
　　下位からの権威正統化（是認）要素としての敬意（225）　上位からの正統化と下位からの正統化（226）　感情の問題としての正統性（227）　権威者にとっての権威源泉の外在性（228）　権威源泉問題を自明視し、省略する、デモクラシー全盛期の正統性観（229）　〈源泉・担い手〉対〈受容者集団〉という布置構図（230）　認可・是認・旧定義・新定義と正統性・正統化（230）　第1局面としての認可、第3局面としての是認（231）

第4節　プレスサスの権威論における敬意の問題　233
　　プレスサスにおいて権威とは（233）　正統化プロセス（234）　敬意による正統化（234）　プレスサスの問題点（236）　敬意の発生原因（237）

第 5 節　ブラウの権威論における敬意の位置　238
　　権威と正統化（238）　権威と自発性（238）　自発性が生み出される場としての下位者の集合体（239）　ブラウ権威論における敬意（240）　ブラウの権威観の問題（241）　ブラウ権威論の問題点（242）

第 6 節　プレスサス・ブラウの敬意論の位置と問題点　243
　　客観的構図としての因果連関（243）　敬意を教え込まれる社会化の場（245）　主観に還元され、発生の仕組みが不明：プレスサスとブラウの敬意論（246）

第 7 節　むすび―権威継続の推進力としての敬意―　247
　　権威継続の推進力としての敬意（247）　敬意要因をめぐる構図（248）　義務的権威関係と知識的権威関係（248）　敬意なき権威関係での受容者離脱の生じやすさ（249）　敬意発動について考える前提条件（250）　下位者における正統性の 6 つの水準（251）　敬意要因に目を向けるメリット（253）　敬意は権威の代表的特徴（254）

注　256

第 5 章　3 つの権威観―縦糸型権威から横糸型権威へ― ……………… 263

第 1 節　はじめに―権威についての考え方の明確化―　263
　　排除問題と 3 つの権威観（263）　担い手側中心の権威観と担い手側排除問題（263）　西洋権威論分析の代表（264）　権威についての考え方の明確化（264）

第 2 節　担い手側の排除問題　265
　1 ）権威根拠　265
　　「根拠」の具体例（265）
　2 ）対立する諸根拠の排除　267
　　対立した諸々の根拠（267）　権威と認定する 3 つのポイント（268）　「私的」とは（270）　担い手側における排除問題の存在（271）

第 3 節　権威の概念化をめぐる 3 つの思想潮流　272
　　3 つの権威観における担い手、受容者、主題領域、源泉の明確化（272）　権威論の存在確認（273）
　1 ）権力還元論　273
　　権力によって課せられた存在にすぎないという権威観（273）　あらゆる権威の背後にある権力（274）　権力という尺度からのみ測定（275）　力（権力）こそ人間社会すべてにとって不可避の特性という社会観（275）
　2 ）行動権威論　281
　　行動レベルへの権威行使（281）　信条レベルへの権威行使とのちがい（282）　諸個人の行動を調整する権威（282）　権威源泉は〈仮構（フィクション）〉（284）
　3 ）信条権威論　288
　　〈共有されている信念〉という権威が社会秩序そのもの（288）　信条権威の典型：

ローマ教皇のサイエンティア（289）　信条権威の主題領域と受容者の範囲（290）　担い手と権威源泉（の優越的価値）との分離が難しい（290）　信条権威の源泉の変遷（291）　社会の求心力の中心としての権威、副次的存在としての権力、という社会観（291）

第4節　むすび―権威論という知識の継受と担い手側の排除問題―　303

権威論という知識の継受（303）　ルークスと既存権威論者の制約―権威者側中心、受容者側軽視の知識人的目線の高さ―（304）　フリードマンの影響とクリーガーとの違い（306）　知識的権威としての信条権威・義務的権威としての行動権威―信条権威全盛の中世から行動権威全盛の近現代へ―（307）　縦糸型権威としての信条権威・横糸型権威としての行動権威―縦糸型権威から横糸型権威へという時代の趨勢―（308）　担い手側の排除問題：受容者オルタナティヴの減少は、私的判断停止を結果的にもたらす（309）

注　311

第6章　私的判断放棄と現代社会―権威継続をもたらす縦糸的問題―……315

第1節　はじめに―私的判断と権威―　315

私的判断と権威（315）　現代社会で判断を放棄するメリットと無能力化の危険（317）　私的判断放棄によって失われるもの（318）　私的判断放棄常態像としての権威主義（319）　権威を客観視する概念ツールの必要性（319）　現代社会と私的判断放棄（320）

第2節　権威研究における「私的判断の放棄」　322

1）私的判断放棄の構成要素　322

論点としての私的判断放棄（322）　私的判断放棄のイメージ（323）

2）匿名の権威に対する同調　326

実体としてイメージしにくい、匿名的な現代の権威（326）　匿名の権威のイメージ（326）　同調を促す排除の存在（327）

第3節　私的判断放棄要因の二重構造　329

行動権威と信条権威（329）　信条権威としてのカリスマ（329）　信条権威とは（330）

1）カリスマ論における私的判断の放棄の問題　331

権威源泉としてのカリスマ（331）　権威源泉情報と権威の担い手との不可分性・信条権威の権威源泉としてのカリスマ（333）　関係加入局面以前の受容者の状況（334）

2）デュルケムの集合論的視点　335

集合的意識が権威関係の受容者に吹き込む感情（335）　私的判断放棄を促す集合的感情（336）　集合的感情の波状性（336）

3）権威に対する私的判断放棄の二重構造　337

加入局面と継続局面における私的判断放棄（337）　加入局面での状況と契機（338）　継続局面での集合と魅力（339）

第4節　むすび―「私的」放棄と「判断」放棄―　340

〈私的放棄〉と〈判断放棄〉とでは、作用因が違う（340）　放棄をめぐる構図の客観化（342）　行動権威に対する"私的"性放棄と信条権威に対する"判断"放棄（343）　権威の担い手に対する私的判断放棄と源泉に対する私的判断放棄（343）　私的判断放棄問題の生物的制約性（344）　生物的制約と2つの私的判断放棄（346）

注　349

第7章　敬意が排除を生み出すとき―権威継続をもたらす横糸的問題―　353

第1節　はじめに―権威関係と受容者集団のダイナミズムという横糸的作用―　353

1）指示授受関係としての権威　353

権威と差別（353）　権威の曖昧さ（353）　権威関係と受容者集団のダイナミズムの結果としての権威継続："縦糸"と"横糸"がおりなす"織物"的丈夫さ（354）　概念のつながり（355）　敬意が際だたせる権威の特徴（356）

2）権威的指示受容メカニズムの局面配列上の位置　357

主観的感情が空間的・時間的に"伝達される"ことで生じる権威の現象的特徴（357）

第2節　指示授受関係としての権威の特徴　358

1）依存―担い手への依存・源泉への依存　358

依存の二重性（358）　価値への依存（359）　担い手に対する依存（360）　権威性における依存（360）　担い手に対する依存比率の増加（361）

2）担い手の指示受容期待・期待圧力の不在　362

受容期待圧力とは（362）　第三者の手による指示の正当化（363）　権力との対比（363）　受容姿勢の盲目性（364）

3）敬意の発生　365

同一視と優越への憧憬：感謝の"脱返報性"（365）　第三者の役割（366）

第3節　権威的指示の受容原理　367

1）指示受容メカニズム　367

権威は「添加物（additive）（≒追加・後見）」―受容を促す2つの伝達力―（367）　源泉に対する正統性信念　369　正統性信念がもたらす自発的受容（370）　自発性を促す敬意的要因（371）　受容者圏と受容者集団（373）　バーナードとサイモンにおける正当化（374）　ブラウ、ドーンブッシュとスコットにおける正当化（374）　横から行われる自発的強制（376）　権威の先行研究において足りないもの（377）　自発性と継続強制との間に介在する要因―権威現象のダイナミズムとしての"役割転換"―（378）　役割転換説（379）　権威の範囲（380）　権威関係をめぐる役割転換（381）　役割転換の原動力（382）　問題発生的・通世代的役割転換（383）　自発的受容主導の〈信条権威〉、受容継続の強制主導の〈行動権威〉（385）　従順なだけの受容者像（386）　正統観と敬意が役割転

換の原動力（386）　アイデンティティとしての正統観と敬意：アンダーグランドな色彩を帯びる、権威をめぐる差別や排除問題（388）

　２）権威現象の変化　389
　　受容者期待（389）　期待分岐による役割転換の遅滞（390）　関係離脱と権威消滅（390）

第４節　むすび―感情的要因と時間的要因：権威のみえにくさ―　392
　　変革のパラドックス（392）　プラスの感情とマイナスの感情（393）　権威の変動がみえにくい２つの理由（394）　継続と変化に対する帰属性・道具性の役割（395）　横糸的作用としての役割転換の意義（395）　継続傾向の権威間での違い（396）　継続力の源泉としての差別や排除（397）

　注　398

結　び―権威の動態的把握と高齢要素の現代的意義―……………………… 409
　　権威の動態的開拓（409）　権威の不明確さの解明（411）　正統化偏重の権威概念（412）　高齢要素の現代的意義（413）　排除問題としての権威論（414）　継続性の高さを相対化する四局面的権威過程観：私的判断放棄・自発的遵守と敬意要因（415）　社会学的権威の曖昧さ（416）　〈排除〉という横の作用と〈自発性〉という縦の作用が織り成す、"織物としての権威"の持続力の強さ（421）　自発的遵守と判断停止をめぐる８種の側面（422）　権威過程四局面それぞれでの着眼のポイント（424）　不変属性とネット性（427）　先行的存在という不変への憧憬（429）　〈権威の社会現象学〉的アプローチ：権威相対視の手順（430）

　注　431

文　　献　433

謝　　辞　445

『権威主義的人間』出版25年に寄せて　446

事項索引　447

人名索引　454

権威の社会現象学
―人はなぜ、権威を求めるのか―

序：本書のテーマと構成
―自発的遵守と私的判断の放棄としての権威―

視覚経験としての社会現象―人間の五感から考える現代の社会状況―
　本書は主として、視覚認識可能な、現象としての権威に関する考察を行う[1]。というのも、外界の事物を認識する五感のなかで、視覚が大きな割合を占めているためである。そもそもこの文章自体、視覚に頼らなければ伝わらないはずだ。情報の授受に向いている視覚・聴覚偏重と、触覚経験の希薄化（刃物を使った犯罪の際に指摘されるように、「痛みがわからない」。人気アニメ『機動戦士ガンダム』の主人公アムロ少年の「親父にもぶたれたことないのに」という触覚経験に関するセリフが、25年以上経った現在でも語り継がれている事実など）といった、五感経験の現代的変化について、もっと注目すべきである。「味・嗅・触」という感覚対象は、量産（デジタル）化が難しいところに、「視・聴」との違いがある。
　ただし、味覚・嗅覚的経験に関しては、希薄化していると一概にいえない。というのも、現代のコミュニケーションの中で、味覚・嗅覚的経験の仕方が、変わってきている側面もあるためである。ワインに代表されるソムリエ、コーヒーが持つ本来の味を伝えるバリスタ、アロマセラピストなど、味や香りの専門職権威者に依頼する形で、センスを「委譲」したり、ウェブで情報に耽溺する形で極端に「おたく（家=我を忘れた人）」化する傾向もある。他のこと、他者のこと、さらには自分自身のことさえみなく（みえなく）なるという意味で、感覚経験の「何か」への極度の依存は、一種の「忘我」であるといえるのではないだろうか。そして、現代日本社会に少なからずみられる忘我というシンドロームこそ、権威と関連づけてとらえると理解しやすい問題なのである[2]。

社会現象としての権威の特徴——忘我的同調としての自発的遵守と判断停止

　本書は、社会現象の1つとして権威をとらえる試みである。そこで、目に見える形での権威について考えるところから始めたい。視覚経験の対象になりうる権威を、社会現象としての権威、「権威現象」と呼ぶことにしよう。これまでの研究のなかで、権威現象について指摘した記述として、権威の特徴に関するつぎのようなものがある。

　　……権威の2つの基準は……正統な命令に対する自発的遵守（voluntary compliance with legitimate commands）と、命令に先立って生じる判断停止（suspension of judgment）である[3]。

　上に紹介したブラウとスコット（Blau and Scott）によれば、「自発的遵守」と「判断停止」によって権威は捉えられる、という。権威現象は、自発的遵守と判断停止によって捉えられる。本書は、この〈ビジョン〉（見方）を〈継受〉して（受け継いで）いきたい。20年来、権威について研究してきた結果、このビジョンが、権威の特徴に関して最も的を射た指摘ではないか、というのが今の時点での筆者の考えだからである。

　「自発的遵守」と「判断停止」によって権威を捉えることができるとすれば、われわれは具体的に、それらをどのように経験し、垣間見ているのだろうか。とりあえずここではその例として、昭和天皇病没前後の「自粛」やその自粛の広がりに代表される、迷った際の「連鎖のしやすさ」といった身近な経験を挙げておきたい（迷いと権威については後述）。

　内容は時代とともにかわるものの、今も昔も繰り広げられる自粛や連鎖しやすさ（"同じ"になろうとすることの連なりやすさ）に日本社会の特徴の一面があるとすると、そこにいかにもこの国らしい文化を帯びた権威現象の一端が垣間見られる、と考えることができる。というのも、自粛や連鎖といった同調は、自発的に行われる判断停止の一種だからである。自分のオリジナルな判断より、他者の判断に身を委ねた方が楽だという風潮は、特定もしくは匿名の権威に対する私的判断停止の蔓延ということができる。

「自発的遵守」や「判断停止」は、広義の「忘我」、忘我的同調ということもできる。それらは、「何か」に心奪われて、我を忘れるという意味での忘我として、だれもが日常的に経験している。忘我は、現代人の都合によって行われる側面もある。情報に心奪われざるをえない情報化の進んだ社会のなかでは、忘我は避けて通ることができない生活の一部とさえ、いえるかもしれない。ただし自分の経験としての忘我は、視覚に訴えることがないため、無自覚に忘れ去られていることが多い。

それに対し、目に見える形での忘我の方が、むしろわれわれにとっておなじみであるとさえいえるかもしれない。この忘我的同調は、多くの場合、社会的な圧力による集合的忘我である。情報への接し方など個人経験的な忘我が記憶に残らないことが多いのと比べ、他者たちの自発的な遵守と判断停止は記録に残る傾向にある。身近な他者や報道を通じ、目にしたり観察したりしているそれらは、見たり察したりすること（観察）が可能な権威の「現象」性、つまり「現れ」の一環なのである[4]。この集合的忘我の事例として、さきに挙げた昭和天皇病没前後の自粛とその広がり、ルイ・ヴィトン信仰、携帯電話を持つこと自体への強迫観念など、さまざまなシーンにおける広義の同調について、具体的にイメージしていただきたい[5]。

ひとが我を忘れる判断停止と自発的遵守、それらの累積が結果的に、権威の持続（長期継続）を可能にしている。その一方で、同調しない、靡かないひと（異端者）に対する「自発的排除」が、裏に隠れて表面に現れないところで生じはじめるとき、権威は自律性を持ちはじめ、"永続的"存在として、崇拝対象となるのである。

本書のテーマ―持続の謎と曖昧さの解明：私的判断放棄と自発的遵守から把握する権威―

判断停止や自発的遵守、その結果としての権威持続が、これまでなぜ可能になってきたのか、その謎に、今の時点で出来るかぎり迫ってみたい。権威持続をもたらす、判断停止やその常態化としての私的判断放棄[6]、あるいは他者や制度を含む、自分を縛りつける存在といった「拘束」を、あたかも蛾が心ならずも炎に飛び込むように、人々は何故求めてしまうのだろうか。こ

うした一見不可解な謎を解き明かすところに、本書の主たるねらいはある。

同時に、経験的に認識される権威現象のこうした不可解さ、つかみどころのなさは、明確なビジョンを描いてこなかった長い歴史を持つ権威をめぐる学問の蓄積のされ方にも、起因していると考えられる。

これと関連し、権威論というものがこれまで存在してこなかったという誤解についても払拭しないと、権威持続の謎は明らかにならないだろう。権威を自律的に捉える考え方の否定は、広く信じられている権力還元論(後述)や、概念としての権威の曖昧さにも起因する。いってみれば、権威はとくに近現代では、権力の"成れの果て"、おまけ的に考えられてきた観がある。権威を主軸とした研究は少なく、しかもそうした数少ない研究も、『伝統と権威』といった形で伝統とセットにされていたり、保守的・懐古的視座に偏ってしまっている（Friedrich[1972]、および本書5章参照）。「謎」に迫るには、もっとさまざまな立場から、権威について捉える必要があるだろう。

この権威研究の問題とも関連するが、謎に迫るためには、謎自体の存在意義、つまりそれが「ひとまとまりの謎を構成しているのか」、「謎」にはほんとうに、迫るだけの社会的意義があるのかという問題も浮上する。本書はこうした「謎」の意義を、「ことば」という知識の時間的、地理的な、普遍的存在性から立証してみたい。古代ギリシア・ローマの時代、社会ですでに「権威」という考え方は編み出されていた。当時の人々もまた現代人と同じように、訴訟や老齢になったときの後見人、あるいは若者が自分の「信用」を社会的に通用させるための「後ろ盾」を必要としていたようである。人は古今東西を問わず、裁判係争、老齢、若輩といった、広い意味で"迷いやすい"立場に立つとき、「権威」を必要とするようである。文明や数千年の「時」、地球上の数千キロの「地理」といった隔たりをこえて、権威は、人と人の"集まり"になくてはならない、人間にとって必須の発想となってきた。この事実もまた、権威に迫る社会的意義を立証しているはずである。

そこで、権威という「ことば」、権威概念の歴史的成り立ちと内容、権威ならではの特徴についても、本書は迫ってみたい。いってみれば、権威のアイデンティティ（同一性と意義の確認）、つまり権威とは何か、主として権力

を念頭に置いたその示差性を問いたいのである。
　まとめてみよう。

　　(I)：持続的特徴を帯びる権威現象に対する接近法
　　(II)：権威論とは何か
　　(III)：権威概念の特徴

　以上の3つの主題の解明が、本書のテーマである。これらテーマの説明のため、本書を構成する7つの章との対応関係について、以下で示していく。ただ、この3つの主題はいずれも、捉えにくく曖昧である。
　その理由は、権威が帯びる時間性と感情性にあると本書はみる。そのため、つぎのように論考をすすめたい。総じていえば、時間と感情が権威（authority）という語に織り込まれている〈織り込まれ方〉について、まず最初に考察する。つぎに、時間と感情という権威現象固有の捉えにくさに対し、現代人一人ひとりの事情と集合的圧力という視点から、本書は迫っていきたい。

本書の構成と注意点：権威の曖昧さ—時間と感情にどう切り込むか：分析対象による分類—
　1章　「権威」の発生（1）—"authority"語源三要素とその継受—
　2章　「権威」の発生（2）—定訳の権威の源流と成立をさぐって—
　3章　局面配列としての権威—"権威過程的接近"—
　4章　敬意対象としての権威—高齢要素重視へ向けて—
　5章　3つの権威観—縦糸型権威から横糸型権威へ—
　6章　私的判断放棄と現代社会—権威継続をもたらす縦糸的問題—
　7章　敬意が排除を生み出すとき—権威継続をもたらす横糸的問題—

　(I)のテーマ〈権威現象に対する接近法〉に関する提案は、主として3章で行う。
　権威関係(権威的社会関係)[7]を構成し、それを取り巻く諸要素についてこれま

での研究の中に見出すことのできるさまざまな考え方を紹介し、本書で唱える時間経過としての権威（"権威過程"）の四局面ごとに、それらを位置づける。

これに関連し、本書全体を貫く概念枠組みのあらましについて述べておきたい。おいおい説明を加えるため、ここでは、わかりにくい用語について読み飛ばしてかまわないが、頭の隅にとどめておいていただければ幸いである。

権威現象も人間同様、時間プロセス（非生命的な現象のライフコース）として捉えるとわかりやすい。それは局面が人間よりはっきりした「ライフコース」であり、権威ごとの時代効果（その時代ならではの特色）と地域効果を帯びている。プロセスとしての四局面の配列（権威発生・権威加入・権威継続・権威消滅）は、どの権威も必ずたどる（たどり方には時代効果・地域効果の点で違いがある）。

構造的には、権威の主題領域（たとえば言語学の権威者、など）・権威源泉と権威源泉の担い手（権威者）・その源泉と担い手の受容者（一般にいう、権威への追従者）からなる、権威関係から成り立つ。権威には（生まれながらにして）「巻き込まれる権威（関係）」（たとえば言語、国籍など）と、（サークルや結社のような、意思が介在する）「入り込む権威（関係）」がある。

さらに「敬意」に関しては、4章で詳細に論考する。権威の担い手に対する憧憬（崇拝・敬意）[8]は、2千年以上におよぶ権威という考え方を通して、権威のポイントでありつづけている。現象面からみても、高齢性（時間）に対する敬意（感情）こそが直接的に、あるいは不敬者（異端者）排除という形で間接的に、さらなる権威持続を支える要因であると考えられるのである。

このような3・4章の整理を踏まえ、(II)のテーマ〈権威論とは何か〉については、5章で取り組む。西洋の権威論諸説の代表論者として本書が依拠するのは、ルークス（Lukes [1978]）である。そこでは、これまでの政治理論や社会理論において、権威に対し3つ（権力還元論・行動権威論・信条権威論）のとらえ方があり、中世から近現代にかけて、縦糸型権威（信条権威）から横糸型権威（行動権威）へという流れにあったことを明らかにする。同時に、この3つに共通するのは、統治者側の視点に立っているといった問題も取り上げていきたい。

テーマ(III)〈権威概念（観念）[9]の特徴〉については、1、2、4、6、7章で

論考する。(I)の〈現象〉・(III)の〈概念〉に関連して、権威の曖昧さについてみると、現象上の曖昧さと概念上の曖昧さが混在しているところにその一因があるにもかかわらず、先行研究ではこの混在に対する明確な自覚が示されているとはいえないという問題が指摘できる。現象上の曖昧さと概念に関わる曖昧さという「曖昧さの性質」の違いについて、その原因をそれぞれ究明する必要がある。

なお、この本は当初脚注とする予定だったため、注の中でコラムのように、権威関連の議論を行っているテーマも多い（爵、バーナードの権威論……）。そのため、本書では注を読みとばすことなく、目を通していただければ幸いである。これと関連して、索引を権威関連の用語集として使用できるように作成した。関連項目数とページの数、太字から、本書における重要度がわかるよう配慮している（カテゴリー（類型）化としての術語システムの形成）。権威関連用語のカテゴリー（類型）としての意味と相互関連を確認するといった形で、索引が活用されることも期待したい。

時間と感情を現象レベルと概念レベルという視角から分析─4つの説明方法─

以上の章立ては、時間と感情という「説明対象」（被説明項）[10]を主たるターゲットに据えた、という宣言である。

これに対し、「説明項（"何を"ではなく、"何によって"説明するのか；分析視角）」による、権威の曖昧さへの接近方法について、つぎに示してみたい。それは曖昧さを、現象レベルと概念レベルに分ける接近方法である。さらにこの2つのレベルを、それぞれ2通りの切り口(論点)に分け、合計4つの論点から、権威の曖昧さに迫ってみたい。A：現象レベルの曖昧さ解明のための、権威受容をめぐる、主として①内在的要因と、主として②外在的要因という論点、そしてB：概念レベルの曖昧さについては、語の③内包と④外延という論点である。

本書は、この4つの論点から権威の曖昧さに接近する。そこで、4つの論点と本書の章の対応関係について、以下に示しておきたい。権威の受容とは、具体的にいかなるもので、権威の現象的、概念的曖昧さはどこから来るのか突き止める一助に、①から④という4つの、「説明項としての権威」を洗練

するための区分は、なるものと思われる。

なお、テーマと構成という序としての万人向けのポイントは、以上ですでに示してきた。序論での以下の論述は、主として権威研究を志す人向けのものである。したがって、権威に対する専門的切り口に関心のない方は、第1章 「権威」の発生（1）に進んでいただきたい。

現象レベル　　　① 権威受容の権威関係についての内在的説明
　　　　　　　　　（権威現象の関係内への着眼→3・4・6章）
　　　　　　　　　（以下〈権威関係〉と略称）
　　　　　　　② 権威受容の権威関係についての外在的説明
　　　　　　　　　（権威現象の関係外（受容者集団）への着眼→7章）
　　　　　　　　　（以下〈受容者集団〉と略称）
概念レベル　　　③ 権威概念の曖昧さ─語自体の内包─
　　　　　　　　　（権威観念（idea）の特徴：権威を構成する観念を特
　　　　　　　　　徴づける〈高齢・個人（人格）〉要素→1・2・4章）
　　　　　　　　　（以下〈権威観念〉と略称）
　　　　　　　④ 権威概念の曖昧さ─語の外延─
　　　　　　　　　（権威概念（concept）の特徴：権力とのちがいとし
　　　　　　　　　ての〈敬意〉というニュアンス→4・5・7章）
　　　　　　　　　（以下〈権威概念〉と略称）[11]

4つの論点と既存の権威論

ここからは、それぞれの論点について、既存の主として社会学研究者の所説と絡めつつ、説明していきたい。

まず①についていえば、この論点から行う説明は、主として権威関係に関わるものである（受容動機による説明）。そのうち重要なのは、権威受容に際しての敬意の存在の役割を示唆している議論であり、デュルケム（Durkheim）、プレスサス（Presthus）、ブラウの所論がこれに当たる。この問題について詳しくは4章を参照いただきたい。ただし、デュルケム [1914] は早くから権

威受容と敬意の結びつきについてたしかに言及したものの、彼の議論はあくまで言及にとどまっており、別段踏み込んで考察を行ってはいないため、4章では取り上げない。

②の論点は、主に権威の受容者集団に関わっている（受容に対する集団、組織、社会的な圧力による説明）。この論点に関わる考察は、バーナード（Barnard）、サイモン（Simon）、ブラウの議論（主として組織論）ですでに行われているが、本書では7章でこの考え方について検討し、論考することにしたい。ブラウは①でも登場しているものの、4章で指摘するように①と②が説明として切り離されてしまっているところに、彼の難点がある。

③の、権威観念の全体像の解明に基づいた、権威の曖昧さに対する説明方法については、1章と2章で論じている（"authority"・"権威"というワード（知識）とその受け継ぎ（継受）による説明：語義・用例（語義の継受）・翻訳過程（訳語の継受）による説明）。

西洋での権威という発想の変遷については、クリーガーがすでに行っており（Krieger [1968]）、彼の論考に基づきつつ、日本と西洋の発想の違い、語源

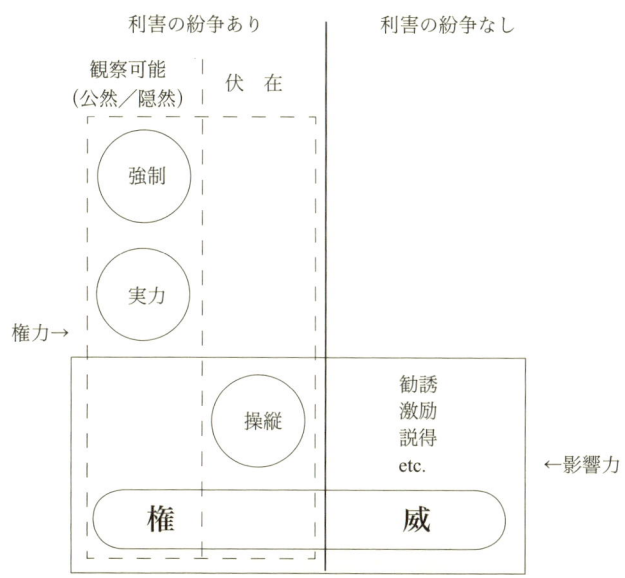

図0—1　権威概念の位置

（字義）、構成観念を交えて、用例については、「権力」、「支配」という語の用例問題を交えて論考する。西洋と日本それぞれの歴史的、社会的事情が、観念としての権威にどのように反映されていったのかというところに、そのポイントはある（権威という語の"知識社会学"的問題（2章2節参照））。そして、権威（authority）観念における特徴的構成要素が、"author"（著者）という語に象徴されている高齢・個人的側面である。章題が示すように4章では、この要素がもたらす敬意的ファクターが、社会学理論で具体的にどのように論じられてきたのかについてトレースし、確認していく。

最後に④の論点、「権威概念」の外延的問題に基づいた、権威の曖昧さの説明というのは、要するに他の社会的力を表わす「権力」、「強制」といった語との関連における曖昧さについて焦点化するものである（"authority"・"権威"の定義に基づく説明（権威定義の具体例については注18も参照）。

この④については、5章でみるようにルークスが、1978年に「権力と権威」という形でかなり包括的に議論を行っている[12]。ただし、同論文には、権威概念の配置についてイメージを喚起させるような図表はない。そのためここでは、彼の主要な著書『権力―そのラディカルな視座から―』（Lukes [1974]）のなかの図を紹介し、権威概念のコンテクストについて考える。手がかりを示しておきたい（図0―1参照[13]）。この相関図を目にすると、権威概念が置かれている立場の複雑さの一端が理解されるのではないだろうか。権威概念自体の多岐にわたる複雑さ、それを取り巻く諸概念の複雑さ（ひいては、権威概念の曖昧さ）について、ここではよく表現されている。

権威に対するビジョンとしての四局面配列（権威がたどるパターンのイメージ化）：権威過程（過程としての権威）

このように、権威という研究対象ばかりでなく、〈説明項としての権威〉もまた曖昧なのに加え、ルークスを含む既存の権威論では、多くの場合、軸となるビジョン（ある一貫したイメージ）が曖昧にされていた。軸がないゆえに、権威と権威的でないものとの違いも、曖昧にされたままであった。そこで以下では、ビジョン、および権威の示差的（differential）特徴について、説

明していきたい。最後に、「現象」という本書の権威的見方が、五感的制約を受けていることも含め、権威論の陥穽との関連で問題提起を行う。

　図０－１で示された相関関係から改めてわかるのは、権威概念をめぐる入り組み具合である。「観察可能（公然・隠然）」・「伏在」・「利害紛争あり」・「利害紛争なし」・「権力」・「影響力」にまでおよぶ、権威そのものの内包（10頁の③でいう、権威観念自体の多義性）と、隣接概念との線引きを含む外延（10頁の④でいう権威概念の、主として権力との重複性）の複雑さが、権威現象を一層曖昧にしている。

　さきにも述べたように、明確なビジョンを描いてこなかった長い歴史を持つ権威をめぐる学問の蓄積のされ方により、現象としての権威はつかみどころがないまま、いわば放置されつづけている。権威現象を「把握する道具」について整序し、具体的ビジョンを概念的に与えようとするのが、本書の姿勢である。権威を持続的過程（成り行き）ととらえ、その持続性を、発生・加入・継続・消滅へと分解するのが、本書の提唱するビジョン："過程としての権威・権威過程"なのである（図０－２：詳しくは３章参照）。強制、実力、権力、操縦は、時間的には「点」であるのに対し、権威は「線」であって、時間でいうなら「間」が永い。この違いについて、既存研究ではとらえきれていない。

　この示差的特徴について直感的にとらえるために、権威の時間的「過程」を本書は呈示する。日常生活の中で過程としての権威についてイメージするためには、視覚に訴える具体的比喩が必要かもしれない。視覚を動員し、「自覚」を促す形で権威過程をつかむには、写真で示される台風が役立つと思われる。

　衛星写真をみることで、はじめてわかることだが、台風には「目」がある。台風の目は、われわれが肉眼で凝視しても、それが「目」であると実感するのは、なかなか難しいだろう。権威にも「目玉（権威源泉）」があるが、権威源泉はいわば神輿であって、担ぎ手（担い手）が必要で、源泉だけで自律するわけではない。台風同様、権威にも生死があり、発生、発達あるいは暴風域突入、消滅という段階が時とともに推移していく。

　台風が来ると、その威圧するような雰囲気に、誰もが飲み込まれてしまう。その異様な雰囲気がいつ終わるのか、ピンとこなくなりがちである。強烈な

四局面配列	権威源泉の発生 （第1局面）	加入 （第2局面）	継続 （第3局面）	消滅 （第4局面）
主な出来事	先行的存在・先行する権威に対する接続（自然物に対する朝廷；朝廷に対する幕府など） 権威源泉としての時間権威・空間権威	関係の背景（巻き込まれる/入り込む） 加入審査・相互審査	役割転換（継続の強制としての異端者排除と潜在的なおどし） 権威結合の性質（道具的/帰属的） 判断停止（放棄）と自発的応諾	相互監視・しめつけ（結束）のゆるみ→カオスへ （役割転換の遅滞）

図0—2 権威過程（四局面配列：権威に対する動的ビジョンの1つ）

　風の音。あたかも城のように、天空へとどこまでも高く聳（そび）え立つ、沸き立つような黒雲。普段肌にしない、うだるような、あるいは生暖かいような風の感触。こうした音、光景、感触によって、妙なワクワク感（昂揚感）を感じると同時に、その状態がピタッと止み、きれいさっぱり無くなってしまうとは、暴風雨にさらされている最中にはイメージしにくいものである。それどころか、ひとたび味わってしまった昂揚感を失うことは、生活の無意味化・無気力化につながりやすい。そのため、あえてイメージしないことも多いものである。実感は時に、ひとをかえって惑わせる。映画「台風クラブ」にみられるような、「祭り」経験との偶発的遭遇によりもたらされる「集合的昂揚感」は、深刻な喪失感の引き金となる。このような台風経験と同様に、権威過程を「経験」することはまた、人（人々）に昂揚感やある種の"心地よさ"を与えると同時に、それを失う"怖れ"も与えがちである。

　経験することも重要だが、実感という経験が、かえって判断を鈍らせることもある。実感から少し距離を置き、視覚というフィルターを通すことで、実感を概念やビジュアルに相対化する形で頭に入れておくことにより、対象に関する理解は一層深まり、冷静な判断も下しやすくなるはずである。

権威の特徴としての主題領域と崇拝―崇拝が招く排除―

　権威過程という見方とともに、概念的にも、先行研究には欠けているポイ

ントがある。つぎに、このポイントについて触れておきたい。

　曖昧さの概念的明確化に関し、権威概念と他の社会的勢力諸概念の隣接包含関係を示した前掲図（11頁の図0―1）は、権威に関する先行研究の1つの集大成である。ただしこのルークスの相関図では、2つのポイントが欠落してしまっている。欠落したポイントとは、「主題領域」と「崇拝」である。そのため、先に述べた「権威と権威的でないものとの違い」という観点からは、この相関図には不満が残る。これらの欠落は、ルークスがまとめた権威をめぐる先行研究自体にみられるものであり、その主因は〈担い手側中心〉にこれまで権威が扱われてきたところにあると思われる（5章参照）。

　まず最初のポイントについていえば、権威が含みもっている主題領域は、権威把握にとって示差的意味でも重要である（3章参照）。「時代効果」と「地域効果」についてすでに触れたが（8頁）、権威は権力と違い、歴史・文化的、社会状況的制約（限定）を強く受けている。というのも、力が源泉の権力に対し、権威の源泉は価値だからである。その限定的性質こそ、ルークスを含む先行諸研究の多くで見逃されてきた要素といえる。

　主題領域と並ぶ示差的ポイントとして、他の隣接概念、とくに権力との違いとして焦点となるのは、崇拝（崇敬・尊敬・敬意）の存在であり、権威の西洋語 "authority" が含意する高齢・個人（人格）要素に関連がある[14]。崇拝する気持ちが強すぎるとき、自発的遵守や私的判断放棄、さらには遵守や放棄を行わないひとに対する排除がおこるところに、権威のポイントがあると考えられるのである。

権威の特徴としての時間の流れ―崇拝対象としての時間の長期（高齢）性―
　「主題領域」・「崇拝」という要素とともに、「時間の流れ」に応じた権威過程の変化（局面配列）が、本書全体のバックボーンとなっている。さきに触れたようにこのポイントこそ、ルークスの図にあった、権力、強制、実力、勧誘といった、ほかの社会的勢力の発想には見られない、権威の特徴だからである。
　テーマのところですでに述べたように、権威の最も大きな特徴は、「持続（力）」にあると考えられる。権威関係を含む現象としての権威は永いことつ

づきがちであり、永さ自体が崇拝を招いている。そのタイムスパンの永さ自体が現象としての権威発生やその持続の仕組みを不明瞭にするとともに、問うこと自体不敬とされがちである。そのことが、権威の始原と継受の仕組み探求を、いっそう難しくしてしまっている。この傾向は古今、あるいは洋の東西を問わない。

　さらに、現存権威の始発を辿ることは、その当時を生き得ない者にとってあまりにも多くの制約がある。それとともに、現在萌芽がある、今の社会にあるいくつかの要素がやがて権威（源泉）化していくことを見届けることは、不可能であろう。この源泉化を核とした現象としての権威の仕組みを構成する要素について、可能性としては充分に、万人がじつは知り得る。とはいえ、その結果が分からないゆえに権威現象全体の見取り図は、厳密には終わってから初めて明らかになる。したがって、権威現象生長の現在的状況に関する言明は、予言的不確かさや根拠のなさを伴いがちにならざるをえない。

　このような、何気ない存在が権威源泉化し、そうでなかった者が権威の担い手となるといった変化そのものを記述し理解する基準を設ける作業が、現象としての権威の解明には必要である。こうした変化を明確化するためには、「過程（process）[15]」として理解する接近方法が適している。

　単に今持続しているという現存の「構造」について記述分析するばかりでなく、その来し方行く末についても目配りを行い、発生から消滅までを射程に入れる発想、四局面配列から成る"権威過程"という発想を、バックボーンとして本書は用いる。この"変化して行くこと"という発想によってはじめて、持続の仕組みへの接近が可能になるのではないだろうか。「持続」を解くことこそが、権威概念の混沌の整序につながり、その現実対応物としての現象の掴み所のなさに迫っていく答えになるはずである。

「現象」的制約―本書の実践的ねらい―

　このバックボーンにもとづいて、権威について先行研究を理論的に踏まえた新たな概念構成と、それに付随する実際上の諸問題の掘り起こし、いいかえれば「人はなぜ、権威を求めるのか」という問いに対する応答を、本書で

の課題としたい。もっと具体的には、自発的遵守が持続する（長期間継続されていく）仕組みについての考え方や私的な判断が停止し続けること（放棄）をもたらす、社会的な諸々の要因の特定と、判断放棄回避条件の模索を試みたいということである。そのためには、いまある権威を"見方"で相対化したい。権威現象の曖昧さに切り込み、権威を相対視することで、その安定化メカニズムに接近するツールの提供も試みており、その意味で本書[16]は実践的[17・18]性質を帯びている。日常生活に即した接近ツールという、いわば時間的な権威観（局面配列パターン）を呈示するとともに、その局面ごとにはめ込んでいく形で権威の先行研究紹介と位置づけも同時に、本書では行っていくことにしたい。

　ただ、〈ミイラ取りがミイラになる〉ような形[19]での（たとえば後期ヘーゲルのような）現状の全肯定の保守論か、全否定のアナーキズムといった具合で、極端に傾きやすいというテイストが、これまでの権威論の多くからは感じられてきた（1章3節、5章を参照）。とはいえ、『権威』のなかで、初期ヘーゲルに依拠しつつセネット（Sennett[1980]）も指摘するように、全否定と全肯定をいかに克服するかというところに、これまでの権威論を踏まえて今日権威を新たに論じる意味があるともいえる。そこで最後に、本書の見方の「現象」性について、あらためて注意を促しておきたい。

　自発的遵守と私的判断放棄、高齢（時間）への敬意（感情）と不敬者・非同調者といった「異端者」の排除がもたらす、権威持続という見方を本書は提案する。とはいえ、この見方も、現象の1つ、つまり視覚という1つの感覚的な経験にすぎないことを含め、読み手のさまざまな五感経験によって相対化されざるを得ない。その際、無自覚的相対化というよりむしろ、相対化しているという「自覚を持つこと」[20]で、私的判断「放棄」を回避していただきたい。以上の二重の意味での実践的ねらい、あるいはねがいを、本書は帯びているのである。

注

1 　現象とは、目に見える対象として現れてくる出来事といった意味である（詳しくは、本書「結び」を参照）。

　そもそも"phenomenon"に「現象」という訳語を初めて当てたのは、西周（1877年『利学』・1878-79年『心理学』）である（栗島[1991]「西周の訳語」）。現象は、明治時代初期の「新造」語である（西が漢籍の『寶行經』より借用；　手島[2002]（『西周の訳語の研究』）および『大漢和辞典』）。なお、"phenomenon"の語源と「現象」の語義についても、本書「結び」を参照。

　では、「現象」という語が広まったのはなぜだろうか。それは、西周の権威と、辞書の権威によると考えられる。「象」が現れることを目にする日本人は、ほとんどいなかったのに、人々の多くは自らの実感より、辞書や大家の用例を重んじ、「現象」は既成事実化して現在に至っている（定訳の権威の問い直しという問題については、1章と2章で論じる。なお、定訳の権威の問い直しというテーマについて、"authority"の定訳語"権威"の問い直しから始めることにちなみ、"権威とオーソリティ問題"とよぶことにしたい）。

　「現象（像）」の具体的採り入れの事実として、『英和字彙』の例を挙げることができる。『英和字彙（初版）』（1873年）では、「顕像　空中ノ顕像」だった"phenomenon"の訳語は、『英和字彙（第二版）』（1882年）では「現像　空中ノ顕像」とされ、「西周独自の訳語が辞書に採用されたのではないかと疑われる」訳語の1つなのである（栗島[1991：140] 現像は原文のまま。この時代には、「現象」と「現像」は互換的に用いられている。なお、今日一般に用いられる写真の現像という際の、"映像が浮かび上がってくる"という意味は、写真機と感光材（フィルム）が普及してからの、新しいものである。そもそも「像」は、「象」から派生した字である。「象」は音的に「相」に通じるため、"すがた"の意も表すようになったとされる。また、西周の権威については、ヘイヴンズ(Havens[1970])、秋元([1979：17-24]「社会学導入と社会秩序観―西周のばあい―」)を参照）。

　さらに『日本国語大辞典』によれば、西が用いた訳語が、井上哲次郎らが編纂した日本最初の哲学事典『哲学字彙』（1881年）に採用されてから一般化したものと思われる、という。訳語という知識の一般化と「開始者の権威」については、別に考察を要するだろう（本書1章3節、"authority"の語源三要素の1つ、〈創始・開始〉の項も参照のこと）。

2 　こうした極端な依存の傾向は、情報化の進展、食材に代表される物流と人的交流のグローバル化と軌を一にしているように思われる。とはいえ、より本格的な風趣の楽しみ方を学ぶことで、生活や人生に彩りを添えること自体は、ストレスの多い現代、長寿化による余暇の増加、あるいは仕事のみに打ち込むことが報われなくなった時代局面に直面せざるを得ない現代人にとって、むしろ重要になりつつあるといってもよいだろう。すべてが忘我であるとも言い切れない。

問題なのは、バランス感覚の喪失というところにある。自分本来の生得的感覚を研ぎ澄ましすぎる無自覚的忘我や、節度を逸したさまざまな「権威(者)への傾倒」といった依存傾向も、出てきているところが問題なのである。

3 　筆者はかつてこの論述に共感を覚えるとともに、自発的遵守とは何か、あるいは判断停止をもたらす諸条件にはどのようなものがあり、それを克服する方途として具体的にどのような選択肢があるのか、こうした問題意識に基づき先行研究をもとめつつ、この論述について考えてきた。その成果の一環として発表してきたのが拙稿[1993][1995]であるが、本書ではそれらをさらに発展させる。この特徴づけの中にある二要素のうち、従者たちの私的判断停止をめぐっては6章、自発的遵守に関しては7章で論考する。

4 　「権威の社会現象学―人はなぜ、権威を求めるのか」(以下、〈権威の社会現象学〉と表記する)とタイトルで「社会現象学」ということばを用いているものの、本書はいわゆる超越論的な現象学の研究書ではない。注1で論じた意味での社会的「現象(目に見える対象＝"視覚経験"として現れる出来事)」としての権威を主として"社会学"的見地("動態論"(変動過程とその時々の構造に着目する接近法)的見地:本書「結び」参照)から取り上げた研究というのが、タイトル他「社会現象学」という語を用いている主旨である("社会学"的見地の問題点・制約についても、本書「結び」を参照)。何千年にもわたり、洋の東西を問わず…「権威現象」ということばをしばしば用いているものの、本書はいわゆる超越論的な現象学の研究書ではない。注1で論じた意味での社会的「現象(目に見える対象＝"視覚経験"として現れる出来事)」としての権威を社会学的見地から取り上げた研究というのが、本書タイトルの主旨である("社会学的見地"の問題点・制約については、本書「結び」を参照)。何千年にもわたり、洋の東西を問わず"人がなぜ権威を求めてきたのか"については、「索引」を手掛かりにしてキーワードをたどっていただけると、本書における"答え"が一層クリアに理解されると思われる。

　　ちなみに、浅野[2001]といった業績に示されている(自己)物語論の弱点の1つは、"視覚経験としての自己"、たとえば銃の技術史といった自己像の視覚化の歴史に対する考察の少なさにある(身体の可視化の歴史については、北山[1999:168-183]を参照)。物語論に限らず、五感と視覚の問題に、社会学は一層自覚的に取り組むべきである。

5 　ただし厳密にいえば、自粛や連鎖は、他者や社会的空気によって押しつけられる位相と、その人間ならではの、加齢や性といった生物的制約をも含む個々人の都合(事情)という位相を持ち合わせている。詳しくは、6章で論じることにしたい。

6 　「判断停止」が常態化され、他の存在に専ら判断を委ねてしまう状態を「判断の放棄」と呼ぶことにしたい。

7 　権威関係という用語に対して、違和感を覚えるひともいるだろう。ただこの用

語は、かつてフロム (Fromm[1936])、さらにミヘルス (Michels[1937]) が使用した実績がある。では権威関係概念に対して具体的に対応し、現実に実在する人間関係とは、いかなるものなのだろうか。

　この問いに対し、ミヘルスは明確な解を示しているとはいえない。というのも、彼の論述は『社会科学百科事典』の権威項目であり、抽象的定義論となっているからだ。それに対し家族を研究対象に据えたフロムは具体的で、家族内の人間関係について論じるに先立ち権威関係一般について論及し、6通りの例を掲示する。
　1. 小農の家族構成の中の父と子　2. 兵士と士官　3. 医者と看護婦　4. 信心深いカトリック信者と聴罪司祭　5. 大学の教師と、彼を尊敬し心服している学生
　6. 大成功した社長と功名心の強い従業員
　以上がフロムのいう権威関係だが、この語が共通して含み持つ要素は、彼の議論からは読みとることが出来ない。これに対し、本書の観点からみると、1から6の例は、権威源泉とその担い手、およびその人の指示を受け入れる人（受容者）からなる上下的社会関係で、指示内容は、1のケースでは父親役割に関する物事、5のケースではその専攻学問といったように、特定範囲の主題領域（subject; Subject）に限定されているといえる（"subject" は直訳すると「主題」になるが、主題というと「点」といったニュアンスが強調されてしまい、「範囲」や「幅」、「広がり」をイメージしにくい。"subject" 自体のラテン語的原義も、「下に（sub-）」プラス「投影する (-ject)；この類語に前方のスクリーンに投影する "projector（映写機）" などがある」という含みを持つため、本書では「主題領域」と表記したい）。

8　本書では、使用の際強調したいニュアンスによって、崇拝・崇敬・尊敬・憧憬・敬意・尊崇を、文脈に応じ、互換的に使用する。

9　概念（concept）は、おおよその考え、観念（idea）はそれより狭いというように、本書では使い分けしている。idea, conception, concept の順により抽象度が高くなるという見方もある（『ジーニアス英和大辞典』、大修館書店）。アイディアは、前後の文脈により、「発想」とも表記した。ただ、ノーション (notion) との関連など、既存の権威研究ではこの区別は曖昧にされている。そのため、本書でも曖昧になっているところもある。

10　社会学における「説明項」と「被説明項」の曖昧さの問題（たとえば、権威「で」、ある社会現象を説明するのか、権威という社会現象「を」、何か別の概念や命題を用いて説明するのか、についての区分が曖昧なところ）については、本書「結び」を参照。

11　本書では具体的に立ち入ることはできないが、説明項としての権威の「煮詰め」を通じて、たとえば〈権威観念〉からとらえる日本とヨーロッパの宗教観の違い、であるとか、〈権威集団〉の範囲の違いからみた日米の消費動向の性質といった形で、権威「で」何か捉えにくい別の社会現象を説明していくこともまた、筆者は目指しているのである。

12 権力への権威の還元論（パレート、ミヘルス、ヴェーバーなど）；行動に対してのみ行使できる権威という権威論（ホッブズ、ロック、ルソーなど）；信念レベルに対してまでも行使できるという（ローマ教皇に見られるような）権威という権威論（サン・シモン、コント、デュルケム、トクヴィル、ニスベット、パーソンズなど）という3つの権威観のことである。

13 Lukes [1974: 32 = 1995: 54] 原語は以下のようになる。利害の紛争あり（Conflict of Interests）、利害の紛争なし（No Conflict of Interests）、観察可能（公然、隠然）（Observable（overt or covert））、伏在（Latent）、強制（Coercion）、実力（Force）、権力（Power）、操縦（Manipulation）、勧誘（Inducement）、激励（Encouragement）、説得（Persuasion）、影響力（Influence）、権威（Authority）。

14 さきの注で示したフロムの挙例「5. 大学の教師と、彼を尊敬し心服している学生」の関係において言明されているように、権威関係では「尊敬」にとくに留意する必要がある。また、のちに論じるように権威関係には2種類のものがあるという考え方もある。フロムの例でいえば、1から3のケースと4から6のケースには、一口に権威関係といっても関係の性質に違いがあると考えることもでき（"義務的"権威関係と"知識的"権威関係）、そのような区別立てこそ、権威という社会関係を理解する上で有用である（詳しくは2章参照）。

15 process はラテン語的原義でいえば、「過程」とはやや異なるニュアンスを持つ。より前向きな、processus というラテン語からの派生とされ（*OED*）、access（接近方法）；excess（超過）；recess（休憩）；success（上首尾・成功）といった"-cess（行くこと）"系の類義語をもつ（『ジーニアス英和大辞典』）。その意味ではむしろ、process は「成り行き」に近い。「過程」を語義的・字義的に構成する、「過去」や「程度」（過ぎた程度）という後ろ向きのニュアンスは process にはない。ただし過程にも、現在通用している用例の上では、「物事が進行・変化していく一連の道筋」（『明鏡国語辞典』）、〈時間の流れ〉という意味は含まれているため、本書では「過程」と表記したい。

16 『権威過程の基礎的研究』（拙著の博士論文 [2006]）では、権威を過程的に捉える提案に重きを置いた。それに対し重複するところもあるが、本書は読み手に対しこれまでの権威研究を紹介しつつ、「今日まで持続（長期継続）している権威という観念」と、権威持続に際しての「排除」の役割、「高齢」要素の現代的意義、各個人が権威を動態的にとらえてはどうかという提案に重きを置いている。

17 "権威過程"という見方には、実体＝権威という硬直的なとらえ方でなく、「生成」と「安定」、「変化」というニュアンスを権威に帯びさせたいというねらいも含まれている。権威に関し挙げられる研究者の代表として、ヴェーバーがまず想起されるだろう（Weber [1972]）。彼の業績について本書は、服従可能性を高める社会的枠組を議論するために権威源泉に注目した、と位置づける（3章参照）。ただし、彼の権威の捉え方は本書と立場を異にしており、関係や過程という動態よりも、

継続局面での従者たちの正統性信念を権威源泉と直結させて論考を展開しているという点では「実体＝権威」的であり、どちらかといえば静態的である。

18 権威の直感的把握に関して付言すれば、「『オーソリティ』を広い意味に用い、そして、この言葉で、なんら批判的な調査や検討をすることなしに示唆を受容するという全ての状況を意味するもの」(Simon [1957a：128]) というサイモンによる規定を、まず挙げておきたい。この概念規定自体、先述のブラウとスコットの権威定義と相通じる内容を備えているが、両者には相互参照の形跡がないにもかかわらず、類似の規定を下している事実に注目すべきである（本書4章の冒頭も参照）。定義に関してはサイモンのほか、フリードリッヒ（Friedrich [1972]）、バーナード (Barnard [1938])、権力概念との関連では、ビアステット（Bierstedt [1950]）、ロング（Wrong [1977]）を参照。また、権威の実体概念と関係概念についてはボヘンスキー（Bochenski [1988]）を参照。なお、権力概念において日本におけるこの区別の史的考察には、丸山 [1964] の議論がある。

19 新宗教の研究者が、研究を長期にわたりつづけるうちに、権威源泉の優越的価値やその担い手の人格に魅入って（魅入られて）しまい、研究対象（教義・教団・教祖…）の擁護をしてしまうようになるケースなど。他方、セネット（Sennett [1980]）の翻訳書のタイトルを『権威への反逆』として刊行したのは、岩波書店である（原題は"Authority"文献欄を参照）。

20 前出のセネットによれば、権威を制約する（権威から全能という性質を除去する）ためには、それを「視覚認識可能で、判読可能な状態 (visible, legible authority)」にすることが必要である（Sennett [1980: 168＝ 1987: 234]）。

第1章 「権威」の発生(1)
―"authority"語源三要素とその継受―

第1節　はじめに―権力と権威をめぐって―

権力と権威のイメージ：目に見える権威＝権威者像の特徴とは何か

　マックス・ヴェーバーによると「権力の本質」とは、サンクション（制裁）の発動にもとづく、他の人々の意見や抵抗を排除した「意思の貫徹」にある、という[1]。この意思貫徹という権力特有の厚かましさと押しつけがましさを踏まえると、しばしば用いられる「…の権威」という表現は、いかにも権威の特徴を押さえているようにも感じられる。というのも、「…の権威」は通常〈高齢〉で、荘厳な重厚さを漂わせていることが多いからである。目に見える形で印された重厚なイコン的権威者像の代表として、一国を象徴する通貨に描かれた人物像や、権威ある賞そのものを権威づけているその創始者の

図1―1　発行元を象徴する権威者の図像（イコン）
左：旧一万円札の聖徳太子、右：ノーベル賞のメダルに刻まれたノーベル

レリーフを挙げることができる（**図1—1**を参照）。

　通貨に描かれた肖像がその通貨そのものに信頼感を与えるという権威のあり方は古い。「ギリシアの諸ポリスは、コインの品質と価値を保証するポリスの権威を示し、贋作を防ぐために、コインの表面に神像や神話にちなむ像を刻んだ。たとえばアテネの四ドラクマ銀貨は、兜をかぶった女神アテナの頭、聖鳥のフクロウを裏表に刻んでいる…そのとき彫刻家フェイディアスは、守護神の処女神（パルテノス）アテナの像に金の装飾を身に着けさせたとされる。金がモノに神性を与えるというエジプト人の発想を引き継いだのである」（宮崎 [2009：19]）。

　神像を描くことで通貨に神の権威を宿し、その神の装束に金というレアメタルのグローバルな（地球・自然的）神性を帯びさせようとしたというのである。ただし、人や神の図像を通貨に描くという発想は、江戸期以前の日本にはなかった。人間（神）にお金の"後見"をさせることに対し、日本ではタブー視があったのかもしれない（お金の蔑視、あるいは人間の姿が前面に出ている様を権威源泉とは考えない日本の権威観。注21も参照のこと）[2]。

　さらに、権威者的図像にひげがあることが多いところに注目していただきたい。比較的近年の例を挙げると、『毎日新聞』2007年1月24日朝刊には、「白井邦郎・東京農業大学名誉教授に聞く」と題して、高齢の白鬚男性の写真の下に「コラーゲン研究の権威」という見出しが掲げられている。そもそも古今東西を超越した権威者像として、ひげのある男性が起用されるのは、「ひげ＝高齢性＝経験的豊かさ」を暗示しているからである。若輩者になく、そして一朝一夕には伸びないことから、ひげは、豊かな経験的蓄積を象徴する、権威者像の典型的構成要素（アイコン）である。銅像においても、ひげを蓄えた男性を目にすることが多いのではないだろうか。やや先取りしていうと、オーソリティという発想を起源的に構成している三要素の1つ、〈高齢・個人（人格）〉的要素を、文字通り「象徴する」（目にみえる形で示している）ひげは、知識「継受」（受け継ぐこと：詳しくは後述する）を担う資格があるということを、視覚の上で正統づけているのである（この前後の記述について詳しくは第3節で論じる）。その相貌から東郷平八郎は、日本海海戦で名が知られ

る以前から、欧州滞在時に西洋人からも信用を得ていたとされるが、権威者的相貌は、洋の東西を問わないという意味で、重要な鍵となるのである。

　経験豊かな〈高齢〉性は、権威の典型的源泉であり、尊崇の対象として自然に従いたくなる雰囲気を醸し出している。ただし、現代日本社会で用いられる「…の権威」という表現は、正しいのだろうか。権威の社会現象学と題する本書はまず、権威という発想（ことば）自体がもたらす権威性（その自発的遵守と私的判断の放棄）の存在について浮き彫りにし、その正統性根拠を問う（明らかにする）ところから始めることにしたい。

　言い換えれば、社会にある諸々の権威について「いかにして」問えば、どのような見地から問いをたてれば、「権威を人が求める理由」について考えはじめることができるのだろうか。現実の権威に問いをたてる手順について例示するとともに、この問いの前提となる〈ツール〉としての〈権威・"authority"〉という発想自体について問うてみるところから、まず始めなければならないのである。

　話を元に戻すと、正しいかどうかはともかく、「…の権威」という語を目にしたり耳にしたりした経験は、だれしも一度くらいあるのではないだろうか。たとえば普及率の高い辞書の1つ、『明鏡国語辞典』の三項目目には「ある分野で最高であると認められている専門家」とあり、『広辞苑』の二項目目では「その道で第一人者と認められている人。大家」とある。これらが本当にそうなのだとして、その正統性根拠はどこに求めたらよいのだろうか。とはいえ、結論を少し先取りすると、判断停止と自発的遵守を旨とする、権威という作用を示すことば自体に、忘却と、ある種の判断停止の痕跡が、みてとれるのである。権威ということばは、本来そうした意味を含んでいない。では権威という語が今のように用いられるようになったのはどうしてか[3]。

　この問題を考えるため、何らかのデータに対し、それに接するひと（読者や消費者）が判断に迷う場面で多く用いられる言い回しを「権威」、括弧をつけた権威として、ここではとりあえず示しておきたい。信憑性を持たせ、お墨付きを与える聖なる存在、それが「権威」である[4]。

　この括弧付きの「権威」に対し、「コラーゲン研究の〈権力〉」という活字

にふれるとしたら、どのような人物像を思い描くことになるのだろうか。コラーゲン研究者たちのボス。力により制裁を加える存在。コラーゲンを使わないひとたちの不安心理を利用した、本当の思惑は伏せているあくどいひと、といったところであろう。力とダーティさ、恐怖といったイメージを想起させる響きがそこにはあるはずである。

　というのも「権力」という語には、「悪」という連想が、言外に随伴されているからである。恐怖・脅し・報復・無理強い・押しつけといったニュアンスが、権力ということばにつきまとっているのではないだろうか。「権力」といってしまうと、「権威」という表現とはちがい、人物が醸し出すオーラや後光といった〝ありがたみ〟は消失する。具体的には、消費者自身の手による、自由で、自発的な判断の後押しをするような、輝かしい正統性を帯びた根拠や理由を感じさせにくい。「自由」の余地が、「力」と「恐怖」により圧殺され、粛清されてしまうイメージがつきまとう。だとしたら、なぜ権力＝「悪」で権威＝「聖」なのだろうか。この問いに対する答えは、そう単純なものではないだろう。だがげんに「権力者」というと、強引かつ尊大で傍若無人というイメージをともなう。これに対し、ほめことばとしては「実力者」というケースが多い。冒頭で言及したヴェーバーの権力概念には、権力悪者説の由来を解く鍵の１つがあるとはいえそうだ。権力者という表現と権力性悪説はひとまずおいて、「…の権力」という表記自体、日本語には存在していない[5]。だとしたら、これはなぜだろうか。

既成権威から自由になる手段としての〈意識化〉

　同様に「…の支配・──博士」、「…の威信・──教授」という慣用表現も、日本語にはない。隣接概念と学術的、あるいは日常感覚的には扱われることの多い、権威・権力・支配・威信の中で、「権威」のみが信用根拠となる信頼感を帯びた人物をさすことばとして通用しているのは、なぜだろうか。「…の権威」という体言止めとそれが奏でる響きには、どこかしっくりとこない違和感を覚える。というのも「権」にも「威」にも、「ひと」を示す意味が一見しただけでは感じられないためである。慣用表現だから詮索を控えよう、

いつから慣用され始めたのか手間暇かけて考えるのは無駄と受け流す態度の方が自然と考えるひとは、「無意識」のうちに権威を行使されすぎているといえる。というのも権威の本質の1つに、〈ひとに、その人個人の判断を止めさせ、自らすすんで受け容れさせるよう導く〉はたらきがあるからである。ここでは、既成権威から逃れる方法の1つ、〈意識化〉に関する見取り図を示していきたい。

権威の曖昧さから自由になる方法

　権威からの自由とは、フロムをはじめしばしば唱えられてきたフレーズだ。しかし、何から自由になるのかが分からないと、始まらない。この意味からいっても、「権威」と西洋概念の「オーソリティ」について、「権力」や「支配」と対比したさいに際だつ、「権威とは何か」に向き合う問題は重要となる。権威という語と概念の曖昧さが、ほかの社会科学概念と比べても際だつことは、このさきを読んでいただければ了解されていくだろう。「権威」は今日、日常会話から新聞、学問分野で、ある意味幅広く乱雑に用いられる。そこである日、権威主義につき業績がある指導教授に、つぎの質問をした。「権威主義概念につき、具体的にどんな社会的実在を想定し、『権威』という表記をしてますか」。この問いに、筆者が納得できる回答はいただけなかった（曽良中 [1980] も参照）。周知のアドルノらの『権威主義的パーソナリティ』、フロムの『権威と家族』をひもといても同様である。曖昧さの一環に権威主義の問題があるのは確かだが、権威主義（authoritarianism）があるのに権力主義がないのはなぜか。こうした疑問、そして先行研究での空白を知ったことが、この研究の出発点にある[6]。

　したがって本書では、現代日本社会での日常生活と学問を通して、無造作に使われている「権威」概念について、できるかぎり根拠を明確にした「腑分け」をおこなうことも、目的としたい。さきにのべた無造作で乱雑な語用法は、権威という概念ばかりでなく、社会科学系用語全般にみられる傾向である。その慣用的惰性という現実の影には、いま新たに明確にしておいた方がよい問題が手つかずのまま残されている。日本、さらには中国をはじめと

する非西洋語圏における社会科学全般で問われるようになるかもしれない
テーマにつき、権威という1つの具体例を辿ることで先鞭をつけたい。とい
うのも、この世紀の初頭を機に、明治以来の営為を整序しておいたほうがよ
いと考えられるからである。日本にかぎっても、社会科学用語の大半が舶来
概念であるのに、西洋概念と漢字による訳語の整序についてほとんど顧みら
れていないのが現状であろう。新しい世紀の始まりとともに急速に普及した
インターネットをはじめとする地球規模環境での研究。この前世紀までとは
大きく変わった環境の下で研究をすすめるためには、輸入概念に関し以前に
も増して注意が必要になってきた。明治期初頭に決められたある訳語が、ほ
んとうに現代日本にマッチしているのか。あるいは訳語の決定過程と和漢洋
の語源に照らし、本当に正統性が認められるのか。この問いを解くためには、
以下本書で展開するような手続きが、参考になるはずである。これら「課題
と手続き」がはたして本当に必要か？　明らかにしていこうという筆者の意
思について理解され、おつきあいいただければ幸いである。筆者の立場から
は「必要である」と仮定し、アプローチの方法について以下では順を追って
示していくこととしたい。

対比の軸

　そこで本研究ではまず、「洋」対「和漢」という対比軸と「権力」「支配」対「権
威」という対比軸を具体的に設定する[7]。さらに、この2つの対比軸を据え
た論考を進めるに当たり、次の手順で論点を整理していきたい。まず「オー
ソリティ」について、文化社会的背景をふまえた語源的な論考と西洋史上で
の観念的ニュアンスの変遷について確認することからはじめよう。ついで和
漢語としての「権威」の「語源（字義）」と「用例」について、基本的には「和」
と「漢」を不可分とみつつも、古代中国語、上代から江戸期までの広義の「古
辞書（字典）」・「古文書」、明治以降の辞書（字典）・文書という三カテゴリー
を念頭に置いて分析を進めていく。この3つの範疇を舞台に「権力」「支配」
と対比検討することで一層浮き彫りになる、和漢語の中での「権威」の特性
について指摘していく。これは、和語と洋語のリンクの問題をあぶり出すた

めの、予備的な素材の確認作業である。この語源と用例をふまえた上ではじめて、オーソリティに対する翻訳語の問題を、とくにその導入期における実例から読み解くことが可能になるといってよい。

　こうした用例と翻訳、権威の隣接概念としての権力と支配を検討してはじめて明らかになった結論に少し触れるとつぎのようになる。一見程度の差、もしくは連続的な延長線といったニュアンスで捉えられることが多い、権力・支配・権威の三語はそれぞれ、「新漢語」・「在来漢語」・「準新漢語」という全く異なった性質を、じつは帯びていることが明らかになったのである。

既成専門語に対する初学者の自明視と判断停止という問題：現象と概念の"交差する焦点"としての〈権威とオーソリティ〉問題―「訳語の問題」という発想の"継受"―

　権威とオーソリティのリンクをめぐる混沌は、舶来学術語が帯びる曖昧さが引き起こした、西洋的語源要素をめぐる問題の一例にすぎない。本書でこれから示す手続きは、社会学をはじめとする社会科学の専門用語全般で、おこなわれてしかるべきである。一見したところ、新しい西洋の概念に対しどのような日本語を当てるかという問題は、白熱している。問題となり関心を集めているヴィヴィッドなアプローチの仕方やテーマに取り組む場合、訳語に関心が集まるケースの方が、むしろ多いくらいではないだろうか。

　問題は、ほとんどの場合で、訳語選定の視点と発想に、和漢語の語源（字源・字義）が含まれていないところにある。現代的関心事に対する言及や考察の際に、用例・字義・訳語的接近方法を、いわば三位一体的に付け加えることによってはじめて、みえてくる地平も存在するはずである。少なくとも、議論の幅を広げることにつながっていく。やや大げさな言い方をすれば、このアプローチによって、社会科学特有の脆弱性は克服されていくだろう。日本の社会科学全般に内在する脆弱性は、輸入学問という性質にあり、訳語と概念的齟齬の問題はその一端をなしている。本接近法は、この問題に検討を加えるための刺激になるかもしれない。

　この発想は、個人的経験に基づいている。そしてこの経験には、初学者が不見識ゆえに、判断を留保せざるをえない問題が含まれていた。筆者が進学

した学部でまなんだ「社会科学専修」というコースでは、「政治思想史」「選挙制度論」「経済学原理」「政経原書研究」「法学概論」「比較憲法論」「民法」「社会政策」「社会学概論」「社会学方法論」といった講義が必修であって、3年次に研究室を選択する仕組みであった。とりわけ社会科学系の学問をまなんだとき、社会学に限らず、専門用語のネーミングに強い違和感を覚えることがしばしばあった。

そんな折、「社会学方法論」で下田直春先生が展開した、シュッツやバーガーらの著述の概念に対する訳語問題（"relevance"の訳語など）は魅力に富んだ着眼で、非常に強い蠱惑的なまでの印象を受けたものである（下田 [1981: 354] 参照）。

同書の補論、「シュッツの"relevance"論の展開とその訳語の問題」は、つぎのように結ばれている。

>「私がこのように訳語にこだわるのは、訳されてしまうと、"訳語"だけが、シュッツの真意にかかわりなく一人歩きするからである。もし私の理解が間違っているのなら、ぜひそのことを教えていただきたいと思う」（下田 [1981: 369]）。

本章の研究は、下田 [1981] と「社会学方法論」の考え方を"継受"し、のちの世代・時間にまでつなげていくことで、下田 [1981] のタイトルとなっている"社会学的思考の基礎"の足場を踏み固めることを、志向しているのである。研究は、1人の研究者が業績を残しただけではそれ以上深化せず、何世代にもわたって"継受"されつづけることではじめて、蓄積の量と幅が増え、厚みが増していくものと思われる（2章1節 はじめに―高齢性と権威 参照）。

ただし、師は少し、アグレッシブすぎたようにも感じている。他の研究者が手探りの状態から開拓し、苦労して成し遂げたであろう全訳を、後からピンポイント的に批判する姿勢には、先行研究者に対する敬意がいささか欠けすぎる観もあった（授業を受けていた当時の、筆者の印象）。

しかしながら、翻訳語の検討には、現代ならではの時代的意義がある。筆者は「訳語の問題」という"切り込み方"・"発想"を、グローバル時代の学問語の在り方という問題に照らして、受け継いでいきたい。「訳語の問題」

を社会学的問題設定の方法としてとらえるという考え方について受け継ぐとともに、一層深化させるような、より具体的な「方法」の提案を本書では心がけるようにしたい。以下で示していく、西洋・和漢、語源（字義）、用例、訳語定着過程という、論理の順序立てと、それぞれの論点を通観したトータルな把握こそ、社会学的思考に基づく「訳語の問題」に対する具体的接近手順の1つなのではないだろうか。

　学生時代の経験に話を戻すと、試験に追われる時間的制約と、必要な知識へのアクセスの仕方に対する不見識ゆえに、採点者の用語法をなぞっていたのが現実であった。よく識らない状況下では、正解が1つの方が迷いがなく、時間的・労力的コストを省くことが出来ることも、確かだったのである。

　学生の頃には気づかなかったものの、翻訳語には、これから論じていくような特有の問題がある。ただし、適切かどうか再検討し判断する姿勢はとても有用であるかもしれないが、効率の点ではマイナスであり、果てなき泥沼に陥る危険もある。コスト節約と泥仕合を避ける秩序構築が、定訳という権威の働きであるともいえる。

　本来、道具であり、手段である、ことばの揚げ足取りの批判ばかりでは、深い論考に至ることはできなくなり、本末転倒だ、という意見もあるだろう。さらに、現行の定訳語にはそれぞれ、相応の根拠と使用実績（用例）がすでにあり、今この瞬間も迅速な理解に役立っている、という意見もあると思われる。

　とはいえ、定訳という権威の働きの意義は認めるにしても、翻訳語で学説や理論を構築し、論考せざるを得ないにもかかわらず、社会科学系の学問研究者のほとんどは、語源・訳語・和洋概念の異同とその構成要素といった基礎的問題を、あまりに等閑視しすぎているように感じられるのである。地球規模環境での（グローバルな時代状況での）学問について問い直すことこそ、社会学に今、求められている課題なのではないだろうか。

　グローバル化状況における学問への問いという問題を、本書では具体的に、日本における社会科学の用語の1つ、権威の成立過程（"権威という訳語の発生"）についての検証を通して提起していきたい。そもそも、今の時代、社会科学の概念を用いて研究する際には常に、和洋の対照関係について留意す

ること、そしてその発想の起源や和漢の語源、定訳語の成立過程をたどること、いいかえれば「定訳の権威」の正統性根拠について発生論的問い直しを行うことに、相応の意義があらためて出て来たのではないだろうか。

こうした視点によってはじめて、その語が指し示す現象の仕組みが明快になることもある。このような現行定訳語への疑問→自明性への懐疑→語が辿った履歴の検証というアプローチに適する論題について、本書はこれを「権威とオーソリティ問題（定訳語の権威の問い直しという問題）」とよび、主唱していく。その具体的手順となるのは、和洋の対比を背景にした、語源（字義）・用例・翻訳の問い直しである。そのため、西洋語のオーソリティ定義に対する疑義とその弊害という論点から、まずは着手していくことにしたい。

第2節　定義に対する判断放棄

研究概念特有の問題としての〈自明視〉─わからないから頼るのか、識っていても頼るのか─

既成専門語に対する自明視と判断停止という問題は、初学者、あるいは日本人に限られるものではない。西洋の研究者にもみられる傾向だ。ここでとくに注目したい自明視の対象は〈大家が下した概念定義〉になる。以下ではこの問題について考えていきたい。

寡頭制の鉄則の提唱者として知られ、『社会科学百科事典（*Encyclopedia of Social Science*）』の「オーソリティ（Authority）」項の執筆者でもあるミヘルスは、それを「権力の現れ（manifestation）」といった。かれが政治的視座からオーソリティについてのアプローチを提示したのに対し、社会心理に造詣が深いラスウエルとカプランは、人間たちの心のなかで「定式化されている権力」とのべている[8・9]。だがこの概念を語源的な視点からみるとき、これらの見方はかならずしも的を射ていないのではないだろうか[10]。これが本書の出発点、名の通った先行研究者たちの業績に対する疑問である。いうまでもなく、かれらは不朽の研究を残した偉大な研究者であるのだが、そんな偉人であっても、案外、概念定義は「自明視」の姿勢をつらぬいている。〈その

ように定義する根拠〉について、十分に示されていない。権威者という大家の役割として、不毛な詮索を止揚しているかのごとくである。以下では、権威者の行った権威定義とその受容をめぐる問題について、考えていきたい。

では、とりわけミヘルスの誤謬を正す必要性は、はたしてあるのだろうか。ミヘルス本人の私的権威観（オーソリティ観）の表明は、それはそれで自由であってよいと感じる今日の研究者も多いだろう。だが、ミヘルスの「偏向」が（権力還元論的権威観という立場；5章3節参照）、彼より後の社会学や隣接諸学に影響を与えてきたことが明らかになるとき、研究者たちの多くもミヘルスの権威定義がもたらす弊害について、一考せざるをえなくなるであろう。

概念定義の受容連鎖

では、ミヘルスの弊害は、どこにあるのだろうか。寡頭制の鉄則（少数者支配のテーゼ）とは周知のように、少数の人々が権力を掌握し、人心の統合と利益の配分をおこなう傾向が、人間集団すべてにみられる普遍的傾向であり、それはイデオロギー・人種その他諸々の属性によって左右されないとする、当時の自身の置かれた国の状況、ドイツ社会民主党を中心とした政治情勢や、自らの生活世界での経験を背景に一般化した考えであった。

こうした発想の唱道者であることを念頭に置くと、彼は当時の研究者集団の頭(かしら)であると、あるいは自認していたのかもしれない。だがかりに、自負があったにせよ、どんな大家とても、未来予想図を正確に予想の上で、オーソリティ定義を下したということは、ちょっとありそうにない。彼は1936年に没している。自身の定義が死後、いつ、どの国で、どういった分野の辞書に記載され、いかなる人たちに引用されつづけたのかを知ったら、さぞ驚くだろう。

ミヘルスの弊害とは、その時代のナンバーワンといってもよいような「大家」が草創期に代表的事典（*Encyclopedia of Social Science*（1937年））で示した「既成事実」という「規格」の規範性が及ぼす影響についてである。その証左は、「ミヘルス定義」という規範的既成事実によって自明視してしまった『後の時代の〈大家〉』たちによって編み出されてきた連鎖にある。それすなわち、〈オー

ソリティ（権威）概念定義の受容連鎖〉と表現できよう。権威概念定義の受容連鎖について具体的描写をするまえに、つぎのようなあらましをまずは示しておきたい。

　ミヘルスの定義論的な論究は、欧米の学識者の権威論において比較的「詮索を控えられつつ」無批判に「受容」され、さらにまた別の「被引用論拠」とされやすいという意味において影響力を有する論者に影響を与えているのである。この意味で、直接的あるいは迂回間接的に、現代にまで影響を与えつつ不朽の価値を保持してきた。日常生活者ばかりでなく、古今東西の研究者にも、現象学的社会学でいうところの「自然的態度」がありそうで、逆にいえばある程度そういうポーズをとらないと、自らが追い求めるテーマを論究できない。この意味で、彼はまさしくこの研究分野の「寡頭」を占める1人になってしまった。

　だが、ことオーソリティ・権威概念のケースでは、この状態は問題である。というのも、権威概念とはそもそも、その想定する批判あるいは判断対象を現実社会から得た結晶であり、その時代時代の人間が実際に行おうとする批判や判断をする際に役立つ「道具」という意味合いを、本来担っているのではないだろうか。権威にとっての舶来概念としてのオーソリティが含み持つ"author"的部分観念が、「初発的な」・「新たな」拠りどころという発想を帯びているからである（詳しくは、3節1）で論じる）。権威に限らず学術概念は、研究者をはじめとするその使用者に「何か」を鼓舞し奮起させ、霊感を与えるかのように生じもたらすというところに、その存在意義があるといってもよいのではないだろうか。

　博物館行きの遺物のなるべく原型を損なわない「リレー」。〈オーソリティ概念定義の受容連鎖〉は、ありがたい遺物的記念物をバトンにして、組織論と社会学を舞台にした、時代時間と人間と社会の状況とは無関係に繰り広げられるリレーといった観を呈している。判断の道具という性質を本来帯びている権威概念は、先人の知恵という遺産を継承したものであると同時に、変化する社会と時代を反映したものとすべく、つねに検討対象となるべき存在ではないだろうか。現代の時代社会において、ひとに立ち止まりと再考のエ

ネルギーを吹き込むツールであるべきである。

　この現実性無視を第一の問題とすると、第二の問題もまた同時に浮上してくる。引用連鎖、裏返せば被引用連鎖という観点から、権威・オーソリティ概念定義問題について考察しようとするとき、「内容の妥当性（現代的な事象までも説明する能力）」に拠るのでなく、「形式（引用対象者の社会的位置（position））ないし名声」に専ら基づく受容が繰り返され、内容自体の検討が等閑にされている点が、浮かびあがってくるのである。このように定義問題の再検討は、言語学的研究対象に留まるものではなく、社会学的意味での問題性を、そこに垣間みることができる。

　以上2つの問題性[11]と照らしつつ、定義受容連鎖の具体的内容・流れについて固有名詞を挙げつつ描くとき、さらにある「特性」が顕在化してくるが、まずは権威定義連鎖模様を示すことにしたい。

　ミヘルス[1937]を「定義論」として引用している（組織理論や経営学の分野で今日でも影響を与えている）チェスター・バーナード（Barnard [1938]）の12章⇒（システム制御論と経営学出身者初のノーベル経済学賞受賞で知られる、バーナードのオーソリティの定義を「受容する」と宣言している）ハーバード・サイモン（Simon）のとくに[1957a]・[1958]⇒（サイモン（[1958]）を、「注目すべき定義をみよ」という表現によって指示している）社会システム論の旗手の1人と目されるドイツの社会学者 ニコラス・ルーマン（Luhmann [1975]）の1章。以上が、定義受容連鎖の流れである。

　とくに、バーナードとサイモンのオーソリティ論は、国内外を問わず、社会学をも含む広範な学問主題領域で、とりわけ組織の管理に関する議論においてたびたび引用されている。「特性」はおわかりいただけただろうか。ただし、反発もあった。たとえばペロー（Perrow [1972]）は、クラップを論拠として、バーナードとサイモンのオーソリティ規定を批判する。そのクラップは、ビァステット（Bierstedt [1950]）を論拠に、受容重視のバーナードとサイモンを批判し、制度的位相を重視すべきだと主張したが、批判する側も"連鎖"を形成しているのである（Krupp[1961: 104, 116]）。

遺産の権威源泉性：新人の信用創造のバイタルとしての大家定義

　このように定義的な論究自体に、詮索を控えさせるという意味においてのオーソリティ（権威）現象がみられる。「私的判断の放棄」に定義受容連鎖問題の特質の1つがあるといってもよい。時間的にいうと同時代以降（のちの〈時間〉）の、同時代人の中に限定しても、職業や社会階層的にみて、研究を生業にしていない人にまでは及ばないかもしれないが、少なくともオーソリティに関心を抱いている研究者に対して、影響がみられるのである。

　ただし、「影響」は、大家（ミヘルス）側の要請によって生じたものではない。さきに述べたように、自らの没後の業績コントロール（引用のされ方の制御）は、不可能だからである。その意味で、影響というよりむしろ、後発の研究者の方が意図的に、先行研究を「鵜呑み」しているといった方が適切かもしれない。いってみれば「自発的遵守」であり、権威現象のもう1つの特質も浮かび上がってくるのである。

　また、意図性の有無に関わる問題として、さきの「受容連鎖」に登場する論者の諸文献自体のテクスト、そしてそれら文献自体を「古典」とみなして研究の対象としている内外の諸研究のテクスト（サイモン研究など）のなかで、定義的論究の被影響連鎖の遡及は、これまでなされてこなかったといってよいのではないだろうか。この不問性もまた、筆者にとってかねてからの謎だったのである。

　だが、「ある特性」が「鵜呑み」をめぐる謎を解くヒントとなった。つまり、"箔"を付けたいのである。後発の研究者は洋の東西を問わず、研究者自身の信用と研究自体の信憑性を得なくてはならない。また、古典はある概念の迅速な理解と同意を促す力を有している。古典的概念の多用は、他の研究者の知的好奇心を満足させると同時に、同意を取り付ける手間を省くという利点を持っている。それはいたしかたないともいえるのだが、権威の研究者が、「無自覚に」権威にとらわれてしまって、はたしてよいのだろうか？　こうした新たな疑問が頭をもたげてくる。本書の立場は「ノー」だ。無自覚に、あるいは手っ取り早い理解を得るために、名の知れた研究者の権威定義を無自覚無批判的に用いようという姿勢を推奨するわけにはいかない。

第 1 章　「権威」の発生(1)　37

　そこで「権威」を問題対象とし、それに接近しようとするとき、本書は〈明確化〉というメソッドを提案したい。具体的には、権威（オーソリティ）という語の"語源"、"オーソリティの源流"の明確化である。というのも、現代まで残っているある意味古い時代の「遺物」ともいえるミヘルスやバーナードの定義も、彼ら自身が考案したわけではないからである。ただし遺物には、権威源泉としての"素質"がある。よい意味で"枯れた"存在であり、その定評は不朽で、変わることのないという〈不変属性〉を備えると同時に、広く世界的に知られているという意味で空間的知名度も備えているからである（2章 3 節 権威源泉の発生と本書〈結び〉の権威源泉のネット性も参照）。

　ただ、古典とはいえ 20 世紀の研究者であり、この概念の成り立ちからみるとじつに新しい存在にすぎないことも事実である。そこで「源流」について、あらためて確認する必要がある。こうした衝動から、定義的論究の被影響連鎖の遡及をごく簡略にではあるが試みた。その結果いきつくのが、ミヘルスたちに対し抱いていた疑義の論拠としての、定義観念に対しての時間遡及的論考である。さらには、オーソリティならびに権威の語源探求というアプローチをするに至ったわけである。

　ではこうした研究手法には、研究史上どのような意義があるのだろうか。比較的近年の欧米でのオーソリティ研究の潮流を踏まえるとき、この研究のアプローチ方法があながち時代錯誤とはいえないことについて了解されるであろう。というのは、語源的観点への注目は、たとえばフリードマンが、「オーソリティという論題について業績を著わしている政治哲学者の多くがラテン語的なオーソリティという用語の語源に対してかなり大きな注目を向けている」といい、ピーターが「オーソリティに対する謎を解く鍵としての『アウクトリタス（auctoritas）』」という見方を表明しているように、オーソリティ（権威）研究[12]のなかでも近年重要視されてきた方法だからである[13]。裏返していえば、このような研究動向の一環を本書は担っているともいえよう。ただし、今挙げた諸研究はみな、論究不足である。「言及した」だけというケースが全てといっても過言ではない。意義は認めつつも、論及者が自らの手で語源を辿るという努力は、さきに指摘した研究のいずれにおいてもみられな

いのである。さらに、やや大げさにいえば、ラテン語派生的西洋語でない「非ラテン語圏で生起した和漢語」を題材にしているという意味では、以上の諸研究が有していない意義が、以下で行っていくような和洋漢の対比的検討には存している、と考えることもできるかもしれない。

現代日本社会学からのアプローチとしての概念研究のポイント

　もっとも、こうした用語問題自体言語学等他学問の研究対象であって、それを扱うことは社会学的に不適切と考える向きもあるかもしれない。このような疑義に対し、定義概念受容連鎖という"ことばの受け継ぎ方"の明確化には、社会学（とりわけ知識をめぐる社会学）が注目すべき問題も含まれているという提案を、本書では表明したい。

　別の観点からいっても、既存の文化社会の存在を踏まえざるをえない発想としての「権威―オーソリティ」の概念比較という営為は、想像力を当該社会(西洋・和・漢)の特性に基づきつつ駆使する必要があるという意味からも「社会」学的テーマである。語が用いられる時代社会それぞれで具体的に想定されがちな権威内容について語義的観点から明らかにすることには、語学的意義ばかりでなく、社会学的な意義もまた、存するのではないだろうか。

　もっと積極的にいえば、本書で示すような研究方法が、権威という観念の研究にとどまらず、他の多くの「西洋観念―和漢の観念のつながり」という視角から、既成事実としていわば「規格」として通用しているさまざまな社会科学的諸発想の見直しへ向けての嚆矢になる可能性をもつといっても過言でない。

　たとえば、「家族」、「組織」、「国家」、「経営」、「運動」などは、もう一度その成り立ちについて検討した方がよい訳語であり、とりわけ"family"を「家族」、"state"を「国家」という日本語にしているのは、現代社会の実情に適ってはいない[14]。社会状況の変化に応じてことばを変化させるのは、学問語としてふさわしくないかもしれない。しかしながら少なくとも、一般にも用いられる学術語に関しては「西洋観念―和漢の観念のつながり」について専門的立場から、つぎの3つの点は明らかにされてしかるべき問題であると思われる。

①その「定訳」・「定義」の評価が定まった経緯、②江戸期までにおける日本での存在の有無、③意味内容の和洋の間での相違点という、3つのポイントである。この3点こそ、さきに述べた「権威とオーソリティ」問題（定訳の権威の問い直しという問題）について考える際、具体的に検討すべきポイントとして呈示したい。

「定訳」とは、「大家の定義」に通じるものがある。大家＝ミヘルスの定義の弊害については、さきに指摘したが、以下の論考では、定訳にも同様のデメリット（とメリット）があることを前提に、いいかえれば、「定訳の権威の問い直し」をすることを前提として、問い直しの「具体的手順の呈示」にウエイトを置いて、「権威とオーソリティ問題」について示していくことにしたい。「定訳の権威の問い直し」の手始めに、「権威という定訳語」の正統性について、西洋・和漢の語義（字義）・用例・翻訳過程に照らして、問い直しを行うわけである。

以上のような理由から、本書では、「権威」と「オーソリティ（"authority"）」という語について語源的考察を行い、さらにオーソリティ（authority）に対する翻訳語の問題について、とくにその導入期における実例について確認を行う。こうした作業により（権力でなく）「権威」だけが、「…の権威」といった形で人物を呼称する際にも使用されるに至った経緯が明らかになる。さらに、この「人物呼称」という明治期以降の「付加概念的要素」が、権威現象特有の問題としての従者側が権威者側に対して抱く敬意要因、そしてその帰結としての、自発的遵守と従者の私的判断停止問題とも、大いに関連していることも、2章以下の論考を通して次第に了解されていくものと思われる。

第3節　オーソリティ

1) オーソリティという発想の起源[15・16]

はじめに〈法〉ありき

現代日本における権威についての〈位置〉を確認するのが、本書のねらい

の1つである。その方法として、概念（観念群）を構成要素に分解し、その1つひとつの「構成観念」の語源の確認をしていく。現代日本語でいう〈権威〉の手本が西洋語の"authority"（オーソリティ）にあることは、他の多くの抽象概念の例について考えてみても分かるだろう。そこでここでは、オーソリティという観念そのものが形づくられてきた時代とされている古代ローマと、その時代その場所で形成されていた構成観念について、まず確認しておかなければならない。

クリーガーによれば、西洋におけるオーソリティの諸観念の歴史は、「古代ローマから現在に至る螺旋状のプロセス」なのであり、そこには「4度の完結した段階」があったのである（Krieger [1968: 141=1990: 3]）。4つの段階とは、古代ローマ、中世、近代、現代であり、それぞれの段階におけるオーソリティという観念を主として使用するとともに、オーソリティという観念を構成する中心舞台は、法、宗教、政治、社会というのである（**図1―2**）。すなわち、「ローマ人たちは、法に対する特別の関連をもったオーソリティの観念を案出し、主権の法的正統化をもって終了した。中世の人々は同じプロセスを宗教によって反復し、近代の人々は政治によって、そしてもっと最近の人たちは社会によって、この同じプロセスを繰り返した」（Krieger [1968: 141=1990: 3]）。「繰り返した」というのは、時代末期に混乱が生じ、オーソリティの正統化的要素（=〈追加・後見〉要素：**図1―3**参照）が、古代末、中世末、近代末という3度にわたり重要視されてきたという歴史的反復を指している。

そして、オーソリティの諸観念の歴史を、「直線的な変化」ではなく「螺旋状のプロセス」を呈しているとクリーガーがいうとき、そこで想定されて

時代	主題領域	イメージ
古代	法	弁明するソクラテス
中世	宗教	大聖堂と魔女狩り
近代	政治	三色旗を手にする自由の女神
現代	社会	カオスと多様性

図1―2　西洋権威観念史上の4つのステージ

出典：Kriger [1968] をもとに、イメージは筆者が挿入

追加・後見	augere（増す）に由来。本源的。政府と政治権力を正統化するという形で、政治的主題領域で強調されることの多いニュアンス。この要素ばかり強調されてしまうと、potestas（権力）に取り込まれてしまう
創始・開始	author（著者）などに現存するニュアンス。政権の樹立を含め、何かを始める際、継承され、関連づけられる拠り所としての「起源」
高齢・個人（人格）	auctoritas maiorum（高齢）は、倫理的・政治的模範として、中世では信仰の対象とされていた。現在を過去と関連づける貴重な継承者

図1—3　西洋権威観念の語源三要素
出典：Arendt[1958] および Kriger [1968] をもとに作成

いるのは、「服従の根拠」についての「自発的な（voluntary）」オーソリティと「強制的な（coercible）」オーソリティという、「オーソリティの2つの基本形態」なのである。さきに示した4つの諸段階は、いずれも「自発的」と「強制的」という、継起する2つのオーソリティの基本形態（two successive basic forms of authority）によってそれぞれ構成されている。

　以上が、オーソリティ観念の黎明期としての古代ローマの位置の概略である。オーソリティについて考える上で古代ギリシア・ローマ期が重要であることは、アーレントの著名な論文、「オーソリティとは何であったか（What Was Authority?）」（Arendt [1958]）のタイトルとその内容[17]にも示されている通りである（'Was' として、過去形であることが強調されている。なお、考え方の集大成がギリシア期でなくローマ期だったことから、以下では主に古代ローマ期として論じていく）[18]。古代ローマ期に発案されたオーソリティの構成観念（意味要素）は、どのようにしてそれ以降の宗教、政治、社会的な歴史状況と結びついていくのか、これは重要な研究テーマとなりうる。その1つの模範は、クリーガー [1968] の論考にあると思われるのである。「模範性」の是非に深く立ち入ることはひかえ、権威という考え方の総合的理解に資するかぎりでの、西洋史における用語法的アウトラインにつき、クリーガーに依拠しつつ、まずは確認していくことにしたい。

語源的三構成観念（語源三要素）
　西洋においてオーソリティの観念について練り上げ、案出したのは、上述

したようにローマ人たちであった。クリーガーによれば、彼らは、法との関連でオーソリティという「新造語」を作り出したのである[19]。ここでは、そもそも案出された段階で含意されていた、オーソリティの3つの要素についてみていくことにしたい（Krieger[1968: 141-6=1990: 3-8]）。

オーソリティという語の起源となっているのは、アウクトリタス（auctoritas）という古代ローマ時代に造られた新造語である。この点では、さきに挙げた諸論者を含め、一致が見られるといってよいだろう（とくに、Friedman [1973: 74]; Krieger[1968: 141-2=1990: 3] ; Arendt [1958: .98-106=1973: 152-160]）。クリーガーによれば、このアウクトリタスという語[20]は、主として数種類の法律的な諸関係をカヴァーするために発明されたのである。そして、この用語をめぐって集められた諸観念には、3つの意味が存在している。彼に遡ること10年、アーレントによる先駆的研究も、その証左として例示していきたい（ただし、彼女の論述は複層的であり、三語源要素への割り振りは筆者の責による）。

①追加的・後見人的要素

その第一のものは、取引における法的な裏付けや保証（guarantee）、被後見人（ward）の行為に対する後見人（trustee）による裏付け（confirmation）を意味する要素である（Krieger[1968: 142=1990: 4]）。これは、通常の法的なサンクションがダイレクトになされていたのとは違い、「追加的（incremental）」、「添加的（additive）」立場からなされたところから、「追加的もしくは後見人的」要素と呼ばれている。この意味のオーソリティの機能を果していたのは元老院であり、元老院議員は、彼らの法的な必須的命令やパワー（imperium or potestas）の派生物としてではなく、その帰結的結果として、このような後見人的な機能を果たすことをはっきりと認められていたのである（Krieger [1968: 142=1990: 4]）。

そもそも語源三要素のうち、①の追加的・後見人的要素がオーソリティ観念の原義、出発点に当たる。というのも「auctoritasという言葉はaugere、つまり〈英語でいう〉"augment"（「増す」、「つけ加える」）という動詞からきている」

からである（Arendt [1958: 100=1973: 153]〈〉内は引用者）。西洋思想史、とくに政府の正統化という政治的主題領域で、この要素が果たしている役割は大きい。その影響は、現代日本の権威という語のニュアンスにまで残っている。「追加・後見要素への偏重」（逆にいえば、以下の二要素の軽視）という問題である。今日的意義を保つこの要素について、つぎに示すようなアーレントの論考が、参考になるものと思われる。

「権威をもつ者たちのもっとも目立つ特徴は彼らが権力をもっていないということである。Cum potestas in populo auctoritas in senatu sit「権力は人民にあるが、権威は元老院にある」。「権威」、すなわち元老院が政治的決定につけ加えなければならない添加物は権力でないから、それはわれわれには奇妙に捉えどころがなく感覚でつかみがたいものに思われるのである。…モムゼンはそれを「忠告以上のものであるが命令以下のものであり、きっぱりと無視することのできない忠告である」といった。つまりそこで考えられているのは、「子どもと同じように人民の意思や活動は誤りと誤解にさらされており、したがって、長老たちの評議による『添加』と確認を必要とする」ということである。長老たちの「添加」の権威的性格は、それがそれに耳を傾けさせるのに命令の形式も外部的統制も必要としないところの単なる忠告であるという点にある」（Arendt[1958: 100-101=1973: 154]）。

②創始的・開始的要素

第2の意味要素は、噂や教義、ある決定の「出所」を確認することが、その根拠をもたらすという考え方から生まれた、創始や開始を意味するものである（Krieger[1968: 143-4=1990: 5-6]）。この要素は、「著者（author）」や「正式に認める（authorize）」という英語のことばにみられるように、今日にいたるまでとても明確に、わかりやすい形で受け継がれてきた考え方である。

出所の確認という、この構成観念を形づくる発想にいたる前提として、ある人がアウクトル（auctor）として名指しされることには、そもそもつぎの2つの意味があった。まず第一に、ある情報、意見もしくは行動に対する持

続的な責任という意味である。これは、主として法律との関連で用いられていた（Berger [1953: 368-9]）。第二に、その情報や意見、行為の正当な起源（rightful origin）を指すという意味である。クリーガーによれば、これは主として政治権力との関連で用いられていた。彼の挙げている例によれば、共和政ローマの支配者（rector rei publicae）とされていたプリンケプス（princeps）は、提案の発議者としてのかれのオーソリティによって国家の「指導者（dux）」であるという側面を持ち合わせていたのである[21]。

　創始・開始的要素についてアーレントのことばによるなら、つぎのようになる。

「権威あるいは権威あるものがたえず増し、つけ加えるのは創始である。権威を与えられた者は長老たち、つまりローマの元老院あるいはpatres（父祖たち）であって、彼らはそれを後からくる者たちすべてのために礎を築いた先祖――それゆえにローマは彼らをmaioresと呼んだ――から世襲と受け伝え（言い伝え）によって得たのである。　現在生きている者の権威はいつでも継受的なものであり、プリニウスがのべているように、auctores imperii Romani conditoresque、つまり、もはや現在生きている者の仲間ではない創始者たちの権威に依存していた。権力（potestas）とちがって権威は過去に根をもっていた。しかしこの過去は、生きている者の権力や力と同じように　都市の現実生活に現存していた。エンニウスの言葉によれば、Moribus antiquis res stat　Romana virisque（ローマはその古き風習によって立てり）である」（Arendt [1958: 100=1973: 153]）。

つまり、新たな政治体制を始めようとするとき、過去の創始者たちと〈関連づけ〉を行い、先例を今風に解釈し焼き直すような方法で「継受」しないと、人心の収攬はままならなかったというのである。過去の創始者への関連づけという問題は、権威源泉の発生というテーマとして、第3章でさらに考えていきたい。

③高齢的・個人（人格）的要素

第3の意味要素は、助言者や代理人のパーソナルな道徳的資質というところから発生した、人格・個人を意味するものである（Krieger [1968: 142-3=1990: 4-5]）。この要素には、個人的資質と並んで、称賛に値する行為や、高齢（auctoritas maiorum）といった側面が含まれているが、いずれも個人や人格に属するものである。

　社会政治的オーソリティの、個人道徳的発生源泉は、本性の資質と時間の資質のうちに求めることができる。すなわち、本性の資質とは、「徳」であり、時間の資質とは「独自の才能、富、経験、知識、そして年齢」なのである（Krieger[1968: 142-3=1990: 5]）。人格、個人的要素が備えている独特の要素とは、模範や助言との連続性であり、公式的パワーとの対比性である。

　この高齢という要素について、アーレントは以下のように説明している。

　「こうして先例、つまり先祖たちの行為やそこから生まれた慣習はいつの場合も拘束的であった。いかなる出来事も先例の中に変形され、auctoritas maiorum は実際行動の権威的モデル、倫理的・政治的規範そのものと同一のものとなった。なぜローマ人は老年が人間生活のほかならぬ最盛期だと感じたのかというのもこのためである。つまり、それは老年が先祖や過去にいっそう近づいていたからである。人間は未来に向かって成長するというわれわれの成長概念とは対照的に、ローマ人は、成長は過去に向かっていると感じていたのであった。もしこの態度を権威によって確立されたヒエラルヒーに結びつけ、ヒエラルヒーをピラミッドというおなじみのイメージで眺めてみようと思うなら、ピラミッドの頂上は大地の上の（あるいはキリスト教のように、大地をはるかに超えた）空の高みにのびているのではなく、現世的な過去の深みに到達しているようなものであった」（Arendt [1958: 101=1973: 155]）。

　そして、高齢・個人的要素が備えた性格がもたらした、もっとも特筆すべき政治的統治に対しての貢献は、元老院のオーソリティとプリンケプスのオーソリティという観念のなかにみいだすことができるのである（Krieger [1968: 143 = 1988: 18]）。元老院のオーソリティのいう観念において重要なのは、その正統性根拠と関連して、元老院議員の家柄、財産、性格といった個人

的な属性に由来しているということである（Krieger [1968: 143 = 1988: 19-20]）。プリンケプスのオーソリティという観念においてとりわけ特徴となるのは、起源が個人的なのは元老院の場合と同様であるが、その働きが法律外的なところであり、そこに元老院との違いが存していた。プリンケプスは、公的な地位をもたず、法的なパワーをもっていないにもかかわらず、「最良の市民」、「第一の、または長たる市民」ということの根拠としての、魅惑的な道徳的徳や功績の力に拠って、ローマの均衡的国家体制を現実に指導していたのである。

時代効果の超越性と地域効果の限定性：地域効果としての「西」洋ならではのキリスト教の影響

　以上がオーソリティという観念を歴史上構成し、今日の語においてもその痕跡をみいだすことができる、語源的三要素についての整理である。序で触れた「時代効果」という観点に関連していえば、古代ローマの影響は、語源という観念的「起源」にのみとどまるものではない。今日、古代ローマのラテン語的語源を直接検証することも重要だが、古代から中世、近現代へと、どのように語源が受け継がれていったのか、語源継承をめぐる問題にも、着目すべきである。

　同時に、語源がもっぱら「観念」的問題であるのに対し、語源継承が解釈行為を含む、ひとの意図的行為によって織りなされる「現象」であることにも注意しないといけない。その影響が古代を越えて、中世から現代に至る「語源を継承するという行為」という現象、いいかえれば、幾千年の時を越え、脈々と受け継がれている事実に、われわれはあまりに無頓着過ぎはしないだろうか（世代から世代へ、ひとからひとへと受け継がれた"連鎖の仕方（つながり方）"が、こののち取り上げる"用例"の歴史であると考えることができる。権威と"受け継ぎ"（接続）については、3章も参照）。

　語源の継承＝受け継ぎという現象についてあらためて考えると、ローマ（ラテン語）は、単なる過去の遺物ではないことがわかる。いわば永遠の時を駈け、ひとからひとへ、世代から世代へと継受され、生き続けている"現実"なのである。おそらくこの先も、人類とともに歩む"真の世界遺産"であり続け

るのではないだろうか。その意味で、ギリシャ・ローマという「時代」の壁を越えて、オーソリティ観念の影響が受け継がれてきた（いく）ことは確かなのである。

　ただしここで留意すべきことは、ローマ文化の末裔たるクリーガーの考察が、オーソリティの非西洋的な諸観念を排除してしまっているところにある。あまりにも古く、時間的には先行的存在であることもあって、「時代効果」はかなり今日まで時間超越的に及んでいるのに対し、もう一方の尺度である「地域効果」という制約は免れていないのである。とくに、オーソリティという観念に中世に深く刻まれた、キリスト教の問題について、われわれ東洋で生活する者の多くは、ピンとこないというのが実情なのではないだろうか。ここでは、おそらく父祖から受け継いで、同教の信者であろうクリーガーの権威論を、本書でこれまで整理してきた「語源三要素」という視点から整理、紹介するにとどめざるを得ないが、今日のオーソリティ・権威という問題について考える際、気をつけなければならないという問題提起になるよう努めたい。

　このような「西」洋という地理的色彩を、オーソリティは強く帯びているのではないだろうか。それゆえ、社会現象としてのオーソリティ・権威についてトータルにとらえようとするならば、地球規模での目配りが必要である。グローバルとグローカル、一般性とその地域ならではの特性（地域効果）を浮き彫りにするために、西洋と東洋の対比というと大げさだが、西洋ならでは社会現象と、その反映的結晶としての観念についても、視野に入れておきたいのである。

　クリーガー自身、彼の権威論の限界について、つぎのように述べている。「というのも、非西洋的、前ローマ的諸観念の対象であるオーソリティは、ローマでの元来の用法から継続的に派生してきた複合的な対象とは別種のオーソリティだからである」（Krieger [1968: 141=1990: 3]）。

　この限界を克服するためにも、本書では、「非西洋的な諸観念」の一環をなす、和漢の語としての「権威」の語源（字義）、用例、さらには西洋と東洋との「突き合わせ」としての「権威とオーソリティとの対応関係」につい

て、この後論考していくことになる。社会現象としてのオーソリティ・権威についてのトータルな把握の手掛かりとして、1章では、観念のトータルな把握をめざしているのである。

〈先行権威（語源）〉継承の足跡としての「用例」：西洋権威観念の「用例」における、「語源」との対応関係の検討

そのために次項では、西洋オーソリティ観念の歴史の中で、語源的な3つの要素がその後どのようなはたらきをしていったのか、という〈オーソリティ観念のニュアンス（用例）の変遷問題〉について、確認していく課題に着手したい。というのも、幕末から明治期の日本の知識人が直接参照したのは、ギリシア・ローマ的〈アウクトリタス〉ではなかったからだ。オーソリティは古典古代以降一千年以上にわたり、その時代状況や立場に応じて異なるニュアンスで用いられていった。その帰結が、近代政治思想家たちのオーソリティ観念なのであり、それをイメージしつつ、オーソリティの訳語としての「権威」が編み出されたと考えられる。

したがってまずは、つぎの時代区分「中世」から近現代にいたる、オーソリティ観念のニュアンス（オーソリティ観念が"用いられた例が多数見られる"という意味で、オーソリティ観念の"用例"）の推移について整理していきたい。観念の用いられ方のニュアンスの推移を、観念のそもそもの語義である、語源的三要素（追加・後見、創始・開始、高齢・個人（人格））のうちどの側面にウエイトが置かれていったか、という視点から本書は整理していくことにしたい。

ただし、クリーガー [1968] の権威論に登場する中世以降の西洋思想について、語源的三要素に、彼自身は、本書のように（以下で図示するように）明確に分類しているわけではない。やや強引すぎると感じる人も、多いかもしれない。しかしながら、強引かつ単純化しすぎであることを承知の上でこの分類を行ったのは、この変遷の分類が、序で示した"権威についてのイメージを鮮明にする"という「本書のテーマ」に即しているためである。ここでの主眼は、西洋権威観念の見取り図のイメージを喚起することであって、正確さの追求ではない。

クリーガー権威論に足りない2つのポイント

　同時に、クリーガーの議論自体からははっきりと読み取ることができなかった問題について、注意を促しておきたい。そこには、2つのポイントがある。「用例」とは、観念継承（継受）の足跡にほかならず、継受自体、権威現象を必須とせざるを得ないという点と、「継受」が、「権威現象を構成する時間・感情という問題」と直結する〈高齢・個人（人格）〉要素に深く関わっているという点である（継受者は高齢性（実経験の豊富さ）を帯びるべきという考え方と、継受される内容が"継受者"側で（個人的に）都合がよいものだけがセレクトされている問題）。

権威現象としての「継受」：権威現象の痕跡としての「用例」

　1つ目は、ある観念の語源が大成されたあとの時代でみられる「観念の用例を残す」という行為が「語源の継受」であり、その行為自体が「自発性と判断停止」を旨とする権威現象だ、という問題である（本章2節で行ったような形での"知識〈継受〉のあり方の検証"という問題）。

　この問題は、オーソリティ・権威という観念に限られた問題ではないだろう。いかなるワードであれ、その由来をたどると、権威現象が生じた痕跡は見いだされるはずであり、そうでなければ今日残っているはずがない。この問題について詳細は、別の機会に考察しなければならないが、本書では、権威という観念自体の権威現象性という問題について、注意を促しておくまでにとどめたい。あえていえば、観念（概念）と現象の交差が、権威という観念の継受の客観的証拠たる「用例」をめぐってみられる、といったところである。

いかに継受されるか──「継受」役割は、グローバル化社会でも依然として、尊敬を集める「長老」という高齢者が担うべきか：継受資格と継受者による継受内容の恣意的選択性──

　2つ目の「継受」、受け継ぎという問題は、オーソリティ語源三要素の〈高齢・個人（人格）〉に深く関わっている。すでにみたように、古代ローマで高齢者は、創始者たちの文化の継承者、「創始」的要素を継受し、今ある自分たちの存

在の源に最も近い人々であるゆえに、敬われていた（指導的立場と見なされていた）からである。創始的要素の「継受」にこそ、「時間（高齢性）」と「感情（敬意）」との交差がみられるのであり、時間と感情により曖昧にされている権威現象をつかむ鍵があるように思われる。

いかなる先行的存在を継受するか（たとえば、追加、創始、高齢のうち、どの要素を主として受け継ぐかと）という問題は、"先行権威"（たとえば語源）による、自己の立場の信用づけ、正統化とみることもできる。つまり、先行権威（オーソリティの語源の例でいえば、とくに"創始"要素）への新興権威（すぐ後で論じるように、たとえば"近代自由主義"という考え方）の接続努力（つながりを強調することで、自らの主張の重みを増そうとする営為）という問題である（近代自由主義者が、自分たちの立場を正統づけるために、オーソリティ語源三要素の中から"創始"という一要素（だけ）を取り出し、オーソリティの創始・開始作用の重要性を論文の中で強調することによって、自分（たち）の主張を伸張させようとすること、など。自分（たち）に都合よく、語源という"先行権威"を解釈するという問題）。この意味で、「継受」という問題は、新たな権威源泉創造の問題（3章）につながっているのである。

と同時に、先行的存在の受け継ぎには、"選択（セレクト）"という問題も含まれている。たとえばオーソリティの語源に関して、とりわけ"創始"要素のみを持ち出し、担ぐということは、他の2つの要素を意図的に軽んじる（隠す）ことにほかならない。先行的存在・先行権威であれば何でもよいのではなく、自分（たち）に都合のよい要素のみの継受という、権威源泉間での選択が、継受者側で行われるわけである。大げさな言い方をすれば、権威源泉間で行われる"いす取りゲーム"である（上位者側における排除問題。5章を参照）。継受における選択の問題は、この後論じる"翻訳語"という知識継受の際、問題になると思われる。ただし議論が複雑になるため、ここでは深入りしない。

また、継受の際、「継受者」の正統さが問題となることも考えられる。経験豊富な年長者こそが（図1－1参照）、何かを継受すべき者、継受役割を果たす権威者してふさわしいと、これまでの人類の長い歴史では、考えられる

ことが多かった。「長老」や「古老」像について、具体的にイメージしてもらいたいが、その多くは鬚を蓄えた高齢男性のはずである。

ただし、継受者の性別や年齢、経験、受け継ぐべき「先行的存在」とのつながりが濃厚かどうかを含め、グローバル化時代になって変わった考え方、あるいは逆に変わらない考え方もあるだろう。継受者資格の変化（あるいは不変）についても、考える余地があるように思われる。

以上のように、継受（受け継ぎ）をめぐっては、さまざまな問題について考えなければならない。要約していえば、オーソリティ観念の継受は、知識一般の継受の例の1つと考えられ、「知識社会学」[22]の主題となり得る内容を備えているものと思われる。オーソリティ観念を含む知識継受をめぐる問題には、大きく分けて〈用例の権威現象性〉と〈いかに継受するのか〉という要素が含まれている。さらに〈いかに継受するのか〉という要素には、「受け継ぐべき知識の認知」、「継受者資格」、「継受内容の選択（セレクト）」といった要点が織り込まれているのである（詳しくは3章4節で論じる）。

ただし、すでに述べてきたように、これら各論的問題についての詳細は、別の機会にゆだねざるを得ない。以下ではクリーガーの所論を整理し、オーソリティの語源三要素が、どのような分野やいかなる思想的立場によって主に「受け継がれていった」のか、という点に絞り、イメージを明確化させていきたい。「用例」は、「語源」という"先行的存在"「継受」の具体化された形（今日跡づけることのできる、"客観的痕跡"）だからである（先行的存在については、3章を参照）。

2）オーソリティという発想のニュアンス（用例）の継受—中世から現代まで—西洋史における権威観念をトレースするねらい

オーソリティという観念は、語自体が暗示しているようにその起源が古い。古いことは東洋でも同様だが、西洋の場合、観念の用例がじつに豊富である。そのため幕末から明治期に輸入されたオーソリティ観念について考えるのにさきだち、ここではクリーガー[1968]のオーソリティ（権威）観念論に基づきつつ、西洋でのオーソリティ観念の展開の歴史について、まず確認してお

くことにしたい（英米人以外も多く登場し、オーソリティでは違和感があるため、ここでは"権威"という表記も使う）。彼は中世以降現代にいたるまで、じつに多彩なトピックを提供してくれている。

　ただし、ローマ期の語源三要素が以後の西洋権威観念史ではたす役割については、彼は残念なことに積極的に触れているとはいえない。そこでここからは、クリーガーも未着手といってよい観念明確化という課題に取り組む。その際、さきに述べたクリーガー権威論では薄弱な２つのポイント、つまり〈用例の権威現象性〉と、〈いかに継受するのか〉という問題についても留意しながら論考を行うことにしたい。というのも、この２つによって、西洋権威観念史が成立し、逆に言えばこの二ポイントを欠いた和漢を含むアジアでは、「東洋権威観念史」が存在していないからである。西洋でのみ、権威（オーソリティ）観念の厚みある歴史と内容の蓄積が、さまざまな時代の人の手を伝って、現代のグローバル化社会にまで到達し得ているのはなぜか、この問題については最後に考えることにしたい。

　話を元に戻すと、クリーガーが提供してくれているトピックに従いつつも、明示されていない語源三要素（およびポテスタス〈権力〉）から、まずは中世観念について特徴づけを始めたい。ついで、日本でも知られ、その影響も考えられる、近代思想家を中心に、近現代観念について概観を示していく。

　クリーガー権威論で弱かった、権威観念継受という視点の明確化は、語源三要素を説明の軸とした、西洋政治思想史の見取り図の提示にもつながると思われる。そしてこの見取り図は、東洋（日本）の権威観念について考える際、とりわけ明治初期に行われた対訳の困難さの理由の一因を浮き彫りにしていると同時に、「権威」という日本語訳の内容の政治偏重をあきらかにするのである。

　歴史的永さとニュアンスの振幅、宗教的意味合い、思想家独自の観念利用傾向といった論点は、一見すると複雑きわまりないという印象ばかりが先行するかもしれない。だが語源三要素を通して考えるとき、西洋観念としての権威の変遷に関する１つの彫像・イメージのビジョンを提示できるのである[23]。このビジョンはかなり単純化されたものには違いないが、観念の流れを整序する手掛かりになるはずである。

〈高齢・人格〉要素が重要視された中世（Krieger [1968:146-150=1990: 8-12]）

　クリーガーによれば、中世（4世紀から16世紀）においては宗教を中心とし、他に教義、制度というトピックに注目することが、この期の権威観念の展開におけるニュアンスの推移について考える際に有意義であるという。この論理立てを踏襲するとき、三要素との対応はどうなるだろうか。

　まず「宗教」についてみると、中世キリスト教のおおもとは「キリスト」であり、教会組織の長、教皇は、キリストにより現世布教の委託を受けた存在とされる。したがって、宗教は〈人格・高齢〉要素中心である。

　一方、教義についてみると、この時代の教義は主として「伝統」とあるべき人間「理性」から構成されていた。こうしてみると、伝統は経験の蓄積という意味での〈高齢〉性、理性は広い意味での〈人格〉に根ざしていたと考えられる。

　これらからわかるように、中世観念の基調は、イエス・キリスト、伝統、理性という具体的内容が異なるにせよ、〈高齢〉や〈人格〉にウエイトが置かれていたのである（**図1－4**参照）。

　他方、制度的変動期には、観念上も強制力（ポテスタス）重視傾向が勃興

後見〈正統化〉（4・5世紀 帝政ローマ末期の影響）
人格（宗教〈キリスト〉） **高齢**（教義①〈伝統〉） **人格**（教義②〈人間理性の理想像〉） 　　　　　　（6－12世紀カトリック初期から中期）
ポテスタス（権力）化 　　　　　　（12世紀、叙任権闘争終結以降）
人格（神〈キリスト〉） **高齢**（聖書） 　　　　　　（16世紀、宗教改革当初 の理念）
ポテスタス（権力）化 　　　　　　（16世紀後半、宗教戦争期）
後見〈正統化〉（近世へ）

図1－4　中世権威観念における重視された語源三要素の推移
出典：Kriger [1968] をもとに、三要素の割り当ては筆者が行った

する。具体的にこの年代の制度におけるターニングポイントは、12－13世紀における叙任闘争の収束、そしてそののちに顕在化した宗教改革をめぐる一連の運動である。制度変動期においても一時的に、〈高齢・人格〉要素が「復古」したことはあった。宗教改革の初期には、〈人格〉(キリスト)・〈高齢〉(聖書)という要素が重要視され、キリスト教自体のスタートラインへの回帰が叫ばれたからである。ただしこの風潮は、王権伸張も影響して、永続きしなかった。とりわけ宗教改革の中期以降、王権の追認という〈ポテスタス〉重視の風潮になっていく。それにしたがい、王権その他の権力を〈後見・追加〉する意味合いが宗教的権威観念にも求められるようになっていった。この意味で権力正統化を追認することが当たり前となり、やがて権威は権力の派生物という形で矮小化され、権力と権威の区別は取り立てて問題とされなくなっていったのである。

プロテスタントとカトリックの間の宗教戦争に代表されるように、本来神聖であるはずの諸々の教会と教派は、管轄権をめぐり実力行使で相争うと同時に、観念上でも争いを繰り広げ、人心の離反を招いていった。誰もが信じる超越的ヒエラルヒーの提供とその結果としての秩序と所属感覚としての社会的意識の提供という権威観念の機能を、宗教は果たすことができなくなったのであり、その役割を政治と国家に譲っていくことになる。

中世史と一口に言っても、千年以上もの永さと、キリスト教を中心とした活発な観念的論議、観念にも深刻な影響を与えた宗教的ヒエラルヒーと政治との戦いなど、じつに深遠な内実を帯びている。ただし、幕末から明治期の日本の翻訳事情への直接の影響はそれほど大きくはなく、むしろ次の時代、近代の政治思想家たちの影響の方がはるかに大きい。逆にいうと、今日までつづく日本の権威概念においては、中世の西洋宗教史はあまり考慮されず、近代の西洋を中心とした政治史にのみ偏重しているのである。その理由の一因は、日本への導入者たちの姿勢、近代国家の形成という必要に迫られた啓蒙という実践の必要にあったといえよう。

当時の状況とは違い21世紀の日本では、宗教・中世史に関する研究とその概念への反映が、バランスのとれた権威観念構築のための課題になると思

追加・後見	（近世：マキャベリ、ジャン・ボダン、ホッブズ）
創始・開始	（近代自由主義：ロック、ルソー、マルクス、ミル）
高齢・人格	（近代保守主義：バーク、ヘーゲル、コント）

図1—5　近代権威観念における重視された語源三要素の違い
出典：Kriger [1968] をもとに、三要素の割り当ては筆者が行なった

われる。というのも、権威を権力の正統化のための派生概念としてとらえがちな風潮は、政治偏重（主として〈追加・後見〉的要素偏重）の影響であると考えられるからである。西洋中世史で中心だった、高齢・個人・人格といった意味要素は、今日に至るまであまりに軽視されすぎているのではないだろうか。

近代を構成する3つの立場（Krieger [1968: 150-156=1990: 12-17]）

クリーガーによれば、近代期は、その序曲としての近世（マキャベリ、ジャン・ボダン、ホッブズ）、近代自由主義（ロック、ルソー、マルクス、ミル）、近代保守主義（バーク、ヘーゲル、コント）より成り立っている（**図1—5**）。さきに触れたように、近代の中心主題領域は、政治（政府）をめぐるものであるという。政治主題領域での権威というとき、正統化という意味での後見・追加的要素が基調としての位置を占めている。ただしこの見方では、権威観念自体が独自の自律主題領域と見なされなくなり、権力（ポテスタス）化する傾向もあった[24]。

近世：政治権力を〈後見〉する権威

近世の論者たちは、権力と結びつけつつも、権威観念の後見・追加的要素をとりわけ重要視した。その後見対象の変化についてみると、マキャベリとジャン・ボダンが、政治権力を正統化する根拠を、宗教ではなく政治的なものに置く思想家の草分け的存在なのである。政教分離、あるいは政治と道徳や倫理とを引き離して考えるための理論的拠り所を提供し、「政治」を宗教や年齢ヒエラルヒーから独立させるのに貢献した。その意味でこの時代、〈高齢・人格〉要素は相対的に軽視されるようになったのである。ポテスタス（パワー：権力）を重視しつつも、それをいかにして正統化（後見）するか、何かを

「追加」すべき存在として、権威には独自の役割が期待されている。宗教の力をかりずに政体の威厳づけをどのように行うのか。政治の時代、中世末には省略されていた、権力と権威の区別に対し、あらためて正統性が問い直される局面になってきたのである。近世権威観念をめぐる政治権力や政府の正統性は、社会的統一性の維持にあるとされた。治安が不安定な時局においては、社会統一と秩序形成を優先する考え方が唱道されやすく、受け容れられやすい。

　ホッブズもまた、政教分離の理論化、つまり権力と権威の観念上の論いわけという近世権威観念の流れを踏襲している。権威による権力の正統化という点に権威の独自主題領域を見いだした。ただし、正統性の根拠と正統化の仕方に、ホッブズの新しさがある。後見・追加的要素（正統化）重視という近世の基調をなす傾向に加え、個々人が「正統化」に関与し（政府の後見人となり）、自然権（天賦人権）を政治権力行使を正統なものとする根拠ととらえたのである。政府の正統性根拠は、（王権神授説のような）統治起源それ自体にあるのではなく、起源の時点で必要とされた統治「目的」にあるという論法である。その「目的」も、一筋縄では理解しがたい。表向きの国家（統治・政治権力）の「目的」は、社会的統一性維持のための平和と防衛にある。諸個人は各自の天賦権力を、安全という便益と交換で与える。だが、それとは別に諸個人は「あらかじめ」、主権為政者の行為に権威を与えており、服従への道徳的義務があるとされる。それこそが国家「起源」の「目的」に由来するものであり、天賦人権をもつ一方諸個人は生まれながらに、政府樹立目的に拘束されてしまっている。このように、ホッブズ権威観念における「目的」（正統性根拠）には「現在」と「過去」が交錯している。平和・防衛という建前上の目的がいわば機能的なのに対し、時間遡及的「起源の目的」は、天賦人権とパラドキシカルにならざるをえない。ただ、正統性根拠を中世宗教のヒエラルヒーといった人工的存在ではなく、天賦性という広義での"自然"にもとめたところに、ホッブズ権威観念の斬新さがあることは確かである。

権威の存在理由を〈創始・開始〉的要素にのみ認めた近代自由主義

　近代自由主義的理論家たちの最初は、知的、政治的自由を最優先すべきと

いう主張を展開したロックである。宗教的ドグマやデカルト的、数学定理的な知的実在、頭ごなしに信用させる強制力を帯びる知的権威は、知的自由を優先する立場から斥けられる。政治的自由優先の視点からは、『家父長権論』で知られるフィルマー（Robert Filmer）の王権神授説を斥けたことでも知られるように、政治的権威は権力の一側面にすぎず、制限されるべき存在として位置づけられているのである。ただし、権威が帯びる非強制的次元をも認めたところに、ロック権威観念の新しさがある。では、諸個人の同意に根ざすという、いかにも権威ならではの次元とは、具体的にはどのような局面を指すのだろうか。知的分野でも、政治的分野であっても、権威が役割を果たすべきとロックが認めたケースは、何らかの「新しさ」に関わる状況に限られる。万人に本来備わる「自然権」という考え方を、しかるべき人々が暫定的に知的権威を行使し、啓発することを彼は暗黙のうちに認めた。ロック思想を知らなかった入門者、新人に対し、書物や教師が知識として、ロックの考え方を伝える間だけ暫定的に、知的権威は容認され、ひとたび伝われば再び封印されるべきなのである。社会契約にもとづき、個々人から信託された権威によって、政治権力の行使は通常はすべて正統化されている。緊急のケース、信託が有する信頼に対する違反が著しいケースに限り、自然権としての抵抗権、ひいては革命権が発動される。政治的権威に関する「新しさ」とは、人民の信託に背いた政体に対しそのときだけ発動が許されるとした、この抵抗権・革命権の結果として生じる、新たに樹立される政体を指す。このように〈創始・開始〉を前提としてはじめて、ロックの思想の論理は成り立つのと同時に、知識として、後世までさまざまな地域へと伝達され、影響を及ぼしているのである。

　「自然に帰れ」というフレーズで、社会的因襲からの脱却を唱えたルソーの権威観念の新しさは、のちの自由主義者の多くが信奉している、「変革の緊急手段」に関わる教義にある。彼は統一性の提供という役割を、権威ではなく「平等」にもとめ、ある人間の他者に対する生得的な「自然的権威」について、どのような形のものであれ否定した。自由で民主主義的な体制の〈創始〉を目的とする、現状打破のためにのみ、彼は権威を認めている。一種例外的権威である。ルソーの場合、これが近代的権威独自の機能なのである。

それは、公民の権利とも、政府の権力とも区分されるべき、非公式の法律外的な「立法者」による主導機能を指す。徳高きエリートによる暫定的独裁によって、民主的自由の体制が創始される場面に限って、主導的権威は緊急手段として例外的に認めてよいという論法である。ルソーの没後、ロベスピエール（Maximilien de Robespierre）やイタリア統一に関わったジュゼッペ・マッツィーニ（Giuseppe Mazzini）にルソーの権威観念の影響が認められる。

権威は権力と合体したものとしてとらえられるとしたものの、権威の保守的な機能と革新の機能とを区別し、評価を変えたのがマルクスである。保守機能とは、抑圧的権力や物質的搾取の正統化というはたらきを指し、安定した社会一般の特徴であるとされる。それに対し革新機能とは、プロレタリアート独裁による無階級社会の実現という超越的計画に、諸々の権力を従属させるはたらきである。〈高齢〉的側面を帯びる既存権威を敵視する一方で、彼のイメージする革新的機能、いいかえれば権威の〈創始・開始〉的性格については肯定されているのである。

自由主義の最後、ミルの権威観念のポイントは、自由に対する脅威を除くという立場そのものに起因する。自由主義という立場から、社会的一体感形成という権威の機能を拒絶したばかりでなく、一体性追求そのものも斥け、「個性と多様性」を称揚した。彼によれば、社会的権威の存在意義は、不法行為から個々人を保護する際の夜警的な強制機能に限定される。個々人の自由について繰り返し強調した一方で、反権威主義的民主主義の逆説にも、彼は気づいていた。中世的身分秩序や宗教的ヒエラルヒーといった「上位の権威」から解放された諸個人は、民主主義的な集まりの中で多数派を形成することで、彼ら自身が今度は他者に対する強制的一体的権威を形成してしまう。自由で民主主義的な条件のもと特有の「開始的権威」要素に警鐘を鳴らす形で、ミルは重要視し、注目していたのである。

近代自由主義における権威観念展開の特徴は、まず権力と権威の区分の不明瞭化にある。自由や平等を重要視する立場からみれば、権力と権威は打倒する敵であり、残余カテゴリーとして一括りにされ、権威という不明瞭な観念は権力の派生物にされてしまった。その、いわば裏返しの反映として、権

力にはない　権威独自の観念的要素である〈創始〉性についてだけは、無視や否定はしきれずに、権威独自の主題領域として渋々認めざるを得なかったといえよう。

〈高齢〉的蓄積要素に拠り所を見いだした近代保守主義

　自由主義が近代における主流の発想原理であったのに対し、その反作用として登場したのが保守主義である。近代保守主義的理論家たちが想定し、強調した権威観念の総論としてまずいえるのは、社会の趨勢であった思想価値観的、行動的な「自由」に対する警戒感である。近代自由主義の勃興により生じた危機感、フランス革命にみるような民主主義的独裁といった、現在的でかつ潜在的な恐怖心が、論調の基底にある。自由放任による弱肉強食現象に、どのように向き合っていくべきか。この問いに対し、過去からの永きにわたる、「伝統」に寄る辺を見いだす傾向があった。その、いわば正統性根拠は、歴史的風雪に堪えてきた耐久性という事実であり、仰ぎ見るような倫理、道徳、聖人性といった諸々の金字塔的な歴史遺産（legacy）を強調する。社会変動期特有の"かるはずみ"な頼りなさ、落ち着く地点がみえない過渡期に生きた思想家たちの権威観念考には、現代日本においてもみるべきところが大いにありそうである。

　伝統的諸制度に対する「忠誠」の持続的「現在性」を強調したのがバークである。何もかもが揺らぎ、これまでの経験が役立たない、不安要素としての急速な社会変動にもかかわらず、脈々と続く忠誠心という経験的事実と人々の大半が示し続けている態度に、彼は頼もしさを覚えたようである。観念史上での彼の貢献は、「受容されつづけている伝統や信念の有機的複合体」の再確認にある。このような権威を具体的実在を挙げて明確化し、この不安定な時代状況の元で再評価したうえで、観念理論の上でも権力から自律化したところにその意義があるとされている。一方彼の保守主義性は、自由への不断の警告にある。個々人が団体で行動するとき、「自由」が今度は強制力「権力」へと変貌すると宣言するのである。潜在的現実としての「民主主義的独裁」という過度過激な全体主義の出現を予見し、それ自体だけでは無秩序と過度

へと傾きがちな自由の精神への戒めとしての厳粛さの併存によって初めて、それは温和で穏当なものとなる。「列聖された先祖たちの面前で」自ずから生じてくる作用、作動力に対しバークは期待を寄せる。聖人としての列に加えられる列聖とはいっても、カトリックに限らず、父祖の肖像に囲まれた暮らしや墓参について想像するとき、この作用の一端が分かるはずである。権威観念史にみえる「自発性」とはそうした作用を指しており、厳粛さ（austerity）に彩られた"促し"なのである。

　権威観念に対するヘーゲルの最大の貢献は、「承認」が、権威的上下関係を樹立し、継続させていくための基礎的要素であることを指摘し、論証したところにある。承認とは奴隷による主人に対するそれであるが、その前提として2つの条件に注意が促される。それは、自己存在確認（アイデンティティ）の相互的ではあるがそれぞれの独立性と、相互依存的経済現実的な機能性である。アイデンティティと機能という作用は、一見本来的にみえる主人の、奴隷に対する権力を超越している（主人と奴隷の弁証法）。この弁証法は、既存のヒエラルヒーと新たなアイデンティティとの統合に帰着し、平等化へとはむかわない。ヘーゲルが権威観念的保守主義とされる理由はここにある。ただ、主人が主人たる自己存在を確認できるのは、奴隷の存在を前提としてはじめてそうできると主人が気づくとき、存在としての奴隷に依存せざるを得ない。この「主人アイデンティティ」は、権威の担い手一般に通じるものがあるというところが、単なる保守主義の一思想家という位置づけを越えた、ヘーゲルの普遍的重要性である。ただし、保守主義者ヘーゲルのいう国家機関の強制権力は、国家の倫理的統一性を具現する、主権的君主の倫理的権威に奉仕する道具にすぎない。また、政治的権威は、起源的、機能目的的に、権力の主題領域を超越している唯一のヒエラルヒー原理を提供する源泉とされる。ヘーゲルの権威考察は、時代、洋の東西を問わず、親子、上司部下といったあらゆる権威的関係一般が依って立つ基盤を明確にした。それゆえクリーガーも、権威（オーソリティ）観念の歴史全体の中で、「もっとも深遠なもの——これまで書かれた一番洞察に富み実り多い、権威についての分析」といった印象を記している（Krieger [1968: 154=1990: 16]）。

保守主義的論者の最後、かつ代表的人物とされるコントが前提としたのは、次の二条件である。社会的優越者（エリート）が政治権力の行使対象にならないこと、そしてエリートは、政治権力を利用する能力を持つ。もっともコントが想定する19世紀的エリートは後代のエリートとは異なり、出自兼能力が必要だった。世俗的権威（秩序を統制する政府、政治権力）と精神的権威（進歩を先導するエリート）との関係。コントの主張の基調は、この2つの関係をめぐる緊張、主導権争い、そして混交をめぐるものであり、進歩と秩序間の関係帰着こそ、社会にとって決定的問題であるとする。知的、道徳的優越性を備えた精神的権威者たちは、社会的信念を方向づけ、〈進歩の指導〉の担い手となる。エリート（精神権威者）たちは、天賦人権と自由に対する理解の普及よりむしろ、人々が〈全体としての社会の秩序という絆〉を理解できるように教育と啓発をおこなったほうがよい。彼らは観念と道徳を支配し、中世のカトリシズムをモデルに〈社会的連帯感覚（社会の一員として、職業など、何らかの役割の担い手であるという自覚）〉の持続的生成を促す慣習(habitudes)の訓練をおこなうべきである。以上の意味で、コントは政治権力の広汎な主題領域から、社会的優越者たちの知的・倫理道徳的権威（精神的権威）という、権威独自の自律主題領域の存在の独立を宣言した（社会学の祖としてのコント）。この意味で、〈進歩〉の自律性を指摘したコントであるが、〈秩序〉の育成者としての〈進歩〉側、〈秩序〉持続に仕え、現状維持に資する精神の継承を重要視する、保守基調の権威観念をいだいていたのである。教育とは元来、保守的になる傾向を有している。政治権力を教育し、個人が社会の成員として適合するよう社会化（内面化）する担い手としての非政治的（社会的）権威の役割が大きくなっていった。社会的権威は、政治のように統合機能を直接担っているわけではない。一般の個々人に対し、統合（秩序）意識を仕込むといういわば政治的役割を、社会的権威が演じるようになってきた潮流について重要視し、それを学問化したところにコントの新しさはある。進歩と秩序はこうして混交する。この両者のうち彼は、進歩的存在が教育の担い手となったとき、教育や社会化そのものが必要とせざるをえない既存の位階秩序を尊んでいたのである。この意味でコントは、保守的立場に主軸を

据えていた。
　以上のように近代を、「近世」・「自由主義」・「保守主義」という視点分けして権威観念を語源から考えるとき、近世では〈追加・後見〉、自由主義では〈創始・開始〉、そして保守主義では〈高齢・人格〉といった各要素が重要視されたといえよう（図1―5参照）。

〈追加・後見〉要素への偏重、あるいは権威三要素自体を軽視するようになった現代（Krieger [1968: 156-162=1990: 17-22]）

　デュルケム、ヴェーバー、パレート、ホルクハイマー、全体主義、反全体主義というクリーガーが挙げた論者と流れは、現代特有の権威観念構成という点で妥当である。コントを受け継いだデュルケムとヴェーバーは、政治一辺倒だった正統性根拠を、政治以外の何らかの社会的存在にも見いだそうとしたところが新しく、今日までつづく社会学的テーマの多くを設定したことは周知の通りである。多彩な論考を残した両者だが、自発的、非強制的権威（中世に全盛だった〈高齢・人格〉要素を基調とした、権力に頼らない自律的権威観念）を、主として滅びゆく制度や慣習に重ね合わせたところは共通している（宗教；伝統・カリスマ的支配）。逆にいえば、現在進行形の社会的権威に関して両者は、強制力を正統化するという意味で〈追加的・後見的〉なニュアンスの権威観念を重要視したといえる。
　身分制から解き放たれた現代特有の権威として、エリートをイメージしたのがパレートである。ホルクハイマーらは家族について論考することで、全体主義国家生成の温床の1つに光を当てた。また、全体主義に対する危機意識は20世紀の中後期にかけて、ひろく各国の知識層に共有され、権威主義研究隆盛のきっかけを作ったことは周知の通りである。全体主義における権威観念と反全体主義におけるそれで共通するのは、権力をなによりも重要視し、語源三要素を軽視（無視）する傾向である。
　以上の概観をみても、権威観念が想定する考察対象が、政治から社会へと移行したとクリーガーが宣言するのも納得のいくところであろう（Krieger[1968: 141=1990: 3]）。その一方で、これまでの時代と比べて一層、混

沌として、輪郭がはっきりとしないのが、19世紀から20世紀の観念がさしている、「社会」なるものの特徴であるともいえる。激動の時代、観念も実体と同時に錯綜しているかのように、一見するとみえるのではないだろうか。

　だが権威（オーソリティ）観念の語源をたどり、それを構成する意味要素に限ってとらえるとき、社会学の祖・コントのモットーである〈進歩〉と〈秩序〉という視角が大いに役立つことがわかる。というのも、オーソリティ観念には、進歩（"創始"）という色合いと秩序（"蓄積"つまり経験豊富な"古老"）という色合いとがともに、古代ローマ時代にすでに織り込まれてしまっているからである。これまでの、そしてこれからのオーソリティ（権威）観念について考えるならば、〈語源としてのオーソリティ〉が重要となる理由は、語の中心的主題領域とされる「社会」そのものが錯綜しているところにあるといってよいかもしれない。

　この錯綜の一因は、〈追加・後見〉要素の過剰な強調にある。〈高齢〉、〈創始〉要素を軽視し、権威観念を〈追加・後見〉要素（正統化要素）にのみ矮小化してとらえ、しばしば権力に還元してその派生物としてみるところに、現代の権威観念のニュアンスの主流はある。

　2節で『社会科学百科事典』のミヘルスによるオーソリティ定義が、連鎖的にそれぞれ独自に影響力を帯びた論者たちにより受け容れられていく問題（"概念定義の受容連鎖"）について指摘した。ミヘルスの権威観も権力還元主義に位置づけられる（5章参照）。時代と社会の雰囲気にマッチしていた側面はあるにせよ、いささか偏りすぎである。こう考えると、語源三要素のそれぞれについて、もっと目配りの利いたとらえ方が必要なのではないだろうか。

アウクトリタスが持続した三条件

　近代を中心に中世から現代にかけて、アウクトリタスという観点から、西洋権威観念の用例、重視される語源三要素の推移について、クリーガーに依拠しつつ駆け足で概観してみた。西洋権威観念の"語源"の、"用例"という形でのある種の受け継ぎ（"継受"）に着眼し、語源三要素によって中世・近代・現代を特徴づけつつ、ビジョンを呈示しようとしたのである。このビ

ジョンを踏まえて最後に、東洋にはない西洋独自の条件について、ふれておきたい。それは、何故西洋の人々が、語源を含むアウクトリタスという抽象的発想を共有しえたのかという問題である。この問題は、大きく3つの構成条件にわけられるだろう。①「観念という発想自体の存在（第3章で論じる"先行的存在"）」、②「媒介手段」、③「魅力的媒介内容」という諸条件である。

まず①については、紀元前5世紀から4世紀にかけて隆盛した、ギリシア・ローマ時代の存在である。社会と人間の関係を、抽象的ことばで表し残した知的遺産の影響は、はかりしれない。

だが過去に考え方が存在しているだけでは、その存在は共有されない。伝え残しやすい手段の存在が第二の条件となる。この媒介手段（②）としては、知識層におけるラテン語的素養の共有がまず挙げられよう。元来ラテン語を表すのに用いていたことにその名が由来する「ローマ字」の26字性も重要である。ローマ時代には23文字で各言語で増減はあるものの、基本的に26種だけというアルファベットの単純さは微積分に適しており、デジタル（digital）化しやすい（"digital"自体、ラテン語の"指の"という語に由来している）。操作性に優れており、アウクトリタス（auctoritas）→オーソリティ（authority）、ポテスタス（potestas）→パワー（power）に代表されるように、西洋の諸言語で、ラテン語は現役の発想として生きつづけている。また、近代活字の発明は15世紀とされるが、東洋の複雑な表意文字が木版印刷に止まりがちだったのに対し、アルファベット字種の単純さもその後押しをした。〈グーテンベルクの銀河系〉という表現が象徴しているように、耐久性の高い活字印刷が、書籍普及、ひいては文明的諸存在全般の伸張にプラスに働いたことは周知の通りである。

プラスに働いたといっても、ある思考がかつて存在していたことが知られていて、書物の形で残されているという二条件だけでは、不充分である。誰かに伝えよう、広めようという動機づけ、ひとを昂揚させ、発奮させるような推進力が、是非とも必要になる。この意味で③は、他者に伝えたくなる、それ自体が強烈なオーラを帯びた情報を指している。東洋でも儒教思想はあったものの、聖書や近代政治思想ほど普遍性をもった情報は、十分発達し

ていなかった。西洋権威の源泉が帯びる優越的価値には、人々を興奮させ、自主的に伝道させるような"要素"が含まれていたと考えられる。人々を昂揚させ、判断を停止させつつ自発的に従わせるという権威の現象的特徴によって、オーソリティ（権威）という観念自体が永遠の命を得たともいえるだろう。

権威現象性の源(みなもと)としての伝達内容自体の魅力

さきに指摘した、〈用例の権威現象性〉と〈いかに継受するのか〉という2つの問題は、権威観念に限らず知識一般で問題とされるべきだが、西洋中世におけるキリスト教（聖書）と、近代における政治思想は、権威という観念自体の普及と深化に関して、とりわけ「私的判断の放棄と自発的遵守」という役割を演じるのに、大きく関与したといえるだろう。

というのも、その内容の魅力は、権威の担い手、受容者をともに奮い立たせるような、いってみれば、ひとを異常にアクティブにさせるような"磁力"を帯びていたと考えられるからである（はるばる命をかけて日本まできた宣教師の熱意や、"板垣死すとも自由は死なず"というような、民権思想家の情熱をイメージしてもらいたい。なお、"アクティブ"さは、西洋合理性が含みもつ3つのニュアンスの1つである（7章注17）。その意味で、西洋における「合理性」という抽象的発想は、具体的に実在する西洋権威（キリスト教や近代政治思想）が帯びる"発奮要素"が、強く促したのではないかと筆者は考えている）。夢中になって（"我を忘れて"）授け、受け容れる、昂揚を誘う(いざな)伝達内容自体の魅力を備えた考え方が、中世から近代にかけての西洋には、存在した（昂揚感と受容者側の私的判断放棄については、6章3節1）で論じる）。近代「合理性」という発想を育んだのは、古代から続く西洋権威に宿る〈発奮要素〉である。この問題の各論的・詳細は別の機会に論じたい。

以上で指摘した、内容、媒介手段、媒介内容の魅力性の存在という三条件は、和漢ではありえなかった、あるいは不充分だったポイントである。ギリシャ・ローマ哲学の存在が大きかったことももちろんだが、政治思想とキリスト教、とりわけキリスト教という強力な宗教による、洗礼・正餐・結婚な

どサクラメントがキリストによって定められた恩恵を受ける方法であるという認識がかたく共有され、人々の人生と日常の生活に対し、一千年以上の永きにわたり影響を与えつづけていた事実は、もっと重要視されるべきポイントだろう（アウクトリタスという観念の内面化自体が、キリスト教という〈信条権威〉の賜物であるとも考えられる。5章参照）。

　このように、始原に立ちもどってはじめてイメージできる評価基準もある。19世紀から20世紀にかけてばかりでなく、西洋の権威観念史全般にある振幅の方向と程度とを、語源三要素（とポテスタス）という測度にもとづき位置づけることは、「権威とオーソリティ」対比の際、「権威」という訳語がなぜ迷走したのかという謎を解く手がかりの1つとなるだろう。そして、〈追加・後見〉・〈創始・開始〉・〈高齢・個人（人格）〉という語源三要素とその受け継ぎ方の明確化は[25]、時間と感情という権威現象の曖昧さについて考える「切り口」を提供すると思われるのである。

　〈権威の社会現象学〉はまず、万物の"源流を問うこと"を提案する。つぎに、西洋権威概念の"源流"を問うことで明らかになった、〈創始・開始〉をはじめとする語源三要素すべてを用いて、現代社会で幅をきかせている、具体的な権威的現象（私的判断放棄と自発的遵守を誘う出来事）や人物について分析したとき判明してくるビジョンについて記録することを提案しておきたい。その手はじめとして、〈創始・開始〉要素を「西洋権威概念」という"権威"に対し適用する"作業手順"、ないし1つの"範例"のビジュアル化について1章では試みてきた。さらに、信用向上機能（追加・後見）、経験の蓄積と敬意感情（高齢性）という方面から、今ある権威にメスを入れる接近法もまた、〈権威の社会現象学〉的見方として呈示しておく。西洋版「権威」のビジョン化を試みた1章に対し、2章では和漢における「権威」について〈創始・開始〉から論じた上で、西洋語と和漢語のリンク（翻訳）、現代社会における「語源三要素」の意味という順に論考していくことにしたい。

注

1 Weber [1972: 542=1960: 5] ほか複数の場所で、彼は権力（Macht）について言及している。より厳密にいえば、抵抗に逆らっても自己の意思を貫徹するチャンス（機会・可能性）が権力定義である。ただし、ここでいう「権力の本質」とは、ヴェーバーにおいて「支配」や「権威」と比べたとき際だつ「権力」ならではの特徴、といった趣旨である。それが、抵抗を排した意思の貫徹と、「抵抗を排する」ことの前提としてのサンクションの"ちらつかせ"というところにある、と本書は判断している（6章も参照）。

2 ちなみに、「和漢」と一括りにいっても権威観にはかなりの隔たりがある。中国史が専門の宮崎正勝氏が著した同書第一章3「皇帝の権威が価値づけた中国のコイン」には、古代中国の権威観と権威系のことばについて考える上で重要な記述が見られる。やや長い形ではあるが引用させていただきたい。「中国の『お金』は、かたちそのものにも皇帝の支配をイメージさせる象徴的な意味が込められている。外側の円は丸い『天』を、内側の四角い穴は四角い『大地』を表し、円と穴の間の平面が天帝（神）の命を受けて天と地を結び、統治する支配者（皇帝）を意味しているとされる。穴を挟んで上下左右に刻まれた銘文は、皇帝の治世、貨幣の価値などが刻まれていた…中国の『お金』の素材は貝から青銅、銅へと変化した。殷朝では、タカラガイ（子安貝）が価値あるものとして交換の仲立ちになっていた。『財』『貨』『貢』『販』『貧』『貴』『賃』『貯』『買』『費』『貿』『資』『賄』など、経済に関わる漢字に『貝』がつくのはそのためである」（宮崎 [2009: 25-7]）。

　「貨」・「財」といったことばは現代日本にまで受け継がれているにもかかわらず、「お金に皇帝の権威で信用を与える」という発想が直接受け継がれなかったところに、中国と日本の価値観（権威観）の違いを見て取ることが出来るのである。

3 「権威の社会現象学」とは、権威について視覚経験から考えるアプローチであると、序で述べた。現象＝「目にみえる」・「目でみる」ということから、権威現象の1つの相（＝像・象）として、2章では、図1-1で掲示した権威者の肖像という画像、「威」と「権」という権威を構成する「字義」の元となった絵画について、読者に実際に「経験」し、本書の指摘について判断していってもらいたい。

　読者の視覚経験に、権威という社会的存在を構成する、「威」と「権」を構成する字義の絵画や権威者の肖像（経験を暗示するあごひげ）といった諸々の"相"（1つひとつの側面）をぶつけ、訴えることを本書は意図している。

　もっと踏み込んでいえば、そもそも権威の社会現象学とは、社会「現象」（視覚経験対象）としての痕跡（たとえば辞書項目など）をたどることで権威を可視化する試みであり、序の注20で触れたように、セネット『権威』の結論的章で

ある5章の章題"目にみえ、読める権威（visible, legible authority）"（＝権威を可視化しなければ、その絶対視から免れ得ない）という発想からヒントを得ている（Sennett [1980]）。

4 ここでの主題は、権威現象の発生一般についてではない。語としての「権威」の発生過程の解明に、主題範囲を限定している。そもそもこれまでの社会学的既存研究では、権威現象発生への関心とその仕組みの解明について、ほとんど手つかずのままであるといってよい。制度を権威の一種と考えるとき、つぎの指摘はこの現状を的確に物語っている。「制度についての議論は今日の社会学にも少なからず存在する。しかしながら今日の社会学の言説の多くは、制度の存在や制度の持つ力（たとえばその拘束性など）を自明視しつつ強調するものではあれ、その制度の生成の機制を説く理路としては必ずしも十分なものではない」（西原 [2003：258-9] 第11章「制度の発生をめぐる系譜」より）。なお、権威現象の発生の根源となる、権威"源泉"の発生については、3章で考えたい。

5 和漢語の「権力」ではないものの英単語'power'には、「（意思を備えた）強国」というニュアンスの意味が存在することには注目すべきである。この語がギリシア・ローマ期より帯びている公式的ニュアンスについては後述する。

6 その答えの一端は、権力になく権威（authority）のみが帯びている、"人間"・"個人"というニュアンスに由来するところにあると思われる（3節〈高齢・個人（人格）〉要素を参照）。

7 本来なら「オーソリティ」対「パワー」「ドミナンス」の対比についてももっと詳細に考えるべきだが、この問題については別の機会にしたい。なお、以下では、原語の"authority"とそのカタカナ表記「オーソリティ」は文脈に応じて適宜併用する。"power"と「パワー」、"domination"と「ドミネーション」も同様である。

8 Michels [1937：319] 彼の定義内容とその意義自体に関して詳しくは、拙稿 [1991]『権威関係の研究―ミヘルスの権威定義を手掛かりに』を参考いただければ幸いである。

9 Lasswell and Kaplan [1950: 133] ただし、ラスウエルとカプランは、制裁に動機づけられた影響力の受容を広い意味で権力ととらえ、権力のなかでも正統性(legitimacy)に源泉と基盤をとした権力の保有(possession)をオーソリティとすることで、両観念を一応区別立ててはいる (Lasswell and Kaplan [1950: 74-7; 133-141])。だが、本論考が試行している観念の「成り立ち」という観点からみるとき、オーソリティ存在の（歴史時間的に先行して、あるいはオーソリティ行使時点において威嚇的基盤として）「以前に」権力がかならず存在するという考え方は、妥当とはいえない。

10 学術用語の水準と日常語の水準というように語の意味内容の水準分けという問題について触れておくならば、明治期までの和漢の「権威」という語では、実際に口語上で使用したかどうかはともかく、記録され今日まで資料として残存する

蓋然性も含めて、ほぼ前者に限られていると思われる。

　ミヘルスの記述は社会科学の分野における学術水準の用語であるが、より広く日常語の水準の意味内容までも収録している辞書としては、OxfordやWebsterといったものが代表的であり、そこでは本書でのちに論点となる、オーソリティの人への呼称という用法―旧来の和漢の意味での…の大家、という用法―が含まれている。

　西洋語における日常－学術水準の問題は、日本ほど深刻であるようには思われない。文明を越えた翻訳という断絶がなく、歴史的にいわば連続的だからである。逆に、明治期よりあとの時代の日本語におけるこの問題は、明治期における西洋観念の導入の際に行われた翻訳の問題が深く関わっており、西洋語の翻訳において、中国の古典から熟語をそのまま借用した面と江戸期よりの在来の日本語をそのまま訳語にあてた面、そして、中国の古典にある言葉を参考にした新造やまったくの新造という面といった多面的な学術用語の「生成」を経ているがゆえに、複雑なものになっている。

　ただし、明治以降の権威という語における学術用語の水準と日常語の水準という問題については、区分可能性、意味内容の異同を含めて、詳しくは別の機会に行わざるをえない。

11　この2つの問題性の検討をいいかえれば、「知識〈継受〉のあり方の検証」ということができる（〈継受〉について、とくに継受資格としての「高齢」的要素と"authority"の語源に関し、詳しくは3節で論じたい）。

12　フリードマン（Friedman ［1973: 94］）；ピーター（Peter [1958: 148]）を参照。オーソリティ（authority）の語源とされるラテン語・アウクトリタス（auctoritas）に着目したオーソリティに関する論述としてはほかに、フリードリッヒ（Friedrich [1958: 29-31]）；アーレント（Arendt [1958: 98-106]）；スハール（Schaar[1970: 55-6]）；ルークス（Lukes[1978: 642 ＝ 1989: 38]）を参照。

　なお、本書ではラテン語のアウクトリタスを語源にもつ西欧語を「オーソリティ」（綴りを強調する場合は"authority"）、和漢の用語を「権威」と表記することにしたい。

13　権威へのアプローチには、多くのやり方が考えられるだろうが、その諸々のアプローチの体系化という見地からみたとき、次の叙述は示唆的かつ有用である。「権威とは何か。それは旧くから検討されてきた質問である…そうした質問には、少なくとも次の2つの事柄が問題として存在しているのである。まず、それは、分析的な問題として存在しうる。つまり、権威という観念の構成要素は何であり、いかにしてそれらの要素は組み立てられているのだろうか、という問題である…他方、そうした質問は、規範的な問題でありうる。つまり、正統な権威とは何であろうかという問題である」（Lukes [1987: 140]）。

　このようなオーソリティ／権威へのアプローチの体系化のなかにこの論考をあえて位置付けるならば、分析的なアプローチ、観念の構成要素の確認をめぐる問

題の探求の一環であるといえよう。

14 この問題に関するサジェスチョンは、権力の構造や国家社会学、政治社会学がご専門の秋元律郎先生（拙著修士論文副査）よりいただいた。

15 なお、本書では、辞典類（辞書・字書・事典）は、編者の個人的著作という色彩がきわめて色濃い場合や本文中で直接引用した場合を除いて、原則として本文・注の中に織り込み、文献表には挙げていない。

16 『明鏡国語辞典』によれば、辞典と事典、字典の違いは以下（〈 〉内）のようになる。ここまで峻別されていないのが現実だが、本書での呼称はこの区別を基本的に踏まえている。

〈じ-てん【辞典】〘名〙；ことばを集めて一定の順序に配列し、発音・表記・意味・用法などを説明した本。辞書。字引：こと-てん【事典】◇ことばの解釈を主とする「辞典（じてん）」と区別するために生じた語。「ことてん（事典）」に対して、「辞典」は「ことばてん」、「字典」は「もじてん」という。：じ-てん【事典】〘名〙；事物を表す語を取り上げて一定の順序に配列し、解説した本。百科事典など。◇「辞典」（ことば典）・「字典」（もじ典）と区別するため「こと典」と呼ぶことがある。〉

17 アーレント（Arendt, H.）[1956]"Authority in the Twentieth Century", [1958]"What Was Authority?"を参照。後者について「オーソリティとは何であったのか」とアプローチしていくことが、この主題に対し適切であると彼女は主張する。周知のようにアーレントは、権威とはローマ建国の歴史の中から生まれたものである故に、ギリシア・ローマの政治哲学の見地からこそ理解されるべきものであるとする。この考え方によれば、そののちの時代ではどこにおいても「オーソリティ」が「本当の意味で」再構築されることはなかった。ギリシア・ローマと、その継承的要素を色濃く残していた限りでの中世までのキリスト教こそが、「オーソリティ」だったという。それゆえ、「何であったのか」という形で過去形で題名を特徴づけているのである。

　フランス革命以降、近代革命期に社会秩序の再組織化が画策されたことはあったが、科学の名の下に計画的に秩序を再構築する試みはうまくいかず、彼女によれば権威は現代世界からは「その姿を消滅させた」のである。そこで想定されている権威とは、「聖なる起源への宗教的信頼」や「行動をめぐる自明の基準」を含む、強制も説得も必要としない「服従すべきことを告げられた人々」にとって疑問の余地のない承認が存在するものであった。

18 アーレントは権威の定義について直接行ってはいないが、力による強制や議論を通じた説得とは矛盾した存在であるとされる。『全体主義の起源』でも知られる彼女の権威観には、「歴史」や「起源」への還元がいささかいき過ぎる傾向があるものの、権威作用についての論及内容は皮肉なことに、現代社会においても妥当性を有する普遍性を備えたものといってよいだろう。アーレントのいう「オーソリティ」は「権威」とは、影響力としての「作用」の点では共通するところが

あるにしても、その作用を及ぼす「もと」としての、想定されている現実の実在物（所与の現実という、概念に対応する"実体"）は、時代や対象の点で全く異なる。広く知られるアーレントのオーソリティに関する議論についての発想法の中にも、日本の社会学研究者が「オーソリティ」と「権威」をある程度区分し、両者の関わり合いについて考察する意義の傍証があるように思われてならない。

19 政治的見地を中心に捉えるアーレントがつぎのように述べていることからみても、一義的に割り切ることは難しいところもある。ただし、アーレントを踏まえていることもあり、クリーガーの整理の方が明晰である。「過去が伝統によって聖別化されたのは、このようなとりわけ政治的な文脈においてである。…思想や観念の領域における精神的伝統や権威の概念は、ここでは、政治的領域から派生したものであり、したがって本質的に派生的なものである。…精神的領域における権威や伝統は、その派生的性格にもかかわらず、長いあいだわれわれの歴史のうえで西洋哲学思想の主要な特徴となった」(Arendt ［1958：101＝1973：155-6］)。

20 アウクトリタスが起源というとき、それは、英語ばかりでなくフランス、ドイツ、オランダなど西欧における「権威」という観念全般の源流であると考えられるが、それらの言語間における意味要素の微妙な差異についての考察は、別の機会に委ねざるをえない。

21 ちなみに、「指導する者」を指すラテン語"dux"は、現代のオーソリティ系の語にも痕跡をとどめている。貴族の模範、最高位「公爵」"duke"は、この語の末裔とされる。また、"educate（教育する）"や"conduct（行い）"は、"dux"に由来しているという（『ジーニアス英和大辞典』"duke"参照）。

　これら西洋の発想に関連した和漢語「爵」についてみると、指導者という模範的「人間」というより、「神」にまつわるニュアンスを呈している。というのも、公爵に代表される「爵」という称号は、杯（酒器）に由来するからである。殷を倒した周が封建制を実施し、王族縁者を地方官として派遣した際、支配のシンボルとして周王が与えたのが、爵という酒器であり、貴族の「侯爵」「伯爵」などの称号は、その身分を示す酒器に基づいている。これは酒が、神の飲み物と見なされていたことに帰着する（宮崎［2007：55］）。

　和漢においては、神への供え物を盛る器が、爵位という権威をシンボライズしている。「指導者」やオリンピックにみられる強靭な肉体と精神の持ち主（人間自体）が賛美されてきた西洋に対し、和漢では「神」が権威系の語に織り込まれているのである。

22 本書でいう知識社会学とは、マンハイムらの流れというよりむしろ、バーガーらの「広義の知識社会学」（山嵜［1991：167］）を想定している。「広義の知識社会学」の特徴の1つは、「観念や理念だけでなくむしろ『常識的』『日常的』知識に焦点をあて」るところにあるとされる（山嵜［1991：170］）。

23 西洋史上の権威観念の用例に関し、思潮の特徴付け、登場人物の代表性とその主

張については基本的にすべてクリーガー（Krieger [1968]）に沿っている。内容の是非については、おおむねこの考察の対象外とした。和漢の「権威」について浮き彫りにするために、古代ローマ・中世・近現代の西洋権威観念に関して、西洋人のクリーガーの主張を特徴づけることに、本書は主眼を置いているためである。

24 原則クリーガーに従ったここの議論では、彼に倣い、西洋史の大きな流れをイメージしていただくため、各論者の引用、参照、出典は煩雑さを理由に明確にしていない。ロックなど、5章で重複してとりあげる論者については、後ほど出典・論拠が出てくるので参照されたい。

25 その方法的一例が、「受け継ぐべき知識の認知」・「継受者資格」・「継受内容のセレクト」に対する"問い"である。

第2章 「権威」の発生(2)
―定訳の権威の源流と成立をさぐって―

第1節 「権威」の発生―権力、支配との対比―
1) 権威という語の起源[1]
オランダ語から英語へ

　語の形成や翻訳には、歴史的過程を経て徐々に形成された、社会・文化観が色濃くあらわれる。このことを念頭において和と漢という一括りを分けるとしたら、どうなるだろうか。厳密な相互の参照過程の追跡は不可能である。公的史書であれ私的日記であれ、どの文献をもとにその語をもちいたのか、厳密に特定することは難しいといってよい。

　ただ当面本書では、権威という語の中国からの日本への導入過程に関するここでの前提として、和語はそもそも漢語に大きく依存していたというところから出発することとしたい（日本から中国への影響については、2節で取り上げたい）。本書において「和漢」と一括りにする根拠は、この前提にもとづく。さらに幕末から明治期にかけて西洋から導入された抽象的な発想の翻訳において、和語の漢語に対する依存の程度は一層高くなったといえる。

　その理由として、英語和訳の媒体が英蘭辞典から英華辞典の転載へと移っていったことと、西周に代表される明治の知識人が造語を余儀なくされた際、中国の古典の語に依拠したもしくはヒントをもとめていたことが挙げられるだろう（西の典拠と造語については、手島 [2002]、および栗島 [1991] を参照）。その前提となる条件として指摘できるのは、中国では日本より一足先に英学が起こって辞書の編纂や聖書の翻訳が行われていたことである（栗島 [1991:

55-6])。その原因を歴史的出来事と照らして考えると、やはりアヘン戦争へいたる過程と結末、および香港割譲に象徴される屈辱的南京条約のインパクトが大きかったと推察される。

権と威の「文字」と字義上の位置づけ

『大漢和辞典』(諸橋 [1957]) によれば、権威とは、権力と威勢のことである[2]。同書によれば、権力とは、「他人を服従させる力」であり、その典拠を『漢書』にもとめている。威勢とは、威光と勢力のことである(『漢書』、『後漢書』、『晋書』)。そして、威光とは「人に畏敬の念を起こさせる徳の力。犯し難い威厳」を指し(『曹植』、『参同契』)、勢力とは「いきほい」のことである(『漢書』、『後漢書』、『薛道衡』)。

つぎに「権」と「威」の字義に関し、基本的な考え方についてこれまでの研究を振り返っていこう。『大漢和辞典』(全15巻) ほど包括的な漢和系の辞書[3]がこれまで存在しないことは周知の通りであるが、項目数では及ばない一方で個々の項目に対する詳細さの点では『大漢和』をしのぐものもあり、また字義に関する他の見方をも示すため、ほかの辞書についても確認しておくことにしたい。権威が権力と威勢より成り立つと考えるとき、そのなかでもとりわけ特徴的なのは威勢という構成部分であり、威勢のなかでもここで注目したいのは、威光を成している「威」の部分が示差的だというところである。

そこでまず、「威」の字義から着手したいが、「権」と比べ説が分かれているところに特徴がある。和漢語の語源となっている表音・表意文字的語義に基づいていえば、「威」は、「女」と「大きな斧」から成り立っており、斧で女をおどすさまから、おどすの意味を表している一方、音形上は「畏」に通じているという(『広漢和辞典』)。ただし、「威」がもっているおどかすという意味は転義であって、本来、威とは「女子を綏安する儀礼」のことで、聖なる兵器である戈によって邪霊をしりぞけて女子を安心させ、威儀を荘厳にするという字とすべきという意見もある。この説によれば、「権威のような語も、字の本来の用義ではない」(白川 [1984: 17])。

「威」「権」の字義について確認するとき、そもそも和漢でいう「文字」とはなんぞや？という問いについておさえておく必要がある。そこで漢字の起源と種類について、あらためてここで踏まえておきたい。そのうえで「威」と「権」の含意を位置づけることが、はじめて可能になるからである。「文字（漢字）」とはそもそも、「文」と「字」とに分けて考案されたものである（藤堂 [2006: 122-3]）。「…いろいろに組み合わせてふやしたのがこの『字』である。してみると、『文』は原初的なものであって、同じく漢字といっても、大きくこの二種に分かれるといってよい」（藤堂 [2006: 123]）。許慎が紀元100年に著した最古の字典、『説文』によれば、「文字」には6種類の起源がある。①象形、②指事、③会意、④形声、⑤仮借、⑥転注である。

では「威」と「権」それぞれの「文字」的位置づけは、どうなるのだろうか。結論を記せば、「威」は会意もしくは形声文字、「権」は形声文字という性質を、その部首から読みとることができる成り立ち＝構成より想起される起源にもとづき、帯びていると推察される（またできれば、本書で後掲させていただいている字書・辞典類より、視覚経験の1つとして判断していただきたい）。この位置づけの妥当性については、こののちに掲示する実例より読者の判断に委ねざるを得ない。

「威」が属する（とする説も多い）会意文字とは、2つ以上の漢字を意味の上から組みあわせて、また別の独立した漢字をつくる方法であって、「人」と「言」とを会わせて「信」とする種類のものである（以下で挙げる図からもわかるように、"威"を会意文字ととるのは『字統』系・『大漢和辞典』系であり、『角川大字源』系では形声文字と解釈されている）。

一方、「権」をはじめとする形声文字とは、音を表わす文字（音符）と意味を表わす文字（意符）を組みあわせて、新しい漢字をつくる方法であり、「銅」という漢字が金属を意味する「金」と音を表わす「同」との組みあわせでつくられる種類のものである[4]。

〈権力＝悪〉というニュアンスはどこからきたのか

前出の藤堂によれば、①象形と②指事は「文」、③会意と④形声は「字」

であり、⑤仮借と⑥転注が「文字の転用法」であるという（藤堂 [2006: 123]）。

この説に従うとき、会意または形声である「威」も形声である「権」も、文字というときの「字」に当たる。原初的で絵画で表意するような「文」をいろいろに組み合わせてふやしたのが「字」であるから、「威」も「権」も、なにとなにとを組みあわせて構成されたのかに留意して、以下の挙例を読んでいってもらいたい。

また、「権」自体が醸し出すニュアンス、「威」という「字」が放つ「におい」みたいなものにも気を配って、権威ということばを捉え直すことを提案しておこう。

ただし、字義だけでニュアンス全てが決定するわけではないことは確かである。冒頭で権力＝悪、権威＝聖と述べたが、多くの現代日本人がいだく条件反射が刷り込まれた原因の多くは、新聞やテレビによる事件報道、書籍による活字での語用法や熟語、慣用句によるところが大きい（2節も参照）。福島県や和歌山県、緑資源機構や大阪府枚方市など、官製談合事件の摘発がこの数年急増したが「権力欲に目が眩んだ元知事」という見出しや「権力の座への飽くなき執着がもたらした」などという活字は、権力ということば自体のイメージを悪化させている。

翻訳論が専門の柳父章は、「価値づけされたことば」について下記引用のように問題提起した。これまでの日本の語学研究者の仕事の空白を、鋭く衝いているように思う。社会学者、社会科学者が翻訳語を考え、その語が普及することを願うとき、この問題は肝心であるため、ここであえてクローズアップしておきたい。訳語が永く使われつづけるためには、案出した日本語の好感度、妥当性を、専門研究者ばかりでなく、ふつうの読者も含めて、ある程度斟酌した上で、新たな案出語を翻訳に使うのが理想だと考えるが、読者諸賢のお考えはいかがだろうか。

　「特に私が、『近世』その他ではなく、『近代』という翻訳語に注目し、ここでとりあげる理由はなにか。それは、とくに『近代』が…人びとを惑わせることばになりがちだからである。

　<u>ことばが憎まれたり、あこがれられたりするような事情は、ことばの</u>

通常の意味、辞書的な意味からは、どうしても出てこない。それだけに、従来ことばについて専門的に考察する人びとに、ほとんど無視されてきた。だが、見過ごされてきたにもかかわらず、ことばの問題としても、また学問・思想、広く文化の問題としても、とても重要なこと、と私は考えるのである」（柳父 [1982: 47-8] 下線は引用者による）。

本書のテーマに引き寄せて考えていくと「権力」は「憎まれた」「ことば」であるに違いない。現に、筆者がニコラス・ルーマン（Niklas Luhmann）のMacht（和名タイトル『権力』）担当の編集者から以前、お話をうかがったとき、同原著者の『信頼』と比べ、売れ行きは必ずしも芳しくないとのことであった。"Macht"はドイツで「憎まれた」「ことば」なのか確かめる必要はあるものの、日本では「信頼」の方が「権力」より、書店で手にとってもらいやすい「ことば」、あこがれのひびきからイマジネーションをかき立てるタイトルだったことも、あるいは売れ行きに影響があったのかもしれない[5]。

とはいうものの、「権」が「ゴン」というよみ方をもち、「はかり」の意味を有することを理解しておくことは、「権」が随伴する「重み」というニュアンスの源となっている謎を解く鍵となる。翻訳語について考えるとき、漢字の起源をも射程に入れて、西洋語にふさわしい日本語を案出すべきである。用例の頻度や過去翻訳に使われたという使用実績にのみ束縛されるのは、適切ではない。大家の訳語をただ操っているつもりが、その人自身フロムのいう「自動人形」化してしまっているケースが少なくない。1章2節で示したオーソリティ概念定義の受容連鎖を現代の時点から振り返ると、その判断停止ぶりに疑問を呈したくなるのは筆者ばかりではないはずである。同じ事は西洋語の日本語への翻訳にもいえる。「権威」をはじめとする「定訳語」はすべて、私的判断の放棄と自発的遵守という意味での「権威現象」をすでに（定訳化した段階で）伴っている。現代の時点から、これまでの「定訳語」を洗い直してみよう。そのための判断材料の1つとなるのが、いま論じている「字義」であるといえる。というのも、定訳化する「以前の」段階をたどっていき"源流"をさぐるという接近法こそ、「定訳語」を含むあらゆる権威現象の検証に有効な手段、その「持続の謎」を解明するための手順であるからである。

〈威〉の字義

「威」の字義に話を戻すと、会意または形声で「字」である「威」は、“斧”あるいは“戈”と、“女”より成り立っている。神聖厳粛な“戈”ととるか、恐怖を生む“斧”ととるかで、以下のようにニュアンスが変わってくる。「威儀を厳荘にする」ととるのが、“戈”ととる『字統』の説である（**図2―1**）。聖なる兵器としての戈を用いて女子を安心させる儀式を行い、同時

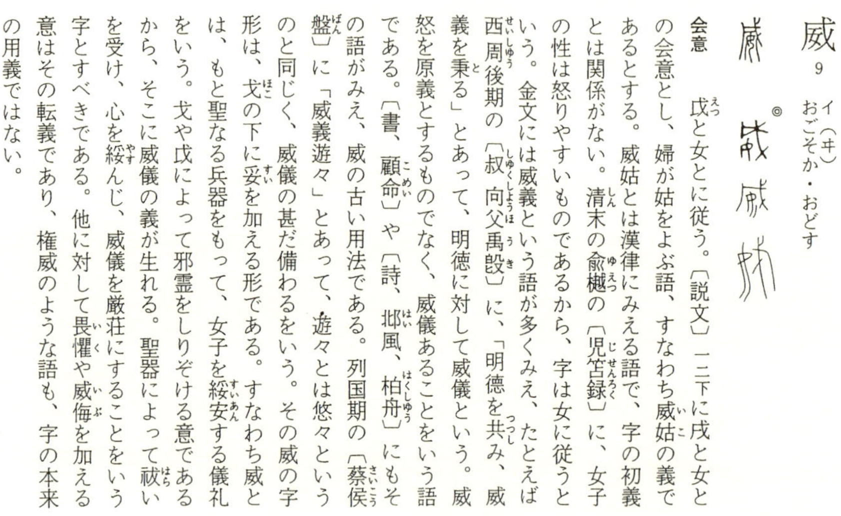
威 9 イ(ヰ) おごそか・おどす

会意 戉と女とに従う。〔説文〕十二下に戉と女との会意とし、婦が姑をよぶ語、すなわち威姑の義であるとする。威姑とは漢律にみえる語で、字の初義とは関係がない。清末の兪樾の〔児笘録〕に、女子の性は怒りやすいものであるから、字は女に従うという。金文には威義という語が多くみえ、たとえば西周後期の〔叔向父禹𣪘〕に、「明徳を共み、威義を秉る」とあって、明徳に対して威儀という。威怒を原義とするものでなく、威儀あることをいう語である。〔書、顧命〕や〔詩、邶風、柏舟〕にもその語がみえ、威の古い用法である。列国期の〔蔡侯盤〕に「威義遊々」とあって、遊々とは悠々というのと同じく、威儀の甚だ備わるをいう。その威の字形は、戉の下に女を加える形である。すなわち威とは、もと聖なる兵器をもって、女子を綏安する儀礼をいう。戈や戉によって邪霊をしりぞける意であるから、そこに威儀の義が生れる。聖器によって祓いを受け、心を綏んじ、威儀を厳荘にすることをいう字とすべきである。他に対して畏懼や威侮を加える意はその転義であり、権威のような語も、字の本来の用義ではない。

図2―1　〈威〉：女子を安心させ、威儀を厳荘にする（『字統』（1984年））

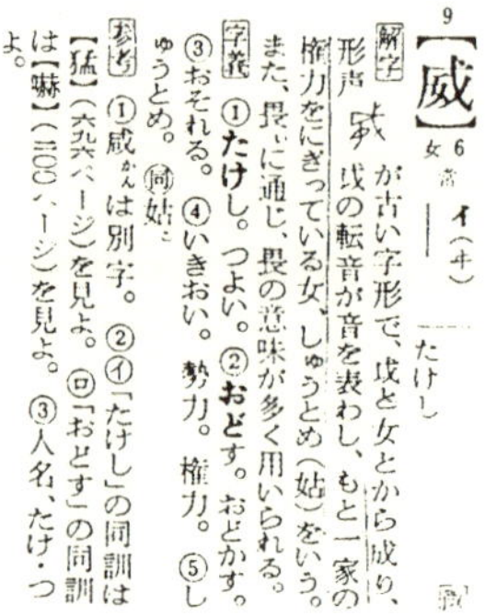
9【威】女6 イ(ヰ) たけし

解字 形声 が古い字形で、戉と女とから成り、戉の転音が音を表わし、もと一家の権力をにぎっている女、しゅうとめ(姑)をいう。また、畏ぃに通じ、畏の意味が多く用いられる。

字義 ①たけし。つよい。②おどす。おどかす。③おそれる。④いきおい。勢力。権力。⑤しゅうとめ。同姑こ

参考 ①戚かんは別字。②㋑「たけし」の同訓は【猛】(六九六ページ)を見よ。㋺「おどす」の同訓は【嚇】(三〇〇ページ)を見よ。③人名、たけ・つよ。

図2―2 〈威〉：権力をにぎる姑・畏れ（『角川漢和中辞典』（1959年））

に、戈により威儀を「厳荘」にする、という。

ただし、「もと一家の権力をにぎっている女、しゅうとめ（姑）」を怖れる（図2—2）という説（『角川漢和中辞典』(1959年)）、あるいは"斧"で女をおどす（図2—3）という説（『広漢和辞典』(1982年)）など、「威」について"こわい・おどす"という原義を読み取る場合の方が多い。「威」を"威儀"・"厳荘（荘厳）"とみるか、"怖い女（姑）に対するおそれ"・"斧によるおどし"ととるかは意味深い問題だが（女をおどすのと、女におどされる（女をおそれる）のとでは、主体・客体が正反対であるが）、本書では後者の説にもとづき、議論を進めたい。

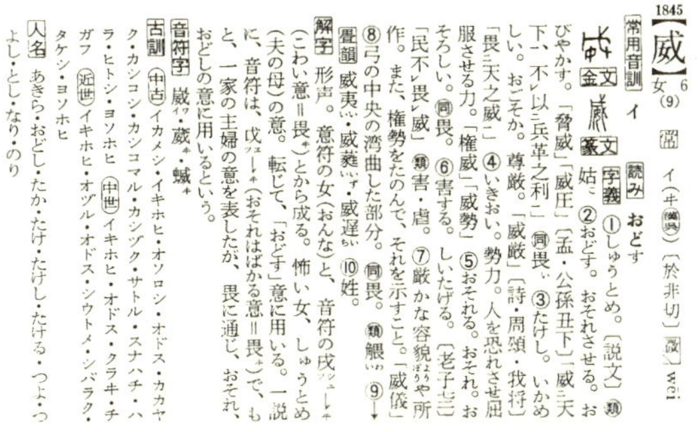

重要なのは、どの見方を採るにせよ、「威」には、"こわい"・"おどし"と

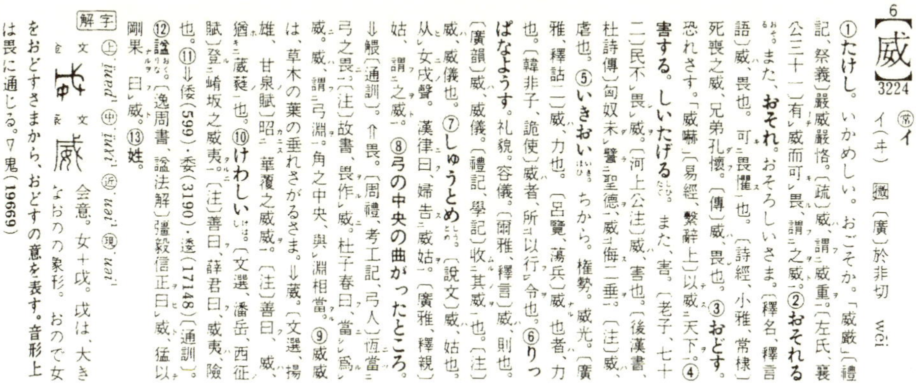

図2—3　〈威〉：おので女をおどす（『広漢和辞典』(1982年)）

図2—4　〈威〉：怖い女、姑（『角川大字源』(1992年)）

いった"威厳"系のニュアンスが含まれていることだけは、確かだという点である。

〈権〉の字義

つぎに「権」の字義について確認しておく。「威」とはちがい、かなりコンセンサスがみられるところに特徴があるといえるだろう。「権」とは「ひく」の意味を形声音上表しており、そこからはかる物の重さと同じ重力で木に掛けてひく分銅の意味を表しているというニュアンスをおおむね含んでいるといえよう（図2─5～8　とくに図2─6と8の分銅（おもり）の絵に注意。"権"に似ていることがわかるはずである）。

2）権威という語の継受─中世から近代の用例としての辞書項目─
古辞書の見出しの有無

字義とは別の角度から和漢語である権威という語の性格を考えるために、社会的勢力のいわば隣接概念である「権力」や「支配」と、日本の辞書における項目記載の有無の点から対比をしてみた（図2─9）[6]。

近代辞書における〈権力〉見出しの発生とその背景─「権力」という「新漢語」普及の痕跡としての近代辞書の項目立て

以上では、古辞書において権威、および支配がふるくから記載されてきたこと、それに対し権力の例が見られないことについて確認してきた。「辞書記載なし」イコール「文献用例なし」とは即断できないものの、用例頻度の状況を推測するある種のバロメーターとして、こうした作業には意味があると考えられる。つぎに、近代辞書を例に、権威、および、権力・支配について、記載の有無について調べてみた。まずはその結果からごらんいただきたい。

この図からも推察されるように、権威・権力・支配をはじめとして、明治期になり日本では漢語の使用機会が著しく増えていったようである。その理由について、明治時代初期に政府によっておこなわれた「布令」が漢語の必要をもたらしたためであるといえるであろう。では、一般大衆は布令（触れ）

第2章 「権威」の発生(2)　81

権【權】15/21　ケン　はかり・おもり・はかる

形声　旧字は權に作り、藋（かん）声。[説文]六上に「黃華木なり」と木の名であるが、どのような木であるのか知られない。字は殆ど権量あるいは権要の意に用いる。権量のときは重さをとりかえるものであるから、おもりを権という。権は重量によって変えるものであり、権量の字を権という。[論語、子罕]「與に立つべきも、未だともに權るべからず」、然のちに「權とは何ぞ。權なるものは常經に反し、然るに善あるものなり」、[公羊伝]桓十一年「權とは何ぞ。權なるもの常經に反し、然るに善あるものなり」、[孟子、盡心、下]「中を執るも権る無くば、なほ一を執るがごときなり」のようにいう。權は權量の字で標準・準的の意があり、それより權威・權勢・權貴、また権謀・權數の意ともなる。[詩、秦風、權輿]の「干嗟乎　権輿を承けず」とあるものはじめ、度量や車輿を作る次第から生れた語とされるが、[大戴礼、誥志]に「百草権輿す」とあり、動詞に用いる例があり、その本字は灌渝、草の萌芽することをいう語の仮借字である。

図2─5　〈権〉：臨機応変の意。おもり（『字統』（1984年））

権【權】15/11/18　ケン（漢）・ゴン（呉）　おもり

字義　①おもり。はかり。㋐物の正否をはかる器具。㋑はかる。⑦物の目方をはかる。⑤つり合いをたもってくる。㋒物事のつりあい、平均をたもってくる。㋓正に対する副の意。⑤いきおい（いきほひ）。ちから。㋐物事を押しなびかせる力。威権。㋑物事を治める力。威力。威勢。⑥かり。かりそめ。はじめ。おこり。⑦かねる。あわせる。⑧はかる。⑨はかりごと。「権謀」⑩ことに際してのはかりごと。「権衡」（同衡）。新字体はその省略体。

【権化】⑦仏・菩薩が衆生を救うために、かりに姿を変えてこの世に現われること。権現。②その性質、観念などが、特長となって現われていること。また、その現われたもの。〈国〉ある主義、観念などの中心になっている者。「主謀者。」
【権佐】㋐㋑ はかりとうりあい。わがままな悪人。〈俗伝〉
【権利】 ①権力と利益。㋐私権。②そのことをなしうる資格。㋑勢力、はばをきかすこと。③官貴の人。㋒〔法〕法律によって、一定の利益をうけるために与えうる力。⑦〔法〕法律の保護によって自分の意志を主張することによって事物を処分することのできる力。⑧〔法〕自由。
【権臣】 いきおいの強い家来。権力を用いて人を使う。
【権使】 ①威権と法制。①はかりと法制。
【権力】 ①ちから。権勢。②はかりで人を抑える力。
【権官】 ㈠ ①権力のある官位。また、その地位の人。②本官以外にかりに他官を兼

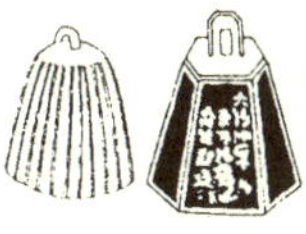

図2─6　〈権〉：はかりの分銅を掛ける黄色い花の木。おもり（『角川漢和中辞典』（1959年））

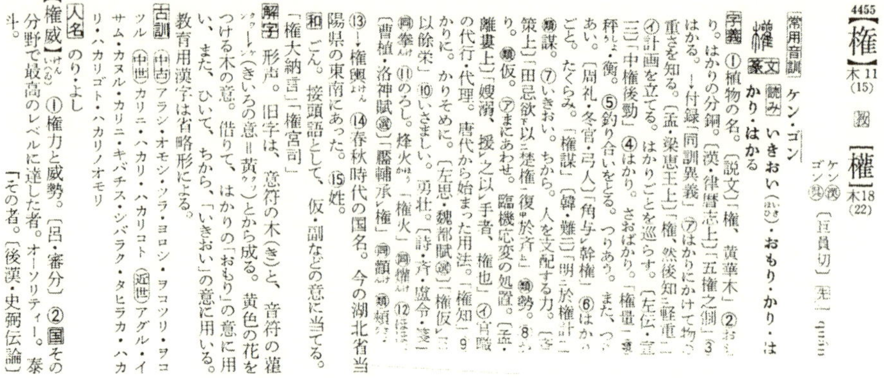

4455【権】木11 (15) 教 【權】木18 (22) ケン漢 ゴン呉 〔巨員切〕 (先) quán

常用音訓 ケン・ゴン

篆文 讀み いきおい・おもり・かり・はかり・はかる

字義 ①植物の名。〔說文〕「權、黃華木」 ②おもり。はかりの分銅。〔漢・律曆志上〕「五權之制」 ③はかる。→付録「同訓異義」 ㋐はかりにかけて物の重さを知る。〔孟・梁惠王上〕「權、然後知輕重」 ㋑計画を立てる。はかりごとを巡らす。〔左伝・宣二〕「中權後勁」 ④はかり。さおばかり。「權量」 秤・衡。⑤釣り合いをとる。つりあう。また、つりあい。〔周礼・冬官・弓人〕「角與幹權」 ⑥はかりごと。たくらみ。「權謀」〔韓・難三〕「明於權計」 類謀。⑦いきおい。ちから。人を支配する力。類勢。⑧かり。類仮。㋐まにあわせ。臨機応変の処置。〔孟・離婁上〕「嫂溺、援之以手者、權也」 ㋑官職の代行・代理。唐代から始まった用法。「權知」 ⑨かりに。かりそめに。〔左思・魏都賦〕「權假日以餘榮」 ⑩いさましい。勇壮。〔詩・齊・盧令・箋〕 ⑪のろし。烽火。「權火」 ⑫ほほぼね。同拳。同顴。類頰。〔曹植・洛神賦〕「靨輔承權」 ⑬→権輿 ⑭春秋時代の国名。今の湖北省当陽県の東南にあった。⑮姓。

和 ごん。接頭語として、仮・副などの意に当てる。「権大納言」「権宮司」

解字 形声。旧字は、意符の木(き)と、音符の雚クヮン(きいろの意＝黄クヮウ)とから成る。黄色の花をつける木の意。借りて、はかりの「おもり」の意に用い、また、ひいて、ちから、「いきおい」の意に用いる。教育用漢字は省略形による。

古訓 中古 アラシ・オモシ・ツラ・ヨロシ・ヲコツリ・ヲコツル 中世 カリニ・ハカリ・ハカリコト 近世 アグル・イサム・カヌル・カリニ・キバチス・シバラク・タヒラカ・ハカリ・ハカリゴト・ハカリノオモリ

人名 のり・よし

【権威】けんい ①権力と威勢。〔呂・審分〕 ②国その分野で最高のレベルに達した者。オーソリティー。泰斗。「その者。〔後漢・史弼伝論〕」

図 2—7 〈権〉：黄色の花をつける木。はかりのおもり、ちから、いきおい
(『角川大字源』(1992 年))

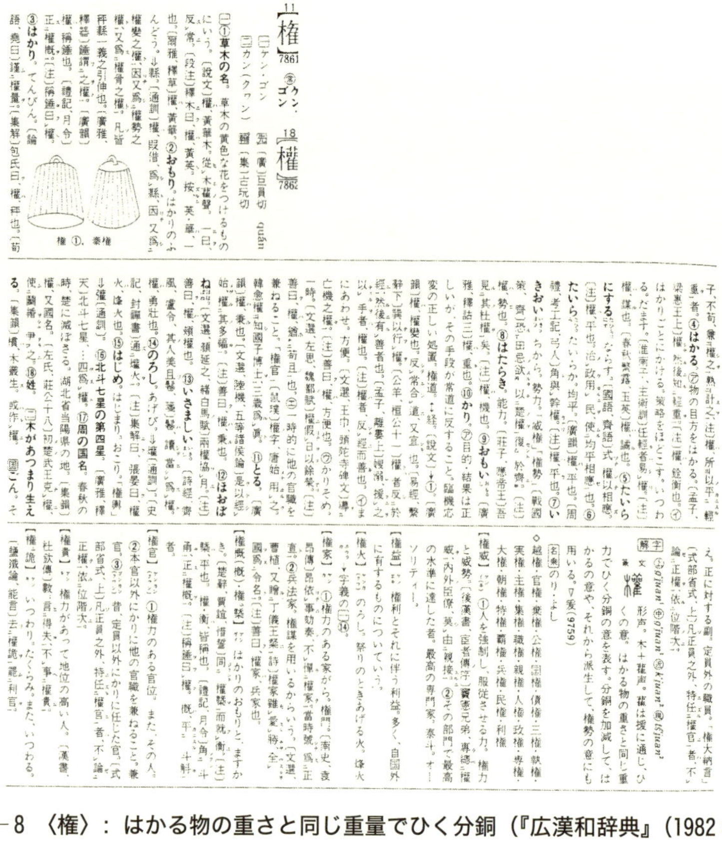

11【権】7861 常 ケン・ゴン 18【權】7862

□ケン・ゴン 先 〔廣〕巨員切 quán
□カン(クヮン) 翰 〔集〕古玩切

□①草木の名。草木の黄色な花をつけるものにいう。〔說文〕權、黃華木。從木雚聲。一曰、反常。〔段注〕釋木曰、權、黃英。按、英・華、一也。〔爾雅、釋草〕權、黃華。②おもり。はかりのふんどう。⇒縣。〔通訓〕權、叚借、爲縣。因又爲權變之權、因又爲權勢之權、又爲權骨之權。凡皆秤縣一義之引伸也。〔廣雅、釋器〕錘謂之權。〔廣韻〕權、稱錘也。〔禮記、月令〕正權概。〔注〕稱錘曰權。③はかり。てんびん。〔論語、堯曰〕謹權量。〔集解〕包氏曰、權、秤也。〔荀子、不苟〕兼權之孰計之。〔注〕權、所以平輕重者。④はかる。㋐物の目方をはかる。〔孟子、梁惠王上〕權、然後知輕重。〔注〕權、銓衡也。㋑はかりごとにかける。策略をほどこす。いつわる。だます。〔淮南子、主術訓〕任輕者易權。〔注〕權、謀也。〔春秋繁露、玉英〕權、譎也。⑤たいらにする。ならす。〔國語、齊語〕式權以相應。〔注〕權、平也。治政用民、使均平相應也。⑥たいら。たいらか。均平。〔廣韻〕權、平也。〔周禮、考工記、弓人〕角與幹權。〔注〕權、平也。⑦いきおい。ちから。勢力。「威權」「權勢」〔戰國策、齊〕恐田忌欲以楚權復於齊。〔注〕權、勢也。⑧はたらき。能力。〔莊子、應帝王〕吾見其杜權矣。〔注〕權、機也。⑨おもい。〔廣雅、釋詁三〕權、重也。⑩かり。㋐目的・結果は正しいが、その手段が常道に反すること。臨機応変の正しい処置。權道。⇔經。〔說文〕→①。〔廣韻〕權、權變也。反常合道、又宜也。〔易經、繫辭下〕巽以行權。〔公羊、桓公十一〕權者反於經、然後有善者也。〔孟子、離婁上〕嫂溺、援之以手者、權也。〔注〕權者、反經而善也。㋑まにあわせ。方便。〔文選、王巾、頭陀寺碑文〕導亡機之權。〔注〕善曰、權、方便也。㋒かりそめ。一時。〔文選、左思、魏都賦〕權假日以餘榮。〔注〕善曰、權、猶苟且也。㋓一時的に他の官職を兼ねること。「權官」〔鼠璞〕權字、唐始用之。韓愈權知國子博士、三歲爲眞。⑪とる。〔廣韻〕權、秉也。〔文選、陸機、五等諸侯論〕是以經始、權其多福。〔注〕善曰、權、秉也。⑫ほおばね。〔文選、顏延之、赭白馬賦〕兩權協月。〔注〕善曰、權、頰權也。⑬いさましい。〔詩經、齊風、盧令、其人美且鬈、箋〕鬈、讀當爲權。權、勇壯也。⑭のろし。あげび。⇒爟。〔通訓〕〔史記、封禪書〕通權火。〔注〕集解曰、張晏曰、權火、烽火也。⑮はじめ。はじまり。おこり。「權輿」⇒蘿。〔通訓〕⑯北斗七星の第四星。〔廣雅、釋天〕北斗七星、…四爲權。⑰周の国名。春秋の時、楚に滅ぼさる。湖北省当陽県の地。〔集韻〕權、又國名。〔左氏、莊公十八〕初楚武王克權、使鬪緡尹之。⑱姓。□木があつまり生える。〔集韻〕巑、木叢生。或作權。国ごん。それに次ぐ、正に対する副。定員外の職員。「權大納言」〔式部省式、上〕凡正員之外、特任權官者、不論正權、依位階次。

解字 文 篆 ㊤gʻiuan¹ ㊥gʻiuan¹ ㊇kʻiuan² ㊀tsʻiuan² 形声。木＋雚声。雚は援に通じ、ひくの意。はかる物の重さと同じ重量でひく分銅の意を表す。分銅を加減して、はかるの意や、それから派生して、権勢の意にも用いる。▽𩱁(9759)

名乗 のり・よし

◇越権・官権・棄権・公権・国権・債権・三権・執権・実権・主権・集権・職権・親権・人権・政権・専権・大権・朝権・特権・覇権・兵権・民権・利権

【権威】ケンイ ①人を強制し、服従させる力。権力と威勢。〔後漢書、宦者傳序〕竇憲兄弟、專總權威、內外臣僚、莫由親接。②その部門で最高の水準に達した者。最高の専門家。泰斗。オーソリティー。

【権益】ケンエキ 権利とそれに伴う利益。多く、自国外に有するものについていう。

【権火】ケンカ のろし。祭りのときあげる火。烽火。→字義の□⑭。

【権家】ケンカ ①権力のある家がら。権門。〔南史、袁昂傳〕昂依事劾奏、不憚權家、當時號爲正直。②兵法家。権謀を用いるからいう。〔文選、曹植、又贈丁儀王粲詩〕權家雖愛勝、全國爲令名。〔注〕善曰、權家、兵家也。

【権概(槩)・権槩】ケンガイ はかりのおもりと、ますかき。〔楚辭、賈誼、惜誓〕同權槩而就衡。〔注〕權、衡也。槩、平也。權・衡、皆稱也。〔禮記、月令〕角斗甬、正權概。〔注〕稱錘曰權。概、平斗斛者。

【権官】ケンカン ①権力のある官位。また、その人。②本官以外にかりに他の官職を兼ねること。兼官。③ゴンカン 昔、定員以外にかりに任じた官。〔式部省式、上〕凡正員之外、特任權官者、不論正權、依位階次。

【権貴】ケンキ 権力があって地位の高い人。〔漢書、杜欽傳〕數言得失、不事權貴。

【権詭】ケンキ いつわり。たくらみ。また、いつわる。〔鹽鐵論、能言〕去權詭、罷利官。

図 2—8 〈権〉：はかる物の重さと同じ重量でひく分銅（『広漢和辞典』(1982 年))

成立	名称	権威	権力	支配
898 — 901	新撰字鏡			
934 ごろ	和（倭）名類聚鈔			
1100 ごろ	類聚名義抄			
1144 — 1181	色葉字類抄			○
1400 ごろ以降	倭玉篇			
1444	下学集			○
1474	文明本節用集	○		○
1336 — 1573	伊京集			○
1496	明応五年本節用集			○
1498	饅頭屋本節用集			○
1467 — 1555	黒本本節用集			○
1590	天正十八年本節用集			○
1597	易林本節用集	○		○
1603	日葡辞書	○		○
1717	和漢音訳書言字考合類大節用集	○		○
1829	俚言集覧			○
1826 — 1849	雅言集覧			

図2—9 古辞書における「権威」「権力」「支配」の収録の有無[7]
注：「権力」の収録が全くみられないことに注目していただきたい。このような検証は、全ての学術語に対しただちに行うべきであるというのが〈権威の社会現象学〉的考え方である。「権力」について詳しくは、藤田 [2010] をご覧いただきたい。

を、どのようにして知ることができたのだろうか。これは知識社会学的論題となりうる重要なテーマであるが、ここでは深入りせず「新聞」がその媒介物であったことを指摘するにとどめておこう。識字率が低かった当時としては、字が読める人を中心としつつも、急速な社会変動の結果樹立された新政府の力に対する恐怖心から、進んで知ろうという意欲が人々にはあったに違いない。触れは主として新聞の紙面を通して、目にされるようになった（見坊 [1977: 323-69]）。というのも、「当時の一面のトップ記事は、これら布告・布達・達をそのまま印刷していた」からである[8]。こうした明治期のことばの状況変化の前提として見坊は、「江戸時代の民衆にとって辞書といえば、『節用集』と、『玉篇』式の単字字書、この二種類しかなかった…前者は和語・漢語など、ことばの書き方を知るためのもの、後者は漢字の音と訓を知るためのもの」という。またこの見坊論文は、貴重な分類軸を提供してくれているため、ここで引用させてもらうことにしたい。

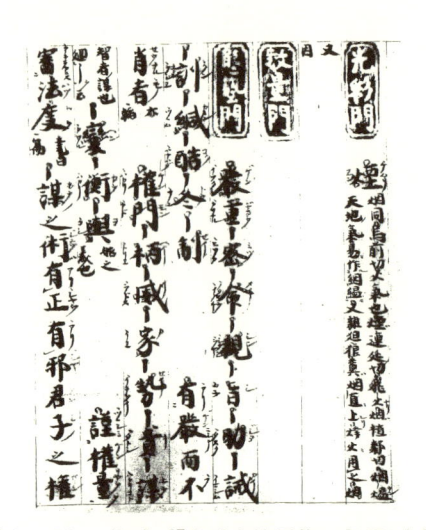

図2－10　権威（『文明本節用集』(1474年)）

注：左から3行目「権門」、「権柄」の下に「権威」の語が記載されている。日本において、辞書項目で「権威」の語が掲載された最初の例。
出典：中田祝男、『文明本節用集研究並びに索引　影印篇』、風間書房、1970年。

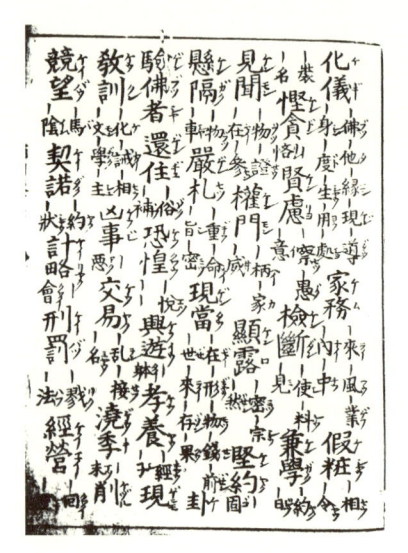

図2－11　権威（『易林本節用集』(1597年)）

注：右から3行目、「権門」の左下が「権威」の項。
出典：中田祝男、『改訂新版 古本節用集六種研究並びに総合索引　影印篇』、勉誠社、1979年。

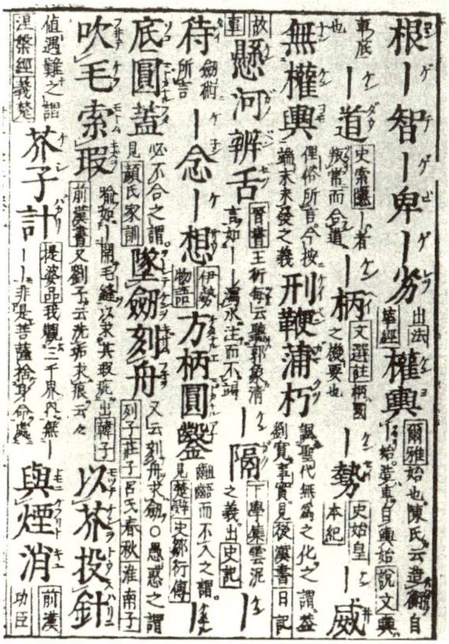
根ー智ー卑ー劣　權輿
ー道　ー柄　ー勢　ー威
無權輿　刑鞭蒲朽
懸河辨舌　ー隔
侍ー念ー想　方柄圓鑿
底圓蓋　墜劒刻舟
吹毛索瑕　以茶投針
茶子計　與煙消

図2― 12　権威(『書言字考節用集』(1717年))

注：右から２行目、「権勢」の次、最下部に「権威」の語がある。江戸期に広く普及した辞書（字典）である。

出典：中田祝男・小林祥次郎『書言字考節用集研究並びに索引 影印篇』、風間書房、1973年。

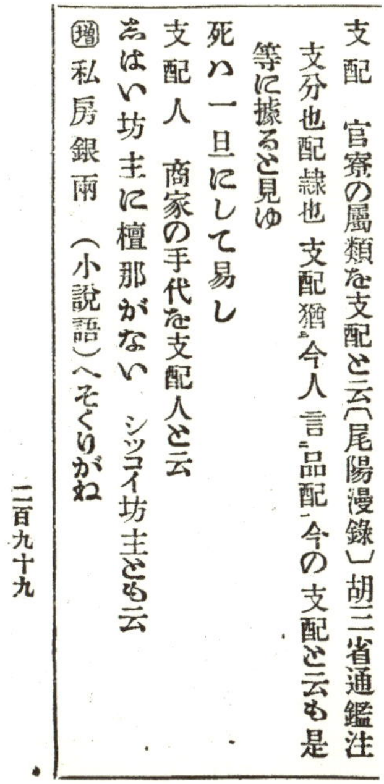
支配　官寮の属類を支配と云(尾陽漫録) 胡三省通鑑注
支分也配隷也　支配猶今人言品配今の支配と云も是
等に據ると見ゆ
死ハ一旦にして易し
支配人　商家の手代を支配人と云
ゐはい坊主に檀那がない　シツコイ坊主ども云
増 私房銀兩　(小説語)へそくりがね
二百九十九

図２―13　支配（『俚言集覧』（1829 年））

注：江戸期の「俚言」(口語)を集めた辞書。『雅言集覧』(1826-49 年）もあるが収録語彙が少ない。資料掲載の関係から『増補　俚言集覧』の画像を掲載した。二百九十九ページの右側、「私房銀両」項の上に「増」の囲みがあることからわかるように増補版で補遺された項目にはこのマークがあるが、支配は初版からの項目である。

しかし明治新政府によって大量に使用・製造された漢語は、『節用集』の漢語とは異質のものであった。『節用集』の漢語はいわば生活漢語であった。それに対し、布告、布達、達（たっし）などに見られる漢語は、日常生活とは別の世界の漢語であった。後者をかりに明治新漢語、略して新漢語と呼ぶ。新漢語に対して、従来の生活漢語を性格づければ、在来漢語と呼ぶことができよう。在来漢語とは、従来日常生活の中で用いられてきた漢語、という意味である。（私の言う〝新漢語〟は、在来漢語に対しての〝新〟である。必ずしも新造漢語だけを意味しない）（見坊 [1977: 327]）。

ここで探求している用例、古辞書と近代辞書における項目掲載例も踏まえて位置づけるとき、「権力」は新漢語、「支配」は在来漢語であるといってよい。そして「権威」もまた一見すると在来漢語であるようにみえる。ただし、見坊も指摘するように、権力という語が中国の古典籍になかったわけではない。『漢書』に存在することばである。ただ、古辞書をはじめ、『日本国語大

成立	著・編者	名称	権威	権力	支配
1889-91	大槻文彦	言海	○	○	
1895	田村熊之介	日本新辞書			○
1892-93	山田美妙	日本大辞書	○	○	○
1894	物集高見	日本大辞林	○	○	○
1896	大和田建樹	日本大辞典	○	○	○
1896	藤井乙男・草野清民	帝国大辞典	○	○	○
1903	重野安繹ほか	漢字大字典	○		
1907	金沢庄三郎	辞林	○		○
1917	上田万年ほか	大字典	○		
1915-19	上田万年・松井簡治	大日本国語辞典	○		
1921-28	落合直文・芳賀矢一	言泉	○		○
1923	簡野道明	字源	○		○
1932-35	大槻文彦	大言海	○	○	○
1934-36	平凡社編纂	大辞典	○	○	○

図 2─14　近代辞書（字典）における「権威」「権力」「支配」の収録の有無

辞典』の日本の古典文学や私的日記、書簡の用例をみる限り見いだすことができず、かりにこの先発見されたとしてもかなりまれなケースであって、一般公用語としては普及していなかったことは断言できよう。

そんな語が、明治になり新政府の「布令（触れ）」と法条文作成、そしてその解説者たる新聞の必要から古代中国語より引っ張り出された、あるいは「力（ちから）」と「権（けん）」の合成によって編み出されたのである。

3) オーソリティ（authority）の定訳語としての「権威」の誕生

オーソリティが権威と訳されるまで

ここからは権威の曖昧さについて、「漢語」と「英語」の接点いう観点からとらえ直してみたい。1814（文化11）年に本木正栄らによって著わされた、「出版はされなかったが日本で最初に生まれた記念すべき英和辞典」[9]である『諳厄利亜語林大成（あんげりあごりんたいせい）』においてオーソリティは、「尊敬」という意味があてられている。幕末から明治期における和洋語対訳辞典(英和辞典)におけるオーソリティの訳語は、**図2—15**のようになる[11・12]。

訳者の模倣と案出

以上のような訳語の変遷を経て、オーソリティには「権威」ということばがあてられるようになった。1872(明治5)年の『和英語林集成・英和編再版』にある和訳語"Keni"を「けんい」と読むとするとき(**図2—16**)、ヘボン(Hepburn)の手によるこの有名な書物が権威対訳の嚆矢であったということができる。ただし、その影響がこれより後の辞書編著者に直ちに現れていないことは図表からもわかるだろう(**図2—15、2—17**)。同じヘボンの手による『和英語林集成』和英編では、「権威」の第一訳語として"power"を当てている（図2—17）。しかも英和編三版(1886年)ではふたたび"Keni"という訳がなくなっていることからも、訳語選定における試行錯誤がみられるのである。

これに対し、支配は用例（古辞書項目）の多い在来漢語であることもあり比較的すんなりと"domination"あるいは"rule"・"governing"の訳語としてあてられていったといってよい（**図2-20**）。むしろ問題となるのは、絶え

間なく日本で使用されてきた「支配」という和漢語に、いかなる英語をあてるのかという問題である。現代社会学でもっとも項目数が多く詳細な『新社会学辞典』（森岡・塩原・本間 編 [1993]）では「支配」の項目に"domination"（英）、"Herrschaft"（独）とある。ヴェーバーの影響は世界的であり、いうまでもなく後者は彼の支配に関する諸業績に基づいているわけだが、ドイツ原語の英語訳版をめぐる論争の結果でも"domination"に軍配が上がったこと

成立年	著編者又は出版社	名称	訳語
1814（文化11）	本木正栄	諳厄利亜語林大成	尊敬 [10]
1862（文久2）	堀達之助	英和対訳袖珍辞書 [13]	威勢、免許、政事ノ司、権柄
1867（慶応3）	Hepburn	和英語林集成 A Japanese and English Dictionary（最初の和英辞典）[14]	Ken, ikioi, isei, iko.
1869（明治2）		英華字彙	権能
1872（明治5）		和英語林集成 再版	Keni, isei, kempei, seiji, seifu, kuwan-nin, kempei ka.
1886（明治19）		和英語林集成第3版	Ken, isei, kempei, seiji, seifu, kwan-in, kempei ka, meirei, kwanri [15].
1881（明治14）	井上哲次郎	哲學字彙	教権、憑據
1884（明治17）	羅布存徳（Lobscheid, William（ロブシャイド））原著井上哲次郎訂増	増訂英華字典	権勢 [16]
1887（明治20）	附音挿図和譯英字彙		権利、命令の権、管轄、長官、権勢、実証、官令、証跡ヲ載セタル書数
1888（明治21）	高橋五郎	漢英対照いろは辞典	権威
1912（明治45）	井上哲次郎	英獨佛和哲學字彙（哲學字彙/改訂増補版）	証典、教権、憑據、聖権、原據、典據、典故、大家
1912（明治45）	同文館	哲學大辭書	威権 [17]
1919（大正8）	三省堂	模範新英和辭典	一、権威、権力、職権、教権。二、官庁、官憲、有司、当局、其筋［主ニ複数ニテ用フ］。三、実証、証人。四、信ズベキ価値、信憑。五、大家、大家ノ書。六、証典、典拠。七、先例、判決、官令。The authorities concerned 当該官庁

図 2—15　対訳辞書における"authority"の訳語

> AUTHORITY, Ken ; ikioi ; isei ; ikō.

> AUTHORITY, n. Keni, isei, kempei, seiji, seifu, kuwan-nin, kempei ka.

> AUTHORITY, n. Ken, isei, kempei, seiji, seifu, kwan-in, kempei-ka, meirei, kwanri.

図2―16 『和英語林集成』・英和編(上から順に1867年(初版)、1872年(再版)、1886年(三版))における"authority"の和訳語
出典:復刻版『和英語林集成 初版・再版・三版対照総索引』、飛田良文・李漢燮 編集、発行 港の人、2000-2001年。

> KEN-I, ケンイ, 権威, n. Power, authority, dignity. — no ikioi, force of authority.

> KEN-I ケン井 権威 n. Power; authority; dignity: — no ikioi, force of authority.

図2―17 『和英語林集成』・和英編(1872年(再版)1886年(三版))における「権威」の英訳語
注:初版(1867年)に項目なく、左が再版(1872年)、右が三版(1886年)。
出典:復刻版『和英語林集成 初版・再版・三版対照総索引』(飛田良文・李漢燮 編集、発行 港の人、2000―2001年)より。

> けんい(名) 肩衣, かたぎぬ A kind of robe; a shawl.
> けんい(形) 険夷, けはしきたひらか Steep or plain.
> けんゐ 健胃(胃を強くする) Strengthening the stomach.
> けんゐ(名) 権威, いきほひ, ちから Authority, might, power.

図2―18 権威の第一の意味は"Authority"(高橋五郎『漢英対照いろは辞典』(1888(明治21)年))
出典:復刻版『漢英対照いろは辞典』名著普及会、1983年。

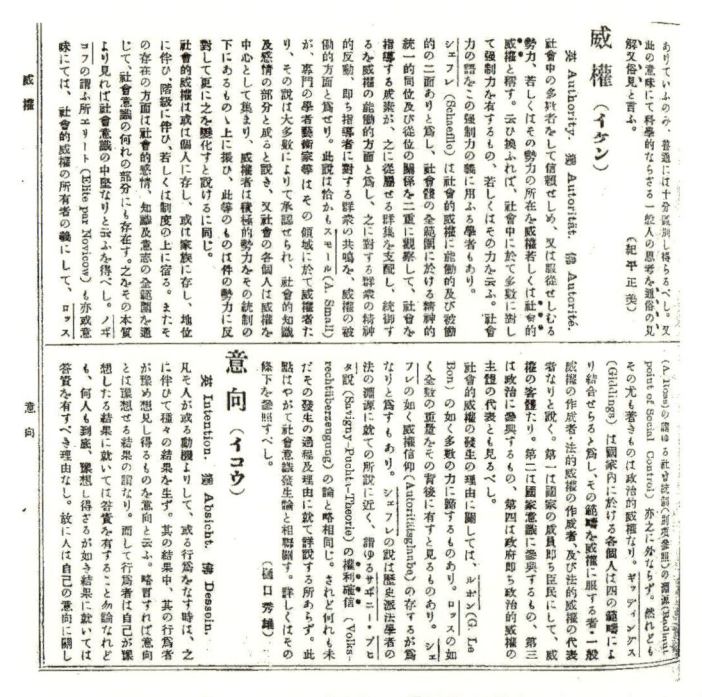

図2—19 "Authority"としての「威権」(『哲學大辭書』(1912 (明治45) 年)

図2—20 支配の第一の意味は"Governing"(高橋五郎『漢英対照いろは辞典』(1888 (明治21) 年))

出典：復刻版『漢英対照いろは辞典』名著普及会、1983年。

からも推察されるように、おそらく"domination"と「支配」とのむすびつけがもっともオーソドックスであることには留意が必要である。とはいえ、"domination"と"rule"では、来歴がまったく違う。前者は"ヒエラルヒー（Hierarchie）"（天使たちの位階秩序）と深く関連している。だがこの問題はここでは深入りしない。

成立年		訳語
1814（文化11）	本木正栄	諳厄利亜語林大成 威権、イセイ
1862（文久2）	堀達之助	英和対訳袖珍辞典　勢力。威勢。才智。適當。指揮。多人数（powerful 威勢ノアル。力強キ）（powerfulness 威勢。強サ。力）
1867（慶応3）	Hepburn	和英語林集成　chikara; ikioi; iko ; isei; kono; kikime; ken; kuriki.
1869（明治2）	英華字彙	能、力、権、権勢
1872（明治5）	Hepburn	和英語林集成 再版　chikara, ikioi, iko, isei, kono, kikime, ken, kuriki, keni.
1881（明治14）	井上哲次郎	哲學字彙　器能、勢力、権威
1884（明治17）	明治英和字典	力、権、勢、能
1886（明治19）	Hepburn	和英語林集成　第3版　chikara, ikioi, iko, isei, kono, kikime, ken, kuriki, ken-i.
1887（明治20）	附音挿図和譯英字彙	力、権、勢、勢力、権威、能；海陸軍；［数］自乗；［光］増度；国
1888（明治21）	高橋五郎	漢英対照いろは辞典 権力
1912（明治45）	同文館	哲學大辭書　項目なし
1912（明治45）	英独仏和哲学字彙	力、威力、権勢、器能、勢力、権威、自乗（数）

図2—21　対訳辞書における power の訳語

パワーが権力と訳されるまで

　それに対し、江戸期までの古辞書には項目掲載されていない新漢語である「権力」は"power"とどのようにして結びついていったのだろうか。"power"の日本語訳の変遷はつぎのようになる（**図2—21**）。

　権力に"power"の語をあてた早期の例は、1888（明治21）年の高橋五郎著『漢英対照いろは辞典』である。広く知られた大槻文彦の『言海』の刊行が1889年からであり（図2—14参照。この図の近代辞書はすべて1889年以降というのも、『言海』以前に広く普及した国語辞典がなかったためである。前掲の加藤[1976]を参照）、国語辞典において「権力」の項目自体ないものがあったこの時点において、注目すべき書であろう。この当時においてもすでにもっとも知られていたヘボンの『和英語林集成』をみても、"power"に「権力」をあてた訳語は、英和編でも決定版の3版（1886年）においてまでついにみられず、和英編で「権力（kenryoku）」が項目化されることもなかったからである。[18・19]

オーソリティと権威：翻訳語としての〈高齢・個人〉要素の追加

　では、オーソリティと権威の意味要素の関連については、どのように考え

ればよいのだろうか。そもそも異なる文化歴史的背景を随伴する言語体系に属することばが、意味内容に共通する部分をもつがゆえに、ある和漢の語が何らかの西洋語の翻訳語とされるようになるとき、その2つのことばの意味内容の関係は3つの要素から成り立っている。柳父によれば、1．西洋語独自の意味領域、2．西洋語と和漢の語にほぼ共通する意味領域、3．和漢の語独自の意味領域であると考えられる（柳父 [1977: 45-47]）。

さて、"オーソリティ（authority）"と"権威"ということばの意味内容の関係にこの3要素を当てはめて考えてみよう。そのための素材を、語の意味内容の典拠が明示されており、複数の文献で言及もしくは依拠がなされているという理由から[20]、諸橋轍次著『大漢和辞典』における権威の項にもとめることにする。

『大漢和辞典』の「権威」は、ふたつの項目から成り立っている。第1の項目は、「権力と威勢」であり、そこにおいて示されている権威という語の典拠は、『呂氏春秋』と『後漢書』である（(2)権威の用例の注6も参照)。この第1の項目は、西洋の観念としてのオーソリティの影響を受ける以前の、純然な和漢語としての権威の意味内容をあらわしていると思われる。

第2項目は、「最高至善の標準となるもの。泰斗。オーソリチー」という記述である。「オーソリチー」というところからもわかるように、オーソリティの影響を受けた「権威」の意味要素である。この項目が新しく付加された派生的意味であることは、『大漢和辞典』の項目としてはきわめて異例的なことに、典拠すべき中国語の古典が示されていないという事実によって裏書きされている。ここから考えると、高齢・個人（人格）要素は "authority" の訳語としての「権威」が明治期以降に新たに帯びた意味要素であり、江戸期までの在来の「権威」という和漢語には含意されていなかった要素と考えられよう。

さらに遡って「権威」の日本語における用例をみてみよう。まず明治に最も近い時期の国語辞典をみてみると、江戸末期の大衆語用例辞典である『俚言集覧』には「権威」という語自体の記載がない。ここからみると、江戸期の口語（俚言）レベルでは権威という語が用いられていなかったことが窺わ

れるであろう。では、もっと公式性のある辞書ではどうだろうか。幕末の辞書にこの類のものがないのは残念だが[21]、さらに遡った時代のヨーロッパ人宣教師のための公的な「日本語辞書」に権威の用例があることから考えて、江戸期の公的な語法には権威ということばは用いられていたと推測される。この日本語辞書とは江戸期初頭に宣教師たちによって編まれた日本語―ポルトガル語辞典である『日葡辞書』（1603年）であり、そこには宣教用に日本語約32800語がローマ字表記され、ポルトガル語で対訳がつけられている中の１項目に「権威をふるう（Qen i uo furŭ）」という記述をみることができるのである。とはいうもののこの『日葡辞書』にも、「…の権威」といった「権威」という語の人称的用例を見いだすことはできない[22]。

オーソリティにあって権威にはなかった〈第一人者〉というニュアンス

以上のように、「オーソリティ（authority）」には含有されている高齢・個人（人格）という意味要素は、和漢の語である「権威」にはそもそもはなかったものであり、西洋語独自の意味領域であると考えることができる。そのことは、**図２―23**の『大言海』にある〔 〕内に記述に「この語…誤訳」とあるよう

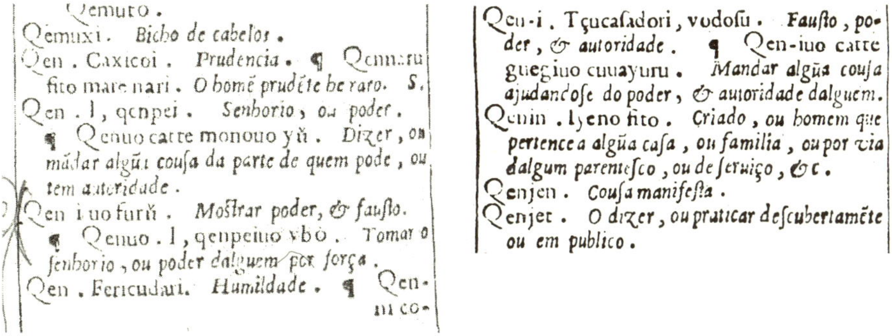
Qemuto.
Qemuxi. *Bicho de cabelos.*
Qen. Caxicoi. *Prudencia.* ¶ Qennaru fito mare nari. *O homẽ prudẽte he raro.* S.
Qen. I, qenpei. *Senhorio, ou poder.* ¶ Qenuo catte monouo yŭ. *Dizer, ou mãdar algũa cousa da parte de quem pode, ou tem autoridade.*
Qen i uo furŭ. *Mostrar poder, & fausto.* ¶ Qenuo. I, qenpeiuo vbo. *Tomar o senhorio, ou poder dalguem por força.*
Qen. Fericudari. *Humildade.* ¶ Qen-ni co-

Qen-i. Tçucasadori, vodosu. *Fausto, poder, & autoridade.* ¶ Qen-iuo catte guegiuo cuuayuru. *Mandar algũa cousa ajudandose do poder, & autoridade dalguem.*
Qenin. I, yeno fito. *Criado, ou homem que pertence a algũa casa, ou familia, ou por via dalgum parentesco, ou de seruiço, &c.*
Qenjen. *Cousa manifesta.*
Qenjet. *O dizer, ou praticar descubertamẽte ou em publico.*

図２―22 権威をふるう・権威（『日葡辞書』（1603年））

注：「権威」項に〈ツカサドリ（つかさどり）、オドス（威す）〉と和音で説明されているところは、西洋人がいだいた16～17世紀日本の「権威」イメージを知る上で大変重要である。ポルトガル語による言い換えで、はやくもオーソリティ（autoridade）という語が挙げられているが、この知識〈継受〉のあり方の検証（認知・資格・セレクト）については別に論じたい。

出典：VOCABVLARIO DA LINGOA DE IAPAM：発行 岩波書店（1960年）

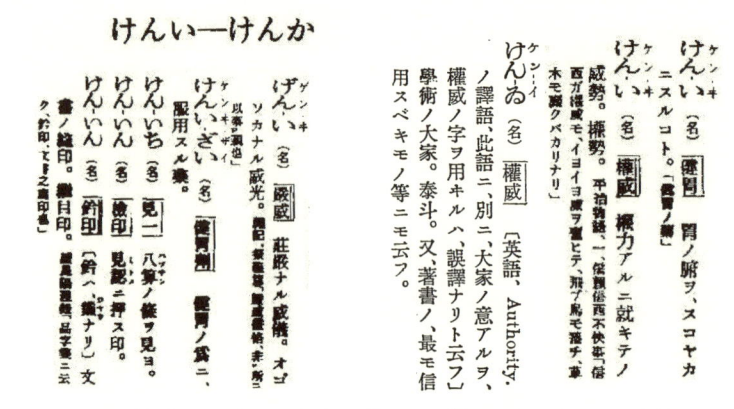

図2—23 権威の二番目の意味は「誤訳」(『大言海』(1932-5年))

に[23]、その他の近代辞書の記述からもわかるであろう。

　1923年の『字源』にもとづけば、オーソリティがローマ以来含み帯びていた「ひと」という構成観念、この要素は明治期より前の「権威」という語にはない、あらたに日本独自の「国字」的用法が編み出されたわけである。「国字」という用語の歴史からいっても、この事態は画期的だったはずだ。というのも通常国字とは《漢字にはない日本で創り出された漢字風の字("漢字")》の意味であったはずだからである。"榊"（さかき）や"辻"（つじ）の類がその代表とされ、"和字"とよばれることもあるという。中国にはない漢字の用法を、西洋語独自のニュアンスの領域を含むように"拡大"したところが、画期的であったと考えられる。

和語独自の意味要素

　このような日本独自の《国字的追加観念》は、裏返していえば「洋」独自の意味観念要素である。必要に応じて、既存の権威概念に、人称という観念を、当時の日本文明開化の担い手たちが、勝手に付け加えてしまったといってもよい。

　ではそれとは逆に、和漢の語独自の意味領域と考えられるのは、いかなるところにその特徴があるといえるだろうか。「権」の字が含みもっている「職権」というニュアンスであると一見みることも出来よう。「権」とは、元来

図 2―24 「おおそりちい」は「大家の説」(『言泉』(1921-28 年))

注:「権威」と「オーソリティ (おおそりちい)」は別に項目立てをおこなっていたことがわかる。

図 2―25 「権威」の二番目の意味は「国字」(『字源』(1923 年))

物を量る際に用いる分銅を表しており、権利や、職務上裁量する権利としての職権(定めによって付与された力・資格)というニュアンスがあるところから、「職権」によって不承不承従わせる力が、「自発的」遵守を調達する力としての「権威」であると考えることができなくもない。もっとも西洋語のオーソリティという意味要素には、少なくともアウクトリタスという語源に照らし

てみる限りでは権利や職権という要素は含まれてはいない。ただし、オーソリティの現代的語法では right（権利）という意味要素を含むとみる立場もある（*The Oxford English Dictionary 2nd.* (1989)）。とはいうものの、こうしたニュアンスは、語源本源的なものではなく、元来「人格的・個人的」要素であったローマ「共和国の支配者（rector rei publicae）」または第一の市民とされた「プリンケプス（princeps）の権威」など、個人的権威者の放つ権威がその人の占める地位や権利・権限と次第に分離して捉えられていった結果生まれた、いわば派生的存在である。

では、真の意味で和漢語独自の意味領域は、どこにあるのだろうか。それは、「権」にも「威」にも含まれているニュアンスである。すなわち、「おどす（threaten）」（あるいは〈こわい〉）という意味要素こそ、西洋語にはみられない和漢語独自の部分であり、「権」がもつ「高慢であること。見高（けんだか）。傲岸（ごうがん）」（『広辞苑』）と「威」がもつ、「威嚇」や「虎の威を借る狐」といった文言にも仄めかされる「おどす」という含みは、オーソリティには含まれない権威特有の意味要素である（1603年の『日葡辞書』"Qen-i" 項（図2－22）、および図2－26～29参照）**24**。

権威とオーソリティにおける自発的遵守の違い

西洋語と和漢の語にほぼ共通する意味領域と考えられるのが、結果的に「自発的」遵守を調達する力であるという要素である。ただし、結果的に「自発的」遵守を調達するに至るというプロセスを構成する諸前提において、西洋と和漢では、ニュアンスに違いがあるように思われる。

西洋における自発性が、「個」としての人間の主体性に基づくことを前提にする──オーソリティがオーサーなど「個」人を示唆することも含めて──「自由」の存在を随伴するのに対して、和漢の自発性は、──権威が個人、人格という意味要素を含んでおらず、権威を行使する立場の者が人間「個人」としてではなく「職務」によって行っているため裁量の自由をほとんど認められていないことと平行して──「個」としての人間の主体性に基づくことを前提とせずに、「おどかす」ことによってしかたなく、力の要求を消極的

な意味で「自発的に」遵守するという意味で、「自由」の存在を随伴してはいない。しかもそもそも「おどかす」対象が、「個」としての存在を自覚した「自己」としての人間であるというより、おどかしに迎合する、付和雷同している群れ(もしくはその一員)に対する闇雲的なものであるというニュアンスがあるところ[25]に、大きな違いがあるように思われる。

　従者側の自発的遵守があるところに権威・オーソリティの他の社会的勢力(social forces)と違う独自性があるところは和漢・洋で共通するものの、以上のように従者側の自発性には、概念を構成する部分観念による相違に基づき違いがみられるのである。和漢の権威の字義が意味するのは、その特徴である「威」にこもる"おどかす"という意味要素であって、それがもたらすのは権威者の個人・人格的な側面への尊敬や創始・開始的要素への敬意、あ

> au·thor·i·ty \ə'thärəd-ē, -thôr-, -ətē, -i also ô'th-\ n -ES [ME authorite, alter. of autorite, auctorite, fr. OF autorité, auctorité, fr. L auctoritat-, auctoritas, fr. auctor originator, author + -itat-, -itas -ity] **1 a** : a citation (as from a book) used in defense or support of one's actions, opinions, or beliefs; also : the source from which such a citation is drawn ⟨they used a brief passage from the book as their ~⟩ ⟨he quoted extensively from the Bible, his sole ~⟩ **b** : a conclusive statement or aggregate of statements (as an official decision of a court) : decisive declaration taken as a precedent; also : TESTIMONY ⟨they viewed the court's decision as an unquestionable ~ for their action⟩ ⟨heard on the best ~⟩ **c** : an individual (as a specialist in a given field) who is the source of conclusive statements or testimony : one who is cited or appealed to as an expert whose opinion deserves acceptance ⟨there was a long and fierce dispute between scholars who held that Cicero was an unchallengeable ~ —Gilbert Highet⟩ ⟨one should always be prepared to quote *authorities* in support of one's theories —Aldous Huxley⟩ **2 a** : power to require and receive submission : the right to expect obedience : superiority derived from a status that carries with it the right to command and give final decisions : DOMINION, JURISDICTION ⟨the ~ of parents over their children⟩ ⟨the ~ of the president⟩ ⟨the ~ of a judge⟩ **b** : delegated power over others : AUTHORIZATION ⟨he acted with the full ~ of the government⟩ **c** : freedom granted by one in authority : RIGHT ⟨do you have the ~ to leave when you want to⟩ **3 a** : power to influence thought and opinion : intellectual influence ⟨Voltaire had his enemies, but his ~ could not be denied⟩ **b** : power to influence the outward behavior of others : practical personal influence ⟨the ~ of fashion⟩ **4 a** : persons in command; specif : GOVERNMENT — now usu. used in pl. in the concrete ⟨the local *authorities* of each state⟩ and sing. in the abstract ⟨the public ~ is responsible for our protection⟩ **b** : a public administrative agency or corporation having quasi-governmental powers and authorized to administer a revenue-producing public enterprise ⟨the port ~⟩ ⟨the valley ~⟩ **5** : justifying grounds : BASIS, WARRANT ⟨on what ~ can you act as you do⟩ **6** : convincing force : WEIGHT ⟨his sincerity added much more ~ to the story⟩ **7** : a combination of unstrained definitive masterfulness, clear-sighted ingenuity and skill, and economical attainment of an objective (as in a piece of writing or in a musical performance) ⟨a recording that is unequaled for its finesse and ~⟩ **8** : AUTHOR 6   syn see INFLUENCE, POWER
> **authority to pay** : LETTER OF CREDIT
> **authority to purchase** : an instrument similar to a letter of credit under which drafts are drawn by the seller or exporter directly upon the buyer or importer rather than on a bank

図 2 — 26 *Webster's Third New International Dictionary* **[1963] Merriam**

authority (ɔːˈθɒrɪtɪ, ɒ-, ə-). Forms: 3–5 autorite, 4–6 autoryte, 5–6 auctorite, -itee, 5 awtoryte, 5–6 auctoryte, 5–7 autoritie, auctoritie, -ity, 6 auctorytye, -ety, awtoritee, aucthoritie, -ytye, -ity, authorite, 6–7 authoritie, 6–8 autority, 7 aucthorytie, 5- authority. [a. F. *autorité*, early ad. L. *auctōritas*, *-tātem*, f. *auctor*: see AUTHOR *sb.* and -ITY. The Fr. was also spelt *auctorité* from

図2—27

…ORIZE

Sometimes weakened to: Authorship, testimony.

1303 R. BRUNNE *Handl. Synne* 1239 Seynt Poule þat sagh Goddys pryvyte, He seyþ yn hys autoryte A feyre wurd … for to save. 1494 FABYAN I. i. 8 Therof is founde lytell auctoryte. 1586 THYNNE in *Animadv.* Introd. 73 Untill I may see good authoritie to disproove it. 1710 PRIDEAUX *Orig. Tithes* v. 253, I deny not Ingulph's autority to be good, but for his Copy there is his autority only. 1875 SCRIVENER *Lect. Grk. Test.* 12, I have been recently informed on excellent authority. *a* 1885 *Mod.* Do not accept news on the authority of the evening papers.

7. The quotation or book acknowledged, or alleged, to settle a question of opinion or give conclusive testimony.

c 1230 *Ancr. R.* 78 þen ilke autorite, þet..schal beon … strencðe..azein þes deofles turnes. *c* 1386 CHAUCER *Frere's Prol.* 12 Lete auctorités, in Goddes name, To preching and to scoles of clergie. *a* 1535 MORE *Confut. Barnes* VIII. Wks. 770/2 Hys fyrst authorite be these words of saynte Austyne in hys fyftieth sermon. 1608 SHAKS. *Per.* III. ii. 33 By turning o'er authorities. 1706 POPE *Lett.* Wks. 1736 V. 55 To corroborate these observations by some great authorities ..in Tully and Quintilian. 1876 GREEN *Short Hist.* Pref. 6 Giving in detail the authorities for every statement.

8. a. The person whose opinion or testimony is accepted; the author of an accepted statement. b. One whose opinion *on* or *upon* a subject is entitled to be accepted; an expert in any question.

1665 GLANVILL *Sceps. Sci.* 77 To confront such celebrated Authorities. 1855 PRESCOTT *Philip II*, I. II. vi. 210 Historians in a season of faction are not the best authorities. 1860 R. WILLIAMS *Ess. & Rev.* 59 Egyptian authorities continue the reign of Menephthah later. 1867 A. J. ELLIS *E.E. Pronunc.* I. iii. 65 Wallis is the great authority for the fully developed pronunciation of the XVIIth century. 1871 BLACKIE *Four Phases* i. 1 A great utilitarian authority. *a* 1885 *Mod.* Who, may I ask, is your authority for the statement? A. B. He is no authority!

9. *Comb.*, as *authority-maker*.

1678 CUDWORTH *Intell. Syst.* I. v. 893 These justice-makers and authority-makers pretend to derive their factitious justice from Pacts and Covenants.

図2—28

12th to 16th c., and *authorité* in 16th, whence the successive Eng. forms.]

I. Power to enforce obedience.

1. a. Power or right to enforce obedience; moral or legal supremacy; the right to command, or give an ultimate decision.

1393 GOWER *Conf.* I. 257 The pope..Of his papall auctorite Hath made and yove the decre. 1480 CAXTON *Chron. Eng.* III. (1520) 20/1 They chose another man the whiche sholde have more auctoryte..and they called hym dictator. 1590 *Harl. Misc.* (Malh.) II. 176 He hath aucthoritie over all kinges and princes. 1598 BARRET *Theor. Warres* IV. iv. 113 Their Colours..represent the authoritie Royall. 1603 SHAKS. *Meas. for M.* II. ii. 118 Proud man, Drest in a little briefe authoritie,..Plaies such phantastique tricks before high heauen, As makes the Angels weepe. 1665 BOYLE *Occas. Refl.* IV. xi. (1675) 233, I allow lawful Authority a Jurisdiction over my Actions, that I deny it over my Opinions. *a* 1680 BUTLER *Rem.* (1759) I. 251 Authority is a Disease and Cure, Which Men can neither want, nor well endure. 1872 RUSKIN *Eagle's Nest* §94 If ever you find yourselves set in positions of authority.

b. *in authority*: in a position of power; in possession of power over others.

c 1460 FORTESCUE *Abs. & Lim. Mon.* (1714) 108 Men that were in grete Auctorite. 1551–6 ROBINSON tr. *More's Utop.* 15 Nowe placed in aucthorytye and called to honoure. 1611 BIBLE *Prov.* xxix. 2 When the righteous are in authoritie, the people rejoyce. 1722 SEWEL tr. *Hist. Quakers* (1795) I. Pref. 12 Speaking to persons in authority. 1878 HOPPS *Jesus* x. 36 The people in authority..would try to stop him.

2. a. Derived or delegated power; conferred right or title; authorization.

(The relation to sense 1 is seen in 'by the (king's) authority, by authority of the King.')

c 1375 WYCLIF *Serm.* Sel. Wks. 1869 I. 56 Reprovede him sharpli bi autorite of God. *c* 1400 *Apol. Loll.* 8 If he pronounce wiþout autorite..azennis þe lordis wille. 1483 RICH. III in Ellis *Orig. Lett.* II. 49 I. 153 Upon auctorite or commission yeven unto him. 1535 COVERDALE *Mark* xi. 28 By what auctorite doest thou these things, and who gaue the this auctorite. 1790 BURKE *Fr. Rev.* 6 To open a formal public correspondence..without the express authority of the government under which I live. 1831 CARLYLE *Sart. Res.* III. vii, He carries in him an authority from God.

b. with *inf.* Conferred right *to do* something.

1535 COVERDALE *Ezra* vii. 24 Ye shall haue no auctorite to requyre taxinge & custome. 1559 BP. SCOT in Strype *Ann. Ref.* I. App. vii. 13 By commission from him, prestes hathe aucthorytie to forgyve sin. 1719 YOUNG *Revenge* IV. i, Am I not your wife? Have I not just authority to know That heart? 1855 PRESCOTT *Philip II* Pref. 8, I also obtained the authority of Prince Metternich to inspect the Archives of the Empire. 1858 LD. ST. LEONARDS *Handy-bk. Prop. Law* IV. 20 The authority to sell does not include a power to receive the purchase-money.

3. Those in authority; the body or persons exercising power or command. (Formerly in *sing.* = Government; a Local Sanitary Authority or similar body is also spoken of as 'the authority.')

1611 BIBLE 1 *Pet.* iii. 22 Angels, and authorities, and powers being made subject vnto him. 1652 NEEDHAM tr. *Selden's Mare Cl.* Ep. Ded. 1 The Supreme Autoritie of the Nation, the Parlament of the Common-wealth of England. 1682 LUTTRELL *Brief Rel.* I. 233 Authority has thought fitt ..to prosecute the offenders for the same. 1760 T. HUTCHINSON *Hist. Coll. Mass. Bay* iii. (1765) 395 The authority treated him kindly, and sent him home. 1833 I. TAYLOR *Fanat.* x. 456 The conduct of the authorities. 1859 MILL *Liberty* 172 It is a proper office of public authority to guard against accidents. 1865 LIVINGSTONE *Zambesi* xx. 403 The Mozambique authorities. 1870 *Statutes* V (Tramways Act) 491 Orders authorising the construction of tramways.. may be obtained by (1) The local authority of such district. 1880 *Sat. Rev.* 25 Dec. 809 The actual authorities of the Post Office. 1909 *Westm. Gaz.* 8 Sept. 2/3 The Port of London Authority is a thoroughly practical body of men. 1951 *Good Housek. Home Encycl.* 189/2 It is usually possible to obtain the free services of one through the local Health Authority.

II. Power to influence action, opinion, belief.

4. Power to influence the conduct and actions of others; personal or practical influence.

c 1410 HOCCLEVE *Mother of God* 92 Syn thou art of swich auctoritee Lady pitious. *c* 1449 PECOCK *Repr.* V. ix. 531 Hize in wisdom and in auctorite and in fame. 1542 BRINKLOW *Complaynt* i. (1874) 7 Them which beare any auctoryte..in the cowncel or Parlament. 1673 *Lady's Call.* I. i §20 Such an autority there is in vertue, that where 'tis eminent, 'tis apt to controle all loose desires. 1705 ADDISON *Italy* Ded., With your Lordship's Interest and Authority in England. 1792 *Anecd. W. Pitt* III. xliv. 202 It is your duty, my Lords, as the grand hereditary council of the nation..to feel your own weight and authority. 1818–60 WHATELY *Commonpl. Bk.* (1864) 125 The person, body, or book, in favour of whose decisions there is a certain presumption, is said to have, so far, authority.

5. Power over, or title to influence, the opinions of others; authoritative opinion; weight of judgement or opinion, intellectual influence.

c 1386 CHAUCER *Sqrs. T.* 474 Preued..As wel by werk as by Auctoritee. 1481 CAXTON *Myrr.* III. xii. 160 Good clerkes ..of grete auctoryte. *a* 1677 BARROW *Serm.* (1683) II. viii. 119 The auctority of the ancients doth more prevail with me. 1724 A. COLLINS *Gr. Chr. Relig.* Pref. 18 Is there anything that..stifles the light of truth, but autority? 1794 SULLIVAN *View Nat.* II. 231 The proper way of reasoning from authority, that what seems true to some wise men, may upon that account be esteemed somewhat probable. 1865 MILL *Liberty* ii. 21/2 He is either led by authority, or adopts..the side to which he feels most inclination.

6. Power to inspire belief, title to be believed; authoritative statement; weight of testimony.

図2—29

図2—27～29

***The Oxford English Dictionary Second Edition* [1989]**
Oxford University Press.

るいは後見・後ろ盾に対する功利的期待ではない。「自発的遵守」は「畏敬」によってもたらされる。畏敬といっても「畏」と「敬」は元来異なる性質のものであり、「権威に対する畏敬」というとき、そこで含意されているのは"おどかし"に対する「畏（恐れ）」、畏縮や畏怖といった意味合いが大きく「敬」の要素はほとんどないと考えられる。というのも、権威の「権」の字義である"法や定めによって付与された力・資格"そのものを敬うということは、通常あまりない[26]。「権」の字義の原義、"分銅"や"裁量"自体、道具的であり、機械のようなものだからである。このように、在来の純然たる漢語としての（訳語的影響のまだなかった時期の）権威に対しては、「敬い・敬意」の成分はイメージしにくい。江戸時代以前、権威に対しては「畏敬」というより「畏怖心」がいだかれていて、それが遵守の原動力だったと考えられる。

　他方、洋の「オーソリティ」に対する自発的遵守というとき、その語義に、個人・人格的意味・何かを創始・開始したという意味、そして後見し後盾として裏書きするという信用付与的意味があることに照らしてみるならば、「畏敬」の「畏（恐れ）」の要素よりむしろ、オーソリティ個人に対する「敬（尊敬）」や、場合によっては感謝の意味合いまでもが、そこに含意されていると考えられる。この意味要素の追加という、江戸末期から明治初期にかけて西洋語導入の結果もたらされた性質が、「権威」という語の「曖昧さ」を増幅しているといえよう。

　要するに、おど（威）されて自発的に従うニュアンスも含むのが権威、信念上の都合や行動上の利害関心に基づき、比較的自由に、自発的に従うのがオーソリティである。権威が上からというよりどちらかといえば仲間、「横（その人と同じような位置）のひと」からおどされる問題については、次章以降で考えていくことにしたい。

"国字"としての準新漢語：準新漢語としての権威

　このように、一見同じようにみえる「権威・オーソリティ（authority）」という概念、そしてその概念的特徴とされる「従者側の自発的遵守」がもつ意味合いについて検討してみると、和漢・洋の語それぞれを構成する観念の違

いにより、じつはかなり違ったニュアンスがそれぞれの概念に含意されていることがわかる。これらの違いは、それぞれの語・概念が成立した時代においてこれらを形成した人々が備えていた価値観、社会観の相違を反映した結果であると推察できよう。

ではさきに援用した〈新漢語・在来漢語〉という軸に「権威」を位置づけるとしたら、一体どうなるだろうか。一見すると在来漢語、つまり『節用集』のなかにみられるとともに、authority の訳語として人という意味要素が付け加わった、表記は「権威」と変わらないものの江戸期以前より広い意味内容を含み伴うようになった、あたらしい"権威"。この語は在来漢語そのものでも、新漢語でもない、いわば"準新漢語"というように位置づけるしかない。日本で作られた「漢字」を「国字」というのだったが、権威の人称的意味要素はいわば国字的なものであり国字的要素を含むようになった漢語を準新漢語と呼ぶことができるであろう[27]。

第2節　むすび—現代社会と「権威」：新たな知識としてのオーソリティ・オーソリティの私(わたくし)的性質・知識継受をめぐる〈高齢(経験)〉的要素という"資格"—

知識社会学としての「権威」：「権威」という語の新しさがサイクルを通して重みを増し、客観的知識と化す過程

「権威」とは、明治期に人格という観念が付け加えられて、オーソリティの訳語として教育されつづけ、親から子へ、教師から生徒へ、辞書の編纂者・著述者・新聞記者から読者といったかたちで現代日本にまでいたる「知識」として、もはや普及してしまったことばである。

> 「現実はすでにそれにかかわる人びとによって経験的に認識され、言葉によって対象化され、言葉の意味によって客観化された現実である。客観化された意味は、人びとの常識として社会化過程を通じて個々人の意識のうちに内在化され、個々人の意識は他者たちとの相互作用過程のなかで行為によって外化される。そこには、個々人の主観的世界と他者たちとの相互主観的世界との間に一連の知識サイクルがあると見てよい

第2章 「権威」の発生(2)　101

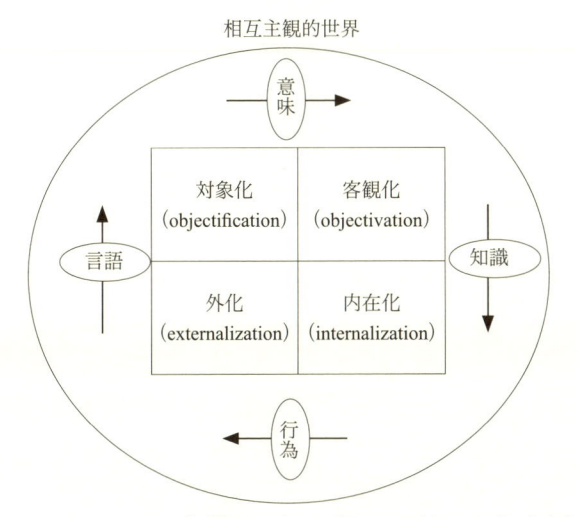

```
            相互主観的世界
               ┌意味┐
               └──→┘
        ┌─────────┬─────────┐
        │ 対象化   │ 客観化   │
        │(objecti- │(objecti- │
   言語  │fication) │vation)   │ 知識
    ↑   ├─────────┼─────────┤
        │ 外化     │ 内在化   │
        │(externa- │(interna- │
        │lization) │lization) │
        └─────────┴─────────┘
               ┌行為┐
               ←──┘
```

図 2―30　知識サイクル（下田 [1981: 153] より）

のである」（下田 [1981 : 153]　下線は引用者による）。

　下田直春はバーガーとルックマンに依拠しつつ[28]、訳語としての「権威」のような知識の既成事実化についてつぎのように説明し、「知識サイクル」として図式化した。「社会的に外化されたものは客観化されていく。どんなに新しい事象でも、社会的世界においては人びとの相互主観的理解を可能にするものである限り常識化され客観化されていくのである」（下田 [1981: 153]）[29]。

　新しい概念・オーソリティは、活字の世界から明治日本の社会へと「外化」され、吸収すべき知識として人々に「対象化」されたうえ当たり前の知識として「客観化」されていった。この知識を当時の日本人は真綿が水を吸い込むかのように、疑いもせず「内在化（内面化）」し、時代を越えて今日まで伝えてきたと考えられる。内在化された「権威」は「教え」や「著述」という「行為」を通じてふたたび社会に向けて「外化」され、累積し、ことばとしての重みが増してきた側面もあるだろう。

オーソリティ教育（ことばの内在化過程）とその帰結としての「…の権威」：知識（リ）サイクルの諸局面

　もしそうであるとするとき、知識の社会化過程がこれまでどのような場で、

誰の手で行われてきたのかという仕組みについて、今後さらに研究を進める必要がある。なぜなら、「常識」としての「客観化された意味」というポジションを「権威」が今日占めるに至ったのは、「オーソリティ教育」[30]の帰結に他ならないからである。

ちなみに、教え習うことが出来るのはオーソリティの内実、敬意を含む「権威」にのみ起こる現象である。パワーやドミネーションの内実は教育されるものというより、その手法や権謀術数を自らが倣い学ぶ性質のものである。オーソリティ教育というとき、たんにことばの世代間でのリレーのことばかりではなく、オーソリティという社会現象が教育向きであることにも留意が必要である。オーソリティ（権威者）による「権威」を内面化させる教育に限らず、客観的知識の多くは「オーソリティ教育」を経て、人々に植え付けられていると考えられる。

知識の内面化（内在化）は、この意味でのオーソリティ教育によって、はじめて可能になる。というのも、信憑性のない著書、新聞雑誌記事では、そのまま内在化されるとはまず考えられないからである。内在化にはなんらかの信憑性、いいかえれば正統性・根拠が介在していると想定するのが自然だろう。発信者のステイタス、異口同音であるという事実、自分自身のそれまでの経験等、知識の内面化を促す正統性と根拠は1つであるとは限らない。

ただしすくなくとも、ここでいうオーソリティ教育には3つの内容が含意されている。知識サイクルに関連して、権威現象としてのオーソリティ教育という視点から強調したいのは、とりあえずこの三点（内在化過程・ことば・外化過程）であり、以下のように要約しておきたい。

① オーソリティ翻訳語としての「権威」の日本社会の構成者たちへの〈内在化〉という事実。その過程と時期。手段と場所。その担い手と受容者。1章2節でふれた、ミヘルスの権威定義自体、百科事典と知名性、不朽性からいうと「権威（の担い手）」の一種である。

② ①を含む「客観的知識」（常識）は、権威者ないし知人友人の権威を帯びた（根拠にもとづき信憑性のある）発話・文字化された〈ことば〉を

媒介として内在化せざるを得ないこと。その「ことば」の特徴。「権威」を主題とした本章の論考は、主としてこの局面に関連している[31]。「…の権威——名誉教授」という用例が日刊紙にみられるのも、オーソリティ（権威者）による「権威」（高齢・個人（人格）という意味要素・明治以降の新たな意味）の刷り込み・教育の結果なのである。

③　ひとたび内在化された「正しい」「有価値な」知識は、その内在者の判断にもとづき〈外化〉されること。今日ではインターネットの普及により、外化手段へのアクセスが20世紀より容易になってきていること。いいかえれば、オーソリティ教育の担い手としての権威者の数が増え、「趣味」情報や購買商品の評価や「価格」の情報といった権威の主題領域が前世紀より発掘されて、それまで人々が気づかなかった、気づいていても知り得なかった知覚や感性といった自分の潜在的嗜好（たとえば70-80年代の流行歌に懐かしさを覚える人が少なからずいるという事実をネットで知り、そこから自分の当時のライフスタイルを懐かしむことなど）、実利性追求欲望（同一製品の価格を全世界規模で比較することが可能になったことで、安く買う行為そのものが目的となることなど）が呼び覚まされてきていること。

　知識一般のサイクルについては、既存の知識社会学、現象学的社会学から得ることができる知見は多い。ただし、こうしたオーソリティ教育が知識サイクルと高い親和性を示すと考えるならば、知識・現象学的社会学において「オーソリティ教育」の諸相、さまざまな姿へのより踏み込んだ現実の実例に対する想定の提示が必要であると思われる。

　①から③で示したように、今世紀では知識はサイクルというよりむしろ「リサイクル」の観を呈している。というのも、デジタル機器の普及により、電子メールやホームページ、ブログ、デジカメのデータのように、サイクルの周期が短くなり、しかも「そのまま」外化されることが増えたからである。

　括弧つきの「権威」ということばは比較的新しく、記録も多い。新規に手を加えた人為的部分をあぶり出しやすい。オーソリティ教育の結果、知識サイクルを媒介する「ことば」として、適した素材なのである。

知識の内面化場所の問題

　ここからは、知識・(リ) サイクルの「内面化過程」についてイメージしてもらうために、少し具体的に考えていくことにしたい。かりに、「政治的知識・価値観」の授受に絞って考えたとき、いかなる (リ) サイクルシステムを想定し、具体的にどのような当事者と場面について思いをいたらせればよいのであろうか。その一例を示してくれたのが、ケネス・ラントン (Kenneth P. Langton) である。

　ラントンの研究によれば、子どもの政治的社会化に対して、具体的な「政治的知識 (価値観)」が発生する場面は、主としてつぎの3つの場所に特定できるという (Langton[1969])。それは家族、仲間集団、学校である。ラントンはこれらを、「諸局所 (媒介するところ (agents))」と呼称している。これらの影響力相互の関係、相対的な影響を因子分析の手法を用いて測定したのである。その結果、権威者の受容 (自発的判断停止、批判防止、主体的遵守) と関連する政治的有効性感覚に関する知見として、家族は学校の約4倍もの影響をその形成過程において及ぼす (Langton [1969: 158-160=1978: 183-4])。

　このほか、オーソリティ教育とは必ずしも直結しないが、ラントンが示した知見で目を惹くのは、つぎの2点である (Langton [1969] 7章を参照)。(1) 母親優位の家族の男子は、父親優位の男子と比べ、政治的有効性感覚、政治への興味、政治参加の程度が低い。(2) 両親の関係は、女子にはほとんど政治的影響をもたらさない。政治的問題についての父親の影響優位という伝統的なとらえ方に対し、子どもの政治的社会化における母親の役割の重要性を促すことを、この結果は提起している。政治的「ことば」の修得と政治的イデオロギーの極化とは、全く関係ない別問題なのであろうか。この二要素の関係の有無は、今後の課題である。

　さらに、ラントンの論考で重要な第2の論点は、両親の権威主義と子どもの政治的社会化のつながりに関する問題である。(1) 両親の権威主義の程度が高くなるにつれて、彼らの政党選好からの子どもの離反が増加する。(2) 両親の政治化の程度が高い状態は、権威主義的な家族においては子どもの両親選好からの離反を増加させる一方で、権威主義的でない家族では逆に、両

親選好からの子どもの離反を減少させる。自由放任な親（権威者）の下での方が、子ども（受容者）は意外にも「いいなり」になりやすい。反発や反抗が減り、自発的遵守と子どもの私的判断放棄が促される。強固な権威関係は、学校（1対多数）ではともかく、家族集団（1－2対少数）という局所（agent）では構築されやすいことになる。

むろんラントンの知見は限定的な場面（家族）かつ、発表された年代もかなり前の業績であり、現在においてこの点には留保が必要だろう。だが、辞書や書籍の著編者、教師、親、友人といった「権威者」がオーソリティの訳語としての「権威」を、今日に至るまで受容者たちの頭の中に刷り込みつづけている事実。このテーマについて考えるとき、なるべく具体的に、どのようなケースが想定されるか、その一例にすぎないが、ラントンの仕事は「知識リサイクル」の具体的想定例として全く意義がないとはいえない。

すくなくとも「オーソリティ教育」の現場が、学生や生徒、広く一般の人々の個人的な読書や字引行為を除けば、「家族」、「学校」、「仲間集団」、さらに現代的追加を行えば「マスメディア」、「インターネット」という5つの局所にあることは、ほぼ間違いないといってよいのではないだろうか。この5つの「局所」こそ、知識の"受け継ぎ場所"であり、時代を超越する知識が受け渡されている"現場"という視点から、知識の時代超越性について問うていく必要があると思われる。それと同時に、権威者資格（受け継ぎ手の資格）問題として言及したように、誰から誰に受け継がれるのかという、受け・渡し手の"属性"についても、より具体的な形で今後解明しなければならないだろう。

オーソリティのみに宿る私（わたくし）的性質

以上、明治から現代にかけて、いかにして「権威」が現代にいたる客観的知識になり得たのか、という問いに対する答えについて論考してみたが、詳細な考察は、今後の課題としたい[32]。では、多角的な見地から「権威」を現代の日本社会で位置づけようとするとき、いかなる全体像が浮かんでくるだろうか。この訳語「権威」の浮き彫りを、ここでの「むすび」としたい。

まずは隣接概念との比較から、重複を恐れず、つぎの特性を確認しておこう。パワー（power）の語源ポテスタス（potestas）は、公式・公的であるというであるところに強い意味をもっており、オーソリティ（authority）が含意していた個人であるとか、著者という人格といった私的性格とは対照的といってよい側面をもっていた（Krieger[1968: 143=1988: 19]）。この個人や人格という意味要素を含みもちつつ成り立つアウクトリタス（auctoritas）の帰結であるオーソリティという語と概念が、「…のオーソリティ」という表現で「人」に対する呼称としても用いられるという点こそ、パワーその他の社会的勢力概念と対比して考えるときとりわけ際だつ。つまり、オーソリティ独自の特徴といえる（序で掲示した、パワーとオーソリティの相関を示す図（Lukes[1974: 32=1995: 54]）も参照いただきたい）。

　しかしながら、個人・人格という意味要素は本来、西洋語としてのオーソリティにのみ含有されていたという来歴は、これまで研究によって明らかにされておらず、一般にも知られてはいなかったものの、事実として厳然として存在しているのであり、この点には充分留意しなければならない。これまで検討してきたように、明治期以前の和漢の語としての権威には、この「人」というニュアンスの意味要素は元来含有されていない。さきに引用した『大言海』で指摘されているように、旧来の日本語では、そうした表現を意味する場合は「泰斗」、「大家」などという語を用いてきたと考えられる。明治期以降今日に至るまで、オーソリティの個人的人格的要素を「権威」という語は事実上包含してきたのは確かである。しかしながら、そうした意味要素はオーソリティを権威という語へと翻訳する際に新たにつけ加わった新しい側面なのであって、語源に配慮するならば、「…の権威」という言い回しは「…の権威者」、あるいは「…のオーソリティ」という表現をした方がよい。

日本語と中国語の交互浸透の問題

　さらに「和漢」とひとくくりにすることにも、一定の留意が必要である。明治期に西洋語を日本語に変えた際、中国古典籍からの借用や新たな語の考案、在来江戸語の適用などが行われたが、それらは時を経て近代中国へと渡っ

ていった。もっと厳密にいえばつぎの記述のように、3種類に分けて考えておく必要がある。

「これらの日本でつくられた翻訳漢語には二種類がある。一つは日本人が中国の古典から採録した言葉に新しい意味を付加したもの。もう一つは日本で翻訳のために作られた複合語で、中国にはそのような漢字の組み合わせによる複合語はそれまでなかったという意味で全く新しい和製漢語である。さらに翻訳語ではないがそれ以前に長い間かけて少しずつ作られていった日本製の漢語もこの時期に一緒に中国へと輸入されたのである」(田中 [2002: 24])。

ここでいう「この時期」とは日清戦争以降の時代を指している。以上の3分類に関していえば、権威、権力は前述したように古典籍にあることばである。中国が日本より借用した「和製漢語」の具体例としては「原則」、「人為的」、「意思」、「目的」など多数あるという。同書によれば3番目の「日本製の漢語」の具体例としては「交換」、「要素」などがある。分類内容の確かさについては、各研究者の手で確かめるべきであろうが、こういう分類法の存在自体に意義があるように思われる。

定訳語に対する自明視のゆらぎ─〈権威とオーソリティ問題〉の時代背景─

また、「支配」という語が日本で古来から使用されてきた事実、括弧がつかない(つまり、"高齢・個人(人格)"的ニュアンスを帯びていない)権威も同様に、江戸時代より遙か昔から字(辞)書に項目だてされるほどの語であった事実は、これまで確認してきたとおりである。その一方で、「権力」は江戸時代以前の日本ではほとんど、使用の実例がみとめられない。これらの事実はこれまで、少なくとも社会学、政治学、法学など、社会科学系の学問では取り立てては意識されてこなかった事柄である。

逆にいえば、とりわけ外国の専門書や論文を翻訳の際、「定訳語」を機械的にあてはめることが慣例としておこなわれているといってよいだろう。定訳には瞬時に原語を想起させ、その認識を人々に共有させるという優れた機能があることは確かである("定訳語の権威")。ただしその際にも、本書が図

表化し掲げた、定訳には成らなかった「定訳候補語」や「字義」、原語を構成する意味要素についても考慮した上で訳語を翻訳者自らが私的な判断を放棄せず、もっと主体的に定訳語の権威の"正統性"について多くの人が考え、訳語選定に取り組む姿勢があった方が、よいのではないだろうか。というのも、外国語に対して日本語を当てはめる人そのものが増加し、1人ひとりの日常においても、翻訳する機会が前世紀と比べて増加していると考えられるからである。

翻訳語をめぐる研究環境は21世紀になり一変した。IT技術の進歩は著しい。翻訳ソフトが出荷時に予め、インターネットブラウザのツールバーのなかに常駐しているPCも少なくない。訳出は気軽に出来るようになり、だれでもが便宜的におこない、一昔前のような気負いがなくなりつつある。

研究環境と人々の翻訳に対する意識の変化。この動向に関連して、明治以来の翻訳に対する現代的問い直しがはじまっているといってよいのではないだろうか。たとえば、近年発行された『輸入学問の功罪』のなかにつぎのような記述がある。「輸入学問と翻訳文化の刷新…を避けて真の国際化は実現しえない。幸い、従来の翻訳スタイルについての反省と新しい模索の試みは…着実に進んでいる」（鈴木 [2007: 236]）。同書は、古典を読みやすい翻訳で読者に提供する困難さがどこから来るのかという謎を、歴史的背景に基づき解明しようとする。こうした潮流のなかで[33]、オーソリティ・パワーをはじめとする社会科学全般の翻訳語について、西洋語自体の発想起源、和漢語の語源・字義、翻訳の歴史について、見つめ直すべきときが来たといっても言いすぎではないと思われる。こうした時代認識をもとにして、本書は「権威とオーソリティ問題」（定訳の権威の正統性に対する問い直しという問題）を提案しているのである

現代社会のなかのブランドと、私(わたくし)性ゆえの権威的後光―私的性質に対する敬意的要素の現代的意義―

では、権威とオーソリティ問題の関連で明らかになった、「権威にはない、オーソリティのみ宿る私的性質」の現代社会における働きについて考えると、

どうなるだろうか。その一端は、ブランドをめぐる人々の考え方のなかに、息づいているように思われる。そこでつぎに、この「私的性質の現代的意義」について、触れておきたい。

　パワーを欲する人はいてもそれに敬意をいだく人がいないのは、そもそもその語源である potestas が公式性の高さと社会的位置（position）それのみ（誰がやっても、そのポジションに就けばある程度の影響力の行使は容易で、驚きも何もない）という意味要素から成り立っているからであると推測できる。これに対し人格という意味要素を含みもつ"authority"には、敬意の対象というニュアンスがつきまとう。1814（文化11）年に本木正栄等が編纂した『諳厄利亜語林大成』では、"authority"の対訳自体が"尊敬"とされているほどである（図4―3〈尊敬としてのオーソリティ〉参照）。このように、後の時代に論題化されるオーソリティ・権威現象特有の問題は、ギリシア・ローマ社会の経験の知的結晶である「アウクトリタス（auctoritus）」という概念を検討することにより、語の独自性、そしてそもそもそうした語を考案した必要やそうした語がなぜ普及し、今日まで残ったのかといった事情が明確になってくる。

　敬意的要素が現代社会においてもなお、重要な作用を及ぼしつづけている具体的分野がいくつか存在する。その典型がブランド・ビジネスの世界である。マーケティングジャーナリストの三田村蕗子はつぎのように指摘する。

　　「それ（多種多様なブランドが混在するマーケット）を可能にするのは、結局のところ、手っ取り早い結果を求めず、それぞれが託すところのできる魔法を見つけようという消費者の意思である。既成の事実、でき上がった権威だけに価値基準を置くのではなく、敬意を払うに値するブランドを自分で見つけようとする消費者である」（三田村 [2004: 205] 括弧内は引用者による）。

　この記述では、新たな権威を消費者が作り上げていくということが強調されているが、その前景と原動力になるのが、権威と敬意であるとされている。さらに権威と人格の結びつきについてもまた、現代社会では当然のごとく前提とされている例がしばしば見受けられる。ブランドの発生史論的アプロー

チが専門の山田登世子によれば、ブランドの特質の1つは、「フェティッシュな力」・「魔法の価格」にある（山田 [2007: 21]）。

驚くほど高価格な商品でも、自ら進んで喜んで買いつづけるという、ブランドをめぐる呪術狂信的な信仰は、起源の神話、時を超越した神話に由来するという。これは〈権威の不変属性〉を信じ、それを身にまといたい、それにつながりたいと願う人々の信仰、神話といってもよいのではないだろうか（本書"結び"参照）。こうした信仰や神話の元をただせば、「神々に捧げものをする供犠」であり「豊穣を祈り、安息を祈願する人びとは、天の恵みを授かるべく、惜しみなく最高の贅沢品を捧げた」人類共通の歴史の存在にたどり着く（山田 [2007: 18-9]）。

近代になり、貴族から大衆の時代を経ても「起源のオーラ」は遺憾なく活用されつづけているというのである。つまり、創業者の正統性の強調と神話化である。これを広義での「ネーム」という。西洋ブランドの正統性根拠は、創業者個人の人間的価値と業績に帰属しているようである。とりわけ世界的影響を及ぼしている「スーパーブランド」（ルイ・ヴィトン、エルメス、シャネル）は、つまるところ創業者の「個人」的「ネーム」こそが、信用の根源、そのブランド権威の正統性根拠の主柱になっているという。それは21世紀を迎えた現代でも変わらないようである。ブランドをめぐる創業の神話とネームは、〈創始・開始〉と〈高齢・個人〉という権威要素の現代的展開といってもよいと思われる[34]。

　「わたしたちの問題意識にそって言えば、虎徹や正宗はブランドなのである。作者の名が、その価値をつくっているからだ。クラフトマンシップによる高品位はブランドの必要条件の一つだが、十分条件は固有名（ネーム）なのである。ただし、その固有名は人名でないケースもある。たいていの場合は「地名」であることが多い。たとえば西陣織や大島紬は、西陣や大島という産地名が価値を形成している。この意味でいうなら、産地という固有名もまた広義のブランドというべきかもしれない。わかりやすい例がワインだろう。ボルドーやブルゴーニュはワインの産地だが、ワインの高品質を示す指標として使われている。これもまた広義のブラン

ドといってもまちがいではないだろう。日本なら「関」の刃物、ドイツなら「ゾーリンゲン」の刃物なども同様である」（山田 [2007: 153-4]）。

知識サイクルとしての漢語

　オーソリティの私(わたくし)的性質、つまり個人要素と人に対する敬意要素の現代社会における意義についてイメージを喚起するため、かなり具体的な固有名にまで踏み込んできたが、ここからは再び、抽象的な観念（概念）に話を戻したい。大まかな考え方について確認しておくと、在来和漢語の"権威"に、個人（人格）観念（そしてそこから派生する、敬意観念）をたすと、"オーソリティ"になるといってもいいすぎではないだろう。

　では、オーソリティ（authority）をはじめとする西洋語が、世界の中心的文化ツール・メートル原器として、「基軸通貨」となっているはなぜか。自明のことと思われるかもしれないが、ここであらためて確認しておきたい。

　そもそも「漢字を国語で読むこと。漢字の訓読。よみ」が「訳」であり（『広辞苑 第五版』）、外国語を「訳」へと翻す（ひるがえす）のが「翻訳」である。この意味で、日本語へと外国語を翻す際に、「翻訳概念」としてある一定の部分的観念が付加された語が「準新漢語」であると本書は提唱した（なお、"翻訳"は在来漢語である）。これに対し、『オックスフォード英和辞典 第2版』(OED) には "translation" は、"the process of translating words or text from one language into another" とある。翻訳が在来漢語であり「漢字」を自「国語」で読むこと自体が「訳」本来の意味であるにもかかわらず、「漢字」の存在が大前提とされ、そうせざるをえないのが現代日本における翻訳者の置かれた状況であるといえよう。ここに、欧米語と日本語における「翻訳」・"translation"間の主として歴史文化に由来した異質性があると考えられる。というのも通常、「漢字」を「翻訳」するという発想は、すくなくとも現代日本人にはないからである。

　漢字が中国から輸入され、主として明治期に日本人の手で広い意味で「考案」されて、日清戦争後、逆に輸出されていった軌跡について、今一度検証する必要があるのではないだろうか。というのは、このプロセスこそ、「知

識サイクル」の典型であると考えられるからである。
　タイムスパンが長く、デジタル的複写性が低い。この意味で、サイクルとここでは暫定的に呼んでおく。しかも、国境を越え民族性と文化の壁も越えているという意味で、スケールが大きいサイクルといってよい。知識社会学、あるいは現象学的社会学の課題の1つは、抽象的理論の整合的で系統立った理路の構築と併行して、具体的で社会学研究者でなくとも直感的に分かる、漢字をはじめとする身近な「素材」を理路に乗せることであるように思われるが、いかがだろうか。

英米語の威力・概念が帯びる覇権的優位性と木に竹を接ぐ空虚さ—「権威」という定訳語にみる定訳語という権威の功罪—

　さて、中国語、日本語、英語にかぎらず、いかなる言語にも「圏」がある。ではなぜ、英語が言語圏として優勢なのだろうか。言語社会学者のピーター・トラッドギル（Peter Trudgill）はつぎのように指摘する。

>　「もしそれが言語境界線を越えてかなり広範囲にわたると、そこに言語圏が形成されるわけである。…語彙項目の方は、距離がもっと遠くても広がり得るようである。つまり単語は遠い近いに関係なく、ある言語から他の言語へと借用され得るようである。よくあることだが、<u>ある特定の言語がたまたまある特定の分野で優勢であったりすると、他の言語もその分野での単語はこの優勢言語から取り入れる</u>。たとえば英語の音楽関係の術語——adagio, allegro, crescendo などのような——はイタリア語起源だし、あるいは foodball, goal, sprint のようなスポーツ関係のことばは、英語から借用している言語が多い。…しかしこれはもちろん英語が国際間コミュニケーションの手段としてもともと優れているからというのではなく、むしろ、かつては英国が世界の政治、経済、教育、科学の面で支配的であったからだし、現在では同様にアメリカ合衆国が優位を占めているからであるにすぎない」（Trudgill[1974: 163-4=1975: 193-4]）下線は引用者による）。

　学問の優勢言語である英語からの借用語としての「権威」。戦争と「文明

開化」は無関係ではなく、直接的刺激となる（中国にアヘン戦争後、英語が流入し、日清戦争後日本語が流入したという前述の例を想起いただきたい）。「文明開化」期にみられた国家保全上の危機感の共有が、正確さより迅速さを優先する形での英語理解を要求した、とも推察できよう。つまり、西洋概念の翻訳は、その語源に照らすといった慎重な手続きを踏むことなく、そのように"制作"する正統性根拠も不明瞭なまま、危機感に煽られて"急造"されてしまったと考えられるのである。そのように急造された草創期の訳語は、新聞、辞書、大家の著述などに記載される形態を経ることで、「定訳」とされ、広く普及していったと推察される（このような急造訳語の問題は、グローカル化の一種と考えることもできる。グローバル対応としてのグローカル化の問題については、油井[2002]・[2010]、および藤田[2010]を参照）。

　このような経緯も関係していると思われるが、翻訳語としての「権威」が、現在に至るまで無造作に使われがちな問題について「はじめに」で指摘した。その理由については、つぎの例も示唆的である。

　　「このような翻訳造語「社会」には、societyとの意味のずれは、確かにほとんどない。が、共通部分もまた、ほとんどないのである。このころつくられた翻訳語には、こういうおもに漢字二字でできた新造語が多い。とりわけ、学問・思想の基本的な用語に多いのである。外来の新しい意味のことばに対して、こちらの側の伝来のことばをあてず、意味のずれを避けようとする意識があったのであろう。だが、このことから必然的に、意味の乏しいことばをつくり出してしまったのである。そして、<u>ことばは、いったんつくり出されると、意味の乏しいことばとしては扱われない。意味は、当然そこにあるはずであるかのごとく扱われる。使っている当人はよく分らなくても、ことばじたいが深遠な意味を本来持っているかのごとくみなされる</u>。分らないから、かえって乱用される。文脈の中に置かれたこういうことばは、他のことばとの具体的な脈絡が欠けていても、抽象的な脈絡のままで使用されるのである」（柳父[1982: 22]　下線は引用者）。

　「ことば」を「制度」、あるいは「権威」におきかえることが出来そうな気

が、筆者にはするのだが、いかがだろうか。ことば同様、制度・権威は時代と情況により発生するが、次第に、時代情況と齟齬をきたす。現代日本で翻訳語が論題となっているのも、実感との乖離に基づいていると思われる。ところが制度や権威はひとたび〈発生〉すると、自律性を持ち、永続しようとする。私見ではこう考えている。

発生契機の解明という発想の重要性：〈権威の社会現象学〉の着眼点

それゆえ、「発生の契機」の解明が重要である。話題をことばに戻すと、「社会」同様明治初頭には多くの新造語、つまり新漢語が、それまでの日本にない概念を翻訳語として導入するために編み出された。こうした新漢語としての「権力」、あるいは在来漢語としての「支配」に対し、室町から江戸期においてまでもかなり使用されていた在来ではあるが意味内容に西洋語の訳語としての役割を担う新しい観念が付加された語という性質を「権威」は持ち、本書はこの種の語を「準新漢語」と位置づけたわけである。

「ずれ」の大きい準新漢語としての「権威」を使用する際は、「他のことばとの具体的脈絡」について、「社会」にも増して注意が必要だろう。現実社会の「どの」現象を「権威」と想定しているのか。現実的対応物も時代や社会の流れとともに変わるわけで、曖昧なままにしておくと意味不明になりかねない。程度や切迫性の差はあれ、「支配」、「権力」など社会科学の概念はみな、この２つの脈絡が抽象的になりがちで、「ことば遊び」、「概念のための概念」といった観を呈している記述も少なくないだろう。語義・語源論（とくに、在来漢語・（準）新漢語という、日本での用例的違いの明確化）と同時に、関連概念との具体的脈絡の確認、そしてその語が示す社会の中での具体的事例のイメージングもまた、権威とオーソリティ問題（定訳の権威の問い直しという問題）の課題である。そして、語源に着目するという発想を社会にある具体的権威の現象へと応用し、その"発生"をめぐる問題を論題化していくべきである。

準新漢語問題：権威の曖昧さを解明するための６つの手順

これまで指摘してきたように、共通部分（自発的遵守・私的判断の放棄）と「ずれ」（おどし（おそれ）のニュアンス・崇敬者というイメージ）が存在している点、そのなかでもとりわけ「ずれ」については、研究者にせよ、新聞の大半の読者を構成する専門職でない人々にせよ、完全に忘れ去られてしまった現代日本。この現状が、権威ということばと考え方(概念)の曖昧さを増幅している。西洋語"authority"そのものでさえ、社会科学の中でもまれにみるほど曖昧で、多要素にまたがっている事実。この問題は、序で示した、西洋語"authority"に関する図「権威概念の位置」からも理解されるであろう。

　"authority"概念自体が複数の概念にわたっていること、およびそれを取り巻く諸概念がいかに入り組んでいるかという状況が、この図ではよく表現されている。と同時に、権威と他の隣接概念の位置関係についても、この図は適切な配置を示しているといってよいのではないだろうか。「観察可能(公然・隠然)」・「伏在」・「利害紛争あり」・「利害紛争なし」・「権力」・「影響力」にわたるところに、西洋語"authority"概念の曖昧さの源泉がある。前出のクリーガー[1968] は、西洋思想史を通観するにあたって、冒頭で"authority"概念を「カメレオン」になぞらえたほどである。

　その上に輪をかけて、この"authority"という西洋語に和漢語の"権威"という語をあてた際、いわば「潜在的に随伴せざるを得なかった」"ずれ"が、明治初頭以来日本の学術用語として定着し今日に至る"権威"の曖昧性と混乱した語用に拍車をかけている[35]。「準新漢語」は江戸期までに在来的ことばが普及していた分、一層混乱を招きやすい。本章冒頭で示した「・…の権威」は、その典型例である。ただ、西洋語源の意味要素が明確な形で訳語に付け加わっている、準新漢語の例を、権威以外にまで見つけ出す仕事は、本書の範囲をこえている。ご教示下さる方があるなら幸いである。

　「オーソリティ・権威」の曖昧さについて整理すると、**図２―31** のようになるだろう。

　以上、社会科学用語としての権威の曖昧さについて、西洋語語源、西洋語用例の歴史、定訳語確定までの来歴、和漢語の字義、和漢語（日本語）の用例、ことばの指す具体的実在の混沌という６つの理由を挙げた。権威ばかりでな

> ① 西洋観念自体の語源的意味が3つの部分観念から構成され、多彩な脈絡で用いられている（1章3節）。……**西洋語源の探求**
> ② 西洋観念のイメージする具体的実在対象が、時代により主として4つ（法・宗教（キリスト教）・政治・社会）に分かれてきた歴史を負っている（1章3節）。……**西洋語用例の歴史の概観**
> ③ 「権威」という翻訳語に至るまでの混乱（2章1節）。……**西洋語に対する日本（和漢）語によるリンクの検証**
> ④ 和漢にあり洋にない、"威"の字義にこもる（"姑"をおそれる、あるいは"女"をおどすといった）「おどし（おそれ）」というニュアンスと、洋にあり和漢にはない〈高齢・個人（人格）〉要素：在来語・権威と authority との"ずれ"：準新漢語「権威」の問題（2章1節）。……**日本（和漢）語語源（字源）の探求**
> ⑤ 和漢語・権威の日本における用例の問題（新漢語・在来漢語という区分（2章1節））……**日本語用例の歴史の概観**
> ⑥ 権威という観念が指す具体的実在が、文学賞からコラーゲンの大家まで、混沌としていること（2章1節）。……**現代社会でみられる語の射程の探求**

図2—31　学術語の来歴問題（準新漢語問題）解明のための6つの手順

くあらゆる学問語について、この六要因は探求を要する課題であるとして問題提起しておきたい（準新漢語問題）。

⑤に関連していえば、とくに在来漢語・新漢語（準新漢語）という、用語発生の時期をめぐる評価尺度は、学問語や抽象語について現在自明のごとく用いられているケースを検討する際に有効な、広義の知識社会学的テーマ（日常的知識の解明）にとっても意義深い"軸"であると思われる。そこで、在来漢語・新漢語という評価基準に照らしつつ、用語の用例の江戸期までの有無について、具体的に例示してみよう。

たとえば、今日広く使われている「倫理」ということばは、在来漢語ともとれるが、山崎闇斎（1619～82年）著の『垂加文集』に用例はあるが古辞書に項目記載がなく、それほど江戸期までの日本で使われたと思われないという意味で「新漢語」といってよく、「倫理学」は"ethics"に井上哲次郎が訳として当てた典型的「新漢語」、「医療」は『文明本節用集』（1474年）・『書言字考合類大節用集』（1717年）に項目が掲載された「在来漢語」、「生物」あるいは「生命」といった語は、「新漢語」と位置づけることができる。

1章の冒頭で触れた語では、国家（在来漢語）、政治（政事）（在来漢語）、組織（新

漢語)、経営（在来漢語)、運動（新漢語)、家族（新漢語）となる。この問題は、あらためて考えていくことにしたい。

オーソリティ（権威）現象と概念の"交差点"としての定義受容連鎖―知識"継受"の痕跡―

　オーソリティ（権威）現象特有と考えられる問題（従者側の自発的遵守、私的な判断放棄と判断の権威者への委譲等）が、オーソリティ（authority）の語源アウクトリタス（auctoritas）を構成する、自然と敬い従いたくなるような〈高齢・人格〉要素に由来すると捉えるならば、これら権威特有とされる社会現象は語源的に、悠久のローマ社会の知的結晶であるラテン語"auctoritas"のなかに、すでに埋め込まれていたと考えることもできる。1章2節で、語源的な観点からみるとき、的を射ていない、とミヘルスらの定義に不満を呈し、権威の特徴的ポイントの遺漏を指摘したのは、ギリシャ・ローマという千年以上つづいた社会的遺産であるラテン語という語源と照らし、疑問に感じたためなのである。

　ミヘルスの権威定義の主たる問題点は、人格と敬意という要素が欠落してしまっているところにある。定義ではこの2つの観念が無視されていたにもかかわらず、定義そのものの受容連鎖が存在する事実。これは皮肉にも、彼がまさしく「権威」であり、時間超越的に敬慕され重要視されつづけてきた証拠である、とみることもできるのではないだろうか。前掲のバーナードやルーマンの引用姿勢からは、名の通った「記号」としての便宜的利用以上のプラスアルファを、読み取ることができるように思われる（大家の定義の受容姿勢と比べ、定訳の受容の仕方は、便宜的色彩が強くなっている。これは定義と比べ、定訳発生の際につきまとう、その匿名性とも、関連があると思われる)。

　連鎖に登場するのちの時代の研究者はみな、各自が置かれたそれぞれ異なる価値観と文化・歴史を背景にし「時代の空気」をたっぷりすって成長し、研究者となったはずである。だとすると、その社会と時代から他ならぬ自分が肌で感じた、身を置いた時代社会状況の中で既成事実化してしまっている権威に対して、何らかの意見や私的な判断をもちあわせていたと考えるのが

自然だろう。しかも、第二次大戦の敗戦国・ファシスト台頭中の国と戦後アメリカでは、価値観や歴史的経緯がまったく違う。社会の中で幅をきかせている、具体的に想定されそうな権威観も大いに異なっているとみる方が自然である。

それにもかかわらず、既成事実というある種の〈高齢〉性（実績、経験の豊かさ）の尊重や、自らの研究に信用と重みを増すために、著名な後継研究者たちはこぞって、自力による定義案出を放棄し、「権威」に身を委ねた。しかも強要されるわけではなく自ら進んで自発的に「権威」の説を受容してきたのである（縦糸的絆による権威受容。詳しくは6章で論じる）。

定義をめぐる時代社会の状況をこえた判断停止の軌跡、そうした現実を無視しなくてはならないほど重要な、「権威」の自発的遵守と自身の「権威」化という権威の現象的問題の存在について、定義受容連鎖から読み取ることができる。

そもそもオーソリティに限らず、定義とは、概念の輪郭を切り分け、1つの像（相）を社会に発信する営みである（像（相）と現象（目にみえる対象として現れてくる出来事）については、序の注1、1章注3を参照）。前掲の「知識サイクル」図でいえば、「外化」という営みといってもよいだろう。「ミヘルスのオーソリティ概念（定義）」もまた、1つの像であり、時間と空間を越えて「流通」している「客観的知識」といっても言い過ぎではない。ただし、「流通」するに至った経緯の明確化、「客観的知識」というときの「客観化」過程解明という問題は、これまでの社会学、あるいは他の学問分野において、真剣に取り組まれてこなかったといえるではないだろうか。

要するに、定義受容連鎖からは、「流通」や「客観化」の"もと"になったと推定される、知識"継受"の問題（先行的存在の認知・継受者資格・継受内容のセレクト）という概念レベルの論題も読み取ることができ、従来取り組まれてこなかったという意味で、一定の研究意義があると関心を喚起しておきたいが、詳しくは今後の課題としたい。

自明視の発生過程の究明としての〈準新漢語問題〉と観念からの現象への接近

としての〈権威とオーソテリティ〉：定訳語となることで権威源泉として新たな現実を紡ぎ出すようになる作用の焦点化

　このように考えるとき、権威問題、つまり、〈高齢〉性をはじめとする先行的存在としての権威の受容と新権威発生の問題の解明が焦点となる。いかなるメカニズムを経て、従者（この例でいう後発の研究者たち）側の自発的受容と私的な意見や判断の留保、あるいは放棄が可能になるのか、どのように新権威は発生するのかという疑問が出てくるものと思われる。人格的要素が惹き起こす、主として敬意に起因する諸問題とその仕組みについて、先学の諸研究の中にどの程度仕組み解明に役立つヒントがあるのかについて検証を行いながら、順次必要に応じて補足するところに、権威研究の主たる目的があるといえるかもしれない。敬意は何を生み（権威受容問題）、また、いかにすれば敬意を得られるのか（権威源泉発生問題）。権威現象解明の手がかりとしての権威観念解明のための、西洋・和漢の語的対比からその背景を探る発想、「権威とオーソリティ問題」（定訳語の権威の問い直しという問題）については先述した。では、観念から現象へと切り込むこの手法を「ソシオロジー」[36]に用いると、何がわかるだろうか。

　　ソシオロジー〔名〕（英 sociology）社会学。＊思ひ出す事など（1910-11）〈夏目漱石〉七「恐らく標題に力学的（ダイナミック）といふ字と社会学（ソシオロジー）といふ字があるので、当局者は一も二もなくダイナマイト及び社会主義に関係のある恐ろしい著述と速断して」＊外来語辞典（1914）〈勝屋英造〉「ソシオロジー Sociology（英）社会学」

引用文中、具体例にある漱石の記述から推察されるのは、この「社会」ということば（観念、概念）が、明治期後半においてもなお、同時代の日本人にとってよそよそしいものであったという事実であろう。この特殊性から、社会学＝社会主義学という短絡もありえたことが推察される。定訳の再考という観点からは、"socio-"＝"社会―"という訳語の問い直しという発想も、浮かび上がってくるかもしれない。というのも、"socio-"のラテン語的原義（socius）自体は、"companion"（一緒に人が居る状態）というニュアンスを、帯びているからである（"会う"というより"居る"）。

翻訳当初「よそよそしい」訳語も、訳者と記載媒体の権威などを背景に、あたかも自律してしまい、原義や原作者の意図から離れていってしまう。さきに掲げた引用でいう「"訳語"だけが、シュッツの真意にかかわりなく一人歩きをする」ところが問題なのである（下田 [1981: 369]）。ラテン語的原義・和漢的字義はかえりみられることなく、現代日本において「権威」（＝権威者）ということばの受信とその使用は、研究者ばかりでなく日刊紙読者にとっても身近な、いわば「当たり前の存在」となっている。1章冒頭で示した「…研究の権威、——名誉教授」という一見なにげない記述には、万人にとっての〈考える手がかり〉としての「ずれ」が秘められているともいえるのである。この権威とオーソリティ（authority）をはじめとする準新漢語的な和洋のことばの「ずれ」について、現代の日常を生きる人々すべてとともに、これからより一層深く、広く考えていかなければならない。日常的世界には、疑問の目でみつめると"根拠不確かな権威"が数多くあるはずである。和洋のことばに（そしてその背後にある発想に）伏在する「ずれ」を明らかにしていくという謎解きを、準新漢語問題（図 2-31）として提示した手順①（西洋語源の探求）から⑥（現代社会でみられる具体例の探求）を手掛かりにしながら、すべての学術語に対しおこなっていく必要が、いまこそあるのではないだろうか。

　それと同時に、定訳語自体が、"現実"のたんなる反映ではなく、"権威ある"「カテゴリー」として"現実"を編み出しているという視点についても留意する必要があるだろう。本書の例でいえば、「権威」という訳語が定訳語となることにより権威現象を惹起し、原語である"authority"の日本社会における意味内容そのものを、事実上決定づけてしまうという作用である。そして定訳語となった「権威」は、社会現象に「権威」という意味を人間の意識に刻むことで、目にみえないモヤモヤした現象を「権威」として記録し発話することを可能にし、人から理解されることも可能にする作用をももたらすようになる。

　権威ある訳語と訳者の社会的属性のつながりについては鈴木 [2007] を、さらに、カテゴリー化（類型としてみなす作用）が会話、相互行為をはじめとする社会的現実を紡ぎ出すという視点について詳しくは、片桐 [2003]・[2006]

を参照いただきたい。定訳語は、類型（カテゴリー）としてみなされるようになるがゆえに、新たな現実を紡ぎ出す自律した力を持つ"源泉"となるのである。その意味で、定訳語は広義の"幻想"を生む。最近の事例でいえば、"原子力安全・保安院"といった新造語も同様に、"幻想"を生んでいる。本書で示す手順に基づき、「権威」という幻想を、読者が自らの手で解体していくことに期待したい。

注

1 字義とは"the meaning of a word〔term〕[definition, signification, sense]"であり、語源の説明 (etymology) も含むという（研究社『新英和大辞典』第 5 版）。"etymology"は 14 世紀ラテン語の"etymologia"に由来、"etymolo-"は「語の原義・原形」を示し、"-logy"は「…学」を意味する(大修館書店『ジーニアス英和大辞典』)。「字義と語源」という項目表記での語の順序は、源を辿る（はじまりについて明らかにする）より語の原義（語を構成する字が含み持つ意味；字義）を示したいという意図に基づいている。その理由は次項であきらかになるだろう。
2 同書、巻六、605 頁、および巻三、700 頁。本書では、原則として 1994 年の修訂版を参照している。同様の解釈は、諸橋轍次・鎌田正・米山寅太郎『広漢和辞典』（大修館書店 1982 年発行）においてもみられる。
3 『大漢和辞典』をはじめ日本の漢和系辞典のほとんどは、清朝皇帝の命によって編まれた『康熙字典』(1716 年) を参照・引用していると考えられる（加藤 [1976 : 158]）。ただし、それ以降の中国および日本の知見をも詳細に押さえているという点で『大漢和辞典』に並ぶ辞書（字書）はないといえよう。
4 漢字全体の 8 割から 9 割は、形声という原理で成り立っているとされる（円満字 [2008：166]）。
5 原著タイトルが The 48 Laws of Power であるにもかかわらず、「権力」をストレートに打ち出すことを避け、『権力に翻弄されないための 48 の法則』としたのは角川書店である（Green and A Joost Elffers Production [1998] 下線は引用者)。この本は、内容の実践性も広く受容され、文庫本化されるほどの売れ行きだった。上、下巻あわせると 1000 頁近い大著にもかかわらずである。「忌み言葉」としての権力の扱い主体が、日本語タイトルでは巧みに入れ替えられているところに注目されたい。
　『権力に翻弄されないための 48 の法則』というタイトルの本に読者が初めて目にするとき、その人はおそらく、「翻弄される」いわば権力の「被害者」の視点から、まずこの著書に接するのではないだろうか。だが実は、読者自身が権力を行使するほかならぬ主体なのである。より具体的にいえば、読者が権力を効果的に行使

するための"こつ"について、古今東西の具体例がドン＝ファンから千利休まで幅広く援用されているのが、この著書の特徴である。この邦題の付け方は、"power"と権力における「価値づけられたことば」の日米間でのニュアンスの相違を、浮き彫りにしているといえよう。

6 　権威という語の古い用例は、日本では764年の『続日本紀』にみることができ、中国では紀元前239年（秦の始皇8年）成立の『呂氏春秋』「審分覧」にある「権威分移、不可以卒」という文言の形でみることができるとされる（『日本国語大辞典 第二版』）。

7 　古辞書および近代辞書の図表化について、掲載辞書（字書）の選定に関しては、1976年出版の加藤康司著『辞書の話』（中央公論新社）、さらに『日本国語大辞典 第二版』（小学館、2000-1年）を参考にさせていただいた。

8 　明治期の布令を読み解くため出版されたおびただしい数の漢語辞書については、つぎの影印覆刻がある。松井栄一、松井利彦、土屋信一監修・編集『明治期漢語辞書大系』（全65巻）、大空社、1998年。「明治維新は突如として、漢語辞書の刊行ブームを巻き起こした…本大系はこれらの漢語辞書を刊行順にまとめて、影印覆刻するものである」（同書「刊行のことば」）。

9 　岩堀 [1995：75]

10 　ただし、これらの辞書は英語に対して直接和漢の語をあてたものでは必ずしもない。「明治以前の主な辞書は、すべてオランダ語を媒介する方法をとっていたのである」（森岡、[1991：58]）。英語和訳の媒体はこの後、オランダ語から中国語へ、つまり英華辞典の転載へと移っていった（岩堀 [1995：167]）。

11 　オーソリティの訳語は、英和辞典や哲学辞典といった辞書においてばかりでなく、翻訳書物においても問題となるであろう。ただしその翻訳の際にも和語の漢語に対する依存の程度は高かったのである。それ以前の時代においてもかなり依存していたが、西洋観念導入時における用語の翻訳に際して、和語の漢語に対する依存の程度は一層高くなった。ここでは立ち入った検討を行わないが、その一例として、1860年代前半に中国と日本でほぼ同時になされた『万国公法』の翻訳（原著発行1836年）について示された1つの見方を挙げておく。「19世紀の末期まで中国の政治伝統から見れば、国家の元首が、常に当朝の皇帝と同義であるから、西洋の法思想における一国の最高の指導者を『君上』とたやすく認識してしまう傾向が漢訳者には見られる。原典の言う "persons in whom the superiority is vested"（第2節）または "superior authority"（第7節）たるものは、理論上にせよ、実際上にせよ、民衆によって選ばれた指導者や、宗教的あるいは神秘的な権威を帯びた統率者などでもありうるわけだが、漢訳では（したがって和訳でも）いずれも『君上』と訳出された」（ジョニン・ジャン [1991：394]）。「和訳は、原典を参照しなかったと思われるため、漢訳に追従したにすぎない」（ジョニン・ジャン [1991：390]）。

12 　江戸期の蘭和辞書『長崎ハルマ』（1833年）において "achtbaarheid" にすでに「貴重、権威」の語があてられていることには留意が必要である。"achtbaarheid"

は今日、一般に「尊敬」の日本語があてられる。

13 杉本つとむは、同辞書について高く評価している。「そのもっとも輝かしく、充実した言語文化史上の記念碑の1つが『英和対訳袖珍辞書』である。…同書は単に英語に日本語を対訳した辞書ではない。江戸300年の蘭学、さらには洋学という外国語学習と研究の一大結晶であり、総決算であった」(杉本 [1981] 序頁)。

「英語の見出し語は約3万5千語に達し」(惣郷正明『英和対訳袖珍辞書』複製本 あとがき(1973年秀山社発行)より)、発行部数と項目数の多さから「わが国における最初の英和辞典」(市河三喜『新英和大辞典』まえがき(1953年研究社発行))とされる。またこの書は、桂川甫周のオランダ語-日本語対訳辞書『和蘭辞彙』(おらんだじい)(1858年)の影響を受けたという説があるが、同書には"autoriteit"項自体記載がない。

14 ヘボン(James Curtis Hepburn)の『和英語林集成』には、「初版」(1867年)、「再版」(1872年)、「第3版」(1886年)があり、それぞれ「和英の部 [A～Z]」「英和の部 [A～Z]」という形で構成されている。詳しくは、岩堀 [1995]、小島 [1999] を参照。

15 図2-21も参照のこと。

16 中村正直によるミルの"On Liberty"の翻訳書『自由之理』(1872年)は広く知られているが、この書でも"authority"に「権勢」の語があてられている。森岡 [1991：96-7] によれば、この訳は「翻訳書に与えられた英華字典の影響」のもっとも早く現れた例の1つであると考えられるという。なお、なぜ『自由之理』が『英華字典』に先行しているかについては、同書137頁以降を参照。

17 威権は権威とほぼ同義と考えてよいだろう。『哲學大辭書』での「権威」の項目には、「威権」をみよ、とある。さらに『大漢和辞典』によれば、「威権」とは、「威勢と権力。人を畏れさせる勢と強制服従させる力。権威。威柄」となっており、すでにのべたように「権威」とは、「権力と威勢」とされているからである(同書、6259・6317頁。なお「威権」の典拠は、『管子』、『漢書』および『後漢書』となっている。『大漢和辞典』の記述を考え合わせると、"権威"より"威権"の方が、古い語であった可能性がある)。

『哲學大辭書』以降、大正期の英和辞典ではおおむね、オーソリティの訳語として「権威」を最初に挙げるようになっている。

18 ただし「権力」ではないが、1869年の『英華字彙』には、「能・力・権・権勢」という対訳が power にはやくもあてられていることにも留意すべきである。

19 もっとも辞書は、布令(触れ)や法の条文、刊行されず私的なものも含めた訳書(たとえば西周には未刊行の訳書が多数現存する)、漢籍、先行日本語辞書、新聞など、その制作期の時代の空気により、その訳語は影響を受けており、訳語の出典を明記することもない。その意味で、高橋が「"power"の訳語としての新漢語としての権力」の作者であるとは断定できない。だが、辞書という多くの人が長く使う刊行物に項目記載した影響の多大さは計り知れず、意義深いといえよう。

20 森岡 [1991：152-3]、加藤 [1991：363-4]、柳父 [1977：43-4] を参照。

21 『雅言集覧』(1826年～1849年)という文語を集めた辞書は確かに存在するも

のの、用語数が多くなく、選定基準もあまり明解であるとはいえない。

22 この解釈にあたり、つぎの現代日本語訳も参考にさせていただいた。土井・森田・長南編訳『邦訳 日葡辞書』、岩波書店、1980 年。

23 この解釈と直接関係しないが、『大言海』のもととなった『言海』における語義解釈の根拠と、『字統』で知られる白川静の辞書制作の出発点に関し、つぎの記述が参考になる。「白川さんは乏しい給与をさいて、最初に大槻文彦の国語辞書『言海（げんかい）』と簡野道明（かんのどうめい）の漢字辞書『字源（じげん）』を入手したようです。大槻の『言海』は…アメリカの『ウェブスター』を参考に構成されたという「あとがき」の文章に驚いたというのが、白川さんらしいところです。大槻による語源説が必ず付記されていることがおもしろかったようです。もっとも『言海』の語源説は、大半、貝原益軒の『日本釈名』や新井白石の『東雅（とうが）』や谷川士清（たにかわことすが）の『和訓栞（わくんのしおり）』などに依拠していた引用であることが、やがて知れました」（松岡 [2008：204]）。

　辞書類は一般に、参考文献が明記されていないため、1 章 2 節で呈示した「定義受容連鎖」のような形での、「知識〈継受〉のあり方の検証」が困難なことが多い。『新社会学辞典』（有斐閣 1993 年発行）などの専門辞書における「参考文献」でも、他の辞書類（の同一項目）は（参考にしていると推測されるケースでも）外されてしまっている。

　知識〈継受〉のあり方の検証、つまり、先行的知識の存在の認知、高齢性をはじめとする継受者資格、「何を」継受するのかというセレクトポイントという 3 つの問題に関して、松岡 [2008]：『白川静』（平凡社刊）は、貴重な資料を提供してくれている。

24 "authority" の語義・語源にないが、現象としてならば西洋でも恐れと尊敬は権威に随伴する。「権威」という和漢語が、"authority" の訳語として定着した一因に、語義に「恐れ」が含まれていたこともあっただろう。

　「権威者は、家来には洞察できない、力、自信あるいは秘密を所有している。この違いが恐れと尊敬の双方を惹き起こすのである。この両者の意味の結合が英語では『畏怖（dread）』という語、フランス語では『恐るべき (terrible)』という語の古い意味には見られた」（Sennett *Authority* [1980：150=1987：214]）。

25 「由らしむべし知らしむべからず」といった『論語』由来の発想や、「威」の字義にあった、女をおどす（もしくは女をおそれる（ある意味、女におどされる））という考え方の背景にあるのは、表面的な脅迫であって、信念的屈服ではないこと、などをイメージしていただきたい。和漢でいう「自発」というのは、自ら動く（行動する）といった「自動」レベルにとどまっているとも考えられる。

　また、漢字の目線が「男」によるものである点も、知識社会学的に重要である。権威者の多くが高齢男性であるのに、権威という文字を構成する字画に現れるのは、「女」だけである。漢字を作成した男たちの背景、さらに、女を安心させる、

女をおどす、女をおそれるという3通りの解釈が、後代の男たち（権威者たち）の手で行われてきた背景についてもイメージすべきであろう。

26　同じ"権"の字から成る"権力"を敬う人は通常、少なくとも現在のところあまりいない事実も顧慮してもらいたい。それに対し、権威を敬う人が今日いるというところに、検討を要すべき課題を本書は見いだすのである。

27　見坊説によれば江戸期までの辞書にあまり見られず、明治期より多数の辞書に項目掲載されるようになった語が「新漢語」、江戸・明治を通じて掲載されつづけている語が「在来漢語」であるといってよいだろう。それに対し、江戸・明治を通じ項目記載があるものの、欧米語の翻訳的必要を担うため新たな構成観念を付帯させられた漢語について本書ではのちにもふれるように「準新漢語」という名を冠したい。準新漢語は語の表意・字義的意味と明治以降に帯びた観念の意味内容とが乖離している。このために、「権威」の例からわかるように概念の「曖昧さ」がひどく増してしまったといえよう。

28　ただしこの図には、留意すべき点がある。「ただこのような平面図にしてしまうと、彼等の言う『社会は人間の所産である。社会は客観的現実である。人間は社会的所産である』(ibid, p.58) という弁証法的発展の契機をうまく表現しえない嫌いがあるので、人間の行為によって不断に外化されるものが必ずしも伝統的なものばかりではなく、人間の自発的創造性による外化も常に存在するということ、そしてこれもまた対象化され客観化され内在化されていくということ、したがってそのサイクルは人間の自発的行為によって一種の螺旋型的進化をとげていくものであることを明らかにしておかねばなるまい」（下田 [1981：152-3] 傍点は原作者）。

29　Berger and Luckmann[1967] をはじめとするバーガー社会学については山嵜哲哉責任編集「ピーター・バーガーを読み直す」（『現代社会理論研究』第5号（1995年）をはじめ日本で多くの業績がある。最近では西原 [2006：130-141] を参照。かれは日米独で行われた「シュッツ生誕百年」記念シンポジウム（1999年）で、シュッツ（Schutz）の弟子だったルックマン司会の下、ドイツで英語の論文報告を行った。

30　権威者による影響に基づく"authority"の訳語としての「権威」の内面化をはじめとする、定訳、さらには新しい知識一般の内面化を「オーソリティ教育」と呼ぶことにしたい。

31　この問題は「権威」という知識に限らず、知識一般の継受問題につながっている。したがって、先行的存在の認知、継受者資格、継受内容のセレクトといった点について、明治時代の社会の諸相に焦点を当て、具体的に解明していく必要がある。

32　この問題については、現在も考察中である。その一環として、「準新漢語問題としての権威——社会学の訳語と知識サイクル——」というテーマで、報告を行っている（日本社会学理論学会第2回大会（2008年 神戸大学））。

33　この研究関心への推移は、同書に対する村上陽一郎書評からも、読み取るこ

とができる（『毎日新聞』、2007年2月25日）。

34 ただし、ブランド権威の源泉自体の発生は、王室という「先行的存在」（時間権威）に対する接続を、創業者一族が企てた結果であるという例も少なくない。

　接続の強調は、スーパーブランドの中では、ルイ・ヴィトンにおいて特に顕著とされる（山田［2006:13-32］"起源のオーラ—はじめに皇室があった"）。

35 「潜在的に随伴せざるを得なかった」"ずれ"というのは、翻訳一般についていえる問題である。日本の場合、「意図的に」"ずらした"上、既定訳語を疑うこと自体、禁じられてきたとさえいえるかもしれない（鈴木［2007］参照）。

　日本における翻訳という社会的行為が、西洋的知識の一種の"継受"である以上、継受者資格を備えたその"担い手"の手で、"セレクト"が行われ、翻訳の"受け容れ手（読者）"にみえないところで（便宜的な訳語割り振りを含め）、意図的に"ずらされて"きた問題の可能性についても、今後注目すべきであろう。

36 出典：『日本国語大辞典　第二版』（第一巻、411頁）、小学館、2000年。現代日本を代表する用例の豊富さと項目数を備えた同辞書が成立した経緯については、この辞書の編纂者のひとりの手による文献（松井［2005］）を参照。同書では、どの辞書を目標にしたのか、近代語用例確認の苦労（全集と文庫本、そのもととなった雑誌では仮名遣いが違う等）など、余人には計り知れない視点が提供されている。このような、秘されることが多い当事者的「知識」は、「辞書の権威」の優越的価値と先行的存在（エスタブリッシュメント）に対する"接続"の仕方について考える上で、手掛かりを与えてくれる希少な存在である。

第3章　局面配列としての権威

―権威過程的接近―

第1節　はじめに―高齢性と権威―

高齢と時間と権威

　あなたは先祖を崇拝しますか。この「先祖を崇拝する」という行動様式には、漠然とした敬慕から厳格な儀式に至るまでさまざまなバリエーションがあるが、他生物にはない人間特有の現象であり、しかも先祖を敬うという発想は洋の東西を問わない。だとすれば、それはなぜだろうか。

　この先祖崇敬は、高齢崇敬とつながっている。そして高齢性に対する崇敬とは、時間に対する崇敬であり、時間(今日までよくぞ生命を継受しつづけてくれたという距たりの深遠性)自体が権威の源泉としての優越的価値に他ならないのである。古代ローマ時代、高齢期が人生の最盛期と考えられていた事実(1章3節)についてみると、先祖と過去をもっともよく継受しているのが高齢期の人間というところにその根拠はあった。先祖(創始者)と過去(先行的存在)の継受というニュアンスは、権威(オーソリティ)の三語源要素の1つとして残るばかりでなく、実際の権威について考えるときにも重要なファクターである(〈接続〉による権威形成：本章3節参照)[1]。ただし、時間を距てた存在に対する敬意、この時間と敬意という要因は、その長期性と感情性ゆえに、直接視覚認識することは難しく、現象・概念の両面で権威を曖昧にしてしまっている。

社会現象としての権威を曖昧にする時間に対する接近法としての権威関係

　この〈先祖崇敬〉という問いが権威の現象・概念両面での曖昧さの解明に

関連しているとすると、権威現象を明確に捉えるために、時間と感情を把握するための権威ならではの接近方法をあらたに考案する必要がある。しかもこの権威へのアプローチは、〈切り口は新しく〉、〈構成概念は従来の研究上の蓄積をできるだけくみ上げる方向で〉考えを積み上げていくことにしたい。というのは、このアプローチをバックボーンにして「権威の一般理論」[2]を後日構築するとき、由来のはっきりした信用に値するという周知を得た既存諸研究をなるべく用い、しかもその使い所を明確にしておいた方が、変形や改良も容易になり、組上げ型の一般理論の構成にとり望ましいと考えられるからである。

したがって本章のねらいの第一は、権威既存論考を位置づけた上で整理し、論点の所在を明確にすることである。その際、時間配列的に既存の権威論考を配列、整理することで、権威がたどる時間的特徴を明らかにしていきたい。その前提として、権威を社会関係という観点から把握する試みを提唱する。具体的には、権威関係（権威的社会関係）を、社会関係結合の性質、権威主題領域、権威源泉およびそれが帯びる優越的価値、源泉とその担い手と従う受容遵守者、担い手が従者にもたらす権威を帯びた情報（指示）、そして権威が置かれた社会がおよぼす権威関係に対する制約のあり方（背景）に、構成観念を区別し整理する。権威現象に切り込む手がかりとして、これまでの権威諸研究を確認しつつ振り返り、そこから知見を積極的に採用し、このような構成観念群を権威の「局面」ごとに配列していく。さきほどの問いであるが、社会にはさまざまな権威があり、その源泉も多様であるが、つきつめると広義での「先祖」（先行的存在）に行き着く点では文明を問わない。ではヒトに「のみ」先祖を敬う傾向があるとすれば、それはなぜだろうか。

局面配列という〈客観的知識〉としての権威

このような論点の整理をふまえ、新たな提案として権威を時間的局面に配列する「過程」として理解する考え方を提出し、それを本章をはじめとするこの論考全体のバックボーンとして据える。

地球上にいる生物は多種多様でサルの一種にはインセストタブーさえある

というにもかかわらず、先祖を崇拝するのはヒトだけである。これはなぜか。それに対する答えの1つは、ヒトが一生を「過程」として捉え、程度の差はあれ概念図式的にそれぞれの局面とそこに生じがちな事象について承知した上で、この過程が何世代も連鎖した結果、いまここに自分があることを理解するからだといってよいだろう。

　配偶者選択→性結合→受胎→懐妊→出産→新生児への栄養補給→養育→学習という一連の「過程」について、経験的に理解できる生物はヒトだけである。さらに、懐妊（conception）等の「概念（concept）」を操るようになったのは近代以降であるとすれば、「経験的理解から概念図式的理解へ」という進歩の意味は大きい。たとえば「性結合局面」での「出来事」の有無によって、つぎの「受胎（impregnation）局面」に進むか否かの確率は大いに変わるわけだが、それを説明するには「概念」出現以前と以降では大いに違いがある。

　"曖昧"でどうすれば良いのか、"つかみどころ"すらなく、ともすると"成り行き任せ（私的判断の放棄）"になりかねない、受胎に至りやすくする工夫（懐妊しやすい女性、生理周期の存在…）に関するおおよその考え方（概念）が、「客観的知識」[3]として（少なくとも体験者間で）周知共有されているかいないかでは、こうした蓋然的知識を未経験の若年者や概念的に未熟な未開人に「伝達する」力には歴然とした差がある。そして未知と既知とでは、進み行く未来にも、大きな違いが生じていくことだろう。

　人には先祖があり、いまがあり、未来がある。人は程度にさまざまなバリエーションがあれ、そのことを自覚している。自覚が曖昧な原始人は、この意味ではサルに近い。曖昧な権威に対する現象・概念両面での認識も、この意味でサル的である。やみくもに、同調や私的判断放棄、自発的遵守と他者に対する自発的排除をくりかえすだけでは、何となく権威に「巻き込まれて」しまい、絡め取られてしまうことを無自覚につづけざるをえない。これまで人は権威とどのように関わってきたのだろうか。こうした知識が累積され、共有されていくことによって、はじめてこの無自覚から脱することができるだろう。

　では、過程意識を権威に当てはめ、認識を明確化するとしたら、どうなる

だろうか。基本的に、権威に関しても過程は同様にある。実際の権威にも来し方行く末があり、一連の過程がある。今ある権威はどういう道筋をたどってきたのか、そして今後どのような道を歩んでいくのだろうか。この過程を浮き彫りにすることで、権威現象を客観的知識としての概念として伝達し、蓄積していくことで、一般理論的道筋へとつなげていきたい。「予見するためにみる」・過去を知り未来を予測するという意味で、過程を経験的に知ることはとても重要だが、その一連の局面配列とそれら「局面」ごとに生じがちな「出来事（イベント）」を理論的・概念図式的に把握して説明することは、いっそう重要であるといってよいだろう。

このような「過程」という概念図式からの捉え方によって、先行研究においては「言及」レベルでしか見いだすことができない「権威と時間」のつながり（たとえば、ルーマン [1975] の6章）が一層具体的に理解可能になるというのが、本書の「背骨」に過程的発想を据える第一の理由である。さらに積極的にいえば、過程という着想に基づくことによってはじめて、これまでの権威源泉の形成や今後の権威の在り方といった、権威の時系列的な変化に関しても研究概念呈示が可能になる。いいかえれば、社会現象としての権威変化というとらえにくい事態までもが論考の射程に入るのである。これが過程的発想を権威へと当てはめる、主たる理由といってもよい。具体的には、1.源泉創造・関係形成（第1局面）→ 2.関係加入（第2局面）→ 3.関係継続（第3局面）→ 4.権威消滅・関係離脱（第4局面）という四局面に分けて論考を行うというスタイルを提唱していきたい。

第2節　権威関係の焦点

1）権威関係の背景
権威に巻き込まれる側面と入り込む側面
　この「権威の四局面」のうち最初の〈源泉創造・関係形成〉局面については3節でじっくり考えることにして、2節ではまず、2番目の局面〈関係加入〉に関わる概念区分の1つ、〈巻き込まれる／入り込む〉側面から着手したい。

この区分が生じるのは、権威関係が置かれた社会状況、そして担い手あるいは受容者として加入者の置かれた個人状況によるのである。ここではまず、関係としての権威がその社会や時代の中でおかれている状況を「背景」として表現し、巻き込まれる側面と入り込む側面という対概念を呈示していくことからはじめたい。先行研究の中で、権威に「巻き込まれる」状況について、たとえばある政治学者はつぎのような記述を提示した。

「権威はその確立の過程において、人々の心に浸透し、人々の心の上に重くのしかかり、人々は権威への服従に《巻き込》まれる。権威は権力と違い、強制的に拘束するものではないし、また結局は人々の支持によって存在しうるのであるから、人々は権威をいつでも拒絶し、はね返すことができるように思われよう。しかし、<u>権威は蓄積された経験を背景として</u>、人々に<u>重くのしかかっている</u>のであって、権威を拒否するとは、強制力をはねのけるのではないが、<u>こうした歴史的な重みをはねのけることに等しい</u>。権威の受容は一見したよりも深くかつ広い生活領域でのコミットメントである、というより、そうした生活領域で権威への服従に巻き込まれていることなのである」(小川 [1988: 289-90] 下線は引用者による)

ここで述べられている前半の部分について、納得できるところが確かにある。ただそれは、理論的、概念枠組み的なものに裏打ちされた理解ではなく、個人的な、あくまでその狭い経験的な妥当感にとどまっている。したがって「巻き込まれている」という記述は、それだけでは不十分である。「巻き込まれている」というからには「巻き込まれない」権威も存在するはずである。「巻き込まれる」以前と以後での巻き込まれた者の状態変化という問題も、概念上の焦点として区別すべきポイントである。このように問題は、1. はたして、権威に巻き込まれることとは、なにか、2. 1のアンチテーゼとしての巻き込まれ「ない」権威と人との関わり方を示す概念はいかなるものか、3. それらをより系統的・論理的に、順序立てて位置づける（ソースを明らかにしつつ構成した〈客観的知識〉として明確化し、人類の誰もがアクセス可能な情報にする）にはどうしたらよいのか、というところに集約できるだろう。引用させてもらった論考ばかりでなく、内外の権威の先行研究の多くは、権威現象につい

て経験的に比喩を交えて読者の理解を促そうとしている。ではなぜ、読者の経験に訴える必要があるのかといえば、あやふやでつかみどころがないこと自体に、権威現象の特質があるからである。こうした把握しづらさゆえに、権威という実体そのものがはっきりとしないために、毅然とした判断が下せないという制約的前提条件が、既存の権威研究では程度の差があれ共有されている。

権威と人との関わり方を権威源泉、担い手、受容者、権威主題領域よりなる関係として捉えていくことによって、いわば個人的体験に基づいてのみ理解されがちな権威という社会現象を、観念的、概念的に客観化し、普遍性を持たせていく((たんに一個人の頭の中にだけ蔵された経験としてばかりでなく)由来のはっきりした、この星の誰もが(その気になれば)アクセス可能な〈客観的知識〉として記録し、視覚経験の対象としていく) メリットについて、以下では繰り返し強調していきたい。

この観点から概念構成していくと、「巻き込まれない」権威関係とは、新たに「(権威関係に) 入り込む」ことができる権威、というように捉えることが可能である。このアンチテーゼにより、権威に巻き込まれるという状態の問題性、理不尽さが、一層浮き彫りになるだろう。権威に巻き込まれるという状態も、権威を社会関係の一種としてとらえるなら、「権威関係に巻き込まれる」と概念化できる。というのも、「巻き込まれる」か「巻き込まれない」かという問題は、権威「源泉」の違いによって生起する問題ではなく、権威関係の背景の違いとみなすことで、権威に巻き込まれるという事態が、ある程度客観的に把握可能になると考えられるからである。

このような概念装置を複合的に駆使する位置づけによってはじめて、「巻き込まれる」という事象を権威現象全体の時間的成り行きのなかで理解可能になる。1で示した疑問は、概念的取り巻きの状況を鳥瞰した上で、有効に説明することが可能になるということをもって、その回答とすることができよう。

巻き込まれる／入り込むとは、権威関係がおかれた社会的背景が規定している、関係加入の仕方のちがいである。どちらかといえば、あらかじめ巻き

込まれている権威関係の方が、数多く存在するのではないだろうか。政治、教育、言語、家族といった諸々の体系において、そうした関係とよびうるものが数多く存在していそうである[4]。一方、たとえば家族システムを、時間の経過にともなう変化を考慮にいれて検討してみると、はじめに私たちが子どもとして生み込まれ、巻き込まれる家族は定位家族である。だが、子どもが成長し、その人が配偶者を選択することによって生み出す家族もあり、それが生殖家族である。

このように権威関係は、加入の際に担い手／受容者がおかれた状況、関係の背景に応じて、巻き込まれる側面が強いものと、新たに選びとり入り込む側面が強いものが存在する。これらを区別する手がかりが関係加入局面にあるため、背景は加入形態の相違によって表現することが適切であろう。実際の権威関係への加入は、これら両方の側面を伴っており、どちらが支配的かという観点によって識別する他はない。前者の側面が強い関係を「巻き込まれる権威関係」として、後者が強い関係を「入り込む権威関係」として概念化しておきたい。

ここでは関係加入の局面で加入の仕方（任意的加入の可否）を決定している与件（その時点ですでに与えられている諸々の条件）の存在に言及した先行研究について検討し、その結果与件が関係を特徴づけ、場合によっては「関係結合の性質」に影響を及ぼすかもしれない、2つの在り方について整理した。だが、それが具体的にどのようなものかという問題については、また別に具体的な事例をもとに議論する必要がある。さらに本書のように権威を関係として捉えるとき、関係の性質、主題領域の問題についての論考が権威という事象を概念的に明確化するという課題の中心を占めることになる。以下では、権威の概念的把握を促すために、こうした諸々の論点について検討と整理を行っていくことにしたい。

2）権威関係の性質
道具的側面と帰属的側面

前項では第2局面に着眼し、この局面でテーマとなる概念区分について整

理を試みてきた。それに続く本項と次項では、第3局面（関係継続）に関わる概念として、関係結合の性質と、権威主題領域という権威特有のテーマについて取り上げていくことにしたい。ここでいう関係の性質とは、権威の担い手と受容者のつながりが「何」によってもたらされているのか、ということである。権威関係のつながりとは、権威源泉に対する権威の担い手の態度、および権威源泉に対する受容者の態度を踏まえた上で、担い手と受容者の結びつきがいかなる性質に基づくものか、というように概念化できる。ただし、社会関係＝人と人の関係中心という観点から、権威源泉（その優越的価値）に受容者は直接アクセスできず、必ず担い手という「媒介」を経由しているという仮定のもとに議論を進める。「中抜き」が可能なケース（受容者が権威源泉と直接結びつくことができる場合）は、社会関係としての権威とはいえないため、当座の考察対象としない。

さて、権威受容者の権威の担い手（権威者）に対する「態度」という問題に関連して、1937年の『社会科学百科事典』の中でミヘルスが示した論述は、バーナードやルーマンがしばしば参照している事実からみても、古典的価値を有すると考えられ注目に値するだろう。

彼によれば「人が権威に対してとる態度は、理性的もしくは本能的であると同時に、肯定的あるいは否定的である」という。つづけてその内容をつぎのように説明する。「本能的肯定とは、本能的肯定の態度における権威への崇拝が、精神分析学者が『屈従への欲求』とよぶ、往々にして無意識的な生得的劣等感に基づいているものである。これと逆の態度が本能的否定であり、アナーキストに代表されるあらゆる種類の権威に対する反抗である」(Michels [1937: 319]) [5]。

以上のような権威に対する本能的態度は、心理的先有傾向に直接起因するものというミヘルスの断定には検討の余地が残るものの、こうした態度に加えて、さらに2つの理性的態度が区分できるという。

まず第一のものは、「理性的否定」であり、社会に対する自己の理性的観念との実際上あるいは想像上の非両立性に基づく権威の否定である。これに対して、第二の態度は「理性的肯定」であって、「自由の堅持のために必要

不可欠であるか、あるいは少なくとも社会の実際的要求と一致しているというような理由」によって、判断の結果、権威を受け入れるというものである[6]。

以上の権威に対する態度（attitude to authority）という議論の中で、とりわけ権威ならではと考えられる問題は、〈本能性／理性性〉という区分にある。なかでも、本能的肯定・本能的否定が重要である。前者は権威主義的傾向が強い人に、後者はアナーキスト的傾向を持つ人に典型的に見られる。計算的合理性に基づくというより、本能（感情）的盲目性に基づいて行われているところに、他の諸々の社会的勢力が喚起する諸問題とは異なる権威特有の問題がある。ミヘルスやリチャード・セネットによる権威への反抗に対する論述、あるいは権威主義研究が主題化している権威への「本能的肯定」といった幾多もの先行研究の存在自体が、このような判断を支持しているように思われる。

ここで示したミヘルスの記述には、フロムが示した周知の区分と類似性がある。それは、権威に対する受容者の態度には、理性（合理）的—本能（非合理）的側面が存在するという点である。権威に対する合理的—非合理的側面とは何かについて、先行研究を概括して整理しておくことにしたい。

合理的とは、権威という何らかの準拠すべき基盤にたいして、関係加入者（権威の担い手あるいは受容者）が自分の目標達成のための手段として権威と関わりをもつ側面であり、非合理的とは、権威というある主題領域で高い価値を随伴した何らかの存在を核として、権威関係によって拘束され、拘束されることによって帰属意識を享受するために営むという側面である。

権威に対する帰属というとき、肯定的コミットメントばかりでなく、本能的反発といった形をとることもある（注5で示したセネットの議論も参照）。このように考えるとき、前者を道具的性質、後者を帰属的性質として権威関係を特徴づけるものとして概念化しておきたい[7]。

道具性から帰属性へ

道具性とは、正統性が関係に大きく影響する、権威関係の一側面である。目標達成の手段として役立つのか否かという態度は、権威の正統性に対しと

ても敏感なはずだからである。ただし、継続期間が長期になっていくにつれて、正統性確認（認証）の手続きが省かれる傾向があるように思われる。道具的権威関係は、合理性を基調にしており、認証手続きの簡略化は、時とともに合理性を極めていく流れに沿っているからである。

これに対し帰属的側面が強い権威関係においては、担い手がなぜ受容者にとってこの主題領域において、権威なのかという確認、および担い手と源泉のつながり正統さ[8]の確認が、曖昧な点が特徴的である（のちに論題となる『担い手に対する敬意』（4章・7章）は、帰属感という感情と同類的側面を持ち合わせており、道具的合理性（可算性や可測性）とは質を異にするものであろう）。ただし、権威と感情について本書では、先行的存在の継受（これまでの研究における"言及"の確認）にとどめ、これ以上の検討は別の機会に譲りたい。

さらに、以上の2つの区分を掛け合わせ、第2局面から第3局面にかけての経過について、仮定を呈示しておきたい。それは、家族関係など巻き込まれる傾向が強い権威関係では、帰属的権威関係を伸張させやすく、入り込む側面が強い権威関係では道具的結合という性質を帯びやすい（医師―患者関係など）というものである。また、関係継続局面（第3局面）は一般に、長期間に及ぶため、道具性から帰属性へ、あるいはその逆へといった、権威関係の性質の変化が生じることもあるだろう。ただし権威結合の性質変化において、当初道具的（打算的）だった権威関係がしだいに、相手の存在が不可欠となり、帰属的性質が強くなるといった、ヘーゲルの主人と奴隷のアイデンティティ論的傾向は、一般に存しているものと思われる（1章3節参照）。権威の担い手という位置と役割、その受容者という位置と役割は、たんに経済的利益（道具性）を越えて、関係帰属そのもの（に対する感情）に重きを置いていくようになるのではないだろうか。人格・感情という要素が絡む権威関係の特色を強調するために、このような仮定をあえて挙げておいた。この仮定についても、各論的に、もっと踏み込んだ検討が必要であることも確かだが、本書では権威の明確化という観点から、仮定の呈示にとどめておきたい。

巻き込まれる権威関係が帰属的権威関係につながりやすく、入り込む権威

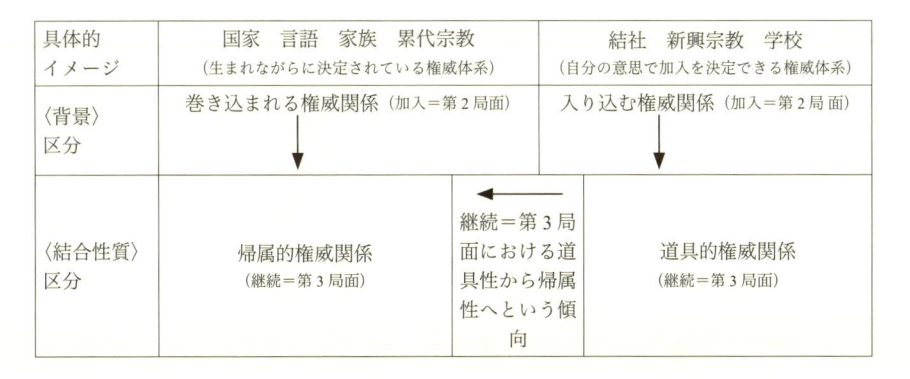

具体的 イメージ	国家　言語　家族　累代宗教 (生まれながらに決定されている権威体系)		結社　新興宗教　学校 (自分の意思で加入を決定できる権威体系)
〈背景〉 区分	巻き込まれる権威関係（加入＝第2局面） ↓		入り込む権威関係（加入＝第2局面） ↓
〈結合性質〉 区分	帰属的権威関係 （継続＝第3局面）	← 継続＝第3局面における道具性から帰属性へという傾向	道具的権威関係 （継続＝第3局面）

図3―1　権威に対する帰属へと傾きやすい流れ

関係が道具的権威関係につながりやすい、あるいは、時間経過とともになれ合いが生じるため、道具的権威関係が帰属的権威関係へと変化しやすいという論点については、別に考察を要する問題である。ただ、本書のテーマの1つが曖昧さにメスを入れるところにあるため、現実の権威の問題を扱う概念設定の提起にとどめ、その妥当性の検証はここでは行わない。社会現象としての権威をなるべく分析的にとらえようとする際、これら2つの側面を念頭においた、複眼的なアプローチが必要となるのではないかという提案を、本書では行っておきたい（**図3―1**）。

3）権威の主題領域

二者権威関係

　主として権威継続局面で、結合の性質と並んで注目したいのが、権威主題領域の問題である。ただ現実の権威関係では、主題領域について「何々に関する権威関係」と簡潔にいえることはかえって稀であるか、あるいは意識していないことの方が多いかもしれない。

　ある個人に着目すると、実社会の社会関係の多くが、1人がある主題領域では担い手、別の主題領域では受容者としての役割をはたしている。会社で課長職にある人がテニススクールに通っているならば、課員に対しては権威者である一方コーチに対しては生徒といった場合などである。組織に着目し

ても、その複合的システムには、上下的命令階統ばかりでなく、研究所など、横に広がった機関が含まれていることも確かである。

だが繰り返すように、とらえどころがないかに感じる、経験的な権威理解に対して切り口を提供し、最小単位を基本的な権威関係という形で確定するという意味で、現象を構成している事柄のつながりをわかりやすく説明するための概念図式には、相応の意味がある。というのも、現実権威の緻密な描写とそれに基づく複雑な概念枠組みでは、現状追認とその強化という弊は免れず、整合性確保のためのつじつま合わせに走る危惧もある。そのため、権威関係の背景、関係の性質、そしてここで考える主題領域という基本的権威関係を構成し、規定している要素について踏まえていく方向から、議論を進めていきたい。

そのバックボーンとして本章では権威を局面配列的プロセスを経つつある社会関係として理解する方法を提示しているが、その際権威という社会関係を構成する諸単位は、権威源泉の担い手と1人のその権威の受容者と1つの特定主題領域からなる三項関係をイメージしている。この基本的発想は、論理学者・ボヘンスキーに依拠したものである[9]。したがってまず、彼の所論についてポイントを整理しておこう（Bochenski [1974];[1988]）[10]。

ボヘンスキーの論理学的アプローチ：権威概念の構成要素

ボヘンスキーによれば、広義の権威概念には、1. 実体概念としての権威：権威源泉・権威の権威たる根拠の所在という意味での権威の性質、2. 関係概念としての権威：ある特定の主題領域における権威の担い手と、担い手がもたらす情報の受容者の間の関係という、2つの概念的性質が、多くの場合無意識に含まれてしまっている。権威概念が、この2つの性質をともに有していることについて、まず留意する必要がある。

彼の例でいえば、「アダム（Adam）は権威を有しているから、生徒達にとって権威なのである」という表現は、一見トートロジーでありながらも「完全に有意味」なのである。この表現で言う前者の「権威」とは 1. 実体概念としての権威（権威源泉）について意味しているのであり、後者は 2. 関係概

念としての権威（1・2章の結論として論じた"権威者"、ボヘンスキーの用語に従えば"権威の源泉の担い手"）を意味している。権威現象について分析を進め、論理的把握を行うことで、権威の相対視、あるいはその呪縛から距離を置くことを目指すならば、このような区別立ては、複雑に入り組んだ現象を整理する姿勢として、権威の構成への着目という意味での意義があるのはこれまでみてきたとおりである。

権威関係の構成要素

　以上のように、権威概念は実体性と関係性をともに含みもっている。いいかえれば、権威は「権威源泉」と「権威源泉の担い手（権威者）」をともに含んでいるのである。このように権威をとらえるとすると、2つの概念がさらに前提にされているはずだと、ボヘンスキーはいう。それは、「権威の受容者（従者）」と「権威の主題領域」である。

　受容者がいない権威者は、権威者とはいえないからであり、「何についての」権威者であるか（たとえば英文学の権威者、政治学の権威者など）確定しなければならず、森羅万象の権威者（あえていえば神のような存在）はありえないからである。

　彼の説明によれば、権威は、権威源泉を擁する権威の「担い手」と「受容者」、「主題領域」という三項目から成り立っているのである。

　さらにこの主題領域には二種があり、主題領域の種類により権威の性質が分かれるという。二種の権威主題領域とはそれぞれ、命題のクラス（集合）と命令のクラスにより構成されている。命題のクラスとは「何であるか」を意味する命題の集まりであり、一方、命令のクラスとは、「何をなすべきか」を表している指令の集まりである。

　主題領域が命令集合からなる担い手―受容者関係で、それぞれの「行動パターン」について具体的にイメージするために、組織的権威論で最も多く言及されるサイモンの『経営行動』を参考にみてみよう。

　　「上役の行動パターンには、命令――代替的行動の選択に関して他人によってなされた命令――および、選択の規準として他人によってその

命令が受容されるだろうとの期待の両方が含まれている。

　部下の行動パターンは、『上役が私のために選んでくれたその行動に従う』という、単一の不確定な意思決定、ないしは意思決定の規準によって支配されている。すなわち、彼は、代替的諸行動のどれを選ぶかを彼自身の能力で決めることをやめ、選択の基礎として命令あるいは信号を受容するというフォーマルな規準を用いる」(Simon [1957a: 125-6=1989: 162])。
　部下の行動パターンからは、権威現象が帯びる私的判断放棄問題をも読み取ることができる。ただサイモンの権威論は、組織が与件としてあり、すでに権威関係が確立している段階を問題にしているのであって、その前の権威関係そのものを比較検討する段階は考慮されていない。権威関係がすでに確立している段階（第3（権威継続）局面）における担い手—受容者関係の叙述として、サイモンの権威論からわかることは、その不自由さと義務的雰囲気である。こうした組織が与件としてある権威関係では、なすべき「命令」のやりとりがおこなわれているのに対し、組織が与件とされない権威関係（具体的には、医療サービスの依頼者と医師など。4章2節を参照）の多くでは、「命題」のやりとりにより成り立っているというとらえ方が、権威を把握しやすくすると思われる。

主題領域の種類による区分：知識的権威と義務的権威

　権威の主題領域に話を戻そう。ボヘンスキーは、〈命題〉と〈命令〉という主題領域の性質の違いそのものを、権威関係の性質の違いとして概念化する。命題のクラスから構成される主題領域を持つ権威を「知識的権威」として概念化する一方で、命令のクラスから構成される主題領域を持つ権威を「義務的権威」として概念化するのである。
　知識的権威としては、教師の権威や専門家の権威が典型的である。こうした権威の担い手は、受容者に対して「AはBである」という命題を呈示するに過ぎず、それを受容するように強制はしない。この種の権威関係の性質の一環として彼が呈示しているのは、知識的権威として承認するための必要条件が、担い手が主題領域内で受容者からみてより有能であることにある点に

ある、というものである。

　他方、義務的権威とは、企業での上司や宗教上の指導者、軍隊組織における隊長など、担い手が受容者に対して「命令」（受容されるのが当然の"指令"）を行う関係における権威のことである。こうした権威の担い手は、受容者に対して「Aをすべきである」という命令を下す。命令とは真でもないし偽でもないという指摘は、ボヘンスキーのすぐれた知見である。義務的権威の容認は、つねに実践的な「目標」と結びついているという。

　こうした義務的権威はさらに、「処罰―権威」か、あるいは同時に「連帯―権威」に分かれる。ともに、義務的権威関係における、受容者の「行動」に不可分に織り込まれている、ある「命令」にすでに"内在している"目標を前提にしている。処罰―権威とは、図3―2に示す構造をもつという。

受容者の行動→命令に基づく行動を直接誘発する
　　　　　　　　　　　内在的目標……その背景にある
　　　　　　　　　　┌┈┈┈┈担い手の超越的目標
　　　　　　　　　　│　　　　≠
　　　　　　　　　　└┈┈┈┈受容者の超越的目標
　　　　　　　　　　　　　　　　（処罰回避）

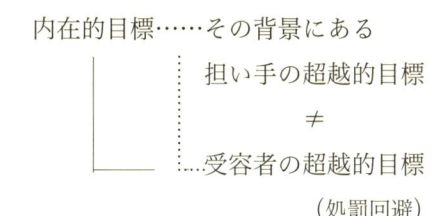

図3―2　処罰―権威

　内在的目標とは超越的目標に関する手段としての当座の目標である。いいかえれば、ある具体的「命令」に内在する目標（内在的目標）に対して、その「命令」を発する（担い手）、受け容れる（受容者）背後にある目標、その「命令」を超えたところにある目標が「超越的目標」なのである。ボヘンスキーの例を挙げると、来客があるためにカール（Karl）が部下のドナルド（Donald）に応接間を掃除するように命令する場合、部屋の清掃という内在的目標という点では、担い手と受容者は一致している。しかしながら、担い手・カールにとって接待が、部屋の掃除をせよという「命令」の背後にある超越的目標であるのに対して、その「命令」に従う受容者・ドナルドの超越的目標は、処罰を免れることなのである。この例のように、処罰を媒介にして、超越的

目標が担い手と受容者では異なる権威関係における権威が、処罰―権威である。この権威の性質は、命令に従う受容者の内在的目標（掃除）と超越的目標（処罰回避）とのつながりが、担い手の意思によって生み出されることにあるという。

一方、連帯―権威とは、**図3―3**のような構造をもつ。

受容者の行動→内在的目標……担い手の超越的目標＝受容者の超越的目標

図3―3　連帯－権威

　連帯―権威では、担い手と受容者の超越的目標が一致するという点で、処罰―権威とは違っている。この権威の例としてボヘンスキーが挙げているのは、難破船における船長と水夫の例である。この場合、両者の内在的目標は水を船外へと掻き出すことであり、超越的目標は船の難破を防ぎ止めることであって、担い手と受容者の目標は一致している。そしてこの権威が処罰―権威と本質的に違っている点は、内在的目標と超越的目標との間の連関が権威の担い手の意思によって生み出されたものではなく、担い手の意思とは全く独立に存在する点にあるというのである。この例としてさらに、フットボールの試合の勝敗とトレーナーが挙げられている。いいかえれば、権威受容の必然性を生み出すものが、第三者（的状況）（つまり、担い手―受容者という二者でなく、他の存在）か、あるいは権威の担い手自身によって、連帯―権威と処罰―権威に、義務的権威は分けることもできるのである。

　義務的権威と知識的権威という区分に話を戻すと、2つの権威の違いは、主題領域における命題のクラスと命令のクラスという点にあった。命題と命令の違いに伴い、命令が実践的・特定的目標を含み、その目標が担い手（側）によって設けられたものである、という点も両権威のテイストの違いになっていることにも、注意が必要である（Bochenski　[1977]　1章）。

　つまり、「何々は、これこれである（たとえば、"太陽は赤い"）」（命題＝知識的権威）でいう、何々・これこれのつながりとしての命題自体が担い手の

手によるとしても、「何々（太陽）」・「これこれ（赤い）」という知識自体は、担い手が設けたものではない。受容者が持ち出したものであり、知識そのものは、だれのものでもない。「何々（太陽）」・「これこれ（赤い）」は、担い手の専門的主題領域と関連したものには違いないとしても、担い手が設けたものではないのである。

これに対し、「掃除すべきである」（命令＝義務的権威）というとき、掃除が実践的目標であって、これなしには、権威受容はあり得ず、目標設定も担い手（側）によるものである。このように義務的権威は、実践性を帯びる特定の"目標"と結びつかないと成り立たない。目標設定に受容者側が割り込む余地はなく、それゆえに「義務的」であり、権威受容に際して、選択の自由はない。

それに対し、知識的権威の受け容れに関しては、「単に知ること」が「目標」とはいえ、その目標はあくまで受容者のものであり、権威受容に際し担い手（側）が設定したものではない。知識的権威では、受容者にとっての目標達成のために何らかの知識的権威を受容しなければならないとしても、ある特定の権威の受容を強要する状況は存在せず、その知識的布置状況（ある知識が社会の中で分布している状況）が独占的でない場合には、選択の自由が存在する。選択の自由の有無も、この２種の権威の違いである。

以上のボヘンスキーの権威論は、論理学からのアプローチという点で斬新である。では、前節で論述した、権威関係の背景、〈巻き込まれる〉・〈入り込む〉という２側面と、彼の「主題領域」に基づく権威区分を絡めると、どうなるだろうか。

選択の自由から考えると、〈巻き込まれる〉権威関係は「義務的権威」であることが多く、〈入り込む〉権威関係は「知識的権威」であることが多いだろう。これらは、権威関係の局面のちがいでもある（図３―４）。

また、彼の唱えた〈義務的権威＝「AはBをすべきである」・知識的権威＝「AはBである」〉という区分は、担い手の発する情報（主題領域）の性質、つまり担い手側に着眼した分類であるともいえる。これに対し、さきに示した帰属性・道具性という区分は、受容者による、権威関係継続動機に基づく

背景区分	巻き込まれる権威関係 (加入＝第2局面)	入り込む権威関係 (加入＝第2局面)
主題領域 区分	義務的権威（継続＝第3局面）	知識的権威（継続＝第3局面）

図3－4　権威の背景と主題領域

区別立てなのである（後掲の図3－5も参照）。

権威主題領域の誤用

　以上が主題領域の種類に基づく、権威区分（義務的権威・知識的権威）である。さらに主題領域に関していえば、範囲の限定性についての問題がある。たとえば、権威主義における上位の立場の人格の権威という場合の主題領域は、受け取り手にとってほとんど無限定的である。ちいさな子どもにとっての母の権威のように、全ての主題領域をカバーするような非常に大きな権威もしばしば存在する。このような帰属的色彩の濃い権威関係では、権威主題領域のスピルオーバーが生じやすいのに対し、道具的側面の強い権威関係は、比較的主題領域の限定が厳しいといえよう。

　もっともボヘンスキーによれば、主題領域包括的な権威というのは「例外的なケース」であり、通常権威はつねに1つの主題領域に限られている。数学の教師の権威は数学の主題領域に限られており、軍事ヒエラルヒーにおける大佐の権威は軍務の主題領域に、税務官吏は税務における権威者というように、どれもがある限られた主題領域における権威である。「このことは全く本質的に権威の概念に属しており、不明確な思考に陥らないためには、権威が常に1つの主題領域に限られていることに注意せねばならない」とボヘンスキーは力説する（Bochenski　［1974: 38=1977: 55］）。

　主題領域に関連して問題となるテーマとして重要なのは、権威の誤用という概念である。この誤用問題には、種類の異なる2つの下位概念がある。つまり、指図する根拠を帯びた権威をほんとうは有していない「受容者」にまで権威行使がおこなわれてしまうという「受容者範囲の誤用」と、「権威主題領域の誤用」という概念である。前者のケースとして、軍事組織上の位階

保持者にすぎない下士官が、自分の指揮下にある兵士ばかりでなく、民間人に対しても命令しようとする事例をボヘンスキーは挙げているが、ここで主に論考していきたいのは、権威主題領域誤用の問題である。この概念は、権威が担い手に帰属しない主題領域において権威の行使が企てられる問題であり、「実際は古文書学、エジプト史、物理学、あるいは月面地理学においてのみ有能であるのに、政治声明を公表し、したがってあたかも政治学の主題領域において権威を有しているらしく見せかける、学識ある教授たち」をボヘンスキーは「古典的事例」として挙げている（Bochenski ［1974: 38-41=1977: 55-9］）。論理学的観点から、彼はこれを受容者による「不法な一般化」と呼んでいる。化学の教師が化学という「1つの」主題領域における権威の担い手として、権威者であることが証明されているとき、その担い手は「すべて」の主題領域においてもまた権威を有していると彼の教え子が推論する場合にも「不法な一般化」が行われている。

　では、権威主題領域の誤用が起きやすいのは、どのような条件を満たす場合だろうか。主題領域誤用は、担い手側による「不法な一般化」、あるいは受容者の側の手による不法な一般化としての「偽りの権威の承認」によって生じる。受容者の手による権威主題領域の誤用の原因としてボヘンスキーが指摘するのは、「習慣」である。この「習慣」は、2つの要素から構成されている。たとえば、生徒が担任の先生について、長く生き、人生経験を数多く積んでいるはずだから、自分たちよりも多くを知っているはずだ、と推理するケースにみられる「暗黙の前提」という一種の信頼である。もう1つの要素は「慣れ」であり、担い手と受容者の間の接触経験の積み重ねにより生じがちであるとされる（ホマンズ（Homans）の〈刺激命題〉説もこの傾向の指摘と考えられる。3節1）の"第3局面：関係継続"を参照）。信頼感の醸造による暗黙前提の生成となれ合いは、それ自体まだ根拠づけられていない権威主題領域に関しての権威的な指示の承認を引き起こす傾向がある。はじめは1つの主題領域――たとえば化学や軍務――における権威が行使の対象になるだけであったのが、受容者がその権威者を権威ある存在として頻繁に承認し続ける経験を蓄積していく結果、権威行使対象の「別の主題領域への移行」が、

受容者側において易々と、あるいは自然に生じがちだといった傾向である。

この暗黙の前提と慣れをもたらす「習慣」については、これまでにもよく知られた概念が提出されてきた。たとえば、受容者が全く何も考えることが無くなって自動的に反応するようになるという、フロムの自動人形化問題であり、バーガーらのいう「思考の習慣化」概念である。これら周知の概念は、権威主題領域の過度の一般化という問題にもつながっている。習慣がもたらす社会問題についてより具体的に、権威主題領域という視点から論じるとき、主題領域誤用の危険が指摘できるのである。

ボヘンスキーの権威主題領域論にも問題点がないわけではない。権威主題領域に関する注意点を含むため、この問題点についてここで取り上げておきたい。

彼は、権威の誤用についての身近な例として、カフェ学問論を持ち出している。具体的には、その学問主題領域では全く無知であるにもかかわらず、あたかも何かあることを知っているかのように門外漢たちに語られがちな不幸な学問として、「経済学、社会学、哲学、神学、軍事学」があり、「カフェー経済学」、「カフェー戦術論」等として好んで論じられることをボヘンスキーは嘆いている。おそらく、これらの学問対象が、専門外の人々にとっても関心が高い問題を含んでいるためであろう。ここまでは、彼の指摘におおむね同意できよう。だが、この慨嘆に関連してなされた、学識者による専門外領域への発言に関するボヘンスキーの戒めに、留意すべき問題はある。

つまり、一層深刻な問題として彼が戒めているのが、学識者による自身の専門主題領域外に対しての発言である。ボヘンスキーが挙げているのは、ある労働者にベトナム戦争について「啓蒙」しようとしている化学の教授のケースであり、化学に関しては「基礎づけられた権威」を有しているが、ベトナム戦争については、高い知性の持ち主で博識があるはずゆえに労働者自身よりも多くを知っているはずだといった、類推に基づく「基礎づけられていない権威」しか有さないと指摘して、「誤用の好ましからざる事例」という価値判断を呈示している（Bochenski [1974: 41=1977: 59]）。

しかしながら、この判断に対しては疑問の余地がある。ボヘンスキーの想

定する学問主題領域の専門性には、2つの概念、つまり「説明対象主題領域」と「被説明対象主題領域」が混在してしてしまっており、彼はこの2つとも「専門学問主題領域」および「当該学問が通常テーマ化している研究対象」内に留まる発言を学識者に要請しているように思われるが、この要請は不適切である（〈説明・被説明〉に関しては、本書 結びを参照）。化学の教授が、いわば政治家教授であるかのように学生を焚きつけたり扇動したりするのは、ヴェーバー流の職業倫理としてのみならず、権威主題領域の誤用という意味でも望ましくない。

　だが、化学の教授が化学的知識の観点から、枯れ葉剤使用の人体への影響などという形で化学的知識「で」ベトナム戦争について説明するのであれば、説明内容の当否はともかくとして、権威主題領域の誤用とはいえず、不適切であるとは言い切れないと思われる。説明概念が専門主題領域内に含まれるのであれば、その専門の研究者が説明する対象は原則として自由であり、主題領域という範囲でくくることはできないであろう。

科学と権威

　「主題領域」について考えるとき、はたして権威が行使されやすい主題領域というのは、存在するだろうか。この問題について考える際、まず最初に検討されるべき資料は、さきに触れた組織論の分野で古典と目されるバーナードの著述にさえ参照していることが誇らしげに明記されている『社会科学百科事典』におけるミヘルスの古典的権威定義論であろう。彼によれば、「宗教的・科学的権威」という表現によって権威定義論が展開されており、これらこそ権威が行使され、関係が形成されやすい主題領域の代表として、まず検討に値するであろう（Michels[1937: 320]）。

　彼もまた権威が社会関係であるという考え方を前提にした権威関係（authority relation）という語を用いており、宗教や科学の主題領域では権威関係が成立しやすいと論じているが、「こうした主題領域で権威関係が生じやすいのはなぜか」と問いかけることは、権威関係の議論を深めるのに有益であると思われる。この問題に対しごく概略的に付言すると、宗教や科学が未

知の事象に対する処方箋を発する役割を演じる必要があるためである、ということがまずはいえよう。権威主題領域に求められるのは「神秘性」であり、中世から前近代に至るまでは主として宗教が、近代以降は医学をはじめとする科学が、一般社会の人々の「人知の及びにくい」神秘的主題領域として、世俗的社会から寄せられるさまざまな悩みや疑問にこたえ、未知なる世界に世界観や見方・説明を呈示することで不安を解消するといった役割を果たしてきたわけである。

　さらに科学についていえば、そこでは是非はともかくとして既存の理論を前提とする必要があるからであろう。「人間によってその活動に付与される意味という点からみると、習慣化はそれぞれの状況を新しく、その度ごとに定義しなおすという苦労からわれわれを解放してくれる」とバーガーらがいうように、分業を可能にし、より高度な研究を行うためにはルーティーンが必要なのであり（Berger and Luckmann[1967: 53]）、そしてこうしたルーティーンを可能にするのが、自発的遵守やそれに先立つ私的判断の放棄を呼び起こす権威的社会関係なのである。したがって、積み上げ式の科学はその前提として、既存の理論的蓄積を前提としないことには、新たなデータの蓄積すらもできないことになる（その現代的問題点については、6章を参照）。

　以上のように科学的営為は、内容的にみても判断の停止を部分的にせよ要請する。認識様式や価値尺度といった「形式」面でも同様である。"新しすぎる"説は受け容れられるための価値尺度自体が存在しないゆえに、ある程度既存の研究者たちの認識枠組みを踏まえた業績でないと真価は理解されない（Kuhn[1962]）。

　既存の約束事というお決まりの概念や理論を踏まえるという「判断停止」を共有しないことには、科学者というコミュニティには参加しえないということであり、逆にその科学や学問を専攻する研究者の多くが判断停止対象（概念・理論的知識）を共有することで、その科学や学問ならではの他学問とは違うという存在理由やそこへの帰属意識が生まれてくる。そこで、学問特有の論点や焦点を「共有」する凝集性が衰えるという傾向は学問の活性化にとってマイナスに働く、という見方もできよう。

たとえば、社会学における共通のパラダイム設定を目指す立場から、古典（the classics）を再構成しようとしているアレグザンダーは、社会科学における古典の中心性について、①参照点としての理論的議論の容易化、②論争のため一般化されているお約束（generalized commitments）の呈示、③研究を始める際の基点の形成、④古典を持ち出すことによる論文やる新興の学派そのものの正統化、という4つの機能上の利点を指摘している（Alexander [1987: 27-8]）。このアレグザンダーの④は科学的権威というミヘルスの指摘[11]と符合するものであるが、こうした機能は、科学的権威の再生産を旨とする性質について示唆している[12]。

「権威の主題領域としての科学」という問題について考察するとき、権威の行使が頻繁に行われやすいのが科学という世界なのかという問題（科学という分野特有の権威問題）、および一般の人々に対し権威の行使が頻繁に行われるのが科学という主題領域であるのかという問題（科学を用いた権威行使問題）は、区分して検討すべき事柄であろう。ただし厳密にいえば、前者は本書で用いている権威「主題領域」の問題ではなく、組織論的・職業社会学（専門職（profession））的問題である。だが、権威と科学についての先行研究でこの区分が峻別されているとはいえないこともあり、科学的主題領域に対し権威を行使する源泉がいかにして生み出されているかという関連から科学的知識産出の世界についても言及しておくことにしたい。

科学の社会学で知られるマートンがリーダシップと権威の関連で言及しているのがウォルパートの「権威の社会学へ向けて」であるが、彼も科学という権威主題領域について論考を行っている[13]。そこで主として論じられているのは、後者の問題、つまり科学を用いた権威行使にまつわるテーマなのである。ウォルパートの主張によれば、科学者は権威のデモクラティックな存在が可能であるという主張を支持することが必要であり、デモクラシーを育む立場に味方をすることこそ科学者の任務なのであるという。社会科学的諸研究がデモクラティックな社会秩序に合理的な存在根拠を与えるとき、科学はプラスの機能を社会に対して果たしているというのである（Worpert [1950: 699]）。さらに、「科学的活動の新聞雑誌的大衆化」がもたらしているユート

ピア的な結論を引き出し誤った希望を助長する科学的言明がなされる問題の原因は、科学的方法論上の厳密さに対する人々の熟知が欠けた状態でそれが行われてしまっているところにある（Worpert[1950: 697]）。つまり、科学的方法を成り立たせている諸条件やその方法論の手続きが随伴している限界・制約について、「大衆化」ではそれをしばしば無視する（単純化する）傾向があり、そうしたいわば「野蛮なる大衆」による結果至上主義にこそ、「誤った希望」が生まれる危険の源泉があるというのである。

ウォルパートは直接言及していないが、このような大衆の野蛮性について問題提起したオルテガの議論には、科学が何故権威の主題領域としてもてはやされているのかという問題を考えるための手掛かりが存しているように思われる。

　「彼らの最大の関心事は自分の安楽な生活でありながら、その実、その安楽な生活の根拠には連帯責任を感じていないのである。彼らは、文明の利点の中に、非常な努力と細心の注意をもってして初めて維持しうる奇跡的な発明と構築とを見てとらないのだから、自分たちの役割は、それらを、あたかも生得的な権利ででもあるかのごとく、断固として要求することにのみあると信じるのである」（Ortega[1930=1995: 82]）。

「非常な努力と細心の注意」を見てとらず結果的利点のみを一足飛びに得ようとする傾向とは、思考判断の省略の一種とも考えられるが、今日のような情報化社会における過密スケジュールのもとで生きざるを得ない人々にとって、ますます問題視されるべき論題なのである。手続きを顧みない帰結としての「誤った希望」に気づかない（気づくことが出来ない）危険に対し警鐘を鳴らすことには、一定の意義が存するであろう。権威の主題領域としての科学という論点は、こうした問題を提起しつづけているように思われる。

一方、科学という分野（field）特有の権威問題については、ステファン・フックス がコリンズ（Collins）の闘争理論的見地を科学的知識産出へ応用した、示唆に富む論考を行っている（Fuchs [1992: 177-92]）。医学など成熟した科学的分野は、学会や協会団体のコントロールのレベルが高く、高度に専門化され、自己言及的である諸組織によってコントロールされている。これに

対して、文学などの未成熟な科学分野は、十分な専門的コントロール構造を欠いており、内部統合がされていない。

「加入制限の程度」と「社会関係の濃密さ・学会団体、協会の統制の程度」に基づくこのような科学の分類別の傾向についてフックスは示した上で、科学的分野における諸組織の布置状況分析の重要性を強調し、「科学的知識が帯びている権威の信憑性は、つきつめてみれば、それを産出した諸組織の強さに基づいている」と主張する。一口に科学といっても、対象分野ごとの諸組織の力関係の在り方によって、科学的知識の権威的力の大小を規定し、成熟し組織的な科学の方が未成熟の科学より、科学的所産として実社会に対してもたらす知識が発揮する権威の力が大きいというのである。

権威だけが「主題領域」限定的

では、他の社会的勢力概念と対比したとき、何故権威だけが「主題領域」限定的なのだろうか。つまり、権力や威信を論じる際にはそれらの主題領域が論題化されることがあまり無いのに対して、ボヘンスキーも論じているように権威において「主題領域」とはその根幹に関わる構成要素とされるが、その理由はどこにあるのだろうか。彼ははっきり述べていないが、彼の解は、「権威源泉の価値優越性」（7章参照）というときの、「価値」の限定的性質といったところにあると思われる（時代・地理・人の多様さを超越している"価値"という存在は考えにくい）。

本書の見方によれば、その解は権威（authority）という発想が「個人」・「人格」といった観念からの敷衍であるアウクトリタスという語に由来するところにあるように思われる。"authority"という考え方は、人格、後見、創始という3つの部分的観念から発生したとされるが（1章2節）、とりわけ「個人」や「人格」という要素にこそ、示差的な意義が存するのである（この意義については、4章で論じることにしたい）。人間個人特有の学識や経験は、地位・ポストのように容易には代替可能でなく、その人ならでは得意分野が個性として存在せざるをえない。このような意味において、主題領域と不可分にのみ存在せざるを得ない"authority"・権威という考え方は、すぐれて人間的

な色彩を併せ持っているといえるだろう。

と同時に、主題領域は担い手という「個人」の問題に属するのであり、権威の担い手側がもっている、広義の"情報"の性質の問題だということである。その性質が知識的であれ、義務的であれ、あるいは古文書学、エジプト史、物理学であっても、担い手側に帰属する問題であり、受容者側は関与していない。この意味で、主題領域による権威区分とは、担い手側に着目した区分である。

なおこれに関連していえば、関係の性質による権威区分は、"受容者の権威との関わり方"に属する問題であるといえよう。たとえば権威主義者についてみると、この人物は、上に媚び、下に厳しい性格の持ち主として解されるが、同時に「何か」の権威の（担い手ではなく）「受容者」でもあるはずである。彼（彼女）は、自らの幼少期の家族関係イメージを引きずる、情動的な帰属的権威関係の受容者であることが多い（父親の存在など。セネット[1980]、曽良中[1983]参照）。このように、帰属的・道具的という権威区分は、受容者側に着目した区分である。

以上のように「主題領域」という発想は、権威という考え方に特有の観念である。そのために、この観念に注目することでみえてくる諸問題、いわば

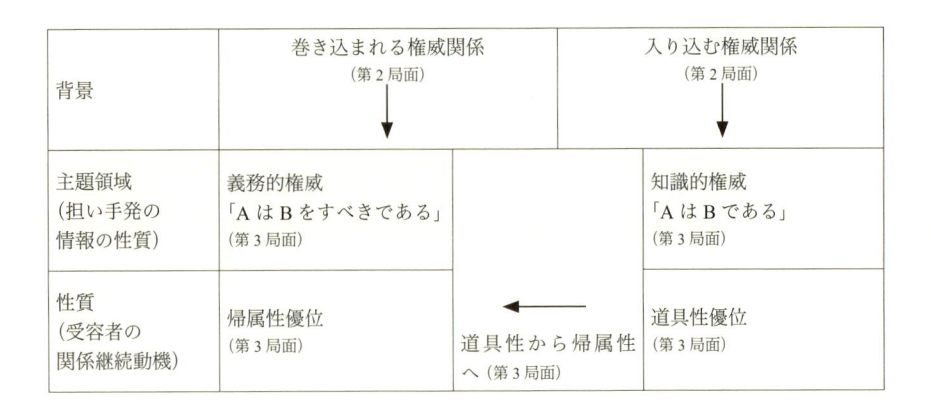

背景	巻き込まれる権威関係 （第2局面）↓		入り込む権威関係 （第2局面）↓
主題領域 （担い手発の 情報の性質）	義務的権威 「AはBをすべきである」 （第3局面）		知識的権威 「AはBである」 （第3局面）
性質 （受容者の 関係継続動機）	帰属性優位 （第3局面）	← 道具性から帰属性 へ（第3局面）	道具性優位 （第3局面）

図3—5　背景、主題領域と性質

主題領域概念への着目がもたらす「メリット」についてここでは論考してきた。最後に、担い手側・受容者側という着眼点と絡めて、背景と主題領域、権威関係の性質について整理した上で（**図3—5**）、次節では局面配列をめぐる権威の論点について取り組んでいくことにしたい。図3—5として整理した〈権威関係の焦点〉のなかでもとくに、"生まれ"ながらの理不尽さとしての「巻き込まれる」側面、「帰属性」の感情的性質、「主題領域」という発想が帯びる"人"というニュアンスは、オーソリティ観念の〈高齢・個人（人格）〉要素という権威現象の"感情・人格的"特性をよく反映し、その曖昧さをコンパクトにまとめた概念上のポイントであるように思われる。

第3節　局面配列と権威関係—曖昧な権威を客観的知識として記録する試み—

1）時間的な経過プロセスとしての局面配列という観点から捉える権威という曖昧な現象
過程としての権威を構成する四局面

　以上のように背景、性質、主題領域の順に論考してきたが、これらを踏まえ、形成局面からの経過とともに変化する、権威の変動過程に力点を置き、考えていくことにしたい。この問題に関して本書では、権威を社会関係として理解することを提唱した。この関係のダイナミズムの四局面に焦点を当て整理を行っていくことで、権威の理論化へ向けた第一歩、あらゆる権威の今ある姿の来し方と行く末を捉えることが可能となる鳥瞰図＝ガイドラインの提示を本書では当座の目標としたい。いいかえれば、四局面配列とは、曖昧な権威という現象を、「客観的知識」として記録し、この知識にアクセスする人すべてと（その当否はともかく）ビジョンを共有する試みなのである。

　この権威一般に該当化可能な見取り図は、すでにふれたように関係を時間の経過と関連させて、第1局面：権威源泉の創造＝関係の形成、第2局面：権威関係への加入、第3局面：関係の継続、第4局面：関係からの離脱・権威の消滅の4つの局面から成る。あらゆる権威が必ずたどるこの四局面に着目しておくことこそ、権威関係の概念図式を形成し、ダイナミックな権威理解（権威過程論）を呈示するための手がかりという意味で有用なのである。

四局面配列	権威源泉の発生 (第1局面)	加入 (第2局面)	継続 (第3局面)	消滅 (第4局面)
主な出来事	先行的存在・先行する権威に対する接続（自然物に対する朝廷；朝廷に対する幕府など） 権威源泉としての時間権威・空間権威	関係の背景（巻き込まれる／入り込む） 加入審査・相互審査	役割転換（継続の強制としての異端者排除と潜在的なおどし） 権威結合の性質（道具的／帰属的） 判断停止（放棄）と自発的遵守	相互監視・しめつけ（結束）のゆるみ→カオスへ （役割転換の遅滞）

図3—6　権威過程の四局面

　ここで各局面とその流れについてイメージしてもらうため、序で示した権威に対するビジョンとしての四局面過程の図を再掲しておきたい（**図3—6**）。

　これらの局面それぞれと、これまで触れてきた関係の背景、性質、主題領域をめぐる担い手／受容者役割との関連の整理を通じて、権威を時間的局面配列より構成されたものとして考える見取り図を示し、各局面と関連している権威の諸論点について指摘、検討していく[14]。なお「関係継続」（第3）局面については、自発的受容継続と私的判断放棄に関する論考（6章、7章）も参照いただきたい。というのも、この2つの章のテーマ自体、権威継続の仕組みの解明にあるからである。

　また、本書のメインテーマが第3局面の解明にあることとも関連して、「権威消滅・関係離脱」局面について、本書では主たる検討対象とすることが出来なかった。本章で論じるように、権威に対する崇敬を払拭する方法として、公衆便所化が行われたという例の紹介、そして7章で論じるような、権威の継続力の裏返しとなる、相互監視状態の弛緩の条件についての言及にとどめざるをえない。

　以上のように、本章ではあくまでガイドラインの提案という域を出ないが、最初の局面に関連する権威源泉とその発生の問題については、2)で立ち入った論考を行っていくことにしたい（図3—6）。

各局面と関連するポイント

第1局面：権威源泉創造・関係形成（権威の"発生"[15]）

　この局面でまず確認したいのは、権威関係の形成のために、権威源泉の創造がなされるということである。権威とは、人間相手の一種の力であるため、自然物それ自体が力を発揮しているということではない。たしかに、霊峰や峰の上の石といった自然の存在は、神聖であるとして信仰の対象とされていることも多い。だが、自然物対一個人という場合は、権威関係とはいえない。あくまで人が人に対し、力を及ぼすという社会関係に議論をしぼりたい。

　この社会関係という前提について確認した上で、まず権威源泉とは何かという問題についてみていくことにしたい。ミヘルスによれば伝統、その中でも特に善悪に関する倫理的基盤と適合的な価値が源泉として権威化される（Michels[1937: 320-1] さらに Friedrich [1972] も参照）。だが残念ながら、権威化の具体的手順に関し、彼は手掛かりになりそうなことについて、何も語っていない。

　ミヘルスに代表される政治と並んで多くの権威研究を有する組織・経営論の分野の業績に着目すると、受け取る人間の側の権威受容の動機を「源泉」と考えるバーナードの受容説、企業内権威体系の源泉を遡及的に突き詰め、それを社会の私有財産制度とその根拠としての法律に見いだしたクーンツとオドンネルの公式権限説、さらに、権威源泉が人間の本性（欲求（ニーズ（needs）））に由来するものとし、バーナードは個人的側面に即して考えているのに対し、クーンツとオドンネルは制度的側面からみている点の相違にすぎないという見方もある（Koontz and O'Donnell [1955]；二村 [1964]；羽田 [1983]）。

　このようにみてくると、権威源泉「について」論じるとき、権威受容の動機を指すのか（手段―目的という人間の主観を重視する目的論的説明）、あるいは権威受容の原因について探求したものなのか（原因―結果というある種の構造を重視する因果論的説明）という留保が必要になってくるように思われる。

　たとえばフリードリッヒの権威論についてこの観点からみると、問題を含んでいることがわかる。権威源泉そのものの存在理由の説明能力と、その権

威が通知する個々の情報の存在理由の説得能力とを、フリードリッヒは混同してしまっているとみることができ、逆に言えば、この混同が、権威源泉を探る手掛かりともなるように思われるのである。

そもそも、権威の担い手による指示や説明、その受容と、権威源泉そのものの成立や受容とは、いわば別次元の問題であり（小川 [1988: 279]）、権威源泉そのものはそうした個々の指示に対する説明の以前に存在しているはずである。フリードリッヒの権威論についてみると、彼はこの点についてつぎのように述べている。

「これらの熟練した専門家の事例では、権威は、権威を行使する個人が持っている優越的な知識や洞察力または経験という事実に由来している様に思われる。権威とはつぎのような既知の事実に基づいている。つまり、権威は、言おうと決めたり、行おうとしたりする事に対する広範な理由づけを権威者が行うことができる彼の能力が伴っているという事実である。これらの理由は、そうした理由づけが本当に信頼できるということを決定的には論証できないかもしれない。それどころか、厳密な意味では今述べたような実証不可能な主題領域でのみ、権威は存在するのである。ユークリット幾何学の諸命題には証拠となる権威は必要ない。つまり、それらはそれ自身が証拠となって証明されることになるのである」(Friedrich[1972: 51])。

このように彼の権威理解では、個々の通知レベルにおける合理的に理由づけを行う能力が権威であるとされている。いいかえれば彼は、権威受容の動機について論じているのである。だが、理由付けを行う能力を権威の行使、あるいは権威受容と直結させているフリードリッヒ流の権威観は、いささか浅薄すぎるといわねばならない。権威受容について論じるならば、その「背景」および「関係の性質」を含むトータルな構造とそこに至った歴史的過程についても踏まえるべきである。こうした他の諸要因をも勘案するならば、権威源泉とは「権威の受容理由」という抽象的で複合的内容と直結させるべきではない。

むしろ源泉とは、権威受容を促す現実社会に実在する対象（物）、あるい

は実在物を元に構築されたイメージやフィクションとした方が、権威現象の明晰化という目的にとって好適である（第7章の"受容継続の強制"に関する論考も参照）。理由付けを行う能力が権威であると主張するならば、このような能力の「由来」、そうした権威の受容を促す「何か」に関する「よりしろ」としての実体／観念的に対応する存在（源泉（source））についてまで問うべきであろう。

　本書では権威受容の動機を考慮しつつも「権威源泉」というとき、さきの問いでいう後者(権威受容の原因の探求)を指す。権威源泉を権威受容の「原因」を促す存在とみなすのであり、権威受容の動機はとりあえず権威関係の性質（道具性・帰属性）の脈絡でのみ付言するにとどめ、心理的動機にまでは深入りしない。さらにこうした、イメージの共有周知にもとづく客観的知識化をも含むいわば権威源泉客観実在説を踏まえた上で、交換論の業績に基づき「地位差の出現」に権威源泉の発生原因を求めるとき、後述するように、モースの贈与論にその典型例を見いだすことができるといえる（Mauss [1923-5]）。権威受容動機という人間の主観に還元しないという意味で「構造的」な特徴、源泉が生み出される際、権威ならではの特徴については、この後考察することになるだろう。

　権威源泉に関してしばしば問題となるのは、源泉がシステムに由来するか、あるいは個人に内在する資質に対する信頼感にあるのか、という2つの考え方の存在である（Michels [1937]）。たとえば、バーナードによれば、権威、特に組織内部における権威は個人の占める組織システム上の地位に対する信頼感に根ざすものと、その個人に内在する資質に対する信頼感に根ざすものに分けることができるという。前者は職位の権威と呼ばれ、システムに権威の源泉がおかれている。他方、後者はリーダーシップの権威と呼ばれ、個人の人格に権威の源泉がおかれているのである（Barnard [1938]）。システム源泉と個人源泉の区別立てが行われており、概念上区別した方がよいと思われる文脈においても混然と使用されることが多い権威概念の多義性が指摘され、その腑分けが試行されているという意味で、バーナードの議論は注目に値する（彼の位置づけについては、7章の注26・30・31を参照）。

オーソリティの語源的にみれば人格に軍配が上がるものの、今の時代において社会学的説明を目指すならば、現代社会の人間集団の大半はシステムに源泉がある、というのが本書の立場である（語源発案の古代社会では、大規模な"法人（a body of corporate）"的組織が十分発達していなかったことも、その一因にある。現代でも、第一次集団（対面可能な集団）では、システム源泉とばかりは言い切れない）。

ただし本書でシステムというとき、大きく2つのケースにわけて捉えることとなる。組織・経営論の多くが対象としているような、「組織」とは多くの場合、ある一時点における組織が想定されている。このいわば「無時間的システム」は、空間的な「複雑さ」と整合性・悉皆性が権威源泉とされているはずである（営業網の網羅性や就労規則の無矛盾性、会社内位階秩序の広がりなど）。それに対し、時間的システム（系譜系統性）の権威源泉性を本書では提唱しておきたい（詳しくは次項で論じたい）。この2つのいずれにおいても、一個人としての人間（あるいは新興職業集団など、新たな"権威発生"を目指す存在）には直接アクセス不可能な「諸存在」をたぐり寄せ、「接続すること」により広い意味での「粉飾（（実体以上にみせるため）身なりを飾ること）」を指向しているところに、権威源泉化の特質としての「接続」という契機が指摘できると思われるのである（接続についても、詳しくは次項で論じる）。

さらに源泉にまつわる着眼点について、論点の可能性について羅列的に列挙しておくことにしたい。1) 源泉の時間史的考察、どのようなプロセスを経て源泉は権威として社会一般に認知されるにいたったのか。2) 源泉の（担い手／受容者の関係加入時点という意味で）現時点での、社会一般的コンテキストでの妥当性の是非、裏返していえば、現時点と源泉の権威化時点（過去）とは時間的に隔たりがあり、その間にも社会一般は変動しているということ。3) 源泉と担い手とのつながりの妥当性の程度。ここではこれら論点の指摘にとどめ、その解明は今後の課題としたい。

以上の権威源泉の問題に対して、「関係形成」とはあらたな権威関係を、その時点で「すでに存在している権威源泉」に基づいて、構築することを意味している。裏返していえば、受容者を募り、その上担い手がいて、初めて

「権威源泉」は「源泉」と考えられるようになる。その意味で、「関係形成」は、「源泉形成」とほぼ等しいものと思われる。

　では、新たな権威関係を形成しようというとき、権威源泉を「創造」するのは一体誰なのだろうか。主として政治的権威の先行研究によれば、担い手側からの働きかけによってそれが行われる場合と、受容者たちの側の何らかの理由によって行われる場合があるというように、源泉形成には2つの考え方がある。「受容者側からの権威源泉の形成」は、「協約に基づく権威」という形で大きな権威論の流れがあり、「担い手側による権威（源泉）の形成」については学説的には「信条権威」という発想に属すると考えられる（1章3節（近代政治思想）、および5章を参照）。後者について、ここで具体的に歴史的事例について挙げ、イメージを喚起しておきたいが、詳しくは4）権威源泉発生の問題で考えることにしたい（図3－9・3－10参照）。この事例について簡単に先取りすると、後発である「相撲という職業」そのものを日本社会の中で高め上げることに尽力した、行司家一門の集団（後発的権威の担い手側）が行った、先行権威（律令や朝廷行事）への接続努力による新たな権威源泉の創造という営為である。

　この権威形成の働きかけを、さきに論じた権威関係の性質二側面と考え合わせると、権威関係を形成するという事態に際しても、担い手側からにせよ受容者たちの側からにせよ、帰属的つながりを主として追求する場合（たとえば、幕末から明治期の宗教でみられる、急激な社会変動に対する不安を背景に、"ぬくもり"を求めた人々による、宗教教団形成活動の活発化など）と、道具的合理的理由から形成する場合があるように思われる。闘争を抑止する理由から政府を樹立したとされる社会契約思想における人民は、受容者側の道具的理由により権威関係の形成を行った、というようにも考えられるだろう（第1局面における、先行的存在に対する"接続"による権威の"発生"については、2）以下で考えていくことにしたい）。

第2局面：関係加入

　おもに関係加入が受容者の意思と関わりなく、あらかじめ決まっているも

のを「巻き込まれる権威関係」、おもに加入者自らの意思によって加入を選び取るものを「入り込む権威関係」として本書では概念化しておく点についてはすでに触れた。

入り込む権威関係においては、担い手／受容者それぞれにおいて、権威関係に加入する際、帰属性を追求する側面と道具性を追求する側面があると考えられる。他方、巻き込まれる権威関係では、関係への加入は、担い手側と受容者側どちらの場合おいても問題化されないことが多いだろう。それは、関係当事者（権威関係の構成員である担い手、あるいは受容者）が、関係に巻き込まれることを、第三者（権威関係構成員以外の人（たち））からの期待や、場合によってはサンクション（賞罰）が強制しているからである[16]。

日常生活において、時間的あるいは判断要件の専門性の高さからくる思考判断の節約の必要上、受容者の都合で権威関係に加入する場合がある。こうしたかなり目的明確な権威関係加入は、道具的側面にウエイトをおいた入り込む権威関係への加入と位置づけられる。

すでに「巻き込まれる」／「入り込む」という権威関係の背景は第2局面（関係加入）の形式に識別の手がかりを求めた概念ということを示し、同時につぎの継続局面での関係結合の性質に対する影響を指摘した。この背景は、関係加入以降後続する時間ばかりでなく、それに先行する時間（時代）や空間（地域文化や治安、政治的安定性や経済力等の社会状況）にも大いに関わっている。第2局面という特定の権威関係が経験する一時点の中で問題が完結するというものではないのである。権威関係の加入の際に「巻き込まれ」ているのか「入り込む」のかは、加入者（担い手あるいは受容者）によって加入時に決めることのできる問題ではなく、関係のおかれたこのような諸々の「時間・空間」状況によって、加入局面に先行し、加入行為とは独立した条件によって決定されている。

したがって本書では、加入の際に問題化される「巻き込まれる」／「入り込む」という論点を通じて、権威それ自体の時間の流れとはまた別の、制度を含む社会空間的な広がりと歴史時間的な広がりをも射程に入れたい。竹の管を通して複雑な権威現象を取り巻く布置状況を、視座を落ち着けてみるい

わば「管見」するための拠り所として、関係背景という概念を想定したが、ここではガイドラインの提案にとどめよう。

なお、受容者の"加入"とは、裏返せば権威の拡大局面にほかならない。新宗教には必ず、社会的追い風を背景にした"拡大期"が存在する（島田[2007]）。天皇制やルイ・ヴィトンその他、あらゆる権威的現象にも必ず、"拡大期"があったはずである。受容者側の関係加入を逆にみれば、権威の担い手側の「集客」である。本書は"継続"（局面）について論じることをメインテーマとするため詳述しないが、"加入"＝第２局面とは「権威の拡大期」と捉えておいていただきたい。

相対視を旨とする〈権威の社会現象学〉的にいえば、"その権威は、いつ、どこで、誰を相手に、何を源泉（正統性根拠）として拡大した（成り上がった）のか"、「受容者の関係加入」シーンもイメージとして絡めつつ、問うことも提案しておきたい（1・2章で論じた、語源に対する"用例"＝社会への定着プロセスが、"権威の拡大期"（受容者視点でいう"第２局面"（関係加入））に当たる）。

第３局面：関係継続

権威継続については、本書全体のテーマであるため、ここでは「着眼点」の明確化のみ、行っていくことにしたい。

さきにふれたように、入り込む権威関係においては、関係継続局面でも、担い手／受容者それぞれにおいて帰属性を追求する側面と道具性を追求する側面（継続の正当さの吟味）が存在する。それに対し、巻き込まれる権威関係では担い手には指示を出すという義務が、受容者には受容が強制されている。こうした強制は、第三者の期待・サンクションによって担保されていると同時に、幼少期の教育により内面化されている道徳や人倫といった規範にも由来するだろう[17]。

源泉の担い手による受容者に対する特定の主題領域における権威行使の特徴も、継続を促すこの局面で論題とされるべきテーマである。そのため、担い手による権威行使について、概念上、権力の保持者による行使とのちがいをはっきりさせておきたい。というのも、権力と比べた権威の行使のされ方

に、「権威現象の永さ」を解く鍵があるためである。

たとえば、交換理論の提唱者として著名なホマンズは、『社会行動』の改訂版の中で権力（power）と権威（authority）の違いについてつぎのように述べている。

「私たちの使う権威は権力とどう異なるのであろうか。権力の場合、ある人自身が相手のペイオフを変える行為をとることができるから、彼には他者の行動を変える能力がある。確かに、彼には直接他者の行動を変えることができないが、ただ第三者がまた彼の命令に服従するという理由でそうすることができるかもしれない。例えば、皇帝が臣民に対する権力を持つのは、彼が臣民自体を鞭打つことができるからではなく、彼のそうせよという命令に彼の親衛隊が服従するからである。しかし、やはり重要なのは彼の言葉である。これらの事例では、統制の過程は二人の間の交換に内在（internal to the exchange）している。権威の場合には、統制の過程は交換に外在（external to the exchange）している。…私たちの定義によれば、そのひとが獲得したのはやはり権威であって、権力でない。なぜならそのひと自身はその報酬を与えることができないからである」（Homans[1974: 89-92=1978: 127-130]）。

権力的統制が交換に内在しているというのは、直接「相手」に「報酬」を与えることができることから、「ある人」は「相手」のペイオフ（決着）を二者の交換の範囲内で変えることができることを意味している。権威の場合、「ある人」が「相手」のペイオフ（決着）を変える「統制の過程」をとることができるというとき、その人自身の言葉の内容自体、つまり「ある人」と「相手」との間の交換内容が「相手」の態度（決着）を変化させるのに重要なのではない[18]。権威にとって重要なのは、「交換に外在」する存在「（物理的・社会的な）外的環境」「相手（従者）の義務感や理念」で、そこに統制の過程（相手（従者）の態度変容を引き起こすプロセス）が存するというのである。他概念にも増して権威にとって、受容者が権威に従う「背景（巻き込まれる／入り込む）」が大きな意味を持つことは、ホマンズの権威論からもわかるだろう。目に見えない緩やかな圧力で、あたかも真綿で締めつけるように、「自

発的」遵守を"促す"[19]のが権威であり、本書ではこの過程をできるだけ視覚化するため、先行研究の中にあるヒントを紡ぎ合わせようとしているのである。1つひとつはつまらない指摘かもしれないが、本書で注意を喚起する引用や区分をつなぎ合わせ、全体的な「像」をイメージしていただければ幸いである。ふたたびホマンズの権威の特徴についての権力との対比に、目を向けていこう。

　「それから、私たちは権力と権威とを区別した。前者では、統制はその交換に内在しており、そこでは、権力のある人自身が他の当事者あるいは諸当事者の結果を統制している。後者では、統制はその交換に外在的であり、そこでは、権威ある人自身は他者の結果を統制することができない。しかし、その他者が何らかの理由で、実際、権威ある人の助言や示唆や命令に従い、結果として、彼の行為が（物理的あるいは社会的な）外的環境によって、あるいは彼の義務や理念にふさわしい行為であることによって、報酬が得られることが判ると、彼はおそらく刺激命題によってその後の機会においてもこの人から来る助言などに従うようになるだろう。こうして獲得された能力、すなわち他者が従う助言や示唆や命令を与える能力は私たちが権威によって意味していることである」（Homans[1974: 93=1978: 133]）。

権威過程という観点からみるとき、ホマンズによる権力と権威の区別の仕方は、先行研究にある数多くの区別立ての中でも最も優れた業績の1つであると評価してよいのではないだろうか[20]。この権威の「統制の交換外在性」は、権威源泉が帯びる価値優越性を既存権威など外部への「接続」へと求めざるを得ないという「権威源泉の発生」のダイナミズムについても示唆していると考えることもできるからである。

以上で示したホマンズの知見を踏まえるならば、行使（統制）のあり方に焦点をおいていえば、権威とは、担い手―受容者関係において、受容者判断に対する担い手の果たす役割が第三者的なものである。例えば、生徒の及第と教師の果たす役割が権威関係か、あるいは権力関係かという概念上の識別の手がかりはつぎのようになる。すなわち、及第／落第が教師の意思次第で

あり、教師が生徒にとって直接の利害当事者である場合、そうした関係は、概念上、権力関係と考えられる。他方、それが生徒―教師関係にとって外在的な規則によって行われ、教師の役割が第三者的アドバイザーとして遂行される場合、いいかえれば、受容者に対する担い手の働き（行使（統制）のあり方）が、利害当事者としてではなく、第三者として作用する限りにおいて、それは権威関係ということになるだろう。巻き込まれる権威関係に関連していえば、指示の受容圧力が、担い手側（の意思）によってというよりも、第三者によってより大きくかけられている点に、権威（関係）としての特徴があると考えることができる。

ではこうした権威的社会関係は、いかにして永いこと継続され、場合によっては世代を越えて継受され続けていくのだろうか。社会現象としての「永さ」そのものに権威の特徴があるわけだが、ホマンズが明示した「統制の交換外在性」は、担い手が受容者から直接価値を搾取しないこと、権威の源泉を関係外に求めることをも、示唆しているように思われる（3節2）"権威源泉とその発生"も参照）。同時に担い手が受容者から恨まれない（ルサンチマンを抱かれない）ということは、敬意を抱かれる可能性さえも暗示していると考えられないだろうか。敬意の抱かれ方、抱き方自体も、親から子へと世代間で継受されることで、権威（的社会関係）は継続すると考えられる（4章および7章も参照）。

この権威源泉の関係外在性と敬意要因とならんで、永さを支えている仕組みは、受容者側の個人的な判断の停止（6章）と、権威関係を取り巻く第三者たちによる、担い手ならびに受容者に対する関係継続の波状的強要にある（詳しくは、7章で論考することにしたい）。

第4局面：権威消滅・関係離脱

この局面でトピックになるのは、権威関係からの担い手または受容者の離脱と、権威源泉そのものの崩壊（権威消滅）である。権威関係からの離脱についてまず目を向けると、受容者が関係から離脱する場合、彼または彼女と担い手との権威関係は消滅するが、権威源泉および担い手と他の受容者との

関係が消滅するわけではない。他方、担い手の権威関係からの離脱もまた、関係が制度化されている場合のように必ずしも消滅をもたらさない。

　加入局面で入り込む権威関係上で道具性目当てであった受容者がいたとしよう。関係継続を通して、やがて帰属性（関係への拘束・しがらみ・信託コミットメント）がしだいに優位になってきたとき、それは受容者が（可能なうちであれば）関係離脱する契機にもなりうる。他方、加入時に「巻き込まれた」権威関係では、担い手／受容者どちらにおいても、自分にとって関係が桎梏となったからといって直ちにそれを消滅させたり、そこから離脱することは容易ではない。それは、権威関係の「巻き込まれる」側面という関係背景には、特定の権威関係に担い手あるいは受容者として「巻き込まれるべき」、「巻き込まれているべき」という直接の関係者以外の人たち（親子関係でいえば親類たちのような外野）の期待が重く、執拗に存在しつづけているためである。入り込む関係での帰属性偏重傾向が促す、受容者の関係離脱について先に述べたが、現実には関係継続期間が長くなるにつれ、加入局面で「入り込む」形であった権威関係が、「巻き込まれる」側面の性質を強く持つようになり、離脱することが難しくなる（この局面については、7章3節2）の"権威現象の変化"も参照）。

　難しいとはいっても、離脱が全く不可能というわけではなく、人間の意思とは無関係に生じることもある。こうした関係からの離脱が、権威源泉そのものの消滅の引き金になっていくこともあるだろう。担い手離脱のケースでいえば、その隠遁（退職・隠居・逝去）、担い手位置の世代間の継承における代替りという出来事は、権威失墜の契機となりうる。代替りした際担い手は、依拠する源泉の正統さそのものの証をたてる必要、および自らと源泉との結びつきの適切さ、さらに権威者として付与する指示の正当さの証をたてる試練に立たされる。

　このような権威関係離脱は割とわかりやすく、それが権威の危機に関わるというのは経験的にも感得されやすいのではないだろうか。関係離脱に伴う権威消滅が比較的みえやすいのに対し、権威源泉の消滅全般について考えることは、この問題特有の困難さゆえに非常に難しいものと思われる。包括的

に明示できないまでも、権威消滅のみえにくさがどこから来るのか、その困難さのいくつかについて、本書では指摘するにとどめざるをえない。まず、権威はそもそも一種の信用であり信頼であるので、隠れキリシタンにみられる宗教的信仰のように、一朝一夕に無くなるものではない。徐々に、長い年月をかけて次第に敬われなくなるがゆえに、権威の発生同様消滅の局面もまた不明瞭であり、生身の人間の一生のうちに体験できることはまれだろう。おおかたの人が経験し目撃するのは数多くの、堅牢で永続するようにみえる権威の"状態"、本書でいう「権威継続の局面」である。言い換えれば、権威の最も大きな特徴は「継続」にあるということを再確認しておきたい。

権威関係を含む現象としての権威は永いことつづきがちであり、そのタイムスパンの長さ自体が、現象としての権威発生やその継続の仕組み、そしてその消滅可能性について不明瞭にしているといってよい。序でも指摘したように、現時点からみた現存権威の始発を辿り当てることは、その当時を生き得ない者にとってあまりにも多くの制約があるとともに、現在萌芽がある今の社会にあるいくつかの要素がやがて権威源泉化していくことを見届けることは不可能である。それゆえ、継続の仕組みを構成する要素を可能性としては充分に知り得るとしてもその結果が分からないゆえに結局は不明に等しく、権威現象生長の現在的状況に関する言明は、つねに予言的不確かさや根拠のなさを伴いがちにならざるを得ない。

何気ない存在が権威源泉化し、そうでなかった者が権威の担い手となるといった「変化」そのものを記述し理解する「基準」を設ける作業が、4つの局面分けであり、権威変化に対する理解と解明には必要なのである。権威源泉化する「何気ない存在」同様、権威源泉消滅を構成する要素も、継続時には非常につかみづらく、「希望的観測」を含む予言めいた不確かさを帯びがちになる。ただし、継続局面におけるその継続の仕組みについて明確化することで、消滅の仕組みも、ある程度は客観的知識化ができるようになるのである。とはいえ、錯綜を避けるため本章では、「たとえ永続的にみえても、いかなる権威にも必ず第4局面がある」という四局面配列のガイドラインの描写にとどめておきたい。

この第4局面にいたる、継続局面における権威内部での推移については、7章で考察する。このような理論的整理はまだ可能であるのに対して、これまで失墜した権威の具体例をさがし、その権威が崇拝者の信頼を失っていく過程を描き出すことは、記録の現存可能性、あるとしてもそれに対するアクセス権、「ある」と確信する、記録そのものの認知を含め、かなり困難であると思われる。ところがその数少ない例は、古来世界中に普及している書物の一節にみられる。この事例は、やり方のなかに権力行使（制裁の発動）あるいは強制力、暴力を含んでいる。ただ、その排除暴力後における神という権威者崇拝の根絶の仕方（公衆便所化）に、権威源泉そのものの消滅に関連する知見が含まれていると考えられる。その希少性もあり、また文意を十分に伝えるという理由により、長い形ではあるが引用させていただきたい。この箇所は、原著者のグリーンらが展開した『権力に関する48の法則』（邦題『権力に翻弄されないための48の法則』）にある3番目の法則、「本当の目的は隠しておけ」という主張を補強するために旧約聖書（列王伝2　一〇章十八―二八節（OLD TESTAMENT, 2 KINGS 10:18 ― 28））を援用した一節"JEHU, KING OF ISRAEL, FEIGNS WORSHIP OF THE IDOL BA'AL（イスラエル王エフー（Jehu）、バアル（Ba'al）神を崇拝することを装う）"である。

　「エフーはすべての民を集めて、彼らに言った。『アハブ（Ahab）は少ししかバアルに仕えなかったが、エフーは大いに仕えるつもりだ。だからいま、バアルの預言者とその信者およびその祭司たちをみな、私のところに呼び寄せよ。1人も欠けてはいけない。私は大いなる犠牲をバアルに捧げるつもりである。列席しない者は、誰であろうと生かしてはおかない』。これは、エフーがバアルの信者たちを滅ぼすために考えた悪巧みである。エフーが、『バアルのためにきよめの集会を催しなさい』と命じると、彼らはこれを布告した。エフーが全イスラエルに人を遣わしたので、バアルの信者たちはみな（all the worshippers of Ba'al）やってきた。こない者は1人もいなかった。彼らがバアルの宮にはいると、バアルの宮は端から端までいっぱいになった…それからエフーはバアルの宮に入り…バアルの信者たちに言った。『よく探してみて、ここにあなた

がたと一緒に、主のしもべたちが1人もいない（no servant of the LOAD）ようにし、ただバアルの信者たちだけがいるようにしなさい』。こうして、彼らは丸焼けの犠牲を捧げる準備をした。エフーは80人の者を宮の外に配置して、言った。『私があなたがたの手に渡す者を1人でも逃す者があれば、その生命を、逃れた者の生命にかえる』。丸焼けの犠牲を捧げ終わったとき、エフーは近衛兵と侍従たちに言った。『入っていって、彼らを討ちとれ。1人も外へ出すな』。そこで、近衛兵と侍従たちは剣の刃で彼らを討ち、これを外に投げ捨てバアルの宮の奥の間に踏みこんだ。そして、バアルの宮の石の柱を運びだしてこれを焼き、バアルの石の柱をこわし、バアルの宮もこわし、これを公衆便所（latrine）とした。それは今日まで残っている。このようにして、エフーはバアルをイスラエルから根絶やしにした」（Green [1998: 23-24=2001（上）: 76-7]）。

ただし、直接の信仰対象としては"消滅"したものの、バアルということば（音、綴り）は今日まで、さまざまな形（神名（ベルゼブブ（蠅の王））・単語（カーニバル））で"継受"されている。敵対的憎悪を含む、この根強さの理由の一端は、"感情"に権威が関連しているところにある。

2）権威源泉とその発生

権威源泉としてみた支配の三類型

権威関係の四局面のうち、さきにのべたように本章では第1局面における"権威発生"の問題について、周知のヴェーバーの支配の三類型を題材にして論考を行うことにしたい。ここではまず、彼の議論を権威源泉による分類として位置づけた上で、それに対応する権威関係の性質としてはどのようなものが考えられるかということについて本書の立場から述べたうえで、「権威発生の条件もしくは特徴」について考える。このような狙いに基づきヴェーバーの議論を取り上げている関係上、支配の社会学が書かれた『経済と社会』上の文脈や時代背景については立ち入ることができない[21]。ここでおこないたいのは、解釈学的正確さの追求ではなく、ヴェーバーの議論から読みとる

ことのできる知見を、現代社会に対する問題意識を踏まえた本書の枠組みというフィルターを通して位置づけるとともに解釈を行い、それを叙述することである。

彼が主として問題にしているのはルークスの言うように支配構造の大枠であり、権威関係ではない（Lukes [1978: 662-4=1989: 109]）。だがヴェーバーの議論には、権威関係が含まれていないのではなく、支配構造を問題としていることからわかるように、彼の問題設定の仕方からくる帰結として服従すべき権威関係の存在が自明視されているゆえに、関係への加入や関係間の選択について主題化されていないと考えられよう。したがって、権威関係という視点からは、ヴェーバーは巻き込まれている権威関係を対象としている、と位置づけることもできる。

しかし彼の議論で重要なのは、権威関係よりむしろ、支配構造の大枠に応じて、一般にどのような論拠に基づいて服従がなされるかを、服従の論理的根拠となる権威の源泉の違いに応じて説明しようとした点にある。それゆえに彼の議論は、権威の源泉の在り処の違いに応じた、実体概念的な権威の類型であるというように位置づけることができる。

ヴェーバーによれば、支配とはつぎのように考えられる。支配概念を広義のものと狭義のものに分けるとすると、前者は市場などの「利害状況」によって制約された利害関心の自由な発動に基づく支配なのに対して、後者は、前者を含まない「権威を持った命令権力」であり、「支配の社会学」では後者を意味しているという（Weber [1972: 544=1960: 11]）。そして、「その支配に固有な正統性要求が、それぞれの正統性の質に応じて、著しい程度に『妥当し』、支配の存在を固め、選ばれる手段選択の質の決定にもあずかるという事情なのである」（Weber [1972: 123=1960: 6]）。そして、「固有な正統性要求」の源泉が、法・伝統・カリスマという3つに類型化できるとされる。

したがって、繰り返すことになるが、支配の三類型が問題にしているのは、服従の動機や権力の構造ということではなく、支配構造という枠組みの中において、どのような根拠に基づいて、権威に対する服従がなされる傾向があるかということである（Lukes [1978: 662-4=1989: 109]）。

以下では、ヴェーバーの業績の概念上の特徴が以上のようなところにあるものと限定的に捉えたうえで、権威源泉が何処にあるかという点に注目し、ヴェーバーの社会学になじみのない読者にイメージしてもらうため、ごく単純化した「支配の社会学」観についてひとまず提示していく。それを踏まえた上で、権威過程の局面配列第一幕のシーン（第1局面）の主要な事象としての権威の発生（形成）問題について切り込んでいくことにしたい。

三類型の特徴
　合法的支配
　正統性は、可算的で非人格的な制定規則、それが形式的に正しい手続きで制定されることに基づいている。制定をする基盤がシステム[22]であることから、権威源泉はシステム上に存在している。システム自体は、視覚経験の対象とはなりにくいため、法の体系性と関連がある、議会や裁判所、官庁といった三権をめぐる建築物が、権威源泉を纏ったイメージ・存在として扱われることが多い。
　支配権行使のあり方を権威関係として捉えるならば、権威の担い手は制定された規則により支配する任務を与えられると同時にそうした任務を課せられているヘル（首長・指導者）であり、受容者は集団成員（市民、仲間）であって、これらの間に行政幹部すなわちヘルによって規則適合的に任命される官吏が媒介者として存在している。こうした権威関係は、全体社会システムから、それを構成する1つの部分的システム（『支配団体』システム）まで、ある1つの時代の一時点においても、該当範囲という点でさまざまなレベルが想定されうるだろう。社会全般の傾向として、合法的権威関係をもつシステムが、規模の点における全体社会から団体集団までの各レベルで浸透しているにしても、すべてが合法的権威関係（ヴェーバーの概念が理念型（純粋型）であり、正統性根拠において合法性が支配的要素の権威関係であるとしても）のみになることはありえない。現代のような契約社会においても制定規則の正統性に根拠をおく権威関係ばかりでなく、伝統、あるいはカリスマに基づく関係が外国はいうまでもなく、日本においても存在している。趨勢の点でこうした支配

関係が時代の流れとともに支配的になってきたということがいいうるに過ぎない。

　たしかに、ある一国の社会システムすべてが、合法的関係に巻き込まれているといえないにしても、全体社会レベルの法秩序が、基調として巻き込まれる権威関係にあるとはいえそうである。われわれは、合法的支配を基調とする社会に、生まれながらにして組み込まれてしまっており、生まれた時点から好むと好まざるとにかかわらず、すでに「巻き込まれて」しまっている。その一方で、移動が自由である場合を考えれば、現在合法的権威関係に巻き込まれているにしても、別の社会システムを選ぶことも不可能ではないという意味で、ほかの権威関係を選び取ることも可能である。したがって、移動が不自由だった時代と違い、現代にあてはめて、ヴェーバーの合法的支配という側面に即して権威関係について考えるとき、大きく二通りの場合を想定する必要がある。

　すでに合法的権威関係に巻き込まれている場合——ヴェーバーがもっぱら意図しているのはこの場合であろうが——、権威関係の道具的側面および拘束・帰属的側面は、関係からの離脱の自由、および新たな権威システムやそれを構成する権威関係に対する加入の自由（もしくは必要——亡命しないと生命の危険にさらされる場合など——）がないかぎり、権威関係の継続にとってほとんど問題にならない。一方、新たにこうした関係に入り込む自由がある場合、言い換えれば、ある支配構造システムから他の支配構造システムへと、受容者の意思によってシステムの選択・移動が可能な場合には、関係への新たな加入の際に、道具的側面も、帰属的側面もともに、受容者にとり問題化されうるだろう。その際には、——ヴェーバーの議論に沿って考えて合理的側面に着目するならば——合法的権威関係では、道具的側面を問題化する可能性が高いと思われる。州によって法体系の違いがあるアメリカで、法に関する何らかの目的によって引っ越しを行う場合などは、こうしたケースに該当するといえるだろう。

伝統的支配

正統性は、遥か遠い昔から存在してきた伝統の神聖さに基づいている。

伝統の中にシステムが組み込まれていることから、権威源泉は、権威の担い手個人というよりも、システム上に存在すると想定されるだろう。支配権行使のあり方を権威関係として捉えるならば、ヘルが権威の担い手であり、受容者は一般民衆であり、担い手のしもべとしての行政幹部が媒介として存在する、ということになる。伝統的権威を媒介にした関係はヴェーバーの例から考えると、受容者にとり、選択の余地なく巻き込まれている関係である。現代社会のシステム内においても、サブシステムとして、伝統的権威関係は存在するであろう。

ヴェーバーが想定しているような、選び取り、入り込んだり、あるいは関係を樹立したりする余地のない状況を背景とする「巻き込まれている」状況下では、道具的側面も、帰属的側面もともに関係形成、さらには関係継続のための必要条件として問題化されはしない。一方、彼の見方を敷衍して、権威関係を新たにもつ場合があると仮定すると、これらの側面双方が、権威関係への加入動機、そして関係を継続していこうという動機として、問題化されることになる。

カリスマ的支配

正統性は、カリスマを持った指導者の個人的な・天与の非日常的資質（カリスマ）である。したがって、権威源泉はカリスマを持った指導者個人の上に存在すると想定される。

支配権行使のあり方を権威関係として捉えるならば、予言者、軍事的英雄、あるいは政治的デマゴーグなどのヘル（指導者）が権威の担い手であり、受容者はヘルに対する個人的帰依に基づく帰依者である。行政幹部は、カリスマを持った指導者に対する個人的帰依に基づく、選抜された従士から成り立っている。

ヴェーバーは問題化していないが、こうした権威関係では、あらかじめ関係に巻き込まれている場合よりむしろ、新たに関係に入り込む場合の方に重

要性があるように思われる。だが彼は、支配構造を所与とした問題設定を行っているために、こうした視角からはカリスマ的権威の問題を扱っていない。そこで彼の見方を敷衍して、権威関係を新たにもつ場合について考えると、源泉が担い手という人間個人に存するがゆえに、関係を新たにもつ際に問題化される側面のうち、道具的側面よりも帰属的側面の方が重要になると思われる。

カリスマの問題について、源泉の優越的価値の存在、権威関係に関する特徴についてまとめると、以上のようになる。これらを踏まえて次項では、カリスマ的権威源泉の時間耐久性について、権威過程と照らしつつ考えていくことにしたい。

3) 権威源泉所在の問題
第1局面における受容者側・担い手側主導の権威源泉認定

ヴェーバーの設定した首長（ヘル）―行政装置―被治者という支配構造の大枠において注意を要するのは、つぎの点にあると考えられる。まず、彼が権威の「主題領域」についてヴェーバー自身が意識して明確に論じていない点が第一の問題点である。政治的主題領域が中心であると考えられるものの、支配をめぐる彼の議論では首長が被治者生活のどの主題領域を支配し、その主題領域が被治者の生活全般に占めるパーセンテージが曖昧である（この点でプロテスタンティズムの倫理が生活主題領域"全般"に影響を及ぼしていると論じているとした宗教社会学的考察と対照的）。この曖昧な大まかさはある意味では「支配」概念自体の曖昧さに起因するとみることもできるだろう。支配の主題領域を通しての量的把握の志向はなく、歴史的構成概念を意識的に突き詰めないさまざまなケースで当てはめることができそうな曖昧さがあり、さまざまな意味で理念型的類型論という記述の特徴を帯びている。

首長、行政装置、被治者それぞれの主観レベルの問題について考えると、首長と行政装置は、客観的な支配構造の全体像について配慮がなされているかも知れない。その一方で、被治者は一般にこうした構造を、上下関係（上位―下位関係という意味では、広義での担い手受容者関係）として把握しており、

支配構造全体については考慮することが少ないのではないだろうか。そうだとすれば、被治者にとっての権威の担い手とは、行政装置の段階に留まっているということになる。ヴェーバーの知見から読みとることが出来るこのような見方は、ミクロな権威関係がマクロな構造の中に位置づけられているという、視野拡大的把握の可能性につながるという観点からも注目に値する。現実の社会におけるこうした構造の解明こそが、研究者に残された現代的課題であると考えることもできるだろう。

さらに彼の議論から読みとることができる視点は、権威源泉が権威として認められるかどうかは、社会状況に応じて決まってくるという考え方である。この問題についてミヘルスは「権威が基づいている信念の基盤」および「権威存立の前提となる社会的条件」、さらにルークスは「権威として承認する基準」として論じた。この論点は周知されているとは必ずしもいえないため、権威を概念化する際に考慮に入れるべき焦点として、ここで再び注意を喚起しておくことにしたい。

ミヘルス、ルークスそしてヴェーバーのいずれもが、主として受容者側主導の権威樹立を想定したのに対し、〈担い手側主導の権威樹立〉という可能性も、ありうるはずである。社会状況が独立変数で、権威発生は、そうした社会状況(たとえば、戦国期の無秩序、夜盗に対する不安克服という民衆の側の必要など)の従属変数というのが、この三者の前提であるのに対し、担い手側の野心的権威樹立という概念設定も、そのいわば対概念として必要である。とはいえルークスも、〈信条権威〉(5章)について述べ、あるいは〈近代保守主義的権威観念〉(1章参照)がそれにあたるといってもよい。急激な社会変動に臨んだ保守的使命感といった担い手側の信条(belief)は、権威樹立を結実させた。ただし、こうした担い手側主導の権威樹立という考え方は、受容者たち主導のそれと比べ、弱く、少ないのである。またわかりにくく、みえにくい。宗教指導者がなぜ、いかにして、権威源泉を得たのかは、自己申告に頼るしかないといった事例をイメージしていただきたい。

いずれの場合においても、権威源泉とは決して天然自生的な存在ではなく、人為的な存在である。陽光が適度に降りそそぎ、温泉がいつの間にか湧いて

いたというような、「所与」だけの存在ではないはずである。その発生的な局面においては、社会状況の従属変数であって、担い手側、受容者側いずれかが主導して、源泉を見つけ（使えそうだと認定し）、それを活用したといえよう。

受容者ニーズの局面変化に耐えられないカリスマ的権威

　さらに、第1局面、第2局面という、いわば混乱期に対し、第3局面（その権威の継続局面）においては、その権威に対する担い手側の必要、受容者側、あるいは第三者たちの必要も、変わってきているはずである。その意味で、その権威の継続的局面においては、当該の社会的状況の従属変数であるとは言い切れなくなるのであり、自律的側面を表出させてくることになる。

　『伝統と権威』のなかでフリードリッヒは、ヴェーバーの支配の三類型について、「一般の霊感を受けたリーダーシップへの応用」、および「カリスマの日常化という概念」という、2つの論点に対する支配三類型の敷衍こそが、ヴェーバーの分析を混乱させ、支配の社会学の論考を分り難いものとしているという。そしてカリスマ的リーダーシップは、そうした超越的存在に対する信念が権威の正統化に対する適切な基礎づけを与えないという理由から、歴史的研究を除けば、今日ではあまり重要ではない、とカリスマ的権威に否定的な評価を下すのである（Friedrich [1972: 91]）。

　カリスマ的権威について、本書はここまで否定的にはとらえていないものの（5章参照）、中途半端で不安定で、権威継続（第3局面）を通世代的に担っていくのは難しいととらえている。時間と感情という点からいえば、受容者感情に大きく関わる「きっかけ要因」としてはみるべきものが大いにあるものの、移ろいやすく、時間という点からは、「法」や「伝統」と並置するのは難しいと思われる。第3局面でなく、第1と第2局面と絡めて、カリスマは別に、本書のような総論ではなく、各論的な形で、もっと掘り下げた考察を要する問題である。

　フリードリッヒの議論に話を戻したい。『伝統と権威』で注目されるのは、フリードリッヒがヴェーバーの三類型を批判する根拠としてあげている区

```
合法・・・・・・・・空間（システム）権威源泉

    ↑  世界観の体系化・文書化
    カリスマ（過渡）
    ↓  カリスマの日常化・世襲カリスマ

伝統・・・・・・・・時間（システム）権威源泉
```

図3―7　権威源泉の所在からみた支配の三類型の位置づけ

分、合法性と正統性との区分という発想である（Friedrich [1972: 97-8]）。彼によれば、安定期には合法性（legality）と正統性（legitimacy）は、一般にいかなる社会においても同一視されている。ところが、革命期にさしかかった社会的状況になると、合法性はその正統化の影響力を失うという。革命を経験するかどうかはともかくそうした緊急的状況において分離する可能性を秘めている以上、この2つの概念は別個の存在であるといえ、合法性と正統性は別の変数であるというフリードリッヒ主張は説得力を有する指摘であると評価できる。安定期と変革期では、権威受容者たちの都合（ニーズ）が変わり、合法性＝硬直的に対して、正統性（つきつめれば、受容者たちの権威に対するニーズ）は弾力的である、というのが、彼の論旨である。

　この視点から考えるとき、合法性と正統性を分離して考える余地の少ないヴェーバーの議論に対する批判すべき問題が存在する。フリードリッヒの見方を踏まえて、権威過程論的にいえば、ヴェーバーの類型論では、法、あるいは伝統が、いかにして「正統」化されていったのか、あるいは現在正統なものとされる法や伝統から正統性が分離される（非正統なものとされる）可能性といった視座がよみとりにくい（これらについての考察が弱い）、といえるのではないだろうか。

　ヴェーバーの類型論では、社会の時間的経過に伴う情勢変化を経験してもなお、あたかも真空パックで保存されているかのごとく変化・変質を免れている無時間的恒久の存在であると、権威源泉発生局面における権威正統視の根拠が不変であるかのように、みなされてしまっているように思われる。

発生局面と継続局面とでは、権威の正統性根拠が変化し、ずれが出てくるといった発想に欠けている。この意味で、三類型は、発生論的説明方法をとると同時に、権威の源泉局面に強く規定されていると特徴づけることができる（図3—7）。フリードリッヒの主張のように、カリスマ的支配を非本質的存在であるとしてひとまずおいておくと考えるとき、ヴェーバーの議論では、大筋において権威のダイナミックな側面、時間の経過にともなう変化という側面が見失われる危険性があるといえる。

変化という点を重要視する権威過程論から、カリスマ的権威の不安定性についてまとめると、つぎのようになる。権威一般で（カリスマに限らず）、第1・第2局面から、第3局面へという局面変化により、権威の受容者たちのニーズも変わるものである。一方、カリスマ的権威はしばしば、合法権威化（世界観の体系化・文書化；呪術的集団が宗教法人として認められるケースなど）、伝統権威化（カリスマの日常化・世襲カリスマ化）されるといわれる。これらの変化は、カリスマという権威源泉自体の問題（特殊能力の不安定さや一個人の寿命という制約）と、とらえられることが多い。たしかに、カリスマ的権威は、権威源泉のあり方が担い手の能力に依存しているため、世襲時に問題が生じる（受容者集団の分派など）など、源泉それ自体の優越的価値そのものが不安定なことも確かである。

ただし、局面配列という観点から見ると、源泉側の「変質」という問題とは別に、受容者たちの都合（ニーズ）というの変化という問題もまた、重要なのである。カリスマの持ち主が逝去してその子どものなかの1人が、権威を世襲したとして、時代・社会状況の変化と軌を一にする受容者ニーズの変化にもとづき、〈継受をめぐる3つの問題〉も決定されていくと思われる。つまり、継受者資格（どの子どもを継承者に据えるか）、継受内容のセレクト（日本で戦前、大政翼賛的な教義を持っていた新宗教の団体も、戦後になって、教義のなかにある"平和的文言"をクローズアップしがちである）、継受内容の認知という問題（カリスマ的権威に限らずいえば、幕末期の国学者たちが、時代の雰囲気とも関連して、さかんに古事記や日本書紀を解釈し、読み解いていったことなど。継受する内容自体の新たな掘り起こし）である。資格・セレクト・認知という継受問

題を規定しているのは、受容者側の都合であろう（1章3節も思い起こしていただきたい）。

継受をめぐるこれら3つの問題と、その背景にある受容者ニーズの変化に柔軟に対応することが難しいため、カリスマ的権威はその初発的な形を変えていくことが多いと考えられる。

権威源泉のシステム（系統）的性格

カリスマ的権威が変化や消滅を余儀なくされるのは、変化への対応が難しいためである。逆にいえば、変化への対応力に富むのは、「システム（系統性）」なのである。支配の三類型でもまた、システムに源泉があるという考え方と個人に源泉があるという考え方に分けることができる。「システム源泉―個人源泉」という権威の源泉所在の分け方（考え方）からいえば、伝統的、合法的権威はシステム（系統）自体に正統性根拠があるのに対して、カリスマ的権威では、個人の資質に根拠があるといえよう。

システムとは、先に指摘したように（"三類型の特徴"冒頭の注22）、"部分を集めた"、"系統性"が原義的ニュアンスとして含まれている。その意味で、本書の用法は、一般とはやや異なるところもあるので留意されたい。"伝統的権威がシステムに正統性根拠を置く"というのは、伝統という系統性の正しさ（遙か昔から存在してきたさまざまなエピソードの蓄積とそれらの連なり（統べ方）の正しさ）そのものが、正統性根拠とされることをいう。同様に、合法性権威におけるシステムとは、法体系の無矛盾性（整合性）と悉皆性（万物にかける均一的網の存在）に正しさの根拠があることを指している。

このように考えるとき、システム源泉と個人源泉とを区別することの重要性は、ヴェーバーの古典的権威源泉に対する議論においても見いだすことが出来るという意味で、権威論にとってかなり本質的であると考えられる。

まず確認しておきたいのは、このような権威源泉という論題は、「信念が先か権威が先か」という権威の概念化をめぐる議論の歴史的布置状況を踏まえた、「人間の信念が権威をつくる側面が大きいのか、権威が人間の信念をつくる側面が大きいのか」という問題を論じるためには適していない、とい

うことである（1章2節"権威定義の受容連鎖"の源流となった、ミヘルス[1937]および拙稿[1991]参照)。権威源泉の問題は権威関係の問題とは独立しているのである。信念と権威という問題は、権威源泉をめぐる問題としてではなく、権威関係の問題としてとらえるとわかりやすくなる。つまり、これは主として巻き込まれる／入り込むという権威関係の背景にまつわる問題である、ということである。より詳細に言えば、信念が先か、権威が先かと言う問題は、権威源泉の性質に応じて直接決定されるのではなくて、権威源泉の生起した社会状況の下で、権威関係が人を巻き込む傾向にあるのか（どちらかといえば 権威→信念)、あるいはそれを選択する余地を作る傾向にあるか（どちらかといえば 信念→権威）といった、権威の"背景"に応じて決まると考えた方がわかりやすいのではないだろうか。

　信念が先か権威が先かと言うことに対する先行諸研究における論者たちの選択は、かなりの部分が自身がおかれていた社会状況下において自らが抱くに至った歴史観・社会認識に負うところが大きいと推論できるだろう。そして、この問題は、「総じて権威とは」という様に概念化するのではなくて、権威関係がおかれた状況（巻き込まれている／入り込む）を考慮した上で、権威ごとに別個に検討しなくてはならない。

　権威源泉の特徴の問題に話を戻そう。権威源泉は、関係と違い、人間の視覚経験の対象となりうる場合がある。そこで権威というと、源泉という実体、概念や現象に対応した目に見える実在物を思い浮かべる人も少なくないのではないだろうか（7章の3節の注30・31におけるバーナードへの言及も参照いただきたい)。壮大な寺院やブランドバッグなど、人々が自発的に遵守をし、私的判断を放棄する対象は、権威源泉の実体といえる。だが、目に見える実体には、目に見えない、遠くまで延びた長い"糸"が連なっているのである（権威源泉の歴史的・地理的システム（系統）性)。寺院もバッグも、"孤立（stand alone)"している訳ではなく、紋章やロゴは自らの属する「ネットワークを象徴」している。「氷山の一角」のように「顕在」する、目に見える権威的実在物をたどっていくと、その権威源泉の担い手と受容者という連なりが伏在しているはずである。その証拠に、紋章やロゴに対し「唾棄的な行い」を

したとすれば、伏在するネットワークそのものを否定する行為と捉えられ、目に見えない憎悪を受けることになるだろう。

一方で権威源泉は、法体系や伝統といった人間の営為の所産ばかりでなく、とくに伝統の場合、「自然物」に行き着くケースも多いだろう。地位がダイレクトに地位占有者の意識や感情を生み出すのではないのと同様に、従者たちの「信念」を醸成していくのは、自然物に代表される「源泉」それ自体の作用ではなく、それを用いた関係、すなわち「権威過程」によって生み出される（第3の継続局面での作用）。

ただし、自然物が帯びる無垢性は、人間の営為による権威樹立の際にも、しばしば利用されている。水面下で秘密裏に権威形成が人為的にはかられる場合でも、「天命」であるとか、「血筋」であるといった形で、自然・無垢という外観が装われていることが多いことに、留意しておく必要がある。

第1局面＝「権威発生」局面で、担い手側、あるいは受容者側が何らかの権威を打ち立て秩序化を目指そうと考えるときであっても、「源泉」はいわば「御神輿」や「よりしろ」であって、そこから権威が自動発生してくるわけではないのである。そして、権威生成に成功するか否かは、そのシステム（系統）的性格への理解にかかっている。その時代、その世界ですでに根深く張っている系統的ネットワークを見きわめ、いかにして「正統」という周知を得るのか。新たな「よりしろ」を網に滑り込ませ、からませていくか。担い手側主導、受容者側主導とを問わず、権威の系統的性格に対する周到な働きかけによってのみ、新しい権威は生まれるのである。そこで以下では、系統としてのシステムについて、具体的に論考していくことにしたい。

4）権威源泉発生の問題：空間権威と時間権威
社会的勢力の発生

以上のようなヴェーバーの議論を踏まえた上で、権威源泉発生の条件について考える前に、社会的勢力一般がいかに発生するかについて、交換論的見方をまずは確認しておきたい。モース（Mauss）が注目すべき贈与的儀礼としてとりあげたポトラッチ（potlatch）は、アメリカ北部沿岸部の先住民社会

で行われていた贈物や饗宴の交換であり、彼らの言葉で「食物を供給する」、「消費する」、「与える」という意味の語から発生した言葉であるといわれている。互酬的でない関係に、つまり一方的供与とならざるをえない結末に至る儀礼的形態をとる贈物やサービスの交換は、優位者と劣位者の間に地位差を生み出すとともにそうした差を増幅させ、支配と服従の関係を発生させる。権威関係におけるサービスの交換とは、優位者が発する指示と劣位者が示す敬意の間に生じる（7章で行う"敬意発生"に関する議論も参照）。こうした交換そのものは権威源泉のみならず、社会的勢力一般の発生や増幅の原因であると考えられるだろう。

　では社会的勢力の中で、とくに権威源泉の発生に特徴的にみられる要素があるとすれば、それは何であろうか。交換の元手がどこから発生するのか、ということについて考えるとき、権力や威信といった他の社会的勢力と異なる権威源泉特有の問題を想起できよう。権力（power）や強制力（coercion）が劣位者から搾取した財や資源を蓄積し、力のさらなる行使の源泉としていくのに対して、権威の担い手側に従者からの敬意が蓄積しても、権威的指示の受容促進要因にはなるものの、直接の権威源泉にはなりえない。また、ホマンズが権威的統制の「交換外在性」を指摘しているように、権威源泉は従者側から直接得た資源の集積ではないだろう（その副産物としての"恨みやルサンチマン"を随伴しがちな権力や強制、威嚇とは一線を画している）。したがって権威の場合、その発する情報の源泉となる優越的価値は、権威関係外部に求めざるを得ないわけである。この外在素材を求める方法こそ、本書が注目する既存権威（先行的存在）に対する「接続」ということになる（図3―8）。

権威源泉の生成パターンとしての〈先行的存在〉に対する〈接続〉

　本書でいう"接続"についてイメージしてもらうために、ここで日本史のなかに、その具体的素材を求めてみたい。いろいろな事例を挙げることができるかもしれないが、ここではさきに権威の担い手側からの源泉創造問題として位置づけた、「相撲という歴史的事例」のなかに、この先行する既存権威・エスタブリッシュ（先行的存在）に対しての「接続」努力に基づく自分たち

発生局面：勢力と権威

〈勢力〉

```
          優位者
    ↑       ↓
   返報  地位分化  饗応
    ↑       ↓
          劣位者
```

〈権威〉

担い手＝優越的価値（源泉）→ 既存権威源泉（時間的先行的存在のネットワーク・
　　　　　　　　　　　　　　　　　　空間的先行的存在のネットワーク）

受容者側主導／担い手側主導

継続局面：勢力と権威

〈勢力〉

```
          優位者
    ↑       ↓
   服従  意思の押し付け（正のサンクション：報償、褒美の施与など）
    ↑       ↓  （負のサンクション：ネガティブなレッテル付与など）
          劣位者
```

〈権威〉

```
       担い手 ＝ 優越的価値（源泉）
        ↑↓
   敬意 ↑↓道具的・帰属的指示（主題領域による限定）
        ↑↓
       受容者
```

図3―8　社会的勢力一般と権威の源泉発生と継続の構図

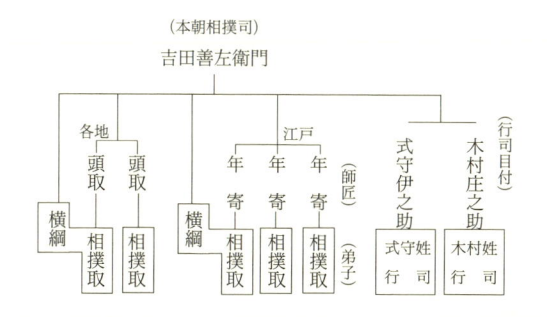

第3章 局面配列としての権威 183

```
                    （本朝相撲司）
                    吉田善左衛門
    ┌──────┬──────┬──────┬──────┐
   各地       江戸      （師匠）  式  木    （行
   ┌─┐     ┌─┬─┐           守  村    司
   頭 頭     年 年 年           伊  庄    目
   取 取     寄 寄 寄           之  之    付
   │ │     │ │ │           助  助    ）
   横 相     横 相 相           │  │
   綱 撲     綱 撲 撲     （弟子） 式  木
     取       取 取           守  村
                            姓  姓
                            行  行
                            司  司
```

図3—9　時間権威的接続営為の継続により完成した新たな空間権威網の一例
（高埜 [1987]「相撲渡世集団の組織」より）

の権威化の具体例を見てとっていくことにしよう（"先行的存在" という用語・発想は、A・シュッツの先行者・後続者世界の議論とも関連している（Schutz [1974：290-302 = 1982：288-299]）。

　前掲の高埜の歴史学的業績を参考に、相撲渡世集団の職業的権威化努力を本書の概念から位置づけるとすれば、つぎのようにいえるだろう（高埜[1987:234-76]）。

　まず、相撲興行という仕事（職業）が発生し、次第に規模が拡大してくると、「本朝相撲司御行司吉田追風」と名乗る吉田善左衛門家は、新たな「故実」（〈相撲式法〉〈相撲故実〉）の作成を試みるようになった。本来故実とは、朝廷の官職・典礼（典例）に関する知識である。千年ほど昔に編まれた律令や「出来事」のなかに、行司総本家を自負する吉田家側は意図的に、「相撲会」や既成事実を江戸の時点で新たに、古代律令や既成権威との関連を主張し、相撲界そのものの「権威化」を図った。その当時すでに優越的価値を有すると認められていた権威（朝廷、朝廷行事）への連譜（時間遡及的接続）の試みである。では吉田家はなぜ、公儀（江戸幕府）ではなく朝廷との接続を意図したのだろうか。公儀との接続ならば、「空間権威」化（後述）が期待でき、全国巡業という形で、より知られるようになったかもしれない。だが彼らはそれより、「時間権威」化を選択した。その意味で、当時（1789年（寛政元年））の社会状況（朝威の勃興という雰囲気）は重要である。

```
┌─────────────────────────────────┐
│          職業の発生              │
│            ↓                    │
├─────────────────────────────────┤
│            ↓                    │
│  故実作成("仕事"の社会内での"高めあげ" │
│    のために既存権威への接続)        │
├─────────────────────────────────┤
│            ↓                    │
│     職業発生由来の権威源泉化        │
│      (新たな権威源泉の生成)         │
└─────────────────────────────────┘
```

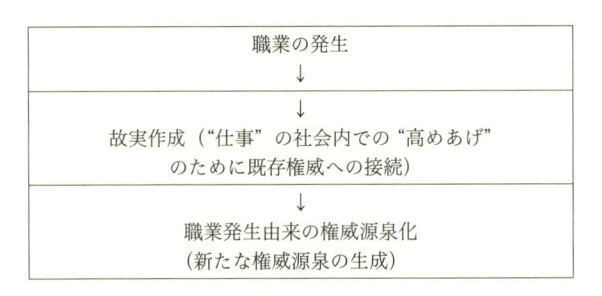

図3―10 権威の発生パターン(担い手側による生成;時間的権威源泉への接続の一例)

具体的には、相撲という職業発生の由来を、「相撲の節会」という古代律令制国家における有職故実の再来というように印象づけようとしたのである[23]。職業集団の発生→故実作成(源泉を醸成するための由来の時間遡及作業とその文書化)→職業発生由来の権威源泉化という3つのステージは、新たな権威源泉の確立に至らせようとする後発権威の担い手側の戦略といえるだろう[24]。戦略といったが、権威生成のポイントは「自然さ」にある。権威は生成や形成といった〈人工的・人為的〉な"手あか"を感じさせるものであってはいけないのである(無垢性や自生性の重み)。

オーソリティという西洋観念の歴史、とくに近代自然権と政府の権威のところでふれたように、天賦性(人民自らによる、天賦的なものと信じられるようになった人権)の移譲こそが、権威を正統化する。したがって、権威生成努力は、本来決して広く知られることはない(知られると、いわば"舞台裏"が覗かれ、ありがたみが失せてしまうため、知られるべきではない)性質のものである。権威とは、その実〈生成〉された実在にもかかわらず、社会的には、あたかも自然〈発生〉したかのごとく映じる存在であるといえよう。

時間権威と空間権威

では、ヴェーバーの議論に接続という考え方をあてはめると、どうなるだろうか。合法的支配は、体系という同時代的な社会におけるいわば「空間」の広さ、大きさへの接続に端を発する支配(空間権威)、伝統的支配とは、太古からその時点での現存にいたる広い意味での「先行権威」への接続を利

用した支配（時間遡及権威・時間権威）、カリスマ的支配とは、教義体系・世界観呈示（法律のような空間的広がりを指向しどん欲に肥大化する系統体系化、森羅万象の演繹的説明可能な系統化＝空間権威化）、もしくは日常化による伝統化（時間遡及的な系統化＝時間権威化）へと還元されることが必至の、過渡的な支配であるといえる。

「いま・ここ」というフレーズは、ヴォランタリー・アソシエーション論や主意主義的行為理論を中心に社会学でしばしば用いられるが、源泉という観点からみた権威発生の契機は、まさにその逆にある。「いま」という時点にない存在、「ここ」という空間・場所にない手の届かない存在こそ、1人ひとりの人間の限界や力を超えていると信仰され、信じられて、権威源泉となりうる素材なのである。

時間権威の事例としては、日本の天皇制の聖性の根拠とされる、皇位継承や皇統の連続性を挙げることができよう。天皇の地位継承の歴史をもとに、古代政治史を天皇家の皇統形成運動としてはじめて捉え直したとされる河内[1986]によれば、古代日本政治史での「系譜」作成が権威の聖性を高めるための重要性を帯びている点について、皇統の形成に関連づけてつぎのように述べている。

図3—11　高御座

解説：八角形の屋形の中に玉座がある。即位などの大礼に用いた。
出典：図・解説は、高埜　[2001]『江戸幕府と朝廷』43頁より

	時間	空間
根拠	由緒（エピソード（物語）の蓄積） 風雪に堪えた実績	無矛盾的整合性どこにでも（悉皆性）
イメージ	ルイ・ヴィトン、エルメスといったブランド[25]	放送局

図3―12　時間権威と空間権威

「天皇の権威は、皇位そのものにあるのではない。その権威は皇統にあるのである。いわば『天日嗣（あまつひつぎ）』の権威に依拠して『高御座（たかみくら）』も保たれるのである。…天皇制の本体は皇統である。皇統を欠いた天皇制は、もはや天皇制ではない。その次はどうなるのか。天皇制には、常にこの皇位継承の問いがつきまとう」[26]。

天皇の権威の源泉は一代限りの地位（高御座：**図3―11**参照）ではなく、いわゆる皇統なる「系譜上の正しい地位の連鎖」（天日嗣）という、いわば時間権威にあるという見方は的を射ているように思われる。この事例が示唆しているのは、時間権威、ヴェーバー流の「伝統的支配」というのは、たんに時間が悠久である、永い、というところに聖性や神聖視の対象があるのではない、という問題である。

駅伝で走者たちが巧みに落すことなく四苦八苦しながらタスキを渡し・受け取ることがつながる（連鎖する）ことへの賞賛や驚きにこの競技の醍醐味があるように、系譜形成による権威源泉の発生、聖性の醸造という問題でも、「その次はどうなるのか。天皇制には、常にこの皇位継承の問いがつきまとう」と述べられているような、地位授受を途切れさせることなく、正しいやり方で正しい相手に行うという困難の累積に対する驚嘆、「地位連鎖への驚嘆」といった、"継受とその累積"に対する驚嘆に、神聖視の契機（"敬意"喚起のきっかけ）があるように思われる（**図3―12**）。

個人権威と通世代継承権威

このように考えると、時間的な長さそのものと併せて、地位継承回数・地位連鎖（継受の累積）への驚嘆に、時間権威の源泉があるといえるであろう。ただし、本章でこれまで提唱してきた権威関係の局面配列という発想からみるとき、1代ごと独自の権威もまた存しているようにおもわれる。

皇統の例でみても、単に出自の正統さによって権威の強さが自動的に決定されるばかりでなく、その時代・その天皇毎に周囲との関係に応じて、権威の強さが異なるであろう。このように考えるとき、1代ごとの権威は地位に自動的に付与されているというより、地位占有者が築く関係に基づくものといえよう。この1代ごとの権威を「個人権威」と表記するとすれば、時間権威はつぎのような複合的様相を呈している。

それは、時間権威＝1代ごとの「個人権威」＋のれんや屋号・三種の神器等に象徴される皇統や系譜などの「通世代継承権威」という複合形態である。

この「個人権威」はそれぞれ、「発生（生物的生誕と地位継承権）＋加入（皇族として生まれた者が一人前と見なされる通過儀礼を受ける・入社する等）＋継続＋消滅」という局面から構成されており、「通世代継承権威」もまた、長い目でみれば「発生（先行・既存権威への接続・関連（系譜）づけ）＋加入（エスタブリッシュという系統性への連なり・その時代、その社会で権威として認められる）＋継続＋消滅」から成り立っているとみることもできる。

時間権威的色合いの強い権威は、この2つの権威の複合により成り立っており、この2つの権威はそれぞれ4つの局面配列的権威過程で動いているのである。

「個人権威」は、あたかも子どもが定位家族（family of orientation）を選択することができないように、「発生」や「消滅」といった「通世代継承権威」の局面に巡りあってしまい、江戸幕府の15代将軍に慶喜が就かなければならなかったように、その権威に寄り添わざるをえないことで2つの権威は合体する。「時間権威」を現代という一時点からのまなざしで見ると、一見混然とした様相を呈しているようにみえるのは、2つの性質の（それぞれがある程度自律性を帯びている）権威が混じり合って時間権威を織り成していることが、理解されていないためである。

> 時間権威＝個人権威＋通世代継承権威
> ＝発生・加入・継続・消滅（個人権威）＋発生・加入・継続・消滅（通世代継承権威）

図3－13　時間権威

　以上の論考に基づき、混然としてとらえどころがないようにもみえる、源泉が「伝統と時間の系統性」にある権威の継続メカニズムについて見方を整理すると、つぎのようになるだろう。つまり、時間権威は、個人権威四局面と通世代継承権威四局面の関数（個人権威『継続』＋通世代継承権威『消滅（落ち目）』など）として捉えることができる、という考え方である（図3－13）。

　この権威観によって、従来今ひとつはっきりしなかった時間権威（広義での〈伝統的支配〉）へのアプローチに関し、その時間的「位置」が明確化でき、その権威の来し方・行く末が、ある程度明瞭に理解されるようになることも期待したい。

個人権威と通世代継承権威の交差点としての「接続」：継受者資格を備えた者が継受内容をセレクトしたうえで「先行的存在」に「接続」を行うことで、新権威は生まれる

　ここまで、時間権威の源泉のありどころについて考えてきた。時間権威の個人権威的側面に今一度注目すると、個人としての権威者が発する指示の有効性は、主題領域・時間・空間（地理）という点で限定範囲が存在している。ローマ教皇の発するメッセージは、欧米社会に大きな力を持つといわれるが、日本ではそれほど影響力を持たない、といった例をイメージしていただきたい。

　こうした制約や限界はあるにせよ、権威者になりうるということはごく限られた立場にいる「優位者」には他ならず、ある範囲（地理・階層・年齢）の一定の時代（世代）の人々に対し優越性を、生まれながらにもっている（先行的存在の認知を含めた通世代継承権威の担い手＝継受者資格という問題）。

　継受者資格自体の生まれながらの排他的立場という点について考えると、優位な立場と劣位な立場の差というところに源泉の契機となる素材があると

いう意味では、権威も社会的勢力の1つであることも確かである。
　ただし先述してきたように、「優位な存在」を下位者や劣った立場にある存在からの搾取の累積によって構築する、直接的サンクションをちらつかせる権力や強制力（coercion）と違い、優位さを時間的先行権威（神などの始点立てより発する地位連鎖）や他国の既存の法体系（空間的系統性）などにもとめ、関連づけという「接続」をおこなうところに、権威の示差的独自性がある。この接続という源泉発生形態は、「直接的なサンクションの不在」や時間や空間の隔絶（ミヘルス [1937] のいう『隔たり（distance）』）とも関連し、（過去の神話の英雄や欧米の法体系編纂者といった）優位な存在が直接手を下しにくいという権威特有の条件にも関連があるとみることもできるだろう。
　そもそもの源泉という先行的存在（たとえば、ゲルマン神話（ドイツ）；ギリシア神話（イタリア）；日本神話（日本）、あるいは相撲会という故実…）から時間的に隔たっていて、制裁を食らう心配がなく、継受する要素の誇張を自由に行うことができる後発権威の優位者（担い手）は、何をどのような解釈で「継受」するのか、自由に決定できる（継受内容のセレクトと恣意性の問題。枢軸三国がともに神話大系を持っていた事実に注意すべきである）。後発権威は一般に、自分たちが置かれた時代・社会において、自身の権威を篤くする（信用を得る）方向に、先行的存在の内容から選び出し、選択的に継受する。
　その一方で、従者側（受容者たち）と距離を置くことで、聖性を保持しつつ、サンクションを行使しない（反感を買わない、恨まれない、といった）利便性をも享受できる立場にある。
　権威の担い手としての「優位者」は、ごく限られた立場にいると述べたが、自らの家の先祖を含む、広義の先行的存在（先行権威）の利用しやすさ（その存在を知ること自体を含め）は、後発的な権威の担い手（権威者）になる条件を規定している（家の例でいえば、祭祀を司ってきた本家の人間は、新民法下でも権威者になるための有利なスタートラインに立っている）。
　そして、時間権威（と空間権威）の発生は、後発権威の担い手側、あるいは受容者側が、継受者資格を備えた者を「権威者」として推挙し、作為的に「先行的存在」の中から自分たちに都合がよい要素のみを「セレクト」し、それ

に「接続」するという形態[27]によるところに特徴があるのである[28]。

権威源泉の関係外在性

さて、交換が生じる関係の構造的観点から、いま一度権威と他の社会的勢力について考えてみるとどうなるだろうか。優位者と劣位者の間の地位差が支配と服従、服従の源泉を生み出す他の社会的勢力は、いわば関係内在的な形で源泉が発生していく。

それに対して、既存の優れた存在に対する接続的関連づけというのは、優位者側が外部から引っ張ってくるという意味で、権威源泉は関係外在的な「ところ」で発生させられるといえよう（さきに紹介した、ホマンズの権威論も参照）。そして権威の場合、接続的関連づけを行うのは、優位者（担い手）側であるばかりではなく、劣位者（受容者）側によることもある[29]。

権威の担い手が拠り所とする優越的価値は、初発的には担い手にとっても時間的・空間的意味で外在的な存在であり、関係内に安住し閉じ篭もっているだけでは受容者（従者）との交換の過程で目減りし、あるいは陳腐化してしまう。時間遡及的あるいは空間検索的な形で「接続」に成功した優位者は、広く敬われることから、権威者への敬意の惹起、制裁によらぬ劣位者による自発的遵守といった、権威を特徴づける社会現象（視覚経験の対象となる、しかも多くの人が経験する出来事）が、そこから順次生成されていくのである（図3―8参照）。

第4節　むすび―先行的存在への接続と権威形成における「認知」・「資格」・「セレクト」―

背景と権威関係

本書で呈示してきた諸概念を用いて権威現象に対するアプローチを示し、権威に対する理解に資することを試みるとき、つぎのように述べることができる。

この考え方の出発点は、ある受容者、もしくは担い手の何らかの権威関係への加入局面にある。この局面において、古さなどの時間的価値や戸籍など

の空間的価値が、すでに権威化して源泉となり布置されている。

　ある者は、何の反問もいだくことなく、決められた権威関係のレールの上をすすみ、担い手あるいは受容者として自動的に加入する（巻き込まれる権威関係）[30]。また別の者は、受容者または担い手として、おもに道具性または帰属性を追求するという観点から、ある特定の権威関係への加入の選択を行うか、もしくは加入をやめ、さらに別の権威を求め、その関係に加入する（入り込む権威関係。このケースとしては、4章で"下位者イニシアティヴ権威"という形で論じる）。別の者は、関係への加入をやめ、権威源泉として新しい価値を時間遡及的、あるいは空間検索的に探し出し、それを担い手としてかつぐか、もしくは自らは受容者になって源泉の担い手にふさわしい誰かを探す（権威源泉の創造＝関係そのものの形成）。

　ただし、「背景」は時代の状況や個人個人の状況（生まれで決まるしがらみの有無など）とともに、変わりうるものである。加入局面で置かれた時代・個人状況の違いにより、担い手にとって入り込む／受容者にとって巻き込まれる権威関係、あるいはその逆といったケースもありうるだろう。また、加入時に選択的に入り込む権威関係であっても、継続時間が経つにつれてつれて巻き込まれる権威関係の特徴である、受容強制および関係継続の強制という特性を持つようになる（権威関係における強制は"横方向"的である。詳しくは、6・7章で論じたい）。人間関係が対面的であるとき、感情が介在するため、かりに当初道具性重視の権威関係であったとしても、帰属性重視へと移行する傾向である。

出来事連鎖の累積という動的感覚――権威過程という"時間"を視覚経験可能な形に記録する試み――

　本章では、権威過程という局面配列とそれを構成し取り巻く人と項目について明確化するために権威を関係中心に捉えた上で、関係の性質、主題領域、担い手―受容者、関係の「背景」という素因により全ての権威は成り立っているという見方を提供するねらいから、先行研究の洗練化を試み、時間経過にともなう権威の成り行きについて明瞭化し概念と図示で説明しようとした

(権威という曖昧な（視覚経験不可能な、個人個人の主観的経験に留まり相互参照が難しい）現象を、客観的知識として記録する試み）。

権威源泉創造・関係形成→関係加入→関係継続→権威消滅・関係離脱という四局面を権威に当てはめることで、「時間」という、ともすれば人によって違う主観的"印象"を、「過程」という「配列」といった形で誰にでもわかる客観性を帯びた概念により把握する途を示そうとしたのである。このような整理は、権威という一見不動かつ不変にみえかねない存在に対し、これまで変動してきた結果が「今ある形」であり、これからも変動しつづけるという動的感覚によって向き合うための思索的道具について提供することにもつながるのではないだろうか。

さらにこの時間の動的営みから権威を捉える観点と、「接続」という考え方をミックスさせることにより、ヴェーバーの三類型を合法的支配と伝統的支配の2つに還元して考えた上で、「空間権威」と「時間権威」という2つの源泉権威についても論考を行ってきた。とくに後者について、〈先行的存在〉に対する接続に基づく新たな権威源泉形成という問題と、個人権威四局面と通世代継承権威四局面の関数という見方を提唱した。

これは、時間を絶対量（経験豊かな古さという"高齢性"）として、やみくもに敬ったり大きくとらえるばかりではなく、時間を相対化し、主として視覚・聴覚経験に基づく形で人（びと）に深く記憶される印象を帯びた出来事とその累積、あるいは"継受の累積"（地位継承連鎖・正しい相手に間を途切れさせることなくつなげる営み）としてとらえ直す試みなのである。

継受に基づく高齢性への敬意

そして、高齢性に対する敬意は、先祖（創始者）に近く、創始的要素を色濃く帯びていることに由来し、世代間で"つながること＝継受"イメージに由来すると考えられる（敬意については4章で論じる）。本章で取り上げた"接続"は、日常的知識の受け継ぎまでも含む"広義での継受"の中の、特殊な形での一様式であり、敬われることを求めて（スムーズな自発的遵守を期待して）なされる側面もあると推察できるのである（詳しくは、いずれ論じることになる）。

先行的存在への接続による権威形成——先行的存在の認知・継受者資格・継受内容のセレクト——

　本書では、接続と新たな権威の発生について、権威過程上の位置の指摘以上のことは、掘り下げることができなかったが、最後に「接続」についてまとめておきたい（空間権威でも接続という発想は有効であるが、ここでは時間権威に絞って述べていくことにしたい）。

　接続は、個人権威が、通世代継承権威を受け継ぐ場合、あるいは、新たな権威を発生させる場合にみられる。ただし「権威発生と先行的存在への接続」という見方からいって、この2つのケースは連続的である。全く新しい権威発生はあり得ず、自然物を含む「先行的存在」、あらかじめ敬われているという意味で「既存権威」に対する何らかの「接続」を必要としている。

　「接続」を要するという意味で、新たな権威の「発生」は、自生的・自然発生的なものではあり得ず、人為的・意図的な画策によるのである。権威源泉の優越的価値に「手垢」をつけず、「無垢」であることがとても重要なため（人間の所業の場合、いかなる聖人であればしばしば過ちも織り込まれてしまうため、誤りとは無縁の「無謬性」を信じさせていくために（私的判断の放棄（本書6章）の対象としてふさわしくするために））、権威は「自然に」生まれてきた体裁を整える必要があるため、表面上は「自然」な成り行きで生じたようにみせかけている。その実、いかなる権威発生も、つまりは人為的な権威「形成」、何らかの意図を持った人たちによる、社会的行為の所産にほかならない。

　この権威形成は、権威の源泉を担う側の人々が主導的に行う場合と、受容者側が主導して誰かを担ぎ、宗教の布教といった形での社会運動を起こして行っていく場合とがある。政治的な結社の場合、前者が多く、革命経験直後の新秩序樹立の必要といった場面では、後者が多いのではないだろうか。

　そして、権威発生（形成）の成否は、先行的存在の認知、継受者資格、継受内容のセレクトにかかっている。くわしくは各論的論考の機会に譲るが[31]、最後にまとめて本章を締めくくることにしたい。

　まず、先行的存在の「認知」についていうと、先行的存在それ自体を「も

つ」民族や家系の末裔は、広義における「新たな権威の担い手」になりやすい（1章で触れたような、古代ローマと近現代の文化的担い手としての西洋人のつながりなど）。また、先行的存在をひろく知らしめ、それ自体を系統立てて（たとえば国学の四大人が行ったような形で）、崇拝の対象として一般に認めさせる（あるいは、今は埋もれていても、この先認められる可能性のある存在を識る）必要がある。この先行的存在の認知の可否というところから、たとえば社会階層的な意味での継受者資格の限定化も働いてくると考えられる。

つぎに継受者資格についていえば、年齢、性別、血縁の濃淡など、先行的存在によって規定されるのはいうまでもないが、誰が権威を打ち立てようとしているか（自薦か他薦か、他薦の場合、周囲の者か、見ず知らずの民衆（第三者たち）か…）によっても変わり、さらに「何のために」権威樹立をめざすのか（傀儡か、あるいは頼もしい存在として人心収攬者としての役割に期待しているのか…）によっても変わってくる。

継受内容のセレクトについていえば、この問題は、現象学的社会学における知識社会学的論題として、重要性を帯びているように思われる。ここで詳しく論じることはできないが、本書でいえば、1章2節でしめした"定義受容連鎖"をイメージしていただきたい。1937年のミヘルスの権威定義が、寡頭制の鉄則で知られる執筆者と、その発表場所である『社会科学百科事典』の影響力の大きさ（21世紀になっても世界中の大規模な図書館には、必ずといってよいほど置かれている事実など、時代・地域効果を免ぜられた存在）ゆえに、（長い定義文の一部を自らの主張に沿うように）都合よく引用し、自論の正統化が繰り返されてきている（拙稿[1991]参照）。1章3節の西洋権威語源の用例の変遷のところでも指摘したが、「継受内容」をどの範囲に限定するかは、時間や空間の隔絶とも関連して受け継ぐ者次第であり、受け継がれる者に口出しする権利はないのである[32]。西洋概念の翻訳語、あるいは「権威」をはじめとする、社会科学の概念の専門辞書における「定義」など、継受内容のセレクトの客観的な「痕跡」は追尾可能であり、今後の課題となるだろう。

そして、知識の受け継ぎ一般のあり方には、受け継ぐ時代の社会状況など、さまざまなポイントについて考慮しなければならないが、権威を帯びた知識

の授受をめぐる問題に限っていえば、受け継ぐ立場の者自体の権威化が成功しないと、本当の意味で受け継いだとはいえなくなってしまう（"先行権威の火を絶やしてしまう"、そもそも存在しなかったこととあまり変わらなくなってしまう）ところに、権威継受の特色の1つがあると考えられる。この問題に対する注意を喚起する形で、知識に対する社会学的研究の"火"が消えないことに期待して、本章を終えることにしたい。

注

1 厳密にいえば、祖先が〈創始〉者で先祖は〈先行的存在〉であるが、峻別は不可能である。〈先行的存在〉については、本章3節以下を参照

2 「権威の一般理論」は、このテーマに興味を抱く研究者なら誰でも参加し改良を加えることができるような、オープンソース型の研究方法によって構成されていくことになるだろう。したがって、ここでいう「一般」とは、"開かれた"、"多くにあてはまるような"、"多くの人の手によって構築されていく"という含みを持っている。

　OSの「Linux」のように、オープンソースの原義は「ソースコードが公開されたソフトウエア」のことで、自分の抱く問題意識の用件に応じたカスタマイズを容易に行うことができるといったメリットがあるとされる。"ソフトウエアの設計図"とも言えるソースコード（一般理論に関連づけていうならば、原典や原義を誰にでも理解可能なルールに基づいてはめ込んでいくことで構成される概念的枠組、誰もがアクセスできるような、ソースの明確な"客観的知識"としての先行研究（のセレクト）とその継受という行為）が公開され、技術や情報を共有しながら、複数の研究者が開発を進める研究の方向性をここでは指している。

3 ここでいう「客観」は、ヴェーバー（Weber, M.）流の、広義での"ソース"を自己と他者に対して明確化することを重要視する、社会科学的認識の客観性と価値自由論を踏まえた意味であり、本書での今後の使用も同様である。

4 政治学者のフリードリッヒは、高名な『伝統と権威』のなかで、権威についてつぎのように規定する。「我々の答は、次のようになるだろう。すなわち、同意を得る力が、〈権威の受容者に対する〉説得済みの労力が〈情報通知を行う人（権威者）が〉調達する能力 (ability) から生じる場合において、われわれは権威について扱っているのである。それは、彼の通知に固有のものである。命令・主張が説得に基づいていて正統性が主張されているときにのみ、権威は実在するのである」(Friedrich [1972 : 55]〈　〉は引用者)。同書の他の箇所も参照してまとめれば、

同意と納得がある場合以外には、権威は存在しないというのが彼の論調である。
　ただこうしたフリードリッヒの権威観念では、同意の余地のない権威、生まれながらにして巻き込まれることが運命づけられている権威、たとえば言語体系や家族体系上の権威については説明できない。「政治」にのみ偏重した権威観念の弊害である。

5　権威に対する反抗については、1980年の著書『権威』のなかで、ミヘルスに対する言及はないものの、リチャード・セネットもまた同様にアナーキストの事例を挙げている。ただしセネットは一歩進めて「消滅のファンタジー（fantasy of disappearance）」としてこの種の権威に対する反抗を概念化した（Sennett [1980: 39=1987: 53]）。

6　権威に対する理性的肯定という姿勢は、後に論じるルークス [1978] に依拠した権威論三分類でいう「行動に対し行使される権威」という立場に近いと推察される。ただし、ルークスによるミヘルスに対する直接の参照言及はない。

7　権威関係の性質とは、担い手／受容者双方が相手に対して持つ期待内容であるとも考えられる（関係に対する当事者期待）。帰属的性質という概念化には、フロムのほかセネットの権威論 [1980] を、道具的性質についてはフリードリッヒの議論を参考にした。ここでは詳述できないが、フロムやミヘルスは権威関係の受容者の加入や関係継続に議論を限定させているのに対し、権威関係の形成、加入、継続を望む源泉の担い手についても受容者と同様に見いだし得るとともに、関係離脱という第4局面にも大いに関わるという想定を本書では示しておく。帰属的／道具的性質の追求は、関係継続局面ばかりでなく、4つの局面全般に関わる問題である。
　さらに注目すべき点は、関係にはその性質の違いと同時に結合の強さの違いが存在しているということである。このような結合の強さは、一応性質とは独立のものであるという点には留意する必要があるだろう。また数量化に関して付言すると、担い手の受容者に対する権威という場合、その状況における担い手の権威とは、権威源泉に着目して担い手が優位にたつ不均衡さの単純総量を意味するのか（担い手が持つ権威関係が複数あり、その権威源泉の総量が無尽蔵である可能性もある）、それとも関係に焦点を合わせて受容者の立場の担い手に対する強弱を差し引いた正味量（1つの関係に限定した強弱量の差）を意味するのかという点に留意する必要がある。権威という響きがしばしば、深遠なイメージを喚起させるのは、一介の受容者視点からは決してみえない、「不均衡さの単純総量」に思いを馳せるためではないだろうか。

8　正当化 (justification) と正統化 (legitimation) の違いについてはくわしくは、4章（7節）と7章を参照いただきたいが、後者が権威源泉など、長期にわたるというニュアンスを持つことに留意いただきたい。

9　ただし、彼の分類的議論は、着眼の仕方はよいものの、踏み込み不足の観がある。

第3章　局面配列としての権威　197

たとえば、つぎのような事例が挙げられよう。一口に「権威の担い手」といっても権威には、宗教など担い手を選ぶ（源泉と担い手のつながりの正統性がシビアに審査されがちな）権威源泉（源泉拘束的権威）と科学的知識など、担い手が誰でも良く自由に利用可能な権威源泉（源泉非拘束的権威）があるように思われるが、ボヘンスキーは「担い手」という分類以上に踏み込んで論考を加えてはいない。今後の検討課題である。

10　権威を担い手－受容者という最小単位から考える効用として強調したいのは、現象の明瞭化という点とともに、権威に関する先行研究ではしばしば曖昧にされがちであった、権威という社会現象に「必須の」構成要素は何か、という視角への注意の喚起とその明確化である。

11　科学的分野での立場の正統化問題ばかりでなく、ミヘルスが1937年にはすでに科学およびマルクス主義に対して、権威的観点からつぎのような指摘を行っていた事実も注目に値するといえよう。

「科学的権威もまた決定的なものとして受け入れられている。科学の分野において高い評価を受けているがゆえに、激しい論争においても決定的なものとして意見を受け入れられる科学者もいるのである。一般に、科学の分野における学派というものは2つの要素から成り立っている。それは大家の理論の公平無私な崇拝者という要素と、大家の理論を倫理的に堕落させるほどそれを力説する、自分たち自身の利益を追求するのに熱心な人々という要素である。科学的権威の決定性に対する純真な人が持つ信念は、広く認められている科学的権威に対する同調の自覚から最終的真理（final truth）という幻想によって専ら生じる説得力や熱意を受け取るに至るまでの政治運動の事例によって説明できよう。マルクス主義が『科学的に』労働運動に対して与えた政治的影響はその例である」（Michels[1937: 319]）。

12　アレグザンダーの1.「古典」の「参照点」としての働きを示す例として、バーナードがミヘルスの『社会科学百科事典』の「権威」の項目を取り上げている行為をあげることができる。バーナードは「権威は被支配者によって受け容れられているのである」というミヘルスの記述（Michels [1937: 319]）を引用し、権威現象の重要な焦点に着目した。

「『権威に頼って論ずる』つもりではないが、この問題と取り組む前に、一般の見解があまねく支持されているものでないことを少なくとも認識しておくことが望ましい。『社会科学百科事典』の「権威」の項で、ミヘルスはつぎのように述べている。『権威は、それが個人に由来するものであれ、制度に由来するものであれ、世論により創造され、維持されるものであり、その世論は感情、愛情、尊敬あるいは運命論によって左右される。権威が外的強制のみにもとづく場合さえ、権威は支配されている人々によって受容されるのである。たとえ、その受容が力に対する恐怖によるものであるにしても』（Barnard [1938: 163-4=1968:

171])。

13 マートンが言及するこの論文は、グールドナーが編集したリーダーシップ研究の中に収録されている（Wolpert [1950] "Toward a Sociology of Authority" in Gouldner(ed.) *Studies in Leadership*）。

ウォルパートやバーナードなどへの言及につづけて、マートンはつぎのように主張している。「つまり権威は、指導者の属性としてよりはむしろ、定式化された社会関係であると社会学的にはみなされているのである」（Merton [1968：393=1961：308-9]）。だが、マートンのこの考え方は、時代特有の学問科学化指向が行き過ぎており、歴史を軽視しすぎているように思われる。この傾向を共有しているが、バックレイの『社会学と現代の諸々のシステム理論』にも、権威と合法性、正統性といった諸概念について検討する箇所でウォルパートに対する言及がみられる（Buckley [1967: 197]）。

14 ただし、「関係加入」局面に属する論題についてはくわしくは、ゼクテ的社会集団について検討した拙稿 [1995] を参照いただきたい。

15 のちに論じる、新たな権威源泉の創出（先行権威への接続）という営為は、秘密裏に行われるため、権威はあたかも自生してくるように思われている。このため本書では、権威源泉創造と権威関係の形成を総称して、権威の"発生"と呼ぶこともあるので留意されたい。

16 第三者、つまり担い手－受容者関係からみれば当事者でない人たちの期待の問題は、「権威源泉創造・関係形成」で示した3つの問いへの応答へ向けての基礎をなしている。権威関係に関わる期待には、受容者／担い手相互の相手に対する期待すなわち当事者期待と、第三者による期待が考えられる。さらに、後者による期待の内容には局面の進行の経過とともに、1.担い手／受容者に対する関係加入期待、2.指示の発動（担い手に対する期待）／指示の受容（受容者に対する期待）、関係継続期待の存在が想定できる。こうした各局面との関連で期待の強さ＝サンクションが問題とされるべきであるが、これらの点について詳しくは別の機会に論じたい。

17 筆者が使う指示という語は、さきに取り上げたボヘンスキーがいう、〈―すべきだ〉という命令的意味と、〈―である〉という命題的意味をともに含むので留意されたい。

18 このホマンズの考え方は、ルークスの指摘と通じるものがある（5章2節1）を参照）。「権威を受容する時には、それが権威をもつかどうかを特定するにあたってその言明の内容に関する評価は関係ないのであって、（論理的に）その言明の源泉を権威あるものとして特定するための何らかの手段―ホッブズのいう『ある者のいうこと』ではなく『その者の徳』を見出すための基準―が存在しなくてはならない。」（Lukes [1978：64=1989：35]）。

19 ホマンズの交換論が端的に示すように、権威行使（統制）とは、権威の担い手

と受容者という二者だけでは成立しない。「第三者」、あるいは「主題領域」に対応した源泉の価値優越性といった、"二者関係の周囲（そこからもたらされる"促しの圧力"）"とセットで、はじめて成立する。二者関係で完結できないという意味で権威は、権力と比べて、時代効果・地域効果によって厳しく限定され、制約を受けやすい社会的勢力なのである。

20　権威の発揮と権力の行使のちがいに言及する際に、統制のあり方以外にも重要なポイントとして、支配形態における自発的被支配への移行段階の違いがあるという批判（久慈 [1981]）にも留意する必要がある。ただ、このような見方自体が、権力還元論的傾向と構造論的発想を帯びているとも指摘できる（前者については5章を参照）。

21　ヴェーバーの支配の社会学（『経済と社会』第一部、第三章、第二部、第九章）については、向井ほか [1979] 『ヴェーバー 支配の社会学』がある。

22　"system" とは、原義はギリシア語で sustema(sun 一共に +stenai 立つ + 一 ma 名詞語尾) で、部分を集めて出来ている全体、とされる（『ジーニアス英和大辞典』）。それゆえに本書では、システムにおける『系統(性)』という発想を重要視している。そのままシステムと表記した場合でも、このニュアンスについて留意いただきたい。

23　ただし、四季勧進相撲の開催については、江戸幕府に対し働きかけが行われている。詳しくは高埜 [1987] を参照。

24　「接続」に関する日本における他の事例については、たとえば、曾根 [1996] を参照。

　　接続の実践例は、「紋章」に数多くみられる。これは、視覚経験の対象として、記録と記憶に残りやすいためである。「この戴冠式に先立って、ナポレオンが自分の紋章を制定した…ナポレオンは鷲にすべきか、ライオンにすべきか、最後まで逡巡したあげく、結局前者に決定する。紋章というシンボルに固執することじたいもそうだが、神聖ローマ帝国の伝統に基づく鷲の紋章にしたことも、古風な決断といわねばならない。…ルーツは異なるが、ナチスが採用した鷲のシンボルも、鉤十字（ハーケン・クロイツ）と合成され国章として大きな政治的役割を果たした。羽をひろげた鷲と鉤十字の国章は、ベルリンの「総統官邸」の入り口にも飾られたが、これはゲルマン神話を想起させ、背景にナショナリズムを刺激する、イデオロギー的な意図が込められていた。こうしてナチスは、かつてシンボルに内在していた神秘的意味を呼び戻し、これを新しいメディア戦略のなかに組み込むという方法を編みだしたのである。とりわけナチスのプロパガンダの一翼を担った鉤十字は、バッジ、旗、各種ポスターにも描かれ、祭祀的行事としての集会や行進の中で、はたまた戦いの場において民衆や兵士を大いに鼓舞した。このような視覚的なシンボルは、人々を無批判に陶酔させ、ドイツ破局へ導く一因をつくったといえよう」（浜本 [1998：10-12]）。

西欧、とくにスコットランドの新しい伝統の創造については、ホブズボウム（Hobsbawm [1983]）を参照。

25 河内 [1986：15]　なお、系譜が天皇の聖性という権威源泉となったのは古代に限られるものではない。河内 [1986] の皇統動因説に依拠しつつ平安時代の政治史（桓武から安徳）について論じた文献としては、保立 [1996]『平安王朝』がある。

26 2章 むすび を参照。

27 神の造出によるそこへの系譜付け、神話の編纂による統治権の神からの授与の主張など、あるいは、空間権威の例でいえば、法体系への接続（依法化）や監督官庁が決まることによる世間からの新産業の認知など。さらに明治期に見られる法体系自体の持ち込みなども、先進国の法典との酷似が権威化根拠だったところから空間権威の1つと推察される。

28 空間権威については、本書で詳述できなかった。この種の権威について詳しくは、論をあらためて考察していきたい。

29 受容者側が立てる権威というケースというのは、主に急速な社会変動期にみられる。この問題は、5章で再考する。

30 本書では、巻き込まれる権威関係において、受容者の役割に議論を限定しているが、担い手として関わるケースも、考慮すべきである。また、道徳や倫理といった義務意識と、その内面的規範を共有する取り巻きたちによる、さまざまな程度の期待・サンクションに裏付けられている間接的サンクションについては、7章で扱う。

31 1章と2章で検討した、今日まで残る西洋語に対する「翻訳語」は、"権威発生"の成功例であるとみることもでき、逆に今日まで活きている翻訳語の発生過程（(古典籍の漢語など) 先行的存在の認知・継受者資格・継受内容のセレクト）について検討することが、権威発生とその成功条件について考える手掛かりとなるのではないだろうか。

32 本書で「継承」ではなく「継受」というのは、受け継がれる側・先行権威側に「これこれを受け継げ」という権利がなく、「うけたまわる」・「謹んできまいれる」（"承"の字義）というより（謹んで、遺志や知的遺産を十全に引きつぐという"包括的な再現性"というより）、たんに「受ける」というニュアンスを強調するためである。

第4章　敬意対象としての権威

―高齢要素重視へ向けて―

第1節　はじめに―時間と感情をどう捉えるか―

1）権威行使・正統・敬意

人を示す観念としてのオーソリティ

　1章と2章で結論づけたように、権力や支配ではあり得ない特徴として「人を示す観念（高齢・個人（人格）要素）」をオーソリティは含み持つのであり、「権威」も明治以降の翻訳語として同様の役割を担った。この意味で権威と敬意は不可分の存在である。敬意は時に、軽蔑や憎悪、差別や排除と結びつくことがある。排除系の問題は7章でその発生の仕組みについて論考することにして、本章では権威と敬意のつながり（関わり方）について考えていくことにしたい。

現代でも意義を保っている、権威の特徴としての自発的遵守と判断停止

　　「権威の2つの基準は、したがって、正統な命令に対する自発的遵守と命令に先立って生じる判断停止である（Two criteria of authority, then, are voluntary compliance with legitimate commands and suspension of judgment in advance of command）」（Blau and Scott [1963: 28]）[1]

　序でも掲示したこの記述は、権威（行使）の特徴を端的に示しているといってよい。たとえば、『新社会学辞典』の「権威」項において、ブラウの『交換と権力』の邦訳者の手でなされたつぎの説明は、権威に対しブラウらの行った2つの特徴づけが、90年代の日本社会でなお、有効だという実感を踏ま

えていると考えることができるだろう。

　「権威の場合には、服従者は<u>その内容を詮索することなく、権威自体が服従の基準として受け入れられる</u>。つまり<u>命令に先立つ判断停止</u>がみられ、その服従行為を支える価値意識は、往々にして非合理的、盲目的な性格をもつ。<u>服従の自発性と判断停止</u>が現実に行われるためには、服従者が属する集団のなかで統制力の行使を正当視する価値志向が共有され、その価値志向が成員の行為を規範的に拘束する作用を果たしていることが必要である。いわば集団成員の間に、かかる価値志向が内在化していることが権威成立の重要な要件である。価値志向の内在化とは、社会関係や集団において統制力の行使を正当と見なす主観的信念が成員の間に共有されている事態であり、この正当性信念の違いによって権威の型も異なる」（間場 [1993] 下線は引用者による）。

　現代日本を代表する権威定義の論述においても 1963 年の権威の特徴に関する指摘が生きていると考えるとき、自発的遵守と、命令に先立って生じる判断停止という「論点」は、権威という現象を考える上で、いまだにヴィヴィットな問題でありつづけているといえるであろう。

　ただし、権威の特徴＝判断停止・自発的遵守であると考えるとしても、権威に対する判断停止に基づく自発的服従という叙述には、その前提あるいは取り巻きとして、連動している、ひとまとまりとしての「システム」（系統(性)；3章参照）という形で、考えなければならない数多くの論じるべき問題が含まれている。逆にいえば、「システム」として考えることではじめて、判断停止・自発的遵守という身近な問題から権威持続という「謎」が照射可能になり、同時に、持続を織り成している個別的要素の"布置状況"を視覚対象として呈示する途（みち）がひらけてくるのである（ビジョンという視覚化による、権威相対視の試み）。持続を織り成す個別的要素は、正統・正当性、服従（遵守）者が属する集団の範囲、「規範的に拘束する作用」の原動力はなにか、といった諸々のテーマ[2]をなしている。いいかえれば、「なぜ」判断停止し「なぜ」自発的に遵守するのか、「判断停止」と「自発的遵守」とは「なぜ」つながるのか、という問題について、考えなければならない。

序で触れたように、3つの「なぜ」を説明する要因の1つが、「敬意」的感情である、というのが本書の立場なのであり、そのことは、オーソリティ語源三要素の1つに〈高齢・個人（人格）〉があった事実によって、裏書きされているように思われる。

自発的遵守と判断停止を後押しする敬意要因

　本書の見方によれば、命令の「正統」さと「自発的遵守」には、権威の担い手に対する従者の敬意が深く関わっている。ただこの考え方は、反論の余地がないほど「自明」であるゆえに、かえって研究テーマとして取り上げるに値しないという意見を抱く人もいるかもしれない。

　たとえば、高田保馬は『勢力論』の「第一篇 勢力の分析」の「二 威光と権威」の冒頭で、つぎのように尊敬（敬意）について、私的判断の放棄と関連づけて言及している。

　　「上に述べたるものとの関連に於て、威光と権威（prestige and authority）の事象を考へよう。これは尊敬によって裏づけらるるところの服従に関する。一定の主体はそれが社会的勢力を有するにせよ、又個人的能力に於て優秀であるにせよ、又高き血統をもつにせよ、その力の計り知りがたき深さを思わしめる場合がある。此場合にあつては従属するものが前にも述べたるが如く、何等の理由を考ふることなくして、相手の人格に従属する…」（高田 [1959: 40] 下線は引用者）。

「人格」、「尊敬」、「何等の理由を考ふることなく」という形で、1959年に日本でも「事象」としての権威について言及されている事実は重要である。ただ、高田保馬の『勢力論』は著書として知られている割には、こうしたディテールが現代日本社会学で顧みられているとはいえず、内容について広く再認識される必要がある。そしてこのような具体例を集めた、権威と敬意を関連づける言及自体を集約した研究は、これまで提出されていない。したがって権威現象と従者の敬意の「関わり方」については、社会学をはじめとする諸学問において十分論じ尽くされたテーマであるとはいえないのである。むしろ、権威は権力の「現れ」の1つにすぎず、正統化のための手段にすぎな

いという考え方が、近現代社会における権威研究の基調であり、従者（権威の受容者）側の敬意については、一顧だにされていないことが多い。

そのためまずは、「権威と敬意」論の存在自体を浮き彫りにする必要がある。その上で、敬意要因によって権威現象を説明する可能性を探求したい。そこで、先行研究において敬意がどのように扱われてきたかについての諸論点を整理・確認し、その限界と問題点の検討を行っておきたい。具体的には、権威関係における敬意的作用の「位置」を明らかにすることを本章の課題とする。これをうけて後の章（主として7章）で、敬意要因による権威現象の説明を試みていきたい。

権威研究における敬意への言及

権威の先行研究において、受容者の担い手に対する「敬意」の問題を直接扱った業績は意外と少ない。ただしその数少ない成果の代表は、ブラウやプレスサスの論述の中に見いだすことができるという注目の喚起をまずここで行っておくことにしよう[3,4]。敬意「自体」について扱っている業績に、たとえばトーマス・シェフ（Thomas J. Scheff）[1988] など、感情の社会学に関する諸々の仕事があるが、この考察では権威行使と敬意作用の関連自体に問題関心を置く。そこで、感情としての敬意内容の分類よりむしろ、権威と敬意の結びつきについて具体的に言及したという事実を重要視して、ブラウとプレスサスの論考をとりあげるに至ったのである。

そこでまず、権威関係における敬意作用的要因の、上下的社会関係との位置（発動可能な条件）に関しての確認を提示する。というのも、敬意という経験日常的タームを学問上の諸概念の構造へと織り込むのにさきだち、必要な手続きであると考えられるからである。その上で、正統性と正統化をめぐる論点を踏まえつつ、権威に関連して敬意について直接論じているプレスサスとブラウの議論を検討することで、従来行われてきた権威と敬意をめぐる既存研究の具体的内容、いいかえれば、その成果と制約的限界について明らかにしていくことにしたい。ここでの筆者のねらいは、権威をめぐるこれまでの欧米や日本の研究で「権威と敬意」論という実績があったことが現在社

会学で忘れ去られている観があることに対する問題提起としての、権威と敬意論業績の存在の証明（〈権威と敬意のむすびつき〉という"知識の継受"（詳しくは5章4節で論じる））、これが第一点目としてある。さらに、それらの研究が伴っている限界の明確化、敬意が作用可能な関係構造上の諸前提の検証が二点目のねらいという順序として、記憶にとどめていただきたい。

　第二のねらいに関して結論を先取りすると、ブラウやプレスサスの議論の問題点は、敬意発生の「原因」を「手段」と想定しているところにある。いいかえれば、彼らの主張では、敬意の生まれる原因メカニズムとして説明があるべき社会関係や構造の側面について想定や言及がみられないために、今ひとつ説得力に乏しい議論となってしまっている。敬意の生起を人間個々人の一個人内の心理的問題（目的に対する手段；自己を承認させるという目的のための手段として上司に対し部下が敬意を示すという想定）として処理するところにとどまっていることは、彼らの問題関心が権威メカニズムの解明のみにはなかったことを差し引いても、残念なことに安易な心理学への還元的処置との印象を免れない。こうした先行研究の限定性を明確にするとともに、受け継ぐべき知見を発展させ、敬意作用が遵守の自発性や判断停止の仕組み（権威行使・遵守の際の特徴）に関与していると考える根拠・理由について、これまでの広義における「権威研究」の中から"痕跡"を探り、それらに言及するという形で明確化し"受け継ぐ"ことが、本章の主題となる。

2）感情（敬意）と社会関係
感情が先か社会関係が先か
　では、そもそも感情と社会関係のつながりについて考えるとき、社会的位置（ポジション）と社会関係と感情の「規定関係」は、神々の闘争とも称される研究者の価値判断前提レベルでは、いったいどうなっているのだろうか。論考に先立ち、この点を明確化しておく必要がある。本書の立場は基本的に、特定の社会的ポジションに一定の感情が不可分に伏在している筈だとしたり、あるいはそのポジションに随伴する（その位置につけば、即座自動的に特定感情が生起する）とするのではなく、あるポジションの占有者は、別の

さまざまなポジション占有者たちとの社会関係を続ける中で、ある感情が発達していく、といったところにある。

社会関係が先で感情が後

社会学の中で、〈感情と社会関係のつながり〉が論題とされる代表の1つに家族研究がある。この分野では、感情と社会関係（家族成員資格）を含む「家」のとらえ方を巡って有賀・喜多野論争があったほど論考が発展している、多くの業績をこれまで残してきた。ここでは、喜多野説の学問上の系譜を冠せられている研究者の、つぎのような想定を挙げておくことにしたい。この記述が社会学上の一定の代表性を備えているという、形式上の妥当性を帯びているのがその理由の1つにある。内容的にみても、社会的位置（ポジション）と社会関係、感情のつながりについて論点が明確化されているためである。

また、ヴェーバー流の価値自由的意味から、本書の前提とする立場について、ある程度明らかにする必要もある。その際、感情と家族関係という、権威現象とつながりのある具体例から、感情と社会関係についてのイメージを思い描いていただきたい。

> 「…感情は、戸田のいうように、家族関係に本来備わっているものなのだろうか。否、愛情・好き嫌いの感情、まして『愛情にもとづく人格的融合』は、家族関係、もっと具体的にいえば夫—妻、父母—子ども、兄・姉—弟・妹のそれぞれの位座（position）に内在する属性なのではなく、そうした関係の中で育つものなのである（正岡 [1981: 24]）。

この記述には、つぎの価値判断が含まれている。感情が特定の社会的ポジションに内在したり随伴されたりする側面よりむしろ、ポジション間の関係のなかで時間の経過とともに発達していく側面の方が重要であるという立場である。引用の記述ではたしかに家族関係が論じられているが、ポジション・関係・感情のつながりをめぐるこうした考え方は、決してゲマインシャフト的結合中心とされる家族特有の現象ではない。企業内の上司・部下関係といった、ゲゼルシャフト的結合においてでさえも、こうした感情の関係継続による発達は、経験的にみても珍しいことではないだろう。家族外の社会集団や

そこでの社会的人間関係においても、「社会関係と感情生起という問題設定」は、かなり普遍的に該当しているものと思われる。

ポジション間関係が感情を生む

この論題における争点、つまり「ポジション固有の感情が存在するのか、それとも関係継続により感情が発達するのか」という問題に対する価値判断として、「ポジション自体でなく社会関係による感情生起・発達」という立場がこの記述では宣言されている。この主張もまた、妥当性を有する範囲が家族に限定されるといった性質のものではない。このことは、学校、企業、地域共同体といった場面でさえ動態的流動性が安閑としたポジションの存在を許さなくなってきた現代社会における、封建遺制が残る戸田説の立論環境とは違う創発特性的もろもろの事象を思い浮かべると、より一層妥当性を増していると思われる。

以上のように、ポジション・ポジション間関係および感情の問題は、家族研究における業績の中にも端的に提出されているように、立論方法とそれに対する価値判断が問われている。研究者は一般に、自身の立論立脚基盤＝価値観点をはっきりさせることを求められている。そうなると目下の問題は、二元要因（関係・ポジション）の感情生起問題における優劣主副の優先順位をつけるところにある。さきの引用についていえば〈定義上、継続性を有し動学的含みを伴う『関係』が、比較的瞬間的で静学的な『ポジション』を押し切った〉という過程論（時間的観点：ポジションを占める関係者間の相互作用）から、価値掌握がなされているように読み取ることができよう[5]。こう考えるとき、この過程→感情説（関係時間重視説）は、基本的には本書（少なくとも継続局面での立場）と立場を同じくしているといってよい（3章2節2）〈帰属傾向〉も参照）。

時間と権威

時間的観点という発想についてなぜこれほどにこだわるかという理由の1つに関連して付言すると、すでに言及したようにルーマンが1975年の著書

である『権力』のなかで、権威を「時間化された影響力」と表現していることが挙げられる。時間性がないとされる機能主義的立場の代表的研究者であるルーマンが、権威を時間化された影響力として位置づけている意味でも興味深く感じられるためである。もっとも彼自身の手による論究は、サイモンの権威定義に依拠するという形で放棄してしまい、権力に関心を集中させてしまってはいるものの、本書の中でしばしば指摘しているように、社会的勢力としての「権威」と「時間」の問題が（序で触れたフリードリッヒに代表されるように）「伝統」という権威源泉の形態を含め密接に結びついているという認識は、ルーマンの定義的記述によっても裏打ちされているとみることもできる。

位置間関係という時間の中での感情

　このように、ポジション自体ではなく、関係（過程）が感情を決定する、と本書ではとらえることが多い。「とらえることが多い」というのは、局面によって一概に言い切れないからである。かりに、"第3局面"の"入り込む権威関係"に限定すると、関係と感情の問題が焦点になる。ただし、関係と感情といっても、一方的ではなく、双方向的な作用がある。つまり、関係が感情を決めるとともに、反対に、感情が関係に働きかける作用の問題も出てくるはずである。夫婦関係が愛を育むと同時に、関係継続とともに憎悪感情が生じると、関係解消につながる、といった例である。

　まとめてみよう。ポジション間関係（位置と位置との関係）の時間経過的流れの中で、相互のあるいは一方の他方に対する感情が育まれてくるというとき、つぎの2つの側面が論理的に区別可能である。つまり、1. 感情が関係を規定する側面と、2. 関係が感情を規定する側面という区別である。

　この2つの側面は、どちらかが正しく、もう一方が正しくないという問題ではない。社会科学の問題で周知の、ヴェーバーかマルクスかという問題ににている。そこでこの問題を手掛かりに、関係と感情の規定関係の問題について考えることにしたい。

　さて、意識（信念）が関係を強化する側面について主として論じたのは、

周知のようにマックス・ヴェーバーが残した数々の業績である。ヴェーバーの論証は、経済的要因が必ずしも人々の生活の主要な決定要因ではないと考える数多くの研究者に、いまだに大きな影響を及ぼしつづけてきている。

　彼はとりわけマルクスとは対照的に、理念と価値が基底的利害関心（経済的思惑）の単なる反映とは考えず、歴史に対して重要な独立的影響を及ぼすこと（たとえばカルヴィニズムと儒教の関係）を重要視した。同時にまた、彼は理念と価値が社会集団一般、あるいは所与の社会体制の位置の強化と安定性の確保において演じる役割をも自覚していた。ヴェーバーが正統性（ある人の位置とそれを含む制度が正統かつ適切である）という信念の重要性を強調していたのは、社会集団や政治体制の安定性という従属変数を、信念という独立変数によって説明し尽くすことができるとまで徹底したわけではないものの、理念や価値という事柄を中核とした「信念」を説明の根幹＝分母としたためであると考えられる。

　このことは、しばしば「意識が存在を規定する」とマルクスと対比的にヴェーバー社会学が形容されていることからみても、周知の事実といってよいだろう。ただし、ヴェーバー流の「信念」は、必ずしも感情と等しいとはいいきれない。しかしながら、"belief" という語の "lief" という部分が「喜んで」という感情を示しているという語源的見地が傍証として暗示するように[6]、信念と感情は密接なつながりをもつ存在であると考えることができるだろう。ヴェーバーの論証は、感情（信念）が社会関係という存在を規定する側面に関するものであったといえよう。

　これに対し、本書はつぎのような区分を指摘してきた。1）巻き込まれる権威関係という、所与の関係重視という側面、2）入り込む権威関係という、後天的な場面重視の側面である。所与の関係というのは、限りなくポジションに近いようにも思われる。ただしここでは、マルクスの考え方が「所与の関係」かポジション（位置）かという問題には深入りせず、静的な存在＝ポジションととらえておこう。ただし、位置（ポジション）は、どちらかといえば、都市化と人口移動化・身分の流動化による契約社会化といった近現代より前の、封建時代的静態的人間観を基調とした発想といえるかもしれない。

このようにみるならば、どちらかといえば1) 巻き込まれる権威関係はマルクス的であり（存在（所与の関係）が意識（感情）を規定）、2) 入り込む権威関係はヴェーバー的である（意識が存在を規定）である。ただしこの区分は、主として加入局面（第2局面）に関する問題である。

これに対し、継続（第3）局面[7]について考察するに際して、以上の議論をまとめると、2通りの「視点」があるという指摘にとどまらざるをえない。関係が感情を育む・感情が関係を育むという2通りの見方である。ただし、本書の主眼は、規定因の確定にではなく、関係が感情を育む、感情が関係を育むという2つの側面という設定そのものにある。

そこで敬意と権威関係の問題に、この2つの側面区別をあてはめると、敬意が関係を規定する側面と関係が敬意を規定する側面といえる。前者はさらに、敬意が関係を安定化させる側面と、不安定化させる側面にわけることができる（本書では、敬意が関係を規定し、権威を安定化させる側面に議論をしぼりたい）。

以上で、感情と社会関係をどう捉えるかについて考えてきた。ここまでの論考によって、ポジション・関係・感情というとらえ方があること、そして、どの要素を重要視して説明を行うかによって、説明全体の論調がかわってくることを明らかにしたと思われる。

また、関係という考え方には時間が含まれている点についても、留意しておく必要がある。逆にいえば、ポジション（位置）という発想は、安定し、静的かつ固定的な人間「関係」観が通用した時代社会状況の所産であると思われる。そう考えると、"時間と感情という権威の曖昧さ"を論じるためには、関係と感情に焦点を絞って考察するのが適切である。

このように感情と関係について踏まえた上で、つぎに問題となるのは、"敬意感情"の一種ともとらえられる正統性、つまり自分たちが関わっている権威（源泉とその担い手）に対して抱くであろう正統性という信念(belief)である。というのも、信念に"喜んで"という含みがあるところから、権威に対する正統性信念について考えることが、権威現象の1つ"自発的遵守"というときの自発性を解明する手掛かりとなるかも知れないからである。

第4章　敬意対象としての権威　211

　さらに、権威関係と感情の問題について、"自発性"、さらに"喜んで"という要素をもたらす原因としての「正統性を広めるという行為（正統化）」の作者についても、触れていくことにしたい。ある権威が正統であるいう感情を広める主導権（正統化イニシアティヴ）を、権威の担い手（権威者）側・受容者（下位者）側のいずれが握ると考えたらよいのだろうか。"正統"に関するこれまでの研究を踏まえつつ、論考を行うことが、つぎのポイントになる（正統性・正当性・正統化・正当化のちがいについては、本章7節で整理していく）。

　最後に、4章のテーマを整理しておこう。
① なぜ人は、権威者を敬うのか。
② 権威と敬意のつながりに言及した、これまでの研究の紹介。
③ 敬意をいだく者、つまり受容者が現代社会で置かれている位置(ポジション)について言及する研究の紹介。

　次節では③について、具体的イメージのもととなる日本における医師・患者関係についても言及しつつ、ブレーゲンらの研究について検討していくことにしたい。

第2節　下位者イニシアティヴ権威論─権威関係の現代的様相と関係構造─

下位者への着目

　感情（信念）が関係を規定という側面に考察のウエイトを置くというとき、ここでいう「意識（感情）」とは、権威関係における下位（受容）者の感情を指している（権威者（上位者）側の感情については、本書はカッコに括り、問題としていない）[8]。下位者（依頼者）による、権威関係への影響可能性という側面に注目した比較的近年における研究として、ブレーゲンらの業績がある（Blegen and Lawler [1989]「権威者─依頼者関係におけるパワーと駆け引き」("Power and Bargaining in Authority-client Relations")）。ここでは彼らの諸説を手がかりにして、権威関係をめぐる構造とはいかなるものかについて明確化を目指すことにしたい。関係を構造的に描写することによって、かえってそのダイナミッ

クな過程を直感的に捉えやすいものにすることを目指し、さらに権威関係がおかれているさまざまな意味でのコンテクスト、とりわけ現代の産業のきわめて発達した社会という布置状況について具体的に視野に入れるために、ブレーゲンらの所説を参考にして考察をおこなう。

ブレーゲンらの議論が本書にとって重要であると筆者が評価する根拠としてつぎの事実を指摘しておかなければならないだろう。すなわち、権威に関する先行研究は少なくないが、下位者が関係自体や上位者に対して与える影響、という方向の力およびそれが可能となる諸条件という、これまでほとんど論じられてこなかった視座を、ブレーゲンらが提出しているという希少性である。具体的には、「本理論が焦点を合わせているのは、<u>上位にある権威者ではなく、ただ依頼者に対してだけであり、とりわけ、依頼者による要請（request）が権威者に拒絶された際に、依頼者が示す反応行為（reactions）についてである</u>」（Blegen and Lawler [1989: 170] 下線は引用者）。こうした独創的なブレーゲンらの視座に留意しつつ、ここではかれらの権威論について確認と検討を加えつつ考察を展開する[9]。

関心のちがい

ただし、ブレーゲンらは、敬意が権威関係に与える影響については、言及していない。また、ブレーゲンらの論考においては、下位者の知覚上の帰属（attribution; 諸原因を推論する過程）に基づく戦術上の（tactical）行動選択（行為）にウエイトがおかれているが、本書では、下位者の意識・感情（敬意）が権威関係に影響を与えることをめぐる諸問題に関心を集中させているという意味で、問題意識に明確な相違があることは事実である。

だが、ここでのテーマが敬意に関するものであり、それが下位受容者のものであるというところから、受容者サイドの敬意が権威関係に与える影響について考えるとき、かれらの所説をおさえておくことには相応の意義があるように思われる。というのは、ブレーゲンらの所説が依頼者の反応行為を主たる論題としているゆえに、結果として下位依頼者たちがある程度自発的に活動することが可能となる関係構造的な諸条件について論じられているため

である。

　さらに、このような下位者が権威関係に影響を与えるという発想は、権威を相対視していくためのヒントを与えてくれるかもしれない。一足飛びに第4局面（権威の消滅）に結びつかないまでも、権威者側に下位受容者側が影響を与えるような、具体的な行為の種類を、彼らは挙げている。権威現象の明確化を旨とする本書にとって、この具体性は貴重である。以下では、下位者側の反応行為の種類、さらにはそれらを可能にする権威者と下位者の関係が置かれている構造的な諸条件について紹介していくと同時に、本書で示してきた概念によって、特徴づけていくことにしたい。

1）ブレーゲンらの権威論の前提となる先行研究
組織内権威関係の3つの特徴

　まず、ブレーゲンらは、権威論、とりわけ上位―下位という権威関係に関する先行研究について、つぎの3つの特徴を掲げている（Blegen and Lawler [1989: 168]）。その第一として、これまでの研究では、「公的契約関係、たとえば雇用者―被雇用者、あるいは監督者―労働者のような関係に関心を限定させるのが通例であった」。つまり、組織論の範囲内で、そこでの問題関心に関連してしか、権威関係がこれまで論じられてこなかったという訳である。第二の点として、「非対称的（asymetric）関係の研究ではたいてい、より多くのパワーを持った行為者の行動に関心を集中させており、そうした行動がより少ないパワーしか持たない行為者にどのように影響するのかというところに、関心を集中させている」。そして第三の特徴として、これまでの上位―下位関係へのアプローチは、「社会構造に反応を示しつつ、社会構造を支える社会的相互作用を除外してしまうほどに、構造的コンテクストのみを強調するか、あるいは、社会構造を除外してしまうほど社会的相互作用のみを強調してしまうのかのいずれかであった」と主張しているのである[10]。

構造論と相互作用論の統合

　先行研究に対するこのような特徴づけを行った上で、ブレーゲンらは、自

らの権威論をつぎのように位置づける。すなわち、彼らの論考は「とりわけある1つの形態もしくはタイプの上位—下位関係が持っている、構造的特徴と相互作用的特徴とを統合するための、1つの努力の成果」なのである（Blegen and Lawler [1989: 168]）。この試みをより具体的にいえば、「構造へのアプローチとして社会的交換論を、そして相互作用へのアプローチとしても戦術的に、社会的交換論を採用する」（Blegen and Lawler [1989: 168]）というのである。そして、さきに触れたように、ブレーゲンらの研究は、先行の諸業績とは異なり、下位にある依頼者の側による、権威関係や権威者に対する影響可能性を強調するところに、従来の研究にはない、いわば「下位者権威論」とでも称すべき特色が出ているものと思われる[11]。

　下位者権威論に関する4章の議論の展開は、本文と平行して「注」においても行っている。本文のやや抽象的理論展開を補う具体的イメージとして、注にも目を配っていただきたい。

　ハーバード大医学部の研究員経歴があり、高校の先輩というつながりからＴ　Ａ（ティーチングアシスタント）をさせていただいていた木村利人氏（バイオエシックス）の体験は、〈下位者権威論〉について考える上で、具体的に参考になると思われる。

　まず先述の注11では、病院での日本の患者の社会的位置（ポジション）の"弱さ"、"子ども扱い"される患者について紹介した。つぎに注18では、アメリカの専門職者（医師）に対する患者の社会的位置（ポジション）の"強さ"、"顧客"である患者が医師を"雇う"という発想についての木村氏の体験についてみていくことにしたい。

　では、日本の医者はなぜ、親が子を見つめるような"上から目線"（"父権的温情主義"）的であるのだろうか。注41では、医師の「正統性信念」の源泉が、日本という「地域効果」による規定、そして「時代効果」超越的（時代錯誤）であることに言及する。日本の医学倫理は、近代的な病院の建物や設備とは裏腹に、『医心方（いしんぽう）』（984年）の〈慈と仁としての医〉という仏教（儒教）精神を受け継いでいる。もちろん例外はあるかもしれないが、川崎で起きた安楽死事件なども、その底流では、日本の医師権威源泉が帯びる優越的価値が含み持つ"父権的温情主義"、〈慈と仁としての医〉というスタンスが、

今だ影響しつづけているから生じたのではないだろうか。

2) ブレーゲンらの権威関係論の特徴
前提とする社会状況認識

話をブレーゲンらの権威論に戻し、ここからはしばらくは、やや抽象的理論・概念展開におつきあいいただきたい。では、彼らのいう「とりわけある1つの形態もしくはタイプ」とは、どのような権威関係を指すのだろうか。この問いについてかれらは、「自発的（ヴォランタリスティック）で、非契約的である、サービスの提供者と依頼者たちの間における関係」であると明示する（Blegen and Lawler [1989: 167]）。その上で、権威者―依頼者関係は、「ポスト産業社会においてしだいに広くゆき渡りつつある」（Blegen and Lawler [1989: 184]）という認識を示している。かれらによれば、ポスト産業社会は、「政治社会学やその他の業績が示すように、サービスの生産と消費が次第に増加するよう方向づけられた社会」（Blegen and Lawler [1989: 168]）なのである。

権威者のイメージ

こうした社会状況下における広範囲にわたる諸々のサービス提供者の中で、とりわけかれらが関心を寄せるのは、「社会的に正統化されている諸制度に根ざす人々」である。すなわち、「サービス提供者は、制度内での自分の位置によって正統化されている権威を所有（possess）している。しかも、そうした権威は、高度に専門特殊化された知識や技能、当該位置への選挙や任命といったプロセス、あるいはそれらの結合を、必ずしも高い程度において必要としているわけではない」（Blegen and Lawler [1989: 168]）。したがって、制度によって正統化がなされている位置を占める権威者、ひいては「社会的に正統化されている諸制度」自体に対しては、選挙や任命という手続きを通して依頼者が直接的に影響を与えることはできないと考えられる。

依頼者（受容者）の状況

サービス提供者としての権威者がこのように想定されている一方で、サー

ビスを受け取る依頼者が置かれている状況は、つぎのようになる。すなわち、依頼者は、「知識への直接のアクセスの手段や知識そのものが欠乏しているという理由から、制度上の権威からのサービスの提供を探求して」おり、「必要となるアクセス手段、情報、あるいは援助協力の点で権威者に依存している」のである（Blegen and Lawler [1989: 168-9]）。

知識的権威関係

このような権威関係の具体例としてかれらが挙げるのは、「政府官吏と市民、代議士と選挙区民、健康ケア・プロバイダーと患者、そして大学教授と学生」である（Blegen and Lawler [1989: 169]）。この関係は、会社における上司―部下関係に代表される、「…すべきだ」といった命令のやりとりが交わされる〈義務的権威関係〉ではなく、どちらかといえば「―は…である」という事実の提示（命題）を主体とする〈知識的権威関係〉と考えてよいだろう（3章参照）。

そして、こうした関係が随伴する特徴としてブレーゲンらが注目するのは、権威者―依頼者の両当事者における「共通の目標」と依頼者側における「相当大きなヴォランタリズム（自発的余地）」の存在である。すなわち、「共通の目標とは、依頼者の置かれた状況や依頼者の行動において、何らかの変化が生み出されなければならないというところにある。依頼者は、ヴォランタリー（自発的）にこの変化を進み求め、権威者は依頼者の要請に対してサービスを提供する義務を持っている…依頼者が権威者との関係所属（relationship）を拒絶することができる一方で、権威者には、サービスを供与する関係への所属（service relationship）を受け入れる義務がある」（Blegen and Lawler [1989: 169]）。

ブレーゲンらによれば、権威者の立場は、依頼者との共同目標を達成できるかどうかによって決まり、その点では、依頼者（の行為の仕方）によって決まる、すなわち、「権威者の役割の中心的側面の1つは、目標達成の蓋然性を高めると思われるやり方で行動するように、依頼者に影響を及ぼすことである。そしてまた、制度上の、さらには仲間による報償（rewards）の存続は、

権威者の役割遂行の成功、換言すれば依頼者が権威者によって処方されたように行動し、目標達成するかどうかによって、決まるだろう。したがって、依頼者の行動と目標達成は、少なくとも部分的には、権威者の役割遂行を評価するための主要な手段を提供することにより、権威者の報償をコントロールしているのである」(Blegen and Lawler [1989: 173])。

入り込む権威関係

さらに、このような関係における依頼者の自発的余地(ヴォランタリズム)の存在とは、関係が依頼者側によって始められるということも含んでいる。すなわち、「そのような関係は、より弱いパワーしか持たない行為者(すなわち依頼者(client))による、ある一定のサービスを求める欲求によって始められ、支えられている、正統化されている非対称的なパワー関係所属として、ここに概念化されるのである」(Blegen and Lawler [1989: 169])。この意味で、入り込む権威関係に近い想定であるいってよいだろう。

交渉と駆け引き；道具性重視

ブレーゲンらによれば、共通の目標を伴っている上述のような権威関係においても、コンフリクト[12]がしばしば生起するのである。その理由は、「目標がどのように達成されるかという点において相当な変度(variability)が存在するということ、具体的にいうと権利と義務一般が、どのように社会的行為へと変換されるかということにおいて相当な変度が存在するため」なのである。この変度が、「相当な曖昧さ」を生み出すとともに[13]、「交渉と駆け引き(negotiation and bargaining)」の必要をも生み出している (Blegen and Lawler [1989: 179])。

目標のための手段(道具)という意味で、ブレーゲンらの想定する権威関係は、宗教に多い関係所属(relationship)そのものを重視した帰属的権威関係という側面でなく、明らかに道具的側面が強い関係である。そして、「ひとたび関係所属が成立すると、権威者か依頼者のいずれかが、共通目標や、関係所属の成立によって重要となる他の諸目標(たとえば、双方の行為者にとっ

て、関係所属のコスト(権威関係を続ける負担)が低く保たれているかどうかということ)に向かって、相手が効率よく作用しているかどうかについて問題にする」ようになる。かれらによれば、「ひとたびコンフリクトが知覚されるならば、双方の行為者は、相手に影響を行使することを試みるかどうかということや、いかにして影響を行使するかということを検討する。その結果として起こる相互交換は、取り引きの1形態であり、影響力行使の試みは戦術として解釈可能である」という(Blegen and Lawler [1989: 169-70])。ただし、かれらが焦点を合わせているのは、権威者側の戦術・行為ではなくではなく依頼者側のそれであり、そこにこそブレーゲンらの権威論の特色がある。

8つの命題と選択過程図

　以上のような想定のもとで、ブレーゲンらは、つぎの8つの命題を提出している(Blegen and Lawler [1989: 179-83])。

命題1：「目標の価値と比較して即時的ベネフィット(利得)の価値が大きければ大きいほど、依頼者は、権威者に対し、影響力行使を試みやすくなる」(Blegen and Lawler [1989: 179])。命題1の例としてブレーゲンらは、つぎの例を挙げる。つまり、「経済上の苦痛を受け、失業給付(ベネフィット)を求めている、失業労働者がその一方で、新しい職を見つけるという長期的目標を即時的ベネフィットより高く評価するとき、依頼者が、権威者によるベネフィットの拒絶に対して挑戦することには、大きな経済上の苦痛を受けていて即時的ベネフィットをより高く評価している別の失業労働者の場合と比べて、低い蓋然性しかない。

　後者(別の失業労働者)は、長期的目標より即時的な経済上の支援の方が依頼者にとって価値があるゆえに、その関係所属を崩壊させるかも知れない影響力行使の試みを行う蓋然性が高い。このため影響力行使の試みは、目標と比較して要求されたベネフィットの価値が高いとき、蓋然性が高くなる」(Blegen and Lawler [1989: 179])。長期目標(就職)と当座の利益(失業給付金)とを依頼者は比べ、給付金の値打ちが相当以上あ

ると感じるなら、交渉と駆け引きに持ち込もうとするのである。

命題2:「コンフリクトを回避する決定を下した場合、目標の価値が高ければ高いほど、権威者の〈依頼者が示したリクエスト（request；要請）に対する〉拒絶に、依頼者が遵守を示しやすくなる。逆にいえば、目標の価値が低ければ低いほど、依頼者が権威関係所属から撤退する蓋然性は、高くなる」（Blegen and Lawler [1989: 179]〈〉内は引用者）。依頼者にとって、目標の価値の高低が、受忍限度を決定づけているといったところである。

命題3:「もし、権威者の拒絶理由が制度的なものであるならば、依頼者がサービス規範に訴える蓋然性は、高くなる」（Blegen and Lawler [1989: 182]）[14]。権威者に対し、自身の規範意識に訴える場合でも、拒絶理由によってその成否が変わる。先例や慣行といった制度的ルールを楯に何かをやらないと突っぱねられた場合、権威者としての自覚を促すこと（"プロなんだから""先生なんだから"といった訴えかけ）が多くなる、という。

命題4:「もし、権威者の拒絶理由が制度的なもので[15]、かつしかもサービス規範への訴えかけが不首尾におわるならば、依頼者が認知上のベネフィットもしくは目標の価値を減じる蓋然性は、高くなる」（Blegen and Lawler [1989: 182]）。命題3の状況でも依頼者のリクエストがかなえられないとき、依頼者は、自分が持ち込んだ依頼そのものを見つめ直し、そこまで固執する必要はないのでは、と考える傾向にある。

命題5:「もし、権威者の拒絶理由が態度的なものである場合[16]、依頼者に多くのオルタナティヴ（他にとることができる選択肢）があるときにはそれらを伸展させる蓋然性が高く、依頼者にとってオルタナティヴがあまり存しないときには、権威者が与える目標価値を増加させる試みがなされる蓋然性が高くなる」（Blegen and Lawler [1989: 182]）。権威者個人のやる気のなさにより、リクエストが拒否されているようなら、2通りの成り行きが考えられる。他にある程度でもリクエストをかなえてくれそうな権威者がいるようなら、そちらを当たる。いないようなら、その権威者が希少な存在と考え、依頼目標自体の価値について、依頼者は拒絶前より高く見積もるようになり、辛抱強く交渉を続ける傾向にあるという。

命題6：「もし、権威者の拒絶理由が態度的なもので、かつしかも命題5の戦術が不首尾に終わる場合、依頼者が他の依頼者たちと連携（coalition）を形成するか、もしそれが可能でない場合には、サンクションを用いることを試みる蓋然性が高くなる」（Blegen and Lawler [1989: 183]）[17]。他にとるべき選択肢がなく、しかも耐えられない場合、依頼者は同じ立場の人を見つけ、連携していわば団体交渉で権威者に圧力をかける。それが無理ならば、サンクション（制裁と報償）を使うことができないかと考える。注に示したように、サンクションにも上訴、懲罰、報償と、さまざまな性質のものがある。懲罰には、面と向かっての酷評や侮辱といった直接的なものから、他者に示す中傷といった間接的なものまでと幅広い。お世辞や賞賛でも、直接提示したり、現代ならネット上でほめるなど、さまざまなやり方が考えられる。

命題7：「もし、権威者の拒絶理由が能力であると依頼者が知覚する場合、依頼者に多くのオルタナティヴがあるときには、それらを伸展させる蓋然性が高く、依頼者にオルタナティヴがあまりないときには、依頼者自身の目標価値を減じる試みがなされる蓋然性が高くなる」（Blegen and Lawler [1989: 183]）。権威者個人の力量不足ゆえに突っぱねられている場合、他の権威者にまずは当たる。公判中、弁護士を代えるといったケースだろう。依頼者側の不満が権威者の力不足できき容れられないのなら、目標達成の手段としての権威関係から離脱し新たな権威関係を探す。ここからも、ブレーゲンらのイメージする権威関係が道具的色彩の強いものであることが分かる。他に頼るべき権威者があまりいないとき、依頼者は自分が抱く目標の魅力を減じて考える傾向にあるという。

命題8：「もし、権威者の拒絶理由が能力によるものと依頼者が知覚し、かつしかも命題7の戦術が不首尾に終わる場合、依頼者がサンクションを用いることを試みる蓋然性が高くなる」（Blegen and Lawler [1989: 183]）。権威者の力量不足ゆえに他を当たったがダメで、かつあきらめきれないとき、依頼者はサンクションを使って権威者を刺激しようとする。

第4章 敬意対象としての権威

影響力行使を試みるための決定　　　　　　　　　　　　　　　戦術的な選択 (Tactic Choice)
(Decision to Attempt to Influence)

	最初の選択 (First Choice)	2番目の選択 (Second Choice)
制度的 (Institutional)	目標価値そのものを減らす (Decrease Own Goal Value)	サービス規範の発動 (Invoke Service Norms)
態度的 (Attitudinal)	権威者の目標価値を増加させる (Increase Authority's Goal Value)	連携の形成 (Coalition Formation)
能力 (Ability)	目標価値そのものを減らす (Decrease Own Goal Value)	サンクション (Sanction)
制度的 (Institutional)	目標価値そのものを減らす (Decrease Own Goal Value)	サービス規範の発動 (Invoke Service Norms)
態度的 (Attitudinal)	他の選択を展開する (Develop Alternatives)	権威者の目標価値を増加させる (Increase Authority's Goal Value)
能力 (Ability)	他の選択を展開する (Develop Alternatives)	サンクション (Sanction)

コンフリクトの回避 (Avoid Conflict)

影響力行使の試みを行わない (No Attempt)

影響力行使を試みる (Attempt to Influence)

1. 価値 (Value) 低い／高い
2. 依頼者が他にとるべき選択肢 (Client Alternatives)
   - 選択肢がない (No Alternatives)
   - 利用可能な選択肢がある (Alternatives Available)
3.

1. 利得の相対的価値 (Relative Value Benefit)
2. 他にとることができる諸選択についての見積り (Assessment of Alternatives)
3. 権威者が拒絶した場合の帰責理由 (Attribution of Authority's Reason for Refusal)

図4—1　依頼者のとることが可能な選択肢と権威者の拒絶理由からなる戦術的な選択
(Tactic Choice by Client's Alternatives and Authority's Reasons for Refusal)

このような、依頼（下位）者側がイニシアティヴ（主導権）をとって権威者に対し影響を及ぼしていく際に存在している選択肢、およびその選択過程については、彼らが提示した図4—1のような整理に基づくと理解が容易になる（Blegen and Lawler [1989: 178]）。

図4—1の「依頼者のとることが可能な選択肢（オルタナティヴ（alternatives））と権威者の拒絶理由からなる戦術的な選択（Tactic Choice）」では、1. 利得（Benefit）の相対的価値、2. 他にとることができる諸選択（alternatives）についての見積り、3. 権威者が拒絶した場合の帰責理由、および、1. 価値が低い／高い：影響力行使を試みない（コンフリクトの回避）／影響力行使を試みる、2. 依頼者に他にとるべき選択肢：ない／利用可能な選択肢がある、3. 制度的／態度的／能力という場合分けと項目が示されている。左上の最初の分岐点、目標価値の高低で「低い」と見積もられた場合、そもそも依頼者は権威者に対し影響力行使の試みを行わないので、コンフリクトは回避される。さらに、以下のようなプロセスを図表より読みとることができるだろう。

　権威者の拒絶理由が制度的なもので依頼者に他にとるべき選択がない場合
　＊最初の選択：目標価値そのものを減らす
　＊2番目の選択：サービス規範の発動

　権威者の拒絶理由が態度的なもので依頼者に他にとるべき選択がない場合
　＊最初の選択：権威者の目標価値を増加させる
　＊2番目の選択：連携の形成（Coalition Formation）

　権威者の拒絶理由が能力的なもので依頼者に他にとるべき選択がない場合
　＊最初の選択：目標価値そのものを減らす
　＊2番目の選択：サンクション

権威者の拒絶理由が制度的なもので依頼者に他にとるべき利用可能な
選択がある場合
 ＊最初の選択：目標価値そのものを減らす
 ＊2番目の選択：サービス規範の発動

権威者の拒絶理由が態度的なもので依頼者に他にとるべき利用可能な
選択がある場合
 ＊最初の選択：他の選択を展開
 ＊2番目の選択：権威者の目標価値を増加させる

権威者の拒絶理由が能力的なもので依頼者に他にとるべき利用可能な
選択がある場合
 ＊最初の選択：他の選択を展開
 ＊2番目の選択：サンクション

第1局面で制度的に（上位者側から）正統化されていても、第3局面で下位者側から正統化されつづけないと継続しない権威

　以上が、ブレーゲンらの権威論である。そもそも弱い立場にあり、下位の立場にたたされているはずの依頼者――具体的には疾患治療の際に、医師のどこか消極的なやる気のない姿勢と向き合っている患者など――が、どのようにすれば主導的に権威者と向き合うことができるのか、権威者の拒絶理由を3通りに想定の上、ある意味実践的な戦術について論考が行われているという点で、彼らの論考は異彩を放っている[18]。

　本章のテーマとの関連に限ってみると、そもそもブレーゲンらの議論における「正統な」権威とは、認可と是認という要素・側面から成り立っている[19]。権威を正統であると「認可する」・「是認する」というのは、具体的にはつぎのようになる。「正統な権威とは、より大きな組織〔（広義の既成事実・時間先行

的存在・広範囲に及ぶ制度的存在を含む）権威者の上位者たち〕によって認可され(authorized)、〔権威者が属する組織（広義の社会）の〕下位者たちによって是認されて(endorsed) いるという意味である」(Blegen and Lawler [1989: 183]〔 〕内は引用者)。これまで紹介してきた8つの命題のなかで論じられているのは、ここでいうところの、下位者たち（複数の依頼者）による、権威者の「是認」をめぐる問題であるといえる。

　これに対してもう1つの権威正統化をめぐる側面が、権威者のさらに上位者たちによって行われる「認可」であることにも、一定の留意が必要ではある。これは、その権威の発生局面（第1局面）の問題と位置づけることもできる。これに対しブレーゲンらは、認可より是認について詳述し、継続（第3）局面において権威者が権威者として広く依頼者たちに認められつづけるダイナミックな作用を重要視した論考を行ったといえよう。

権威をめぐる2つの正統性でのタイムラグ

　権威をめぐる2つの正統化、「認可」・「是認」には、第1局面と第3局面という時間的タイムラグが存在している。認可が是認に及ぼす影響の大小は権威によって異なると思われ、別に考察を要するが、認可→是認という順序と局面の違いについては留意すべきである。

　ブレーゲンらの権威論で示されているような、「入り込む権威関係」・「道具的権威関係」という特徴を帯びる権威の正統化についていえば、第3局面における是認的（下位受容者たちによる）正統化が、権威継続に直接、大きく影響しているように思われる。ただし、権威のビジョン呈示を旨とする本書では、「第1局面における認可的正統化（ある種の権威の発生）・第3局面における是認的正統化」、「巻き込まれる／入り込む」、「道具／帰属」といった各区分の相関については、立ち入ることを控えたい。

敬意は下位者側による是認的（第3局面的）正統化に関与

　上位・下位という、いわば「関係構造」という見地からみると、敬意作用は「是認」という形での下位受容者側で行われている、第3局面における権

威正統化プロセスに位置するものと思われる。本書のテーマの観点からみてこの議論から読み取ることができる知見としては、依頼者の敬意が権威関係のなかで働くための構造的条件は、下位にある側でのヴォランタリズムの存在にあるという点であり、こうした受容者側におけるヴォランタリーな余地の存在が依頼者の敬意的作用の存在にとって必要条件であると一見みえる。

この点からみると、敬意作用が権威関係を強化すると考えるとき、下位にある受容者側での「ヴォランタリズムの存在」は、かえって権威関係を安定化させる契機となりうるとともに、それが存在しない権威関係では反発や反抗が増加して継続力の弱いものとなるか、サンクション色の一層強い強制的・権力的な関係へと移行せざるをえなくなるだろう。

とはいえ、のちにみるように敬意は「刷り込み」の結果であり、幼少期に内面化されると考えるプレサスのような立場もある。この立場では、組織内の義務的権威関係でも、いわば条件反射的に上司を敬うことになる。この場合、ヴォランタリズムの余地はほとんどない。したがってヴォランタリズムの有無はともかく、「下位者側の正統化」という「位置」が、「権威と敬意」について考える上で重要そうであると確認するにとどめよう。

第3節　正統性／正統化をめぐる問題

下位からの権威正統化（是認）要素としての敬意

以上の論考で提出された権威の是認的「正統化」プロセスに関連する要素の1つとして、ここで敬意要因を織り込み、敬意作用の構造的条件を示すならば、権威関係構造における敬意作用発動の可能性は、受容者側が"働きかけを行うことができる"時間、つまり第3局面をめぐる問題であることが、その構造的前提条件になっているといえる。そして、権威正統化の「是認的」一要因として敬意をとらえるとき、敬意は権威関係を強化する「方向」で作用していると考えられるだろう。これは、次節から論じる、「権威と敬意」という希少な論考を行ったプレサスとブラウの議論で共通する認識であり、この点に限れば本考察でも異論はない。しかしながら、たとえプレス

サスあるいはブラウ各自の問題設定を考慮するとしても、彼らの議論では欠落している側面もしくは制約が存在していることも確かである。それをここで明確化しておくことが、権威研究に対する貢献であると筆者は考える。

そこで、敬意を権威正統化要因の一要素ととらえるというとき、この問題に取りかかる前に、権威の正統化（legitimation）あるいは正統性（legitimacy）の問題それ自体の見取り図や、社会科学におけるその論じられ方の時代的変化について、ある程度触れておかねばならない。結論を略述するならば、本書でこれまで浮き彫りにされてきた「上位者」対「下位者」という構図は、社会科学の歴史上今日まで議論されてきた正統性や正統化という問題の中にも登場することを確認することができることから、上位—下位という「切り口」の普遍的応用可能性を再認識することとなる。

上位からの正統化と下位からの正統化

そもそも、社会科学一般における（正統化を含む）正統性という「概念」には、2つの論点が含まれているとされている。『権威からの逃走：エーリッヒ・フロムのパースペクティヴ（*Escape from Authority: The Perspectives of Erich Fromm*）』の著者でもある政治社会学者のスハール（Schaar [1961]）が別の論文で行った包括的な考察によれば、この2つの問題とは、（権威を含むが権威に限らない）ある力の源泉（source）をめぐる問題と、その力の受け手（下位の立場におかれた者たち）側の問題から成り立っているとされている（Schaar [1969]「近代国家における正統性」（"Legitimacy in the Modern State"））。

これらは、さきのブレーゲンらや高名な組織論者であるドーンブッシュとスコットといった研究者たちの唱える、権威行使者のさらなる上位者たちによる「認可（authorized）」と権威者が属する組織の下位者たちによる「是認（endorsed）」に相当するといえるだろう。政治（国家）でも経営（組織）でも、社会的権威をめぐる正統性問題は二方向的なのである（そして、2つの正統化タイムラグ（第1局面 vs. 第3局面）を問うのが、本書による新機軸である）。

組織内権威の正統さを認可・是認プロセスで説明することを試みたドーンブッシュとスコットは、1975年の共著『有用性評価と権威行使』のなかで、

是認より認可を強調し、論述のウエイトをおいてしまっている (Dornbusch and Scott [1975: 58-64])。この、いわば権威 (職業権限) の権力への還元という発想は、ネオ・ヴェーバリアン (neo-Weberian) とペロー (Perrow) より称されているサイモン (とりわけ彼の後期の著述) と類似した発想経過をたどった観もある (権力還元論者としてのヴェーバーについては、5章参照)[20・21]。

感情の問題としての正統性

このように「正統性／正統化」と社会科学一般においていうとき、是認より認可を重要視するのが一般的である。ただしその一方で、スハールによれば正統性とは、当該の正統性を受け入れる人々の側における「感情の問題」なのである。彼は国家の政治形態に関連してつぎのようにのべている。「正統性 (legitimacy) とは、ほぼ完全に感情の問題 (a matter of sentiment) なのである。追従者たちは体制を信じる (believe in)、もしくは体制を信仰する (faith in) のであり、まさにそれが正統性というものなのである」(Schaar [1969: 110])。

スハールのこの見解は、「正統性」の定義に関する Oxford や Webster といった古典的辞書におけるそれ (旧定義) と、リプセット『政治的人間』(1959, Political Man) やビァステットの『社会科学事典』における定義 (1964, A Dictionary of the Social Sciences) といった、新たに政治社会学者が行った定義 (新定義)[22] との比較検討の結果、導き出されたものである (Schaar [1969: 107-9])。スハールによれば、古いほうの定義が法もしくは正義を中心に論述されているのに対し、新しい定式化では、システムが正統性信念を生み出し、維持する点が強調されている一方で、その科学的任務 (scientific duty) にとって適合するように古い定義が随伴する規範的かつ哲学的な扱いにくい部分が切り落とされている。そして、そのことによってかえって「黙従」や「コンセンサス (同意)」と正統性概念の違いが不明確化され、「正統性」が人々の信念や意見へと解消されてしまっているという。すなわち新しい定式化によれば、「もし、当該制度下にある人々が、現存する諸制度について『適切である (appropriate)』もしくは『道徳上適切である』という信念を保持しているならば、そのときそれらの諸制度は、正統なものなのである」。新定式化

の一例としてリプセットの定義をあげると「正統性には、システムが、現存の政治制度が社会にとって最も適切なものであるという信念を生み出し、そして維持する潜在的可能性(capacity)が含まれている」というものだが、フリードリッヒの『人間とその統治』(1963, Man and His Government) を引用しつつ「正統性という現象は、同意と一致しているどころか、きわめて特殊な同意の1形態で、それは統治の権利・資格の問題を主要テーマとしている」として、スハールは新しい定式化を批判する。正統性は同意を伴うが、同意が必ずしも正統性に基づくものではない。というのも、正統性を認めない場合でも、黙従せざるをえない場合もあり、表面的には同意しているようにみえてしまうケースもあるからである。

では、彼が指摘した「切り落とされた」部分、すなわち、古典的辞書内の正統性定義において重要な役割を果たしていた「規範的かつ哲学的な扱いにくい」特徴、具体的には同意が正統性に基づく際に依り拠となると考えられる源泉とは、どのようなところにあるのだろうか。

権威者にとっての権威源泉の外在性

スハールによれば、古いほうの定義に共通する特徴は、それが政治的パワーについての要求であるにせよ、ある議論における結論の妥当性の要求にせよ、要求する力 (the force of a claim) が基づく根本基盤 (foundation) が、要求者自身 (の主張や意見) とは外在し、そこから独立した存在とされているところにある。したがって古典的辞書によれば、「政治権力についての要求は、要求者が、自身を超越したもしくは自身より卓越した何らかの権威の源泉を発動する (invoke) ことができるときにのみ、正統なものなのである」(Schaar [1969: 108])。

そこで挙げられている権威源泉は太古からの慣習 (immemorial custom)、神法 (divine law)、自然法、憲法典であり、アーレント「権威とは何であったのか」を引用しつつ (Arendt [1958: 83])、「これら全てのケースにおいて、正統性は、人為 (human deeds) の範囲の外にある何かに起源を持つ。つまり、正統性は人が造った (man-made) のでもなければ…少なくともたまたまパワーの座に

ある人々によって造られたものでもない」とのべている (Schaar [1969: 108])。つまり、正統性の依り拠となる源泉の特徴は、何らかの要求を行う上位者自身には「外在」した存在なのであり、人為の範囲外にある何かに起源をもつところにある、という指摘は重要である（3章の権威源泉発生に関する主張は、旧定義とスハールの議論を踏まえたものである）。

権威源泉問題を自明視し、省略する、デモクラシー全盛期の正統性観

他方、新しい方の定義における正統性とは、その正統性を受け容れる人々の側における「感情の問題」とされている。このリプセットやビァステットの立場による政治認識によれば、統治民たちは体制を信じるか、または信仰している「状態」に他ならず、彼らの感情は歪められたものでも、あるいは利益団体が正統化プロセスに介在するものでもない。

このようなデモクラシーへの全面的信頼に基づき、その時その地域の統治民の「感情（信念）が歪められることなく正統性を不断に生み出す手続きや過程」こそ（あるべき）政治プロセスなのだ、といった20世紀中葉のアメリカのデモクラシーという政治体制と政治状況に対する実感と理想視に基づいたその時代ならではの現実認識の結実こそが、彼らの正統性概念には色濃く反映しているように思われる。いいかえれば、このような制約が新定義的「正統性観」から読みとることができるといってよい。新旧の定義の双方で共通しているのは、正統性が「授権 (entitlement) に関連する権威の1側面」というところである (Schaar [1969: 109])。ただし新しい定義において統治民（権威への追従者たち）の信念や信仰という「感情」によってのみ正統性が支えられていると考えられるというとき、その問題点についてはスハール自身もつぎのように示唆している。すなわち、「信仰とは、条件づけの所産もしくはシンボリックな眩惑 (bedazzlement) の産物であるかも知れないが、いずれにせよ信仰においては、なんら有意な程度での推論や判断の作用は存在せず、あるいはまた、統治過程への積極的参加も存在しえないのである」(Schaar [1969: 110])。

ここでいう「信仰」は、本書の冒頭で挙げた権威の二特徴の中の1つであ

る「私的判断の放棄」という問題を、社会科学一般のレベル、あるいは全体社会レベルの文脈で言い換えた指摘であるとみることもできよう。「迷い」を断つ・なくすことを目指す状態が「信仰」の特色の1つであり（第3局面で望ましいとされる、受容者の状態）、それは"判断や推論の自分以外の存在への委譲"と考えられるからである。

〈源泉・担い手〉対〈受容者集団〉という布置構図

このようにスハールは「近代国家における正統性（"Legitimacy in the Modern State"）」という表題の下に、「正統性」の定義に関するOxfordやWebster（旧定義）とリプセットやビアステット（新定義）とを比較した上で、特徴づけている。

まとめていえば、古典の定義では「力の源泉」側に論述のウエイトが置かれているのに対し、新定義では、下位者側の感情にウエイトが置かれているという「対立的構図」の提示である（Schaar [1969: 107-9]）。「新定義」の問題点について指摘しているところから考えると、彼自身の立場は、「力の源泉」と「感情的同意」がともに正統性の必須条件であるというところにあるものと思われる。いいかえればスハールの関心は、「感情の問題」としての「追従者たち（被統治者）が体制を信じる、もしくは信仰する」正統性と、その正統性信仰を生み出す、対象としての権威源泉という両方にまたがって存している。

このように「力の源泉という上位」対、感情によって正統性を左右する「下位者」という上位問題対下位問題という対構造を持つ布置的図式という形式の存在をも、社会科学における正統性研究史より読みとることができよう。

認可・是認・旧定義・新定義と正統性・正統化

さきに触れた認可・是認という組織論的な権威行使の実効性評価概念を、より一般的な意味での権威の正統化プロセスという関連から検討するならば、認可は「正統性源泉の1根拠」であり、是認は（正当化（justification）をも含む）「正統化プロセス」の問題にほかならない（両者については、7章参照）。詳しくは別の論考に譲らざるをえないが、企業など組織では「認可」が「是

認」に先行していることが多いと考えられる。これに対し、政府など政治では、そもそもの樹立が「認可（担い手側）」主導か、「是認（受容者側）」主導かは、考え方によって異なる。企業と違い政府については一般に、第1局面に遭遇するのが難しく、権威源泉の発生についてとらえ難いところから、逆に発生（の正統性）を所与とできず思想的理由づけが介在する余地があるのである（政治と権威観については、1章および5章参照）。

　そもそも正統化（正統性）で問われる可能性があるのは、1) 源泉の価値優越性、2) 源泉と担い手のつながりに関するものである（3章、および7章参照）。いずれにしても、権威源泉をめぐるものであり、源泉の存在をうやむやにしたり、自明視してしまっては、源泉そのものの正統性は問えず、それは新定義でいえば、個々の政策の正当性を問うレベルに止まる。下位者側から 1)、2) を問うのが「是認」であり、上位側から 1)、2) を問うのが「認可」であるが、組織を前提としているとき、1) の源泉そのものを問うことは少なく、2) の担い手が適任かどうかがもっぱら問われるだろう。

　一方旧定義では、1)、2) ともに問うが、1) そのものにウエイトを置く観があり、「規範的・哲学的扱いにくい前提」として人為の範囲外の起源をもつとされる太古からの慣習・神法・自然法という「根本基盤」を具体的には挙げたのだった。これに対し、新定義ではデモクラシー（民主主義）を自明視し、もっぱら 2) のみ、政権がデモクラシー（同意多数決）に適っているかのみ論題としている。たとえば、民主主義、社会主義、共産主義、全体主義の中から民主主義の価値優位性（権威源泉としてふさわしいか）について問う発想はない。時間性（全体主義を克服して民主主義に至った経過（系譜づけること））と空間性（世界中どこでも、先進国はどこも民主主義というところから、その一環として関連づけること）から民主主義の価値優越性を立証する手続きを、新定義は怠っているのである（権威源泉と時間・空間については、3章参照）。

第1局面としての認可、第3局面としての是認

　そしてスハールの正統性論における「新しい定式化」（新定義）が、受容者たちの感情を経由した「正統化」過程にウエイトをおいた記述であるのに

対して、旧定義は、権威者にすでに「外在」し、彼の営為を越えた存在（組織や社会内にいる権威者の上位者たち）による「認可」的側面にウエイトをおいた、「正統性源泉の根拠、そしてその発生」を主題とする議論である。

「外在」としての権威源泉は権威関係の継続過程に、時間的に先行していると考えられる。このスハールによる構図に照らして、本章における正統化プロセス（過程）の位置づけを行うと、それは主として下位者側の問題、新定義の立場に近いものといえる。敬意作用が、第一義的には権威（者が発する指示）を受け入れる側の人々の問題であることから、こうした立場に位置づけられるのはある意味自然な流れである。

その一方で、スハールも注意を促している「新しい定式化の問題点」にも配慮が必要となる。敬意発生の対象（何が原因で敬意を抱くのか）という旧定義的問題は、権威の源泉（下位受容者にとって認識されうる価値）を含む上位者側に属する問題として、権威関係の継続（第3）局面に先行する、発生（第1）局面的問題として位置づけることができる。

このように考えるならば、本章にとって少なくとも当面より重要なのは、認可ではなく是認プロセス、つまり、正統性源泉の発生と種類の確定という問題ではなく、下位受容者の集団において行われていうと考えられる正統化プロセスそれ自体の仕組みである。「人外の存在」や力（権力が随伴するサンクション）を示せば自ずから（自動的に）人心がついて来るというのが構造論的アプローチがとる発想（ポジションが感情を自動的に生むという安定した社会状況下での発想）といってよいかもしれない。これは主として第1局面(発生)の問題である。これに対し、「感情の問題」としての人心の変化過程が権威にいかなる影響を及ぼすのかといった、第3局面（継続）における感情（敬意）と関係そのもの（権威）について本章は焦点を当てている。

以上のように、「権威と敬意」をめぐる構図的位置は、構造的には「上位者側―下位者側」における「下位者側」に、四局面過程的には「第3局面」に属している。この〈ビジョン〉について留意した上で、次節からは「敬意」について　権威と関連づけて論じたプレサス・ブラウの論考について、みていくことにしたい。

第4節　プレサスの権威論における敬意の問題

プレサスにおいて権威とは

　プレサスについて考察するに先立ち、彼の敬意論がプレサス自身の論考の中で占める位置について確認するために、まず彼の権威論全般についてみておくことにしたい。プレサスによれば、権威の定義とは「他者たちの中において遵守が喚起される潜在可能性（the capacity to evoke compliance in ohters）」もしくは「遵守を喚起する能力」ということができる（Presthus [1960: 86b]; [1962: 136=1965: 151]）。そもそも、彼にとって権威概念とは、「組織行動を理解するのに便利な道具立て（tool）」という前提条件が付されている。すなわち、「組織は、特定の大きな目的の充足を意図する一方で、その成員の個人的諸目標に打ち克つような動機づけや方向づけの諸手段を獲得しなくてはならない。権威はこの方程式のなかの決定的に重要な要素なのである」（Presthus [1960: 86a]）。

　つまり、権威に対する遵守とは「何らかの方法で個人に報いること（rewarding）」を含んでいる。報いる代わりに遵守する、という意味で、権威関係は互酬的な（reciprocal）ものとされているのである。「この発想は幾分か知覚の心理学理論に由来するものであるが、知覚心理学では、リアリティはある固定された実在ではなく、おのおのの個人的な知覚によって定義されると我々に教えてくれる」とプレサスはいう（Presthus [1960: 86a]）。

　したがって、権威者もしくは組織が、成員個人に「報いること」とは、人間の知覚に訴え、彼のリアリティによって定義される何らかの諸事物に資するものごとということになる。プレサスの議論においてこうした個人の知覚内容は「なぜ権威（者の指示）を受け容れるのかという理由」、いいかえれば「…ゆえに」、ある個人は特定の権威を受け容れるという事柄から、うかがい知ることができるであろう。こうした考え方に基づくゆえに、プレサスの権威論における議論の大半は、組織ないし特定の権威者が成員個人の知覚の上で報いていると信じさせるプロセス、つまり「正統化（legitimation）

プロセス」の解明に費やされているのである。

正統化プロセス

これまでの論述からわかるように、プレスサスの議論における「正統化プロセス」とは、結果的に「権威が受け容れられるプロセス（the process by which authority is accepted）」とほぼ等しい内容を指していると考えることができよう。この箇所でつづけて彼は「正統化は、一般に個人がある社会や集団へと統合されるときや、彼がそこで諸々の規範や価値を受容するときに発生する」と述べている（Presthus [1960: 87a]）。「成員個人に報いる」とはいうものの、プレスサスにとっての正統化とは、組織やそこでの権威者といったその成員の上位者の問題ではなく、主として下位にある成員受容者側の問題として考えられている。この点は、組織論的権威論の中で異彩を放っているといえるだろう。個々の受容者側の問題を彼自身の言葉でもっと具体的に言うと、個人の不安軽減（reduction of anxiety）、そしてその解消の（getting rid of）問題として扱われているということになる[23]。

そこで彼は、「正統化について基づく4つの基点（four bases of legitimation）を提出できる」と主張している（Presthus [1960: 88a]）。4つの基点とは、専門技術知識（expertise）、公的職位（formal position）、関係上発生した友好性（ラポール（rapport））、権威に対し一般化されている敬意（a generalized deference to authority）である。プレスサスによれば、権威正統化におけるこれら4つの礎（基点）は「たいていの状況において入り交じっている」のであるが、「特定の権威が作動している状況のもとでの権威の概念化に有用であるような、簡潔かつ探求的アウトラインをしめす」ための分析要素として位置づけがなされているのである（Presthus [1960: 88a]）。

敬意による正統化

プレスサスの敬意に関する論述は、つぎのような一文から始まっている。「個人の安心を求める欲求（individual needs for security）は、しばしば権威に対する一般化された敬意に帰着する」（Presthus [1960: 90a]）。これにつづく箇所で、

彼は敬意による正統化をそのほかの3つの基点に還元する誘惑や、敬意を非合理的行動というカテゴリーへと分類する試みを退けている。さらに、専門知識や公的職位といった客観的インデックスと比べ、敬意が少ない合理性しか備えていないという想念をも退けているのである。

こう主張する根拠として、プレスサスはつぎのような論拠を展開しているのである。「合理的かどうかということの定義は、追求されている諸々の目的についてのステートメントの明瞭さによって決定されるべきである。このように考えるとき、もし個人が権威に敬意を示してしたがうことによって安心を獲得し、個人間関係の緊張を減らすならば、彼の行動は、彼自身の立場からみれば合理的なものとなるのである」(Presthus [1960: 90a])。

これに続いてプレスサスは、1962年の著書やその他の著述でしばしば行っているように、ハリー・スタック・サリバンの議論[24]を援用しながら自説を展開している。とりわけプレスサスは、サリバンの「不安軽減 (anxiety-reduction) 説」を自身の理論的フレームワークとして採用すると宣言していることには、一定の留意が必要であろう。サリバンの不安軽減メカニズムに対するプレスサスの認識とは、つぎのような基本的信条に基づいている。「だれもが皆、その生涯の大半を、そして自身が持っているエネルギーの多くを、彼のこれまでの不安経験から考え、さらなる同様な不安を被るのを避け、さらにもし可能ならば、そうした不安を幾らかでも取り除くことに対して振り向けつづけるだろう」というものである (Presthus [1960: 90b])[25]。

さらにプレスサスは、敬意的感情が発生する前提条件、もしくは「原因」として、つぎのように述べている。「幼少期より、人は、両親や教師、さらに組織の幹部といった指導者たちのさまざまな種類の権威に対して敬意を払うこと (defer) について教え込まれている (trained) のである。そのような諸々の社会化や心理的補償 (compensations) に基づきつつ、一般化された敬意を、人は長期にわたって発展させ続けるのである」(Presthus [1960: 90b])。この論述を換言すれば、すべての下位受容者は人として、いずれかの権威関係に入る (組織に編入する) 以前に、すでに敬意を払う訓練がなされている、ということができる。さらに遡れば、個々人すべてが、家族内の親子という権

威関係のなかに生み込まれ、そこで敬意を払う訓練を施されつつ成長していくと考えられよう。しかも、「生涯にわたり学習される、権威に対する敬意」と述べられているように（Presthus [1960: 90b]）、不安を充たす心理的利得として「知覚と強化のメカニズム」を経ながら、敬意は権威正統化の基点の1つとして重要な役割を終生演じつづけるというのである。

ところで、「一般化された敬意（a Generalized Deference）」という術語は、ミードの「一般化された他者」に着想を得た考え方であると思われる。こう考えるとき、プレスサスのいう敬意的感情とは、個別特定的な個人に対して個人の特有性あるいはその個人が占める地位の固有性ゆえにいだかれるのではない。それは、上位者サイド（優越者としての権威一般）に対していだかれているのであり、優位に立つ人が果たしている当の役割の特有の性質ゆえにその「役割」に対していだかれるというよりは、「個々の諸役割の結合した複合体としての優位者の存在そのもの」に対して、いだかれるといえるだろう。

この場合の敬意の発生契機についてみてみると、「一般化されて」いるがゆえに、彼のいう敬意的感情とは、個々の事例においてその特有性ゆえに生起する返報としての個々の感謝の念とは違い、下位者の心のなかで「優越」者として認識されるとき、私的判断が停止されて、いわば条件反射的に喚起されていると考えられるだろう。

プレスサスの問題点

以上がプレスサスの敬意論であるが、まず彼の立論の仕方一般に対してすでに出されているいくつかの評価について触れておこう。彼の理論的主張は、1960年の「組織のなかの権威」において展開され、2年後の『組織社会』の5章「巨大組織の心理学」に受け継がれている。そこでまず、『組織社会』に対してなされた評価のなかに示されている、彼の立論の仕方の特徴をみることにしたい。

エツィオーニによれば、プレスサスの立論は、挑戦的な洞察を提供している一方、概念上の厳密性を備えておらず、新たな分析図式を提示するための命題となる余地を備えていないのである[26]。オスカー・グラスキーに言わせ

れば、あまりに急いで書きすぎた、もしくは性急に出版しすぎたというわけである[27]。

また、モニペニーは、別の視点からつぎのようにのべている。「研究上の知見が豊富であるにもかかわらず、プレスサス氏が提示している諸々の一般命題それ自体が推論的段階をこえて提出されうるのか疑問である。経験主義的研究者によって詞査研究されるミクロ現象と、氏の解釈的な結論のなかで扱われているマクロ現象との間のギャップは、あまりに大きすぎる。彼の論拠一般は、むしろ、読者が気づくそれと類似した諸状況への知覚やそれ固有のもっともらしさによって、支持されている」。

ところが、それでいながらもモニペニーは、最終的にはプレスサスのこの業績を高く評価しており、「彼の最も重要な貢献は、…諸々の制度とパーソナリティとの間の相互作用についての、広範にわたって文献考証された論考にある」と言い切っているのである[28]。これらの評価は、プレスサスの1960年の権威論、あるいは敬意に関する議論に対しても基本的には当てはまっているように思われる。

敬意の発生原因

プレスサスの敬意論は、その発生「原因」を、人（子ども）の外的環境条件としての社会化プロセスにもとめている。一理ある立論であるものの彼の主張は、人間にとっての受動的側面のみに依拠しすぎている観がある。敬意発生には個々人によるもっと積極的な、場合によっては「創発的」な側面もあると考えられるのではなかろうか。たとえば、個人主義に憧憬の念を抱いた個人が、個人主義思想、とくに自律という要素の体現者としての専門職者（professional）に対して敬意を抱くようになるとき、その個人の敬意は、その人自身の解釈と類推を経ているという意味で、プレスサスが想定した敬意形成仮定でのそれより、能動的な過程が関与した主体性をも含むと言えはしないだろうか。この想定は一例にすぎないが、プレスサスの敬意形成についての考えは、一面的すぎるように感じられてならない。それが指摘しておかなけれぱならない第1の問題点である。

第2の問題は、プレスサスが敬意の働き（機能）を、個人の内面的な心理機制のみに限定し、それを権威の正統化（受容）と直結させているところにある。権威受容の問題は、下位の立場に立つ受容者一個人内部の問題としてのみ完結的に扱うばかりでなく、それを考慮しつつも、むしろ複数の受容者たちの集団を「経由」した問題として扱うほうが、いっそう明確になると考えられないだろうか。経由する集団としての受容者たち（同じ部屋で仕事をしている、同部署の構成員など）の働きについて、プレスサスは軽視しすぎているように思われる。

　そして、この受容者集団の問題に焦点を当てながら敬意に言及した、ほとんど唯一といって良い研究こそが、次節で取り上げるブラウの権威論なのである。

第5節　ブラウの権威論における敬意の位置

権威と正統化

　まず最初に、「正統な権力は権威である」とブラウが明言していることに留意する必要がある（Blau [1964: 200=1974: 179]）[29]。そのためここでは、彼の交換論の中でもとりわけ、「権力」と「正統」に注目していくことにしたい。「正統な権力」と宣言する際の「権力」について、彼はつぎのような有名な定義を提示している。「権力とは、定期的に与えられる報酬を差し止める形態をとろうと、罰の形態をとろうと、おどかすことで抵抗を排除してでも、人々、あるいは集団がその意思を他者に押しつける能力である。この定義に報酬の差し止めと罰を含めたのは、ともに実際問題として、否定的サンクションを構成しているからである」（Blau [1964: 117=1974: 105]）。一方、「正統化」とは、服従（submission）あるいは遵守（compliance）を自発的（(willing) または (voluntary)）な形で掌握するためのものである。

権威と自発性

　さらに、ヴェーバーの支配の社会学の論述を引用しつつ、「権威の基本的

基準（a basic criterion of authority）は、『ある最小限度の自発的（voluntary）服従である』」（Blau [1964: 200=1974: 179-80]）という。では、ブラウが正統性は自発性を引き出す元であるというとき、彼が意味する「自発性」とはいかなる内容を指しているのだろうか。"willing (ly)" については特に定義してはいないが、"voluntary" についてブラウはつぎのように述べている。「権威関係上の下位者の遵守は、自発的（voluntary）であるが、社会的拘束と無関係にあるのではない。それは、街頭では靴を履くという私たちの慣習（custom）が自発的であるのと同じような意味で、自発的というのである」（Blau and Scott [1963: 29=1966: 60]）。このように、自発性はいわば消極的にとらえられているのである（なお、ブラウは指示・言及していないが、この考え方は、行動権威論者、とくにホッブズの発想に通じるものがあるように思われる。5章3節2)内のホッブズの権威観を参照）。

自発性が生み出される場としての下位者の集合体

ブラウによれば、権威は正統性をもつ、すなわち自発的遵守を引き起こすとはいえ、権力の1種である。とはいうものの、「否定的サンクション」の作動の仕組みにおいて、権威は権力やその他の影響力と異なっている。権威の示差性に関するつぎのようなブラウの説明記述は、ロング（Wrong [1977: 51]）が「正統な権威」の関連で、「ブラウによる総括は、ほとんど改善の余地がない」と評価しつつ引用するほどの、高評価が下されている箇所でもある。「強制力の場合と違って、権威は自発的遵守（voluntary compliance）を伴う。服従者たち（subordinates）に対する優位者の影響力は、服従者たち自身の社会規範に依存しているからである。しかしまた、説得やパーソナルな影響力の場合と違って、権威は避けることができない統制力（imperative control）を伴っている。社会規範や集団的サンクションは個々の服従者に強圧を課して優位者の指示（directives）に従わせるためである。遵守は、服従者たちの集合体の立場からみれば自発的であり、個々の成員の立場からみれば強制的である。衣服を着用する習慣にみられる、社会規範一般への同調と同じように、遵守は自発的なのである」（Blau [1964: 209=1974: 187]）。さらに、「他の形態の

影響力や権力の場合と対比していえば、示唆や命令に追従させる圧力は、示唆し、命令する優位者からくるのではなくて、服従者たちの集合体からくるのである」(Blau [1964: 200=1974: 180])[30]。

このようにブラウによれば、上位者が権威を行使し下位者が「自発的」に遵守する正統化の「場」は、下位服従者の集合体に存しているという。換言すれば、服従者集団の集合的作用にこそ、権威行使の特徴があるのである。このように権威遵守と正統性、自発性の関連について考えるとき、権威服従者の集合体における正統化プロセスを推進する原動力は、服従者各自の服従者たちの集合体における「社会的是認」獲得心にあるともいえるであろう。

こうした問題設定のもとでブラウの論考について吟味すると、「是認」についてつぎのような記述が見受けられる。すなわち、是認とは、「ある決定」に対して与えられる「特定の判断や行為についての積極的評価」であり、「他の多くの社会的報酬とは逆に、ほかの報酬と引きかえに交換されるものとは考えられない」性質のものなのである。このように是認一般についての性質の特異性について付言した上で、ブラウは社会的是認について、「他者たちの一致した (the approving agreement of others)」是認と述べるが、「他者たち」とは当該服従者にとって、他の服従遵守者たちのことである (Blau [1964: 62=1974: 60])。

したがって、遵守の「自発性」は、「社会的」是認の存在（裏返していえば、『社会的』否認という否定的サンクションの存在）によって、担保されているといえるだろう。

ブラウ権威論における敬意

以上がブラウの権威論の概要である。では、彼の議論において、「敬意」とは、どのように定義されているのだろうか。さきに引用した箇所 (Blau [1964: ch.8]) より前の論述の中で彼はつぎのように規定している。「尊敬 (deference) とか敬意 (respect) は是認の特殊形態の1つを指している。尊敬がほかの是認形態と異なっている特徴は、それが客観的基準によっておそらく判断される、諸能力への一方的是認を伴うところにある」(Blau [1964: 63=1974: 55])[31]。

ここで留意しなくてはならないのは、敬意が「是認の特殊な1タイプ」であるのと同時に「社会的是認」とは区別されるべき存在であるとブラウにとって把握されている点である。すなわち「リーダーシップを正統化する追従者たち (followers) の社会的是認 (the social approval) は、彼らがリーダーの諸能力に対していだく敬意とは区別される。是認と敬意とはしばしば相伴ってすすむとはいえ、権力を持つ人物 (a person in power) は、服従者の敬意を博する能力をもつと同時に、しかしまた彼らの否認 (disapproval) を引き起こす抑制的要求を課することもありうる。しかし敬意は、正統なリーダーシップの触媒 (a catalyst) として作用するであろう。敬意はその人物の指示への遵守を負担の少ないものにするようだからである。…つまり、ある人物への敬意はその人物の願望 (wishes) に従う義務を正統化」するのである (Blau [1964: 202-3=1974: 182])。敬意とは、リーダーの「諸能力」に対していだかれるものであり、正統なリーダシップの触媒として作用することで遵守の負担を軽減する働きをもつものの、「リーダーシップを正統化する追従者たちの社会的是認」とは、はっきりと区別されている[32]。そして、「社会的」是認および否認こそが、遵守（服従）の「原動力」である。したがって、ブラウにおける「敬意（尊敬）」は、一個人の内面においてさえ、遵守の「自発性」には、関与していないというのである。

ブラウの権威観の問題

　ブラウの権威論・敬意論に対しては[33]、つぎの点が問題として指摘されなくてはならないだろう。まず、ブラウの権威と権力のつながりについての考え方に対する問題点として、権威の権力もしくは強制力への還元を挙げなければならない[34]。この場合、まず第一に「否定的サンクション」が服従者集団の「場」において行われるとき、はたして権力の担い手が「その意思を他者に押しつける」ことがどこまで可能なのか、という問題である。服従者たちの集団（その規範）は、権力の担い手に外在しているのであるから、時が経つにつれてむしろ彼の「意思」を拘束してしまうことさえ生じかねないのではないだろうか。このように考えるならば、「正統な権力は権威であ

る」という定義は、せめて「権威になることがある」とすべきであろう。さらに、たとえ「なることがある」としても、権威すべてが権力からの転化の結果、生起したのかという問題が出てくる。この問に対して、ブラウはイエスとこたえているようである。彼によれば、ヴェーバーは強制力が正統性を創り出すのを促進するのに役割を果たす働きについて見落としてしまっている、というのである。ブラウは、権威構造の正統化は「力」に源を発している、と主張し「支配の三類型」について批判を展開している（Blau [1963: 311-6]）。しかしながら、権威行使が権力の存在を前提としているとは必ずしもいいきれず、それは1つの権威観にすぎない。

たとえば、『勢力論』の中で高田は、ジンメルに倣って、「権威の本質」を「超個人的事物的なる公理のもつが如き承認の強制を主体〈権威の担い手〉のもつこと」に見いだし、そこに「最後決定力」や「品位」を読みとりつつ、担い手を「信憑せらるべき」であると受容者が信じ、そこに「客観的なるもの」があることを信じるという（高田 [1959: 41]（〈〉内は引用者））。本書の概念によってこの箇所を言い換えるならば、「承認の強制」は担い手自身が行うのではなく、受容者の集団において行われ、そこで「客観的なるもの」が生起するとともに、依存状態のもとでもなお指示受容を期待せず、期待圧力を行使しない担い手に対する「品位」を受容者が見いだすようになるということになる（詳しくは7章で論じる）。そして、ジンメルによれば、権威という「独特の構成」は2通りの源泉から発生するという（Simmel [1908: 160-3=1994: 149-51]）。それは、「人格」と国家・教会組織といった「超人的潜在勢力」である。こうした人格的権威までもすべて権力へと還元可能とするブラウ的な権威と権力のつながりについての考え方には、やや無理があるように思われてならない。げんに、ルークスによれば、「信条に対して行使される権威」という観点（立場）においては、権威関係を第一義的なものとして把握し、権力は「権威の一構成要素、もしくは派生物として考えられる」いう主張がなされてさえしているのである（Lukes [1974: 650=1989: 65-6] 詳しくは5章を参照）[35]。

ブラウ権威論の問題点

ブラウ権威論それ自体に内在する問題点としては、つぎの事柄を指摘しておかなければならない。エケ（Ekeh [1974]）がブラウの交換と権力に関する議論全体について全体論的汚点を免れない点に批判を投げかけているように、ブラウの権威論では、全体論的アプローチの弱点が規範論的限界としてそのままあらわれているように思われる。たとえば、「制度化された権威の根底にある規範的基準は、優位者と服従者のあいだの、そして服従者同士のあいだの社会的相互作用の過程で生ずるというより、むしろ各人が共通文化のなかで別々に直面し経験する社会化過程で生ずるのである」（Blau [1964: 211=1974: 190]）という見方に端的に示されているとおり、彼の権威論のなかでは、規範や権威が発生し、変動する場面は想定されておらず、「先所与」とされ不問のままである。「社会的相互作用の過程で生ずる」規範的基準が制度化し、「権威（源泉）」とされ、子どもたちの社会化の際の内面化対象となるという流れをも、射程に入れておく必要がある。

　さらに重要なのは、ブラウは権威の受容を集団の問題として捉えているにもかかわらず、敬意については、個々人それぞれの内面における遵守促進作用をもつ触媒として捉え、「自発性」をきわめて限定的な意味で想定するがゆえに、個人の自発的遵守と敬意を関連づけていない点である。したがって、彼は敬意を相互的な作用として遵守服従者集団内の否定的サンクションと関連づけて捉えてはいない。本書の冒頭で示した「正統な命令に対する自発的遵守」に対する答にあたるであろう、否定的サンクションのみが「遵守」を強要し「自発」性の原動力として働くというブラウの説明は、権威に対しての自発性がいかに動かされているのか、その原因の説明としては不十分であるように思われる。

第6節　プレスサス・ブラウの敬意論の位置と問題点

客観的構図としての因果連関

　ここでは、「はじめに」で言及した感情と関係、そして目的連関（手段—目的）と因果連関（原因—結果）という視点に基づくプレスサスとブラウの論考に

対する分析を通して、彼らの敬意論の整序を行いつつ、その限界点と可能性について明確化したい。また、彼らの論考、とりわけプレスサスの先駆的業績における脆弱点への補填を試みる。というのも、彼らの論考の問題点は、主として構造的なとらえ方に関する「形式」に宿るものであって、着眼点や議論における素材・対象については高く評価できるからである。いうまでもなく、本書でブラウとプレスサスを取り上げた理由は、着眼の適切さと希少さを高く評価してのことである。

　プレスサスの敬意論において特徴的なのは、社会化の過程、つまり組織の上位―下位関係における下位受容者が、組織加入に先立つ時間軸において定位家族の親子関係という権威関係の中で、子どもとしていわば不可避的に「生み込まれた」諸々の権威関係こそが、その後の上下関係において敬意を生み出す原動因であるとして考察を行っているところである（権威関係→敬意というベクトル）。そして、そこで発達させられた「一般化された敬意」は、今度は新たなる権威関係に対して、正統化の「基点（base）」、つまり組織内で上司という権威者の発した指示の受容を促進する基点として、作用するようになるというのである（この局面では、敬意→権威関係というベクトル）[36]。

　ただし、プレスサスの敬意論において、主として敬意を生み出す権威関係は親子関係であり、敬意が権威行使に作用する権威関係である上司―部下関係とは一致していない。プレスサスは直接明言してはいないものの、幼少期にいったん教え込まれた敬意発露がその後の親子関係においても作用し続け、親の子に対する権威行使の際作用し続けることは確かであろう。ただ、プレスサスの組織中心の論考では、上下関係と、それに先立つ家族内での親子関係という、前者と後者の間には時間的隔たりが存在しているとともに両者は多くの場合時間的前後関係を成し、受容者は同じ人だが権威者は代わる（両親→企業内上司等）。

　目的―因果連関という観点からプレスサスの敬意論を検討するとき、彼の想定において敬意発生の構造的「原因」について何ら具体的に示されていないという不備がどうしても不満に思われる。敬意発生についてプレスサスが示しているのは、受容者という行動・行為者の視点からみた、目的―手段の

連関に沿った説明ばかりである。つまり、彼によれば、下位受容者当人にとっての「不安軽減」という「目的」のための「手段」として、一般化された敬意が発達的に形成されてくる、という論理である。そして、不安軽減目的の遂行がイコール「結果」としての権威の正統化という、いわば「目的論の因果論への組み替え」が、プレスサスの権威・敬意考察の中で行われているということができよう[37]。しかしながら、プレスサスの敬意論では、研究者の視点からみた構造的な因果連関上の「結果」としての権威の正統化について論じられているにもかかわらず、敬意の「原因」に当たるはずの、受容者をとり巻くその構造的な発生の仕組みについての説明が不足しているのである。

敬意を教え込まれる社会化の場

このような形式面での不十分さはあるものの、権威への敬意問題と社会化の重要性とを関連づけているという点でのプレスサスの論述は、かなり重要なものである。彼の主張は、デュルケムが唱えた契約関係における「黙契」の重要性とも通じるところがある（権威という一種の契約の前提となっている、諸要因の存在）。ただし、プレスサスの議論で不足しているのは、社会化の場や時期といった局面についての考慮である。「幼年期…両親…教師、組織幹部…権威に対して敬意を払うことを教え込まれる」（Presthus [1960: 90b]）というのは、あまりに漠然とした概括論といわざるを得ない。もっと具体的に、社会化の場（家、仲間、近隣、学校、職場、マスメディア）と社会化を受ける時期についての類別、その中での重要さの順位といった問題も考慮する必要があるだろう。

この点は、プレスサスもシリーズ編者として「まえがき」を寄稿しているラントンの著作によるべき知見があるように思われる（Langton [1969]）[38]。ラントンの研究は、子どもの政治的社会化に対する家族、仲間集団、学校といった諸局所（agents）の影響力相互の関係、相対的な影響を因子分析の手法を用いて測定している。権威者の受け容れ（遵守）と関連する政治的有効性感覚に関する知見として、家族は学校の約4倍もの影響を、その形成過程

において及ぼしているという（Langton [1969: 158-60=1978: 183-4]）。ただし、ラントンの議論についてもいえることだが、権威と敬意内面化過程の問題は、幼年期ばかりでなく、成人期における社会化の問題、言い換えれば、政治的社会化の認知的側面への考慮も必要である。また、権威への敬意内面化の強さの程度と成人後の権威主義的パーソナリティとは相関するのかといった問題も、プレスサスの指摘から導出されるテーマであると考えられる。権威ある存在に対し敬意を払うよう強く教え込まれている子どもは、成人後、権威主義的パーソナリティの持ち主となる確率がそうでない子どもより高いというのであろうか。この設問は応用的研究で論究されるに値する課題といえる。

　他方、ブラウの敬意論において特徴的なのは、権威関係の1つの類型としてリーダーシップ関係を置き、そこでのリーダーの「能力」に対して、追従者たちの敬意が引き起こされるという考察を行っているところである（権威関係→敬意というベクトル）。そして、こうした敬意は、権威の正統化に対して「触媒」として作用し、権威関係を安定した状態へと強化する働きをするというのである（敬意→権威関係）。ただし、ブラウの敬意論においては、敬意を生み出す権威関係と敬意が作用する権威関係には、時間的前後という違いがあり、後者は敬意という要素とその働きの帰結を含んではいるものの、関係を構成する権威者は、作用の前後で代わってはいない。

主観に還元され、発生の仕組みが不明：プレスサスとブラウの敬意論

　また、ブラウの敬意論について目的・因果連関という観点から検討するとき、彼が敬意発生の構造的「原因」について、プレスサスと同様に何ら想定を示していないということが問題点として浮上する。

　敬意発生に関してブラウが示しているのは、リーダーの諸能力に対する交換上の返報義務の履行という、受容者の「目的」に対する「手段」の1つが敬意の発露によって遂行されるという考え方である。受容者による敬意発露の「結果」として、敬意が権威者の指示の遵守にとっての「触媒」として作用し、遵守は一層スムーズに行われ、権威関係の安定度は向上する。返報義務の遂行としての敬意を示したとしても、ひとたびそれを示しだしたならば、権威

関係が終了するまで常に、下位受容者は上位者に対し敬意を示し続けなければならないだろう（敬意をいくら示しても、義務は消滅しないのではないだろうか（いいかえれば、敬意感情は、交換論では論じきれないところがあると思われる））。

敬意は、是認の一特殊形態である。そして、「服従者の利益にプラスに作用するインバランスは、指導者層の権威の正統化を惹起することでその統制の影響力を強化し拡大させる。服従者は支配者を正統であると是認し忠誠を表明することで指導者層が与える利益にお返しするわけであるが、同時に社会構造におけるインバランスを強固にする」という（Blau [1964: 31=1974: 25]）。そこで、この引用中の「是認し」に「敬意を示し」を当てはめ、交換材料として敬意感情を当てはめるとしても、先に述べたように「お返し」はしきれないように思われる。そして、プレスサスの問題点として指摘した「組み替え」が、ブラウにおいても行われており、権威の正統化が論じられているにもかかわらず、敬意の「原因」として示されるはずの社会関係構造的な敬意発生のメカニズム自体については、論じられていないのである。

第7節　むすび―権威継続の推進力としての敬意―

権威継続の推進力としての敬意

以上のようにここで検討したプレスサスとブラウの敬意論は、主として権威の担い手もその受容者も、同一の社会組織に属している人々の間での権威関係に射程が限定されており、敬意発生に関して、手段―目的連関という受容者の主観的観点に基づいて説明を行いつつ、「結果」（権威関係の安定度の向上；強化）について記述はするものの、その客観的・第三者的社会関係構造な意味での、権威関係強化という結果をもたらしている「原因」については、具体的想定を提示しているとはいえず、そこに彼らの主たる問題点があると指摘した。そこで、彼らの労作を発展的に活用していくためには、プレスサス・ブラウの権威、敬意論を補完する形で、彼らに欠けていた敬意発生の構造的原因について若干の想定を付け加える必要がある。

敬意要因をめぐる構図

　権威者に対してある受容者が敬意を抱く原因の1つは、権威者が自らの社会的位置（立場）に拠って受容者に何らかの価値を提供しつつも、自らはサンクションを直接受容者に対して発動しないところにある（この問題について詳しくは、7章で考えていくことにしたい）。不服従、つまり指示への反抗に対するサンクションは、「敬意をすでに抱いている他の受容者たち」によって彼らの手によって彼らの自発性に基づいてなされるのであり（サンクションの水平性）、しかもそのサンクションに権威者は直接関与しない、つまり彼の示唆により他の受容者たちがサンクションを発動したのではないとき、その受容者、そしてそのさまを認知する他の受容者たちに敬意的感情が生起する、というものである。このように発生した敬意が、権威関係における自発的遵守（権威者の指示の受容）の動因となる。

　また、権威における自発性とは、二重構造から成り立っていると考えることができる。1つは、受容者自身における遵守の際の自発性であり、もう1つは、受容者が自発的に、他の受容者たちを強制するという、二重性を指している。遵守、強制の際に、受容者各自は私的判断を停止中である。そして、これらの自発性の原動力こそが、権威者に対する遵守者の敬意（さらに権威者が担っている源泉価値に対する遵守者側の確信深化）なのである。敬意的要因を包括的に組み入れた以上のような形式構造上の想定を、論述の着眼点自体や内容そのものは注目に値するプレサスとブラウの権威・敬意論に補完することによって、他の社会的勢力概念とは異なる権威の概念的特徴の1つとしての受容者の「自発的遵守」に対する説明が一層確かなものになるであろう。

義務的権威関係と知識的権威関係

　さらに、権威関係がおかれているコンテクストという観点からプレサスとブラウの敬意論、およびその前提としての権威論の射程について付言すると、彼らの権威・敬意論は、組織論の主として企業における「組織内関係」の枠内にとどまっている、もしくは意図的に考察の範囲を限定しているということになる。換言すれば、彼らの想定する権威関係とは、「上司―部下」

関係(義務的権威;3章参照)なのである。ただし一組織の内部限定的理論想定では、つぎの問題に対する説明を与えることは、ほとんど不可能であろう。それは、権威発生局面での「正統化プロセス」に参加しない／しえない権威の受容者としての依頼者(クライアント)が、サービスの生産と消費がしだいに増加していく方向にあるポスト産業社会においては、増加しつつあるという問題である[39]。言いかえれば、「是認」[40]には関与しつつも「認可」には関与せず、認可に関していえば外在的で被拘束的な立場に置かれる依頼者人口の増加である。「第1局面」で「認可」されること(広義での先行的存在との接続)がすべての権威には必要な一方、現在は「第3局面」で、「是認」する権威ならともかく、「是認」したくない権威もが「認可」されている違和感、疎外感といってもよいかもしれない。それに示唆を与えてくれたのが、新しい社会状況[41]を踏まえた権威論・「下位者権威論」を展開した、知識的権威関係を旨とするブレーゲンらの諸命題であった。新たなる問題の解明は、今後の課題として残されているといえるだろう。

敬意なき権威関係での受容者離脱の生じやすさ

また、ブレーゲンら、プレスサス、ブラウの順で権威関係を検討してきたが、この順序は、権威関係からの受容者の離脱のしやすさ(他の権威者や権威関係の選択という、受容者オルタナティヴの選びやすさ)をも示している。敬意なきマンツーマン関係→敬意あるマンツーマン関係→権威を抱いた受容者たちの集団の順になると考えられる(7章も参照)。

ブレーゲンらの権威関係は、権威と敬意のつながりについての論考を主題とする本章のなかで、敬意が「ない」権威関係がどう展開していくのか、イメージを与えてくれた。具体的にいえば、そのもろさである。敬意感情なき「ドライな」権威関係では、依頼者の関係からの離脱があっさりと行われるのである。では、権威関係で依頼者(受容者)離脱防止のポイントは、どこにあるだろうか。命題6に、依頼者が自分のリクエストを実現させるために、他の依頼者と連携するとよいとあったが、依頼者同士の相互牽制は、オルタナティヴな権威という選択を減らすと思われる(相互牽制については、5・6・7

章で"横糸"的絆と権威継続という形で論考することにしたい）。

　連携して権威者と対立するのでなく、連携して権威受容を促し、不服従を自分たちの手で抑えるという、一種の自治、自律性を依頼者（受容者）集団が持ち始めるとき、その権威は永続力を持ち始めたといってよい。崇拝は差別の始まりなのである。この問題は第7章でさらに考えることにしたい。

敬意発動について考える前提条件

　4章について総じていえば、敬意作用が発動可能となる前提条件について、権威的社会関係と感情、下位者権威論、正統性論における下位者の位置について論考してきた。その上で、先行研究における「権威」と「敬意」の結びつけ方・リンクの有り様について、その代表をプレスサスとブラウにもとめ、彼らの論考の内容確認と限界、さらに活用の可能性について検討してきた。

　より詳しくいえば、まず「はじめに」では、敬意という感情を、権威行使とその受容の際の特徴としての受容者側の判断停止や自発的遵守に関連づけて論じるべきであるという、筆者の問題意識について明らかにした。さらに、4章をはじめとした本書での議論は、どちらかといえば、感情が社会関係を規定する側面を重要視した立場によることについて、ヴェーバーの価値自由論的立場から論及してきた。

　感情と社会関係に関連して、1節の終わりで、「敬意が関係を規定する側面と関係が敬意を規定する側面」と述べた。それが意図するところは、「敬意の発生と継続」と「権威関係の発生と継続」は分けて捉えるべき問題であり、その上で、権威関係おける敬意の増幅（関係→感情）と敬意による権威関係の増幅（権威受容を敬意が促進する側面）（敬意→関係）に取り組むべきである、という諸論点の区別立ての強調である。

　本章で主として論考したのは、価値自由の関連で宣言したように敬意→関係という側面であるが、プレスサスとブラウの議論に基づく敬意への言及にとどまり、敬意がどのように権威の受容を促進し、それが権威関係の安定的継続にどう関与していくのかについては論及できなかった。権威受容における敬意の役割という意味での敬意→関係という側面（および、関係→敬意（敬

意発生とその増幅)の側面)について詳しくは、第7章で取り組むことにしたい。

下位者における正統性の6つの水準

　つぎの2節では、ブレーゲンらの下位者権威論を紹介し、「認可」と「是認」という2つの正統性（正統化）の間には、それぞれ「第1局面」・「第3局面」という、タイムラグがあるのではないかという指摘を行ったのである。

　さらに、権威正統化における2つの立場、つまり上位者サイドと下位者サイドという問題をスハールによる正統性論考を通して、そこに含まれる諸々の論点を浮き彫りにしたのが、3節だった。「信じる（believe in）」、「信仰する（faith in）」といった「感情の問題」としての、主として第3局面における「権威の正統性」というとき、少なくとも6つのレベル（水準）に分けて考える必要があるというのが筆者の意見である。

　つまり、①権威源泉の正統性、②上位者サイドや下位者サイドが行う源泉自体の正統化、③権威源泉とその担い手のつながりの正統性、④上位者サイドや下位者サイドが行う源泉と担い手のつながりの正統化、⑤権威源泉の担い手が発する諸々の指示の「正当」性、⑥上位者サイドや下位者サイドが行う担い手が発する指示の「正当」化という区別立てである（『権威源泉』・『担い手』については、3章参照）。正統性（legitimacy）と正統化には、歴史性・伝統をも伴うある程度長いという時間継続的含意がある。それに対し、個別指示をめぐる正当性（justice）や正当化は、源泉や担い手の存在自体の妥当性の是非に対する問題よりも時間継続の程度が低い、比較的瞬時（時点）に近い含意を持たせている（図4―2）。

　正統性（正統化）論で重要なのは、正統性には、1）源泉の優越的価値、2）

```
権威源泉（優越的価値）………… ① 正統性／② 正統化…………┐
　 ‖                              ③ 正統性／④ 正統化…………├─ 敬意という促進要因
担い手                                                        │
　 ↓　指示……………………………… ⑤ 正当性／⑥ 正当化…………┘
受容者
```

図4―2　下位者からみた権威正統性の6水準

源泉と担い手のつながりという二要素を含まざるをえないという問題であると思われる。そして、1)は権威源泉の時間性（経緯・系譜）と空間性（世界中どこでも）から問われるべき、発生（形成）の問題を含んでいるのである。また、源泉の正統化（②）、担い手位置（源泉と担い手のつながり）の正統化（④）、担い手の指示の正当化（⑥）という3つの問題は、それぞれ上位者サイドから行われる場合（②—A、④—A、⑥—A）と下位者サイドから行われる場合（②—B、④—B、⑥—B）とに分けて考えるべきである。

　イメージしてもらうために、ある会社の課長の指示について考えてみたい。まず、その会社の社会的値打ち（①）、それを従業員がどう昂揚させているか（②）が、前提としてある。③は、課長（課そのものの位置）が社内で主流（本質的）かどうか、④はポストへの任命とその人の力量に関する問題である。⑤は課長が発する指示内容自体の妥当性、⑥は指示の妥当性強化に、どの程度、他の課員たちや課長の上司たちがタッチするか、といったところである。

　本章でみてきたスハールの正統性論でも指摘されているように、まず権威という上下的社会関係は上位者サイド—下位者サイドという区別立てが有効であり、さらに下位者サイドでの正統化・正当化という場合、下位者である権威受容者個々人の内面的問題と受容者の集団の問題がある。権威継続局面における感情の問題としての正統性について考えると、「敬意」は下位者側での正統化・正当化という位置で、それらを促す重要なはたらきをしていると推察される。

　このことを、4・5・6節でプレスサスとブラウを対比的に位置づけることで強調するとともに、ここでは下位者集団というブラウ的考え方に高い評価を与えた。その理由の1つには、権威受容の社会的（＝"構成員間での役割の分担"という）性格を明らかにしようという、筆者の問題意識がある（受容者間での権威受容に関する"役割転換"については、7章で取り上げる）。ブラウの考え方は社会というダイナミズムを描写する可能性を含むと考えられるものの、下位者集団における権威受容のなされ方についての彼の説明は不十分であり、その想定については7章で筆者の見解を示すことになるだろう。プレスサスやブラウによる「敬意と権威」のリンクという考え方自体が権威の先

行研究の中でも希少な存在であることを指摘した上で、彼らの論考の問題点について4節から6節にかけて論述してきたのである。

敬意要因に目を向けるメリット

　これまで本章では権威と敬意をめぐる先行研究の存在確認と、それらを"継受"する重要性について論じてきた訳であるが、翻って権威行使・遵守に際して敬意要因を積極的に論究するメリットは、どこにあるのだろうか。その答えは、のちに再考するように、権威受容をめぐる先行諸研究への不満、権威の受容に関する説明がこれまでの諸説では不十分であると筆者が考えたことと関連している。この点について詳しくは7章に譲るが、ここでは権威受容の説明には、権威の担い手に対する受容者側の敬意に対する着目が重要であるという筆者の立場を強調してきた。その一環として、敬意と権威のリンクという考え方の権威研究史の上での正統性を明らかにする作業が本章の課題であったといってもよい。すなわち、権威受容を敬意と結びついたものと考える発想が、筆者の単なる思いつきにとどまるものではなく、これまでみてきたように権威をめぐる議論の先行研究においてもアドホックな形にせよ、見いだすことが出来るという事実の呈示である（既存の権威研究が上位（権威）者側に対する考察に偏りがちであり、下位（受容）者の敬意的要因に対する考察が少ない問題は、5章、7章で取り上げる）。

　ただし、プレサスやブラウに代表されるそれらの諸研究では、敬意概念を（権力など他の社会的勢力と比べ、時間的耐久性の高さがその特徴である）権威現象の継続と十分にリンクさせているとはいいがたい。つまり、彼らの問題意識は必ずしもそこにはなかったにせよ、権威がなぜ「継続的」なのかという問いに、彼らの敬意概念の論じ方では、明確な理解は示されていない。それでは時間耐久性の高さが特徴である権威の説明にはなりえないのであり、権威の受容遵守者の集団における自発性をめぐる想定にこそ、権威という継続力の強い社会現象へと接近する鍵があると考えられる（その仕組みについては、7章で論じることにしたい）。

　4章のテーマについて、ここまでの論考のポイントを整理しておくことに

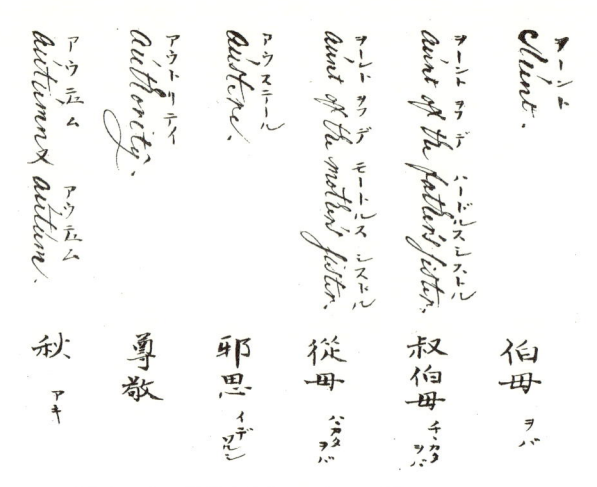

図4—3　尊敬としてのオーソリティ

出典：1814（文化 11）年、本木正栄ら 訳編『諳厄利亜語林大成』（アルファベット順に配列された最初の英和辞書）復刻版、発行 雄松堂書店　1976年。

しよう。
① なぜ人は、権威者を敬うのか→感謝の"脱返報性"による（7章で考察）。
② 既存敬意論は①の問いに答えていない。とはいえ、プレスサスは、幼少期の「敬意感情の刷り込み」に注意を促し、ブラウは敬意と権威受容とをつなげないものの、集団的効果に言及している。
③ ブレーゲンらは、下位(受容)者の"連携"にも言及（ブラウにも通じる発想）。木村氏の記述（注11・18・41）は、現代日本における医師—患者関係が、地域効果（歴史文化（仏教・儒教）的影響）を色濃く反映していることを示唆する。

敬意は権威の代表的特徴

権威と敬意に関する論考を行うに際して、図4—3（「尊敬としてのオーソリティ」）を目にするとき、欧米のみならず和漢の言語圏での歴史時代的な観点からみた場合においてでさえ、オーソリティ（権威）と尊敬（敬意）という2つの要素の「発想的結びつき」が根深いということを感じざるをえないのではないだろうか。

「Authority（アウトリテイ（オーソリティ））」という語を、江戸末期の日本人が経験的に如何に認識したのか、その傍証を「Authority＝尊敬」という対訳による割り振りは示していえよう[42]。この問題はさらに論究されるべきテーマである。

こうした文献の存在自体が示唆しているように、権威と敬意との結びつけは、和洋語の本格的な接触の黎明期より今日に至るまで行われている。では、なぜ日本人は「尊敬」を「Authority（オーソリティ）」という語に当てたのか。「権威」という語を直接当てなかったのには理由がある（準新漢語問題：和洋のことばの"ずれ"をどう克服したのかという問題）。「オーソリティ」を構成する三要素、〈追加・後見〉、〈創始・開始〉、〈高齢・個人（人格）〉のうち、とくに個人を示すニュアンスは、江戸期までの"権威"という和漢語には含まれていなかったためであると推察される。この検証については1章と2章で示したが、その出発点の1つは「Authority」に対し「敬意」を、最古の英和辞書が訳語として当てていた事実にあった。

「Authority」を「尊敬」と同一視したのはなぜかという問いは、一見すると言語（学）の問題であり、それゆえ社会学的研究主題領域より逸脱していると感じられるかもしれない。だが言語レベルで経験的になされたこの対訳は、その時代の社会現象の反映とみることができよう。江戸後期の日本では、「オーソリティ」といえば「尊敬」をイメージするほど、〈高齢〉に対する崇敬という意識が、現代よりはるかに強かったのではないだろうか。そうであるなら、敬意はオーソリティ（「権威」）という社会現象においてみられた代表的特徴であったとみてよいのではないだろうか[43]。

本書ではこれ以上立ち入ることを控えるが、対訳がなされた事実を踏まえ、権威と敬意の連関の仕組みについて社会学概念で説明を行い、その背後にある実在としての社会現象を浮き彫りにすべきである。ところが、権威と敬意を結びつけていた事実が海外の研究や日本の辞書の中にあったことを確認することすら、これまで未着手だった。そのつながりを問題として設定してこれを明確にするという仕事は、社会学が取り組むべきである。

これらの課題設定の是非とその意義についてあきらかにするためには、先

人の諸研究（既存権威研究）を踏まえつつ、それらの達成範囲を確定し、それらを"継受する"といった研究指向によって達成されるべき仕事である。こう考えるならば、敬意要因および権威継続という課題設定自体の意義を浮き彫りにするために、これまでの権威に対する考え方の具体的内容そのものについて踏みこむ必要がでてくるだろう。さらに、〈知識としての権威論〉を現在の時代状況で受け継ぐという行為（権威の〈知識社会学〉的問題[44]）自体の"意義"についても、論考していくことにしたい。

注

1　この文脈に関連して付言すれば、ここでは主として「正統な命令に対する自発的遵守」を考察の対象としている。判断停止をめぐる問題については「私的判断放棄」をめぐる論考（6章）を参照。
2　これらの諸点について詳しくは、7章を参照。
3　respect と deference のちがいについて、Webster や Oxford によれば、若干の違いがあるものの、のちに論じるブラウやプレスサスが意識的に区別立て、字義に厳格に立論しているようには思われない。このため、本書ではこの2語にあえて区別立てを行わない。
4　彼らの論考に加えて、ヴェーバーのピエテート（Pietät）概念については注目に値するが、今後の課題としたい。
5　この1981年の書は、のちに『家族過程論』（正岡 [1995]）へとつながり、日本におけるライフコース論的発想の先駆けの1つになったと思われる。
6　小西他編、『プログレッシブ英和中辞典』小学館、1980年. 英語とドイツ語 (der Glaube) の関係についても厳密には踏まえなければならないが、語形からいってともにラテン語由来のため、"喜んで"というニュアンスを含み持つと考えられる。
7　ここでの筆者の意図は、どちらの側面がより重要かということではなく、感情に基づく関係形成・変容、そして特定の社会関係のパターンの継続（過程）が一定の感情を一方の位置占有者にいだかせる傾向があるということという、「区別立て」の仕方の強調にある。
8　権威者と受容者の感情が、互いの関係を強化したり、揺るがしたりしたりという問題全般については、セネット（Sennett [1980]）の4章「不幸の意識（The Unhappiness Consciousness）」が参考になる。
9　「下位者イニシアティヴ権威論」は、筆者の造語であり、本書でいう「下位者（受容者）」のことを、ブレーゲンらは「クライアント（依頼者）」とよんでいる。た

だし、Blegen and Lawler [1989] の内容から見ると、依頼者を下位者とする位置づけ、依頼者が主導権を持つという特徴づけは、適切であろうと思われ、特徴を際だたせる意味から、この呼び方を用いることにした。

なお、Blegen and Lawler [1989] の研究手法は、エマーソン（Emerson[1981] ほか）の影響を受けている。この事情については、Lawler and Yoon [1996：89] を参照。

10 彼らが射程に入れる先行研究とは、つぎの諸業績である。パーソンズ『社会的行為の構造』（Parsons [1937] *The Structure of Social Action*）；ヴェーバー『社会的経済的組織の理論』（Weber [1947] *The Theory of Social Economic Organization*）；ターナー「役割取得：プロセス対同調」（Turner, R. [1962] "Role Taking : Process vs. Conformity"）；ドーンブッシュとスコット『評価と権威行使』（Dornbusch and Scott [1975] *Evaluation and the Exercise of Authority*）；ストラウス『交渉』（Strauss [1978] *Negotiations*）；ワイク『組織化の社会心理学』（Weick [1979] *The Social Psychology of Organizing*）

11 バイオエシックスを主唱する木村利人は一連の著作のなかで、とりわけ医師－患者関係における患者側の立場に基づく視座をきわめて実践的に提供している。「私はサイゴンにいたころ腎臓結石になり、1972年に手術をするためにいったん日本に帰ってきたのですが、入院していた大学病院では、医師が治療方法を決め、患者はそれに従うという形でした。たとえば、学生が部屋のなかにいて、教授がX線写真を見せ、『これは何だと思う、どうしたらいいか』と学生一人ひとりに問いかけるのです。それに対して学生が『結石でしょうか』と答える。すると医師は『そう。こういう場合はどうするか』とまた問いかける。『手術がいいのではないでしょうか』と学生が答えると、医師は『そう、手術だ』といって、患者である私には何も聞かず、医療者側の判断だけで手術がおこなわれたのです…このように、日本とアメリカで患者としての経験をしたわけですが、このとき思ったことは、いままで日本の医療のなかで考えられていた医師の行動基準、あるいは医療チェックとしての職業専門家の倫理だけで、はたしてこれからの医療はいいのだろうかという疑問でした」（木村 [2000：77-9]）。

12 "conflict" は、紛争、もめごと、事を構える、といったニュアンスだが、コンフリクトとして表記したい。

13 逆にいえば、目標達成に至る「曖昧さ」の存在が、権威を成り立たしめている、と考えられる。

14 「サービス規範の発動とは、権威者たちに、自分たちの役割がもっている規範上の拘束性(the normative constraints)を気づかせることによって、彼らを説得する試みである。たとえば、『官公吏は、われわれがベネフィットをできるだけスムーズに得ることを助けることになっているはずだと私は考える』というような依頼者の言明は、このタイプの戦術的選択の一例である」(Blegen and Lawler [1989：175-6])。

15 「制度的」拒絶理由とは、「制度という規則や規範」という権威者の外的(external)

存在へ、拒絶理由を、依頼者が知覚上帰属させること（権威者に拒まれる理由について、その権威者特有の問題でなく、（規定や規則など）制度上の理由なんだなと、依頼者が感じるような理由）である。したがってそうした拒絶理由は、「おそらく当該制度内にいる他の全ての権威者たちにあてはまるだろう」(Blegen and Lawler [1989：181])。

16　「態度的」とは、その拒絶が当該の権威者において「意志次第の (willful)」、「内面的な (internal) もの」であり、「権威者が援助について動機づけをもたない」ところに拒絶理由があると依頼者が拒絶根拠を知覚の上で帰属させているものである (Blegen and Lawler [1989：181])。

17　サンクションには、「より上位にいる権威者への上訴」という「間接的サンクション」と、「直接的な懲罰 (punishments) もしくは報償」という「直接的サンクション」がある (Blegen and Lawler [1989：176])。ただし、「直接的サンクション」を依頼者が行使することは、稀である。すなわち、「直接的サンクションには、権威者を屈服させるために影響を及ぼすように、懲罰を行使したり、報償を供与したり、以前供与した報償を撤回したりすることが含まれている。…だが、依頼者にとって通常ありそうな状態とは、報償や懲罰の手段を行使する能力が全くもってより乏しいというものであろう」(Blegen and Lawler [1989：176])。ただし、サンクション手段が乏しいはずの依頼者がとりうる直接的サンクションの具体例として、ブレーゲンらは、つぎのように述べている。すなわち「たとえば、賞賛や世辞の言葉を含む言明、さらには、他の行為者に、権威者は『いい仕事』をしている、と伝えることを権威者に約束することは、依頼者の置かれた乏しい資力という背景において受諾可能な戦術なのである。これとは反対に、酷評や侮辱、さらには、権威者のしていることがいかに悪いかということを他者に伝えると、約束することは、懲罰なのである」(Blegen and Lawler [1989：176])。

18　ブレーゲンらの視点は、現代日本の医療現場に対し有効性を持ち、軌道修正を迫っていると考えることもできる。この構造は、患者の権利が日本より重んじられているとされるアメリカでも基本的に変わらない。ブレーゲンらの問題意識はつぎの例からも明らかである。

　「マウントオーバーン病院に入院していたとき、午後六時の地方局（民間放送）のニュースのあとに次のような会話が流れてきたのを、今でもよく覚えています…『皆さん、お医者さんがこのようにあなたの病名を言わないとき、あなたの問いかけにはっきり答えないときには、ボストン消費者センターの次の電話番号にすぐに電話してください』そこで、これが消費者センターの教育コマーシャルだと気がついたのでした。医療のことを〈メディカルサービス〉と表現します。サービス提供者と消費者との関係としてとらえているのです。消費者は王様という言葉がありますが、消費があるから生産もサービスもなり立つのだという考えがあるのです。お金を支払って、そのサービスを手に入れる消費者側は、その内容に

ついても当然発言できるという発想です」（木村 [1987：102-3]）。
19 　ブレーゲンらが論拠としているのは、権威や権力の正統性における認可／是認という区分を詳述に論じたドーンブッシュとスコット [1975] である。彼ら自身は、企業組織の実態を重視し、「認可」の側面に重きを置いている。
20 　直接的「制裁」を伴う「認可 (authorized)」の強調は、サイモンの研究生活の最終到達的結論でもあるが、この立場はしばしばこの分野で見いだすことができる組織論特有の権威の権力への「安易な」還元である。権力還元論の思想史上の整理については、5章を参照。
21 　この姿勢は、ドーンブッシュとスコットの議論を建て増ししたと評されている (Blegen and Lawler [1989: 171])、ゼルディッチとウォーカー（Zelditch and Walker [1984]) においても共通する。本書と彼らの強調点の違いは、堅牢に既成化した組織をその分析を根底に据えている彼らと本書との、分析対象や問題関心の相違に起因すると思われる。しかし、このような「組織内権威」の基質特性とは、何であろうか。組織における権威や権限は、下位者側のダイナミズムを上位者組織による牽制により無効化させるところに、社会一般の権威と対比した際の組織内権威の独自性があるのだろうか。組織権威と組織外権威のこのような「違い」は、別の機会に焦点を当てることになるだろう。
22 　正統性研究≠権威研究であって、「新定義」的発想が「存在」したのは確かだが、権威研究では「発展」したとはいえない。また、新定義がイメージする「人の感情」や「信念」は、かなり画一的な印象を受ける。
23 　権威がもたらす安全・安心感、自由を放棄しつつも権威に屈するメリットについては、セネット『権威（邦訳名　権威への反逆）』が詳しく分析している（Sennett [1980]）。彼の権威論の位置については、拙稿 [1989]・[1991] を参照。
24 　Sullivan, H.,1950, "Tensions, Interpersonal and International" in Cantril(ed.), *Tensions That Cause Wars*, University of Illinois p.95.
25 　ただし、筆者の管見する限りでは、サリバン自身は、権威について（1953年の『相互個人的な心理学理論』(*The Interpersonal Theory of Psychiatry*) の一部を除いては）ほとんど行っておらず、権威と「敬意」を関連づけて論じてはいない。したがって、権威を正統化する基点の1つとして、しかもその中でももっとも大きな紙幅を割いて敬意について論じるという発想は、プレサス独自のものであることには留意しておかなかばならないだろう。
26 　Ezioni, A., 1963, American Sociological Review, vol.28, No.2, pp.312-3.
27 　Grusky, O., 1962, American Journal of Sociology, vol.68, No.3, pp.369-1.
28 　Monypenny, P., 1963, The American Political Science Review, vol.57, No.1, pp.165-6.
29 　ただし、ブラウの理論像全体に対する問題点については、Mulkay [1971] がある。なお、ブラウ [1956: ch.4] では、「権威の概念」の3つの特徴が明記されている。(1) 権威は、職位にあってその地位にある個人に属するものではない。(2) 上司の命

令に対する、部下の自発的遵守。(3) 事実上・実際上の実効性の範囲でのみ権威は作用している。形式上の組織の図式や公式の規定は、権威作用の「確立をたすける」にすぎない。

30 したがって、しばしば唱えられる権力の権威への転化とは、それによって権力の特性である否定的サンクションに基づく脅迫という要素が消失するのではなく、サンクション脅威の発動(＝直接的行使)が、服従者たちの集団規範による拘束(＝間接的、制度的な行使)へと変化していくことを指しているとも考えられる。

31 「諸能力」の内容についてブラウは必ずしも明確化しているとはいえない。だが、別の箇所で「貢献能力（abilities to make contributions）」(Blau [1964：56=1974：48]) と述べていることから考えると、所属組織や集団に対する貢献行為をする能力のことであろう。そして貢献とは、より具体的には、共通の福祉（common welfare）としての集団の存続に対する貢献のことを指しているのである（Blau [1964: 46=1974: 40])。「共通の福祉」と権威の役割(その存在の正統化)については、別の機会に考えることにしたい。

32 リーダーシップは「権威の一類型」であるとブラウは規定している（Blau [1964: 200=1974: 180])。

33 ブラウの権威論の全体像や権力論との関連、そして彼の社会理論における権威に関する議論の位置については、ターナー（Turner [1991: 335-7]）、さらに長尾 [1975]; [1979] を参照。

34 ただし、ブラウの権力観では、1章冒頭で示したようなヴェーバー的権力より、構造や交換が重視されている。そのため、正負のサンクション（褒賞や威嚇）と権力行使そのものとが一体視混同されており（森（1974）、長尾（1975））、権力概念が一般化されすぎている観がある。

35 彼はこの立場に属する論者として、ニスベット、コント、トクヴィル、デュルケム、ベル、パーソンズを挙げている。また、権威の権力への還元という立場についても本書5章、およびルークスによる1978年の考察を参照。ただし、"authority"観念形成の歴史に照らしてみるとき、権威の権力への還元という立場には、無理があるように思われてならない。ローマ社会にまで遡ることができるその形成と変容過程については、本書1章を参照。

36 「権威の受容」というとき、権威者側の存在そのもの、もしくは権威関係そのものの受容と、権威者が発する個々の指示の受容というレベル分けが必要になってくるが（拙稿 [1992]・[1994]）、プレスサスの考察では、前者を所与とした上で主として後者に議論のウエイトが置かれている。ブラウの権威論においても同様の問題設定と射程が感じ取られてくる（本書3章も参照）。

37 「因果連関・目的連関」、およびそれらの「組み替え」について詳しくは、大塚 [1966：1章]、下田 [1981：6章；7章]、佐藤 [1981：18-22]、寺田 [1986：1章] において検討がみられる。

38 保坂 [2003]『現代社会と権威主義―フランクフルト学派権威論の再構成』、さらに、森田 [1988]「フランクフルト学派と家族研究」、とくに「三　戦後西ドイツの権威研究」を参照。「それでは以上で略述された研究所の NDP（ドイツ国家民主党；60年代中頃再活性化した極右主義）研究は、われわれに何を示唆しているのか。この研究は、極右的プロパガンダの受容の背景には経済の権威が働いていることにより、平準化された社会のイメージに修正を迫るものであった…この研究の進展の中で指示されているのは、階層特定的生活世界研究の必要性である」（森田 [1988：261]（　）内は引用者による補足）。

39 換言すれば、これは組織内部正統化過程（是認）や正統性源泉の根拠の1つ（認可）への参与者たちと依頼者が、全く隔絶しているという問題とみることもできる。大組織の医療従事者−依頼者関係がその典型と考えられる。

40 「是認」と日本語でいっても、ブレーゲンらでは "endorsement"、ブラウでは "approval" という異なる英語の訳であるが、"横方向の（同僚たちからの）" あるいは "下からの（下位者たちからの）" というニュアンスは共通するため、あえて訳し分けていない。

41 新しい社会状況として、近年における医療裁判の増加、いのちや臓器の扱いに対する考え方をはじめとする医療全般に対する患者側の意識の変化を挙げることもできる。逆に言えば、これまでの社会状況にはつぎの記述のような歴史的経緯があった。

「日本における医の倫理の歴史に関連しては、主として隨唐時代の中国医書を研究・集成した丹波康頼によって執筆された現存する最古の医学大百科全書『医心方』（984年刊）が注目される。その序にある "大慈惻隠をもって医をおこなうべし" という仏教的・儒教的倫理思想の表現にみられるような『慈と仁としての医』のあり方が展開されてきたからである。患者を憐れみ、思いやる立場からの父権的温情主義（Paternalism）を当然のこととする医師と患者との関わり方が、長い間にわたって受け入れられてきた…1980年代以降のバイオエシックス運動の中から生まれた『インフォームド・コンセント』の考え方とその実践には学ぶべきことが多い。わずか20年で、あるいはようやく20年を経て、この『インフォームド・コンセント』が日本の医療関係者の間で理解されるようになり、臨床の現場をある意味で変革しつつある…専門家による、専門家のための『専門倫理』が、パターナリズム（父権的温情主義）を基盤にして一定の役割を担った時代は終わりを告げつつある」（木村 [2003：18; 25]「『医の倫理』から『バイオエシックス』へ」）。

42 すでに指摘したように、江戸時代の蘭和辞書『長崎ハルマ』（1833年）において "achtbaarheid" にすでに「貴重、権威」の語があてられ、"achtbaarheid" は今日、一般に「尊敬」の日本語があてられることにも考慮すべきである。

43 「あった」という過去形かどうかという問題は、現代社会の問題に照らして、また別に論じる必要があるだろう。

44 ここでいう知識社会学とは、日常生活で用いられる用語・知識を重要視する、

現象学的社会学で用いられる「広義の知識社会学」をイメージしている。詳しくは 1 章注 22 を参照。

第5章 3つの権威観
―縦糸型権威から横糸型権威へ―

第1節 はじめに―権威についての考え方の明確化―

排除問題と3つの権威観

　これまでみてきた敬意は、権威の二特徴のうち主として自発的遵守に関与している。それに対し、本章からはもう一方の特徴、私的判断放棄にいたる「排除問題」にせまっていきたい。同時に、3つの権威観について紹介する。現代権威の理解には、既存の権威研究の動向について踏まえておくことが不可欠だからである。

担い手側中心の権威観と担い手側排除問題

　この既存の権威観を検討してまず分かることは、担い手側中心の研究がほとんどということである。この点はすでに、4章でのブレーゲンらの先行研究認識という形で紹介したが、彼らは主として組織論が検討対象だったのに対し、この章でとりあげる政治・社会思想史でも状況は同じ、といっても過言ではない。その結果、これまでの権威研究では〈権威に対する敬意〉という受容者側の視点が欠落してしまっている。語義・語源という観点から〈高齢・個人（人格）〉という形で示唆されつづけた「敬意要因」は、社会・政治、人間について正面から扱う学問では（本書で取りあげているいくつかの例外を除いて）検討されていない。その原因の1つこそ、政治的権威中心主義や〈追加・後見〉（正統化＝権力への権威の矮小化という）要素偏重に関連した（1章参照）、担い手側偏重の権威観、権威研究姿勢にあったと思われる。

ただ、この研究上の偏向には、担い手側に焦点を合わせることによって初めてみえてくる、担い手焦点ならではの知見も、含まれているのである。その最たるものが、〈担い手側の排除問題〉である。

権威に関連する排除問題は、7章で論じるように受容者側排除問題ばかりでなく、担い手側にも存在することが理解されていくだろう。本章では担い手側の排除問題とはいかなるものかに言及し、それが受容者オルタナティヴ（受容者が他にとることができる権威関係や選ぶことができる権威源泉と権威者。4章参照）の減少につながって、私的判断の放棄（少なくとも一時的停止。6章で考察）が不可避になるという、受容者が陥る一連のスパイラルについて指摘したい。それと同時に、〈信条・行動・権力還元〉という既存の3つの権威観について思想家の所論のアウトラインを跡づけ、権威論の存在に対してあらためて注意を喚起していく。

西洋権威論分析の代表

すでに序でのべたように、西洋権威論の紹介はルークスがすでに行っており、かれの仕事に依拠する形をとりたい。というのも、英国の政治社会学研究者スティーブン・ルークスは、権威の構成要素および権威に対するアプローチの仕方、いいかえれば、権威概念に内在的な特性の摘出と権威現象に対する接近方法（権威理解あるいは権威観）を先行研究者たちの考え方から学ぶという手法に基づいて論考を遂行しているからである。この研究は、古代ローマの観念アウクトリタス(auctoritas)由来のオーソリティ(authority)研究の遺産を包括的に継承しているといってよい。この意味で、その後こうした性質の研究が不世出であることを考慮するとき、今日あらためて注目に値する論考を展開しているのである。文献の代表性という観点からみても、この議論がボットモアとニスベット編纂の『社会学的分析の歴史(*A History of Sociological Analysis*)』に採り入れられている事実からして、ルークスの論考は、現代に至る社会学を代表する権威をめぐる業績の1つといってもよいだろう[1]。

権威についての考え方の明確化

社会学的分析の歴史における代表的位置という形式と、注目すべき豊富な知見という内実を備えたルークスのこの論考の中でもとりわけ注目に値するのは、かなり広範囲にわたる思想史的な考察を通して、権威の概念化について3つの思潮への分類および整理を行っているところである。彼は、自らがこうした考察をするにあたっての「姿勢」について、つぎのように明言している。「個々の思想家たちが、相互に発展させあったり、また相互に反発しあったりしながら、それぞれ自分たち特有の文脈のなかで用いてきた、権力や権威をめぐるさまざまな*概念化の仕方* (conceptions) のなかに存在している権力と権威の*概念* (concepts) について、形式的かつ抽象的な説明を与えるということである」(Lukes [1978: 643=1989: 11] 斜字体は原文のまま（以下も同様))。

本書では、ルークスの議論を媒介として、あるいは、ルークス自身の権威論それ自体をたどりつつ検討する作業を提示することによって、これまでの社会学や政治思想の研究史において、権威論なるものが、あたかも存在しなかったかのような「誤解」を、払拭したい。権威論という存在の再確認が本書のねらいの1つなのである[2]。そのためにここでは、ルークスの行った、とりわけ権威に関する概念上の特性の把握に対する貢献について確認していく。それは大きく分けて、権威の構成要素（権威と対立する諸根拠の排除（権威の担い手側排除問題）・権威として承認する基準（権威根拠の問題））と、権威概念化をめぐる3つの思想潮流（権力還元論・行動権威論・信条権威論）に関する論考から成り立っている。さらにそれらの論点を踏まえたうえで、そこから読みとることができる特徴について指摘を加えるとともに、彼の議論の限定性について付言していくこととしたい[3]。

第2節　担い手側の排除問題

1) 権威根拠

「根拠」の具体例

権威根拠 (reasons) について具体的にイメージしてもらうため、ルークスが権威の構成要素として2番目に挙げた問題を先に紹介しておきたい（ルー

クスがいう〈根拠〉は本書で使っている〈源泉(source)〉に近い)。この2番目の構成要素が、権威根拠(理由)である。ついで、最初に彼が挙げた、〈対立する諸根拠の排除〉という考え方を紹介する。そして、これらを踏まえた「担い手側の排除問題」という、本書の概念を用いた提案を4節(むすび)で示すことにしたい。

まず、権威根拠についてみていくことにしよう。根拠とは、権威の担い手を、いかなる基準に基づいてその資格者として特定するか、という問題であるという。

> 「権威概念の第二の構成要素として挙げられるのは、権威の所有者または行使者を、その資格者として特定するという問題である。この概念を使用する場合はいつでも、権威をもった言明の(内容に対するものとしての)源泉を特定するための何らかの基準が前提とされなければならない。つまり、権威を受容する時には、それが権威をもつかどうかを特定するにあたってその言明の内容に関する評価は関係ないのであって、(論理的に)その言明の源泉を権威あるものとして特定するための何らかの手段——ホッブズのいう『ある者のいうこと』ではなく『その者の徳』を見出すための基準——が存在しなくてはならない。(The second component of the concept of authority is the identification of the possessor or exerciser of authority as having a claim to do so. Any use of the concept must presuppose some criterion for identifying the source (as opposed to the content) of authoritative utterances. Since accepting authority excludes evaluation of the content of an utterance as the method of identifying whether it is authoritative, there (logically) must be some means of identifying its source as authoritative — a criterion which picks out, in Hobbes's words, not "the saying of a man" but "his virtue.")」(Lukes [1978: 641=1989: 35])[4]

ルークスが問題にしている権威としての特定化の基準というのは、例えば、年齢や性、地位や、富、財産、武勇、宗教的資格などである。それは時代ごとに、共同体ごとに異なる場合もあれば、かなり広範囲にわたっている

| 年齢、性、地位、財産、武勇、宗教的資格 |

図5—1　権威源泉（根拠）の具体的イメージ

場合もある。「異なる時代、異なる共同体において存在してきた、広範囲にわたるこうした徴（marks）や記号（signals）について考察することは有益なことである。それらは年齢であったり性であったり、あるいは、親族、職業、カースト、人種などに関わる地位であるかもしれない。また、富、財産、武勇（military prowess）であったり、伝統的あるいはカリスマ的な宗教的資格（religious claims）であったり、またあらゆる種類の名誉や尊敬（honnor or esteem of all kinds）、信用度（credentials）、職務上の役割（functional role）、公職（office）であったりする。権力そのものがそれにあたるという場合も少なからず存在している」（Lukes [1978: 641=1989: 35]）。

　権威に基づく個々の情報に対し、普段何の疑問ももたずに、無批判に受容している、そのような権威がそもそも形成される前提として、権威として特定化されている「基準」がここでの問題である。ルークスによれば、このような権威として承認をおこなうための基準・規則は、誰にでも分かる明確な形で定式化されているとは限らず、きわめて個人的な解釈に基づく曖昧な規範にすぎないこともあるという。

2)　対立する諸根拠の排除

対立した諸々の根拠

　以上が権威「根拠」、「権威を持った根拠（the authoritative reasons）」の具体例である。こうした根拠を前にして、人々がとりがちな態度こそ、権威の構成要素としてしばしばまず最初に説明に持ち出される、「私的判断の放棄」である（The first component of authority is sometimes described as the "surrender of private judgment."）（Lukes [1978: 640=1989: 34]）。

　さらに、放棄を結果的に促進するのが、権威と対立する諸根拠の排除問題であり、この指摘はルークス権威論に新しさがある。「権威をもった根拠

が、自らと相互に対立しあっている諸根拠をどの程度まで排除しているかという点に関して、さまざまな形態が存在する可能性があるということである (a considerable range of variation is possible with respect to the range of conflicting reasons which the authoritative reason excludes.)」(Lukes [1978: 640=1989: 32-3])。これは「私的判断の放棄」を、（受容者側に着眼した問題としてではなく、いわば鳥瞰的な権威の布置状況という）別の角度からより概括的に論じた考察であり、そのことは後に判明していくであろう。また、ここでいう対立的な諸根拠は、4章2節で言及した、"受容者オルタナティヴ"、つまり権威の受容者が他に取るかも知れない、（別の権威関係を含めた）選択肢と、ほぼ同じ内容を指しているものと思われる。受容者が他に選ぶかも知れない権威根拠は通常、優勢な権威と対立的な存在だからである。

　この「権威と対立する諸根拠の排除問題」というのは、権威の担い手（ルークスの言葉では『命令者（commander）』）の与える命令によって受容者（ルークスの用語でいえば『それに従う者（those subject to such authority）』；Lukes [1978: 643=1989: 42]）がとる行為や信念のよりどころとなる第一義的な根拠（a first-order reason）と同時に、権威が受容される状況において権威と対立するような諸々の根拠が存在することを認めさせないための二義的な根拠が担い手によって受容者に示され、受容者がそれを受容することであるという。「行為および／あるいは信念のもととなる第一義的な根拠とともに、対立する諸根拠を無視させる第二義的な根拠もそれとともに与えること、そしてまたそれを受容することなのである（the giving and acceptance of a reason which is both a first-order reason for action and/or belief and a second-order reason for disregarding conflicting reasons.)」(Lukes [1978: 639=1989: 31])[5]。

権威と認定する3つのポイント

　ルークスはここで銘記しておくべき（worth noting here）3つのポイントを挙げている。

 1　権威の行使は担い手の意図的行為である必要はないこと。その例とし

ては、「あなたが助言として意図したことを、私が権威として受容するということがありうるのである」(Lukes [1978: 639-40=1989: 32])。ここからも窺えるように、彼の権威概念は、かなり広い範囲の現象を含んでいる。では、彼のいうところの権威とは、権力や影響力とどのように連関しているのだろうか。この疑問に対する答えは、彼の別の仕事のなかの図において、かなり明瞭に示されている (Lukes [1974: 32=1995: 75] 本書の序に掲載)。

2 さまざまな社会現象のうち、ある現象が権威現象と見なされるかどうかは、特定の視点に基づいていること (Lukes [1978: 640=1989: 32])。特定の視点について、彼はつぎのような例を挙げる。まず「規範的」な視点からの権威という言葉の使用、つまり権威の根拠を所与のものとしていわば恣意的に権威という言葉を適用する場合。つぎに、社会学者としての「記述的」("descriptive")、相対的 (relativized) 視点からの権威という言葉の使用。この場合についてはさらに、人々が服従する根拠が権威であるかどうかを彼らの信念と態度を調べることで特定化する、いわば主観レベルを調査する方法と、特定の社会に実際に広まっている一連の規則を吟味することによって何が権威かを特定化する、いわば客観レベルを調査する方法という2つの方法を挙げている。

3 権威の根拠は、権威そのものの存立基盤となる第一義的な根拠と同時に、権威が受容される状況において、権威と対立するような根拠が存在することを認めさせないための二義的な根拠が担い手によって受容者に示される一方で、権威と対立する諸根拠をどの程度排除しているかにおいて、さまざまな形態が存在すること (Lukes [1978: 640-1=1989: 32-3])。

　権威とは「複数の根拠の均衡に基づいて」権威と対立する受容者の行動や信条を排除するものであるという。それゆえに、権威に従っている人でも、何らかの別の理念、例えば自分の良心に従って行動することも、あるいは自分の利害関心に基づいてその権威とは別のシステム（社会体系）のもたらす情報によって行動することも許される場合があるということである。権威とは、自らと対立する諸根拠を押しつぶすのではなく、

「重さによってではなく質によって」それらを受容者の行動選択あるいは信条の「外部に押し出す」ということであるという。

そして権威は、さまざまな程度において権威と対立する二義的諸根拠を排除することで、多かれ少なかれ、受容者に「近道（shortcut）」を呈示、あるいは権威自体が近道となる（Lukes [1978: 640=1989: 33]）。権威の担い手に対する信頼が存在する場合、権威のこのような根拠は細かく述べる必要はなくなり、受容者は「近道」ゆえに選択するようになる。このような何ものかが権威であると想定される場合、その前提としてどのような環境でその権威が作用しているのか、そして排除している根拠はいかなる種類のものであるのかを解明する必要が出てくる。もっとも、極端なケースでは権威（そのもたらす情報）と個人の私的判断を全く切り離すことができないという状況も存在するということにも注意しなければならない、とルークスはいう。伝統的な権威関係においては、個人は伝統や習慣と手を切ることは一切できず、したがって個人として既存の権威に代わりうる「私的」判断は生じえない。そこでは、そもそも「私」という認識はなく、権威に対して何の疑問も存在せず無批判に受容されるのである（Lukes [1978: 639=1989: 31]））。

「私的」とは

この項目の冒頭で、ルークスが「私的判断の放棄」というときの「私的判断」とは、上述した権威と対立する諸根拠（conflicting reasons which the authoritative reason excludes）に基づいた一個人の判断にすぎないものを「私的」であると称しているのであり、優勢な権威側の根拠によって排除される（excluded when authority prevails）判断なのである。「ここでいう私的判断とは、まさしく非権威的な判断、すなわち、権威が優勢であるような場合においては排除されてしまうような根拠に基づいた判断のことである。権威に対して何の疑問も存在しないような場合においては、私的判断は存在しないのである（private judgment being precisely that judgment which is nonauthoritative-that is, based on reasons that are excluded when authority prevails. When authority goes unquestioned, private judgment does not exist.)」（Lukes [1978: 641=1989: 35]））。

　ここでいう「ある判断」が「『私的（private）』判断」であるという断定自体、優勢な（≒支配的に普及浸透している）権威側の決定事項であり、何らかの状況に際して一定の判断が誰かから呈示されるとき、その判断が公的なものに則したラインのものか、あるいは一個人の私的な意見に過ぎない内容なのかを決定するのも、じつは権威側の裁量余地範囲のなかにある、という知見は注目に値するといえよう。「さらにいえば、『私的判断』として通用しているのも、他の主題領域において設定されている『私的』と『公的』という区別とは関係ないものであり、むしろ、それ自体が権威の手のうちで決定されているものであるともいえよう（Moreover, one could say that what counts as "private judgment" does not relate to a distinction between "private" and "public" drawn elsewhere but is itself determined by the scope of authority.)」（Lukes [1978: 641=1989: 34-5]））。

　ルークスの権威と対立する諸根拠の排除論は、あたかも天津神の信奉者が、各地方で民衆の信仰を集めていた在来の国津神やその信奉者たちそのものを薙ぎ倒し、排除していくやり方を彷彿とさせる。千年以上前の極東における神話編纂に基づく権威源泉（正統性の拠り所）創造の実践と、20世紀末の英国の社会学者の理論的考察に符合するところがあるとすれば、この排除と差別のメソッド自体非常に興味深いと同時に深刻な、権威を構成する必須テーゼであるといってよいかもしれない。

担い手側における排除問題の存在

　ただし、ルークス権威論のこのくだりで、はっきりしない問題が1つある。それはルークスが主張するように権威の構成要素、つまりコンポーネントの1つが権威と対立する諸根拠の排除であるとするとき、排除する対象は、他の権威源泉そのものか、あるいは、受容者の認識を「支配的に普及浸透している権威」にくぎ付けにすることで、受容者の眼中より外へ排除するのか（他の諸々の権威の存在を取るに足らないものとして、忘れさせてしまうのか）という問題である。実際の排除では、両方が行われると考えられるだろう。そのため、担い手側排除という問題には、受容者を獲得するという意味での権威間

競争という問題（権威者という役割を獲得するための、権威者側の"いす取りゲーム"）と、受容者の他の選択肢（オルタナティヴ）を排除する問題という2つの問題が存在していると思われる。

ただし本書では、さきに紹介した「排除の仕方」に権威現象の特徴があるととらえ、主に後者について考察をすすめていきたい（"いす取りゲーム"が結果的に、受容者オルタナティヴを狭めてしまう危険性については、指摘するにとどめたい）。権威ならではの「排除の仕方」について繰り返すと、〈権威とは、自らと対立する諸根拠を押しつぶすのではなく、重さによってではなく質によって、それらを受容者の行動選択あるいは信条の外部に押し出すということ〉なのである。「質」によって「外部に押し出す」ところに、〈自発的遵守〉という権威現象の特徴が垣間みられる。

権威をめぐる排除にはもう1つ、受容者間におけるものが存在する。担い手側の排除問題は、受容者の選択の余地を減らし、結果として私的判断を放棄させているという流れから、〈権威継続〉を補強している。それに対し受容者間における排除問題は、権威関係からの逸脱の防止という潜在的抑止力としての威し的側面（2章、権威を構成する「威」の字義も参照）から、〈権威継続〉を支えているのである（後者については詳しくは、7章で論考したい）。

第3節　権威の概念化をめぐる3つの思想潮流

3つの権威観における担い手、受容者、主題領域、源泉の明確化

　以上が、ルークスのいう権威概念をめぐる2つの構成要素である。さらに彼は、かなり広範囲にわたる思想史的な考察を通して、権威の概念化に関して3つの思潮を分類するという、権威について考えるとき、触れないわけにはいかない議論を展開し、整理を提示している。

　ただし、ルークスの記述そのものは、各論者の原典からの抜粋が多用されており、各々の権威観の特徴が漠然としてしまっている感は否めない。つまり、ルークスの挙げる権威観での3つの立場という整理論（図5-2参照）とは、「信条に対して行使される権威（authority over belief）（本書では"信条権威"

と表記)」・「行動に対して行使される権威（authority over conduct）（本書では"行動権威"と表記)」・「権力への還元（reduction to power）、あるいは現実主義的思想潮流（realist tradition）（本書では"権力還元論"として表記)」である。この社会政治的思想潮流の「概略図」[6]を描くことに忠実であることを第一とする接近方法では、①誰が、②誰に対して、③どのような内容でもって（換言すれば、いかなる内容を伴った権威の源泉に、主としてどの主題領域で従わせるのか）といった、理論的・方法論的観点からみると重要なところが、ぼやけてしまっている。

権威論の存在確認

そこでこの章では、ルークスの議論に即して彼らの権威観の要所となる各点を浮き彫りにすることを心がけつつ、しかも、原典からの引用のもつリアルさがもたらす微妙なニュアンスをもなるべく残しながら、それぞれの論者の議論を辿っていくことにしたい。ここで本書が、ルークス論の再確認や彼が直接論じていない範囲にまで踏み込んで原典論者の意図の検討を遂行する「理由」は、つぎの点にあることを今一度強調しておきたい。

すなわちこの章のねらいは、ルークスの目を通してとはいえ、そして彼の座標軸に準拠しつつ（場合によっては彼を踏み越えて）も、社会学と政治哲学の錚々たる論者たちの思想の「潮流（tradition）」といってもよいつながりとその蓄積のなかで、「権威論」なるものが確かに存在してきたということを彼とともに主張しつつ、ここで確認しておく必要があるというところに存するのである。

1）権力還元論（Lukes[1978: 656-665=1989: 98-114]）
権力によって課せられた存在にすぎないという権威観

権威を理解するためにルークスが示した立場の1つは、権威が少なくとも部分的には権力によって課せられている（authority is（at least in part）imposed by power）という考え方、課せられた権威（authority by imposition）という考え方、つまり「権威を権力に還元する」考え方を示す「現実主義的な」思想潮流である。「権威を理解する（conceiving authority）」ための「方法（way）」の1つが、

	概要	代表的論者
権力還元論	背後に必ず力の存在を読み取り、権威の自律領域を認めない	パレート、ミヘルス、ヴェーバー
行動権威	部分的服従（obedience）	ホッブズ、ロック
信条権威	全面的信託（commitment）	コント、デュルケム、ニスベット

図5—2　権威をめぐる3つの立場

出典：Lukes[1978]より作成

「課せられた権威」という考え方である。「この考え方は…達成可能な未来社会におけるそれは別として、過去および現在の社会における権威を考察する時、しばしば見出される傾向である」（Lukes [1978: 643=1989: 43]）。

　この立場はのちに取り上げる「行動に対して行使される権威」とは「対照的」な、「権力と権威をめぐる『現実主義的』な思想潮流（a "realist" tradition of power and authority）として括ることができるような流れ」なのである（Lukes [1978: 660=1989: 98]）。権力還元主義的現実主義者としてルークスが論じている主な論者は、「現代におけるこの思想潮流の主な提唱者たちは、ネオ・マキャベリアン的なエリート理論家たち、なかでもパレート、モスカ（Mosca）、ミヘルスなど」なのであり、「自由・民主主義派に対して…徹底して反対の立場に立っている」。では、彼らはどのような点で対照的に、権威や権力を捉えているのだろうか。ルークスはつぎのように述べている。「かれらは、自由・民主主義派のようには権力に対して不信感を抱いてはいないし、また自由・民主主義派による権威の正統化に対しては、その正体を暴こうとしたのである」。

あらゆる権威の背後にある権力

　この立場によれば、権威とは、直接的な統制によるにせよ間接的な従属関係によるにせよ、権力によって課されたものなのである。こうした立場からみれば、後述する2つの立場、信条に対して行使される権威、そして協約という権威の自発的受容（行動に対して行使される権威）という考え方は、幻想

的なものに過ぎず、権威の根拠やその派生や政治的定式といった権威の承認をめぐる規則の背後には、ひとり、あるいは複数の統治者による逆らうことのできない力（＝権力）が常に存在することになる。

このように「現実主義的な」思想潮流は、あらゆる種類の権威を、全て権力への還元を指向するような考え方で理解し、捉えようとしており、それは後に取り上げる「行動に対する権威」であると「信条に対する権威」であるとを問わない[7]。したがって、権威源泉（"根拠"（2節1）参照））が力（権力、場合によっては暴力）そのものにおかれているところに、発想の特徴がある。

逆にいえば、（ヴェーバーなどの例外はあるものの）この権威観にとって、源泉の内容や種類、違いは問題ではない。受容者たちは、判断停止状態、もしくは先天的（知能や身分的）・後天的（財力や教育的）問題から判断能力を持たない存在で、論者の目線からみて見下され、劣った存在・"モノ"・"動物"の群れとしてイメージされているケースすらあるように感じられる。

権力という尺度からのみ測定

相対立する利害関係を持つにもかかわらず、共同の事業を可能にすべく、個人の行動を調整することを目的とした、協約にもとづき自発的に受容された、行動に対し行使される権威という考え方は、「自由主義思想の歴史のすべてを貫いている」ものであった（Lukes [1978: 660-2＝1989: 67-72]）。このような、自由・民主主義派が想定していた協約にもとづく権威という考え方に対し、「徹底して反対の立場」に立つのが、現実主義的思想潮流なのである。さらに、「この思想潮流は、権威をもった信条からなる教義（doctrines of authoritative belief）に対しては、その信条が伝統主義的、宗教的なものであっても、また世俗的なものであっても、すべて還元主義的な態度で（reductionist）臨もう」とさえするのである（Lukes [1978: 660＝1989: 98]）。

力（権力）こそ人間社会すべてにとって不可避の特性という社会観

では、ルークスのいう「現実主義的思想潮流」は、マルキシストやアナーキストの立場と、権威の捉え方の点での違いがあるとすれば、それはどこだ

ろうか。彼にいわせれば、「信条に行使される権威」や「行動に対して行使される協約による権威」という考え方の背後に存在するであろう、不均衡な権力の次元を「暴露（uncovering）」し、自由主義的な幻想を暴くというところでは、これら3つの立場の権威理解には一致がみられるという。信条に対して行使される権威、および協約による権威の背後に存在している不均衡な権力という次元を暴露し、自由―民主主義的な幻想を批判すると言う点では、権力への還元主義という立場は、アナーキストやマルキストと同じなのである。しかしながら、権力還元主義に特徴的であるといえる主張は、統制、従属、不平等、そして権威の押しつけといった論理が、社会主義であろうと民主主義であろうと政治体制を超えて、あらゆる人間社会にとって不可避的な特性であると考えた点にこそあるといえる。つまり、ルークスのいうところの現実主義的思想潮流は、マルキストやアナーキストよりこうした論理をさらに一般的なものへと敷衍して、「統制、従属、不平等、さらに賦課による権威（authority by imposition）をあらゆる社会にとって不可避な根絶しがたい特性とみなし、このことによってその攻撃を一般化している。社会主義や民主主義を称える社会も全く同様にこの攻撃の的となっている」のである（Lukes [1978: 661=1989: 100]）。

パレート

（Pareto, V., 1916, *Trattato di sociologia generale;The Mind and Society: A Treatise on General Society*, New York : Dover, 1963. なお、ルークスは多くの場合英書のみ参照しており、オリジナルのテキストが他言語の場合、原書は挙げられてはいない。以下も同様）

パレートは、何事かを証明する道具、あるいは何かを説得する道具として「権威」を理解している。彼によれば、「権威とは、非論理的行為を生み出す感情を、論理化するための道具」であるという（Lukes [1978: 660=1989: 99]）。

彼が指摘している、権威の源泉および権威が行使されるとされる主題領域とその受容者の具体例としては、「プロテスタントやカトリック」、そして「ルソーの言葉に魅了された人道主義者たち」や「マルクスとエンゲルスのあり

がたい御言葉に誓いを立てた社会主義者たち」、さらに「普通選挙であれ制限選挙であれ、選挙権という神託に、またさらに悪いことには議会と立法機関の決定に、自らの判断と意思とを委ねてしまう献身的な民主主義者たち」が挙げられている（Lukes [1978: 660=1989: 100]）。

さらに、パレート自身が着目している、現代的であるという意味で重要な「権威」の具体例は、科学に関するものである。すなわち「現代の社会にあっては、無知な者のみならず、また宗教や道徳にばかりか諸科学においてさえ、いやむしろ、人々が直接的には縁遠いこの科学という主題領域においてこそ、効力を発揮する」のが、パレートのいう「権威」の特徴なのである（Lukes [1978: 660-1=1989: 100]）。

ルークスによれば、パレートこそが「同意の本質をめぐって、最も冷笑的で（cynical）最も『現実主義的な』観点の持ち主」なのである（Lukes [1978: 661=1989: 102-3]）。パレートにとって、同意はつねに操作されるものであり、権威は、つねに権力を通じて押しつけ課せられる（always imposed by means of power）ものなのである。同意と力（force）はともに、パレートにとって「統治するのための道具（instruments of governing）」なのであり、とりわけ同意は、「感情と利害関心（sentiments and interests）」を巧妙に操作することによって達成されるというのである。

ヴェーバー

（Weber, M., 1956, *Wirtschaft und Gesellschaft; Economy and Society*, G.Roth and C.Wittich, eds., New York: Bedminster, 1968）

さらに、「こうした『現実主義的な』思想潮流に含むことができる他の論者」としてルークスによって位置づけられ、具体的には「社会の理論化（theorizing）および政治の理論化の全史を通じて、権力と権威に関する最も精密で豊かな説明（account）を呈示した『現実主義者』」と形容されている論者こそ、マックス・ヴェーバーなのである（Lukes [1978: 662=1989: 103]）。

権威についてのヴェーバーの見解は「4つの特徴」を持つという。この点を権力概念との関連からまとめていくと、以下のようになる。

1　ヴェーバーは、権威と比べて権力をはるかに広い範囲を網羅するものとして把握した（Lukes [1978: 664=1989: 111]）。
　このことは、裏返しに考えれば、このように権力とは「社会学的に不定形なもの」であるからこそ、融通無碍に過ぎる権力に「枠」をはめ、とらえやすくするために、権力の特殊なケースの1つである「支配」を使用を提案した、と捉えることもできるだろう。
2　彼は、ネオ・マキャベリアン（neo-Machiavellian）とは違って、権威に対する同意がすべて支配者によって課せられたとは考えずに、同意を行う受容者側の側面をもその射程に入れていた（Lukes [1978: 664-5=1989: 112-5]）。
3　支配の妥当性の究極の根拠である権威の三類型こそ、支配をめぐるどのような特殊な事例においても、支配構造にとって基礎となるものであり、また、それらをかなり説明する存在として彼が考えていたこと（Lukes [1978: 665=1989: 114]）。

　支配概念をヴェーバーの議論に基づいて広義のものと狭義のものに分けるとすると、前者は市場などの「利害状況」によって制約された利害関心の自由な発動に基づく支配なのに対して、後者は、前者を含まない「権威を持った命令権力」である。したがって、「支配の社会学」では後者を意味しているという（Weber [1972: 544=1960: 11]）。
　ルークスの表現ではつぎのようになる。「パーソンズが支配（Herrshaft）を『権威（authority）』と翻訳したのはまったくの誤りであった。むしろ有名な『権威の三つの理念型』は、あくまで支配構造という大枠のうちで、一般にいかなる論拠に基づいて権威への服従がなされるかを説明しようとしたものなのである」（Lukes [1978: 663=1989: 109]）。このルークスの指摘を妥当なものと考えると、ヴェーバーの「権威の三つの理念型」は、メリアム（Merriam [1964]）の「クレデンダ」（信条体系）に関する議論と相通じるものがあるが、ここでは指摘するに留めておきたい。

第5章　3つの権威観　279

4　彼は、強制（coercion）と力（force）による脅威という権力の究極的役割こそが、権威の行使にとって不可欠の基礎を与えることを強調したこと（Lukes [1978: 665=1989: 114]）。

以上のヴェーバー権威観をさらに要約すると、つぎのようになるだろう。1. 権力をより広い現象のうちに認め、そのなかの一形態を権威であるとしたところ、2. 必ずしもすべての権威が「課せられたもの」であるわけではなく、「同意」の余地をも考慮に入れたところ、3. 権威はもっぱら3つの類型から理解できるとしたところ、4. 課せられているとはかぎらないにもかかわらず、権威の行使には、権力の存在が不可欠であるとしたところ、というものである。

ヴェーバーを権力還元論者と位置づけたルークスの論拠をはっきりさせることが、本書でルークスの議論を辿るねらいを履行するにあたって最も重要なポイントであると考えられるため、4番目の特徴について、さらに考えていくことにしたい。

ルークスによれば、「ヴェーバーは、強制力や力による脅威という形をとった（in the form of coercion or the threat of force）権力の究極的な役割が、権威を行使するための不可欠な基礎の1つ（an indispensable underpinning）となることを強調した」という。さらに彼は、その根拠としてつぎのようにつづける。「政治的共同体は、他の制度的に組織された共同体と比べて、つぎのような成立構造（constituted）をとる頻度が高いのである（Lukes [1978: 665=1989: 114]）。

つまり、政治的共同体は諸個人に義務を課すのであるが、その義務を諸個人が果たすのは、彼らの多くがその義務の背後で支えている物理的強制力の潜在的な蓋然可能性（probability）の存在に気づいているからにほかならないという点に基づいているのである」（Lukes [1978: 665=1989: 114]）[8]。

この4の側面は、ルークスの言葉でいうネオ・マキャベリアンにヴェーバーの考え方が比較的近いことを示している。ただし、2でルークスも述べている事柄からわかるように、ヴェーバーの権威に対する考察は、〈権力への還元〉

だけに留まっているわけではなく、かれは権威概念の持つさまざまな焦点に幅広く触れているという意味で、すぐれた考察を行っていると評価できる。とはいうものの、ルークスが「あくまで支配構造という大枠のうちで」、「一般にいかなる論拠に基づいて権威への服従がなされているのか説明しようとしたもの」と指摘するように、ヴェーバーの権威論は、服従する根拠として正統性信念による類別を行うにとどまっている。

くり返していうように、支配「構造」に関する論述や「服従させる（服従へと人々を導く）構造」に対する説明、さらにはそうした構造がどのような過程からうまれ、いかなる仕組みで安定的な「構造」（繰り返される行為パターン）を確保しているのか（権威継続の安定化問題）、あるいはどうなっていくのかといったプロセスについては充分に論考されているとはいいがたい（この点については、3章3節2）の〈権威源泉論〉も参考いただきたい）。

権力による威嚇の存在を前提としつつも、権威源泉を法、カリスマ、伝統に置き、もっぱらこの三種の源泉に関連する主題領域に言及して、指導者（ヘル）という担い手が大衆一般に権威を行使したと、ヴェーバーの権威観を略述することもできるだろう。

> **ミヘルス**
>
> (Michels, R., 1911, *Zur Soziologie des Parteiwesens in der Modernen Demokratie; Political Parties*, E. and C. Paul, trans., New York : Dover, 1959)

ミヘルスが権力還元主義者であるとルークスが主張する根拠は、周知の〈寡頭制の鉄則〉に関するつぎの箇所にある。「大衆の不満が募って、ブルジョワジーからその権力を奪うことに成功したとしても、…表面的な効果をもつにすぎないものなのである。つねに、必然的に、大衆のなかから、支配階級の地位に自ら就くことになる新しい少数者の組織が生まれてくる。こうして、永遠の被支配者である大多数の人々は、少数者の支配に服従するという悲劇的な必然性に宿命づけられており、寡頭支配の踏み台の役割を果たすほかはないのである」(Lukes [1978: 661=1989: 101])。民主主義にせよ共産主義にせよイデオロギーに関係なく、いかなる集団も規模の拡大に伴い、少数者(〈寡頭〉)

がその集団を支配せざるをえず、それが政党に代表される人間集団一般の宿命だというのである。

以上がルークス自身が挙げている位置づけの論拠のすべてであるが、これだけではやや説得力に欠けるように思われる。というのも、そこでは権威に関する直接の言及に乏しいからである。ミヘルスが「課せられた権威」観をもつというルークスの主張に本書も同意するが、その根拠は、ルークスとは異なったところにある（詳しくは拙稿 [1991] で論じた）。ルークスによる位置づけを補強するという意味もこめて、ここではその箇所を挙げておくことにしたい。

それは、ミヘルスが『社会科学百科事典』の「権威」の項を執筆する際に示した、書き出しの文言にある。すなわち、「権威とは、ある集団に対する支配権の行使をおこなう生得的もしくは習得的能力である。それは権力の現れの1つであり、その支配下にある人々の側の服従の意味を含む。権威を行使するための主要な手段の1つは、賞罰を施すことによるものである（AUTHORITY is the capacity, innate or acquired, for exercising ascendancy over a group. It is a manifestation of power and implies obedience on the part of those subject to it. One of the principal means of exercising authority is the dispensation of rewards and pinishments）」（Michels [1937: 319]）。

このように権威は権力の現れの1つ（a manifestation of power）とされており、賞罰が権威行使の主要手段とされる。この意味で、権力還元的な権威観という立場への位置づけは正当であるといってよい。ミヘルスは、権威源泉を権力（あるいは権力が随伴する賞罰というサンクション（制裁））そのものに、担い手を「支配する少数者」（寡頭的立場にあるエリート）と想定し、大衆一般をその受容者とみていたのである。

2）行動権威論 (Lukes [1978: 650-656=1989: 67-97])
行動レベルへの権威行使

ルークスがつぎに挙げているのは、権威とは行動[9]に対して行使されるという考え方である。こうした権威の想定は、協約（convention）による権威と

いう考え方であり、相対立する利害関係を持つ諸個人間の同意（agreement）、合意（consent）に起源をもっているというものである。

信条レベルへの権威行使とのちがい

　最後に取り上げる信条に対して行使される権威が、それに従う者に同意を強要する（〈たとえば、私が、権威ある意見を信じるとすれば、私はその時、それと意見を異にする事など不可能である〉）のとちがって、この協約による権威は、それに従う者に対して、自分自身の判断によって行動することを「差し控える」よう要求しているにすぎない。つまり、それに従う者は、諸々の命令全体が随伴している権威を受容していても、個々の命令に対して私的に異議を差し挟むことは、全く不可能というわけではないのである。

　この点について、ルークスが論拠とするフリードマンは、つぎのように述べている（ルークスに対するフリードマンの影響については後述）。「この種の権威がもっている重要な点は、服従要求と、ある人が受け容れることを求められている特定の決定がもつメリットの問題とが、切り離して考えられているところにある…この種の権威の決定に従う（defer）ことと、それにもかかわらずそれらの決定に賛成しないこととは、矛盾していないのである」（Friedman [1973: 80]）。

　別の側面からいえば、この思想潮流は、権威を協約に基づくものとし、権力を不均衡で強制的なるものとして把握している。そのため、個人間の利害対立は自然なものとして考えられ、お互いの利害関心が異なることを相互了解しているかのようなこの立場が思い描く社会情勢下での諸個人のアイデンティティ自体は、権威によって影響を受けずに、むしろ権威（典型的には"権威を帯びた政府"など）の方が、個々人1人ひとりの「自由」を侵犯しないように、制約される存在として考えられているのである。

諸個人の行動を調整する権威

　個人の抱く目的は私的なものであり、相互に対立し合っているゆえに、権威に与えられた任務とは、共同の事業を可能にするように、諸個人の行為を

調整するというところに求められる。こうした権威観は、対立し合う私的な目的、価値、識見をもつ諸個人を前提とし、これに対する国家の権威という状況、いいかえれば中世まででは考えられなかった、近代になりはじめて立ち現れてきたような状況に、焦点を合わせる傾向をもつ。

　行動における一定の拘束的「規則」が要求され、しかもそれらが諸個人に受容され続ける理由は、そうすることではじめてこれら諸個人それぞれの目的追求が可能になるためである。個人のアイデンティティも彼らの利害の布置状況も、権威の行使によって制約されることはない。

　このような状況下で権威が生み出すのは、諸々の個人の間で共有される「共通の信条」ではなく、諸個人のさまざまな利害間で調整が行われた結果としての「一定の行為」、論者間でのニュアンスの幅を顧慮しより広義にいうと、「一定の行動」なのである。実際、この権威にとって、私的な信条と、諸個人の利害間で調整された公的な行動との間にギャップが広がることも、こうした立場の論者にとっては問題ではない。つまり、私的な信条においてはそれに反対していても、その一方で権威に服従するということもありうる、というのがこの権威観の立場である。

　この立場からみれば、権威に従う者は権威を受容していても、個々の案件（情報）に対して私的に異義を差し挟むことが可能であり、その前提となるのが以上のような諸条件ということになる。権威が共通の信条を生み出すとはみずに、共同の事業を可能にするためという限定付きで、個人間の行為を調整し、一定の公的行動を引き出すことが権威の任務であるとする。

　このため、行動権威論から概念化される権威は、共通の信条を生み出す目的や意図せざる結果を伴うものではなく、調整された行動を引き出す「限りにおいて」生み出され、前提としてではなく「手段」として、目的・結果のために概念化されたものであるという意味で、つぎの信条権威論的立場からの権威概念化とは「逆」であるとルークスはいう。この立場からみた権威の概念化においては、個人と権威との関わりは「表面的」・「部分的」なものであり、繰り返しになるが、私的な信条において反対していてもその一方で権威に従う、ということもありうるところに特徴がある。

権威源泉は〈仮構（フィクション）〉

　このような協約による権威という考え方において、権威の起源は相対立する利害関係状況にある個人間の同意にあるというところから、こうした権威概念化の仕方は自由主義思想全てについていえるという。この立場からみると、権威とは個人個人が自ら自発的に決定した義務の一形態として考えられている。

　他方、権力との関連から考えるならば、こうした立場にとって権威とは協約による自発性という視点から捉えられているのに対して、権力とは不均衡な関係に基づいた強制という視点から捉えられているとされる。しかも、不均衡な関係（権力）と協約（権威）の並存が可能であるという社会認識がこの立場では共有されている。

　逆にいえば、権力と権威のつながりが曖昧で不明確であるという点が、この思想潮流の特徴であるともいえよう。同意により樹立された政府といった「考え方」、政治理論など、この権威観の源泉は、人々が都合上、"仮構として想定しているもの（必要）"にある。"必要"であるだけに、その論者がおかれた政治的、社会的状況が複雑で、流動的な状況であるケースが多い。

　行動権威論という立場において、権威源泉は、目に見える実体というより、人民のニーズといった漠然とした「イメージ」を活字や言葉で系統立てたもの（発想や思想）にあると考えられる。この立場としてルークスがあげた論者は、政治・社会理論家に限られているが、バーナード、サイモンに代表される権威論のように、組織・経営論における"組織体（企業）"も一般に、この仮構に権威源泉をもつ（おく）とみてよいと思われる（この仮構の"近代ならではの性質"については、7章3節の注30・31を参照）。政体にせよ、企業体にせよ、近代になり大規模化された、実体としてつかみ所のない〈仮構（フィクション）〉・〈イメージ〉に、中世において宗教（キリスト教）が担っていた超越的存在性を仮託するように（せざるをえなく）なったのである（1章3節2）も参照）。

　最後に、この潮流に含まれると位置づけられている存在全般についてみて

いこう。まず、解決困難な状況とその解決とが仮説的なものにすぎない（人々は「あたかも」権威を受容しているかのような存在として認識されるべきだ）とする論者（社会契約論や自然状態論）も、この立場として括ることができるとルークスはいう。また、自由―民主主義者ばかりでなく、アナーキストやマルキシストもこの立場に含められている。というのも、ルークスによれば、彼らが批判する現実社会に対する認識ではなく、想定する未来社会における権威と権力に対する考え方―穏和なる集合的権力と同意的権威という点から、こうした立場に分類できるというのである。ここで扱われている論者は、ホッブズ、ロック、アダム・スミス（Adam Smith）、ミル（John Stuart Mill）、ルソー（Jean-Jacques Rousseau）、ヘーゲル、マルクス、エンゲルス、グラムシ（Gramsci）が挙げられている。

ホッブズ[10]

（Hobbes, *Leviathan*, chap.XXI, XXX,XLII; *The Elements of Law*, I,VIII）

　トーマス・ホッブズは、「畏怖すべき公権力が存在しなかったら、そこでの生活様式はいったいどんなものになるだろう」という問いを提起した（Lukes [1978: 651=1989: 68]）。「自然状態」は、平等の権力を持った諸個人が互いに譲ることのできない利害を抱えながら対立し、そうせざるをえないところから帰結するのである。「平等の権力は、互いに対立しあい、破壊しあう。こうした『対立（opposition）』こそが闘争状態（contention）と呼ばれるものなのである」。平和は、「公権力」を樹立するという代償によって、もたらされる（Lukes [1978: 651-2=1989: 68-71]）。

　人々は「自らの強さと権力を、1人の人間に委ねるか、あるいは、多数決によって個々人の意思を1つの意思にまとめることのできるような集会に委ねる」のである。ホッブズの権威理論の革新性は、まさにここにあるとルークスはいう（Lukes [1978: 651=1989: 68]）。畏怖すべき公権力としての主権者の発する命令には、それがあたかも自分自身のものであるかのようにして従うべきであるという「万人の万人に対する同意」こそ、「契約（covenant）」ということなのである。主権者は、自らの意思のままに命令を発するべく「権

威づけ (authorized)」されている。換言すれば、どうしようもない利害の対立状況のもとで、個々人は、畏怖すべき公権力の決定は「自らが生み出したものであり、また自分たちがその創出者であるとみなされるべきだ」ということに同意を与えているのである (自然権・天賦人権の移譲。1 章 3 節 2) も参照)。権威とは、「あらゆる行為を行なってもよろしいという権利である。そして、この行為は、権威をもってなされるし (done by authority)、しかもそれは、それをなすべき権利を持つ者 (人民) の委託ないし許可によってなされるのである」(Lukes [1978: 651=1989: 68])。こうして「人民すべてが主権者の行為の創出者」と想定されることになる。そうした個々人はすべて、闘争状態を克服したいというねらいに基づき、「主権者」を権威者として認めているわけである。

　ここで 2 つの点が銘記されなければならない、とルークスはいう (Lukes [1978: 651=1989: 69])。第 1 に、畏怖すべき主権者の権威ある権力は、絶対的な存在ではあるものの、人間活動の、ある特定の範囲 (具体的に法で定められた範囲) においてのみ、適用可能であるにすぎない。つまり、「法の規定の及ばないあらゆる種類の行為について、ひとは自らの理性の示唆することに従い、自らに最も利益をもたらすように振る舞う自由を持っている」(Lukes [1978: 651=1989: 69])。

　第 2 に、市民の本来の性質とその意図とは、権威によって影響を受けることはないのであり、権威ある「政体」とは、「共通の平和、防衛、利益のために、公権力によって 1 つの人格へと統合された群衆」であるにすぎないのである。すなわち、恐怖と不安とが彼らを結束させたのであり、人々が自己自身の「至福 (felicity)」への果てしない追求を行うことができるような枠組を確保するためにのみ権威は行使される。「法とは、権威づけられた規則に他ならないのであるが、法の使用は、人々の自由な意思に基づく活動を全面的に拘束したりすることはしない。むしろ、彼らが衝動的な欲望、性急さ、もしくは無分別によって、自らを傷つけることがないように彼らを導き、その行動を方向付けるためにあるのである。それはたとえば、垣根が歩行者の歩みを妨げるためにでなく、彼らが道をはずれないようにするために存在しているのと

同じことである」(Lukes [1978: 651=1989: 70])。

　このようにホッブズ権威観において、権威源泉は、起源（政府樹立）時における理由、担い手は君主・王（主権者）、受容者が人民（個々人）、そして権威主題領域は法の定める範囲にあると考えられる。行動権威論において権威源泉はあまり実体的ではなく、いわば〈後付的理屈〉（政治思想）・発想（考え方）そのものに源泉があるといった観もある。

> **ロック**
> (Locke, John, *Two Treatises of Government: Second Treatise*)

　「堕落した人間の腐敗と悪意」によってもたらされる「恐怖とたえざる危険」というところに、ロックの問題意識は存していた、とルークスはいう（Lukes [1978: 651=1989: 72]）。したがって、ロックにとってみれば、「市民政府」の新たなる登場によってなされるべき「治療法」の「主たる、また大なる目的」は、「財産の維持」にあったのである（Lukes [1978: 651=1989: 72]）。

　ホッブズの場合と同様に、ロック流の想定にとって、新たに生み出されてきた権威は、共同体的（communal）、統合的（integrative）機能を持ち合わせてはいなかった。この権威としての「共和国（commonwealth）」（共通の福利のための権威）とは、「個々人自身の市民的利害（their own civil interests）を調達し、保全し、それを促進することのみを目的として構成された社会」なのである。個々人の信条を惹きつけ、心の底からの「求心力」をもつ存在として、権威が想定されているわけではない。

　ただし、ホッブズが社会生活を可能にするうえで必須の（必要最小限の）保障を与えるためには、社会の存在そのものがそうした権威の受容を必要としていると考えたのに対し、ロックは、「調整の必要性」という問題をより特殊なものとして捉え、自らの私的判断に従うという個人の権利を犠牲にすることはより限定的になされるべきである、と主張した（Lukes [1978: 652=1989: 74]）。ここにホッブズとの違いがある。

　さらに、ロックが主張したのは、政治的権威が革命権によって、拘束されているというものである。それはつぎのような状態を指している。すなわち、

「立法府が、委ねられていた信託に反した行為を行なっていることが発覚したとき、それを解任もしくは改編するという最高権力は、今もなお人民において保持されている」というものである（Lukes [1978: 651=1989: 72]）。しかしながら人民は、権威ある共同体に権力を委託する契約に同意してはいるものの、次いでこの共同体は立法権を信託する人々に委ねてしまい、「同意の周期的な更新（recurrent renewal of consent）」はみられなくなって「市民的利害」を追求する自然の競技場という機能を、権威ある「共和国」としての「市民社会（civil society）」は担うことになる（Lukes [1978: 651=1989: 73]）。ロックも、ホッブズと同様、権力を個人的で強制的な統制として考えてはいるものの、両者の自由主義的な想定とは、政府の強制的な権力には制限を加え、その一方で、同意に基づく一般的利害を推進するというかぎりにおいて、政府の権威にうったえるというものなのである。

　このことをいいかえれば、分野や主題領域に応じて、市民個々人が受ける制約のされ方とその意味が異なっている、とみることもできる。すなわち、彼らの相対立する諸利害は、経済的主題領域（社会）において（『市民的利害』の点で）制約を受けることはないのに対し、政治的主題領域では「調整」と「統制」が要請される（『一般的利害』）。それが受け容れられるのは、「法と秩序」を維持することによって、政府は、効率的な競争の秩序のための条件を維持させるためである。

　ロックのいう権威とは、政治的主題領域における調整と統制の必要性に対する自発的同意に基づいた、個人によって承認を受けているものなのである。その結果生じた強制力は、最小限に留められるべき「干渉」として把握されている。このようなロックにおける権威源泉は、ほぼホッブズと同じく、政府樹立理由という観念に、そして受容者は人民であり、担い手は君主・政府指導者、権威主題領域は政治的方面にあると考えられる（1章3節も参照）。

3）信条権威論（Lukes [1978: 644-650=1989: 47-66]）
〈共有されている信念〉という権威が社会秩序そのもの
　第三の権威観とは、権威とは信条（信念）に対して行使される影響力に他

ならないとする考え方、信条に対して行使される権威という立場である。「社会秩序というものが、大部分もしくは全面的に、共有された信条によって成立している、つまり、もっぱら権威によって支えられているということを自明のこととするすべての論者たちである」(Lukes [1978: 644=1989: 47])。この立場に関する議論の冒頭でルークスはこのように、権威を信条に対して行使するものとして概念化する立場の論者たちを端的な表現で紹介している。

信条権威の典型： ローマ教皇のサイエンティア

　この権威観が前提にしている状態は、つぎのようなものである。すなわち、人々が互いを不平等な存在と認め、自分の意見を「私的な」ものとする一方、決定すべき問題に「優れた (superior)」判断を下すための、(専門的技術、学識、非凡な経験、技能、啓示などの) 特殊な「知識」を備えた特別な資格者の意見を「公的な」ものとして認め従っているという状態である。信条権威の模範事例は、ローマ教皇という宗教的事例に求められる (Lukes [1978: 644=1989: 48]；Ullman [1961: 64-7; 257-272; 305])。

　カトリック信徒たちに分有されている古くからの信条によれば、アウクトリタス・サクレッタ (auctoritas sacrata；神聖なる権威) を保持しているのは、ローマ教皇「だけ」なのである。逆にいえば、何が道徳的に悪くて何がそうでないのか、そして何が罪深くて何がそうでないのかについて述べるのに十分なほどの「サイエンティア (scientia)」を、一般の王は保持していないことを意味する。「サイエンティア」という特別な知識の具有を教皇をのぞく人たちすべてが妨げられているため、たとえ彼らがそれについてよくわからない状態にあっても、彼らの知識の上での無知や不足を事実上代替することによって「真であるはずだ」という信念を生み出している。

　行動権威論との違いにおいて重要なのは、手続きにしたがって権威ある立場に置かれた人々が発した言明ゆえに外面的に従われるというのでなく、自分の無知を充足する優れた知識であるという信条ゆえに、〈信じられて〉従われ続けているというところにある。ある特殊な知識所有が可能な、「あるものによる特殊な地位、資質、資格」に基づいて、ある人間が一定の主張を

行い、こうした知識アクセス可能な立場が「その主張の源泉」として承認されているがゆえに、「真なるもの、確かなるものとして、同意が与えられる」ということである（Lukes [1978: 642=1989: 38]）。

信条権威の主題領域と受容者の範囲

したがって、信条権威とは、真なる確信を信条に対し及ぼす点で、上辺だけの遵守が可能な行動権威と根本的に異なっており、両者の立場は、「コンフリクト状態にある」とさえ断言する先学者もいる（Friedman [1973: 77] フリードマンのルークスに対する影響については、4節で言及する）。とはいうものの、フリードマンは具体的にどのようにコンフリクト的位置関係にあるのか述べていないが、ここで「受け容れられ方」の深度と範囲という点に着目するならば、行動権威との違いをある程度具体的に読みとることができると思われるため、本書ではつぎのように略述しておきたい。

争乱を抑える社会秩序の安定化といった「共通の目的」のため、一定の手続き・要件に基づいて同意するという行動権威とは違い、信条権威における"真"なる確かなる知識は、一様でなく多様でありうる。そして信条権威は、多数に広汎に薄く浅く受け容れられるといった「受容のされ方」ではなく、特定範囲の人々の内だけに篤く深く受け容れるといった遵守のなされ方が想定できるだろう。

担い手と権威源泉（の優越的価値）との分離が難しい

この「受け容れられ方の深度と範囲」の違いの問題は、権威の源泉の発生の時間順序と、源泉の担い手と源泉とのつながりの違いであるとも考えられる。行動権威論において、権威源泉は、権威行使者より先に存在すると想定されていたのに対して、信条権威論では、権威行使者の存在が権威の源泉よりも先に存在していることが多い（ただし、源泉と担い手が〈一体的〉で、分離して考えることは不可能なことが少なくない。この担い手の存在を源泉から切り離して考えにくいところに、行動権威とのちがいがある）。

具体的には、新興宗教指導者をイメージしていただきたい。この権威発生

局面における違いという問題が重要なのは、権威消滅の局面における消滅・残存の違いについて示唆しているからである。つまり、信条権威論において、権威者は、ある特別な知識を有するために自分が権威を持っていると主張するがゆえに、人々が仮に彼の権威を認めない（認めなくなった）としても、人々の承認が得られないことによってその具備する知識がなくなることにはならないため、権威者は、少なくとも一定の人々の間では従われ続けるはずである。一方、「代議士は選挙に落ちればただの人」（大野伴睦）というときの代議士が「権威」をもつとすれば、その際の権威とはここでいう「行動権威」の色彩が強い、といってよいのではないだろうか。

信条権威の源泉の変遷

この信条権威という立場によれば、権威の根拠（権威源泉）とは、知識、啓示、技能、洞察力、知恵などであり、これらを基にして他者の信条に対して承認を要求する。これらの源泉は一般に、人としての担い手を分離して考えにくい性質の存在である（担い手が逝去すれば、一緒に荼毘に付されてしまう）。ただし、ローマ教皇職やダライラマのように、一定の手続きを経ることで継受されていくと広く信じられているケースもあるため、留意が必要であろう（嫡系の子孫が代々受け継ぐ血統的"世襲"に必ずしも限られないところに注意）。

このような知識は、特殊、かつ排他的で、独占的に接近・所有されるものであり、つぎのような変遷を辿ってきた。すなわち、中世においては、教皇職にある者や教会のみが入手可能な知識であり、近代においては、社会の精神的指導者のみが認知しえる知識であって、現代では、テクノクラートのみが接近しうる知識、といった具合に、権威の源泉という意味をもつ知識内容は時代とともに移り変わってきたのである（Lukes [1978: 642=1989: 39]）。

社会の求心力の中心としての権威、副次的存在としての権力、という社会観

信条に対して権威が行使されるということは、権威ある意見を信じる際に受容する人がそれと異なる意見を持つことが不可能であるという意味で、必然的に権威に従う者に対して同意を強要することになると、ルークスはい

う（Lukes [1978: 642=1989: 40]）。そしてこの立場においては、このような権威こそが秩序の求心力であり、政治や社会の中核的役割を担い、権力は、――権威にとって「機能的」、「不可欠」、「脅威的」存在であると考えられるにせよ――副次的存在とされている。「信条に対して行使される権威という概念こそが、社会的凝集力および政治的秩序の両方を説明するのに中心的な役割を果たすことになるのである。つまり、権威のこうした中心的役割との関連のなかで、権力が概念化されるのである（power is conceptualized in relation to this central role of authority）」（Lukes [1978: 644=1989: 47]）。

この立場として扱われている、主な論者を具体的に挙げていくと、ニスベット、バーク、サン・シモン、コント、デュルケム、パーソンズ、トクヴィルである。このように権威を概念化した論者について、彼はつぎのように表現している。「権威を神の啓示と考えたフランスの反革命的な神秘主義者たちや、『まるで列聖された（canonization）〈カトリックで、聖人の位に列せられた〉先祖の面前であるかのように』伝統的なものとして権威を把握した保守主義者バーク、科学的に裏打ちされていることに権威を見出したサン・シモンやコントのような論者たち、中心的価値システムとして権威を把握する規範的な機能主義者たち、これらの論者はすべてこうした視点に立脚していると言えるだろう」（Lukes [1978: 644=1989: 47-8]〈 〉内補足は引用者）。

ニスベット

（Nisbet, R.,1966, *The Sociologial Traditon*, Basic Books; 1970, *The Social Bond*, Alfred A. Knopf）

ニスベットが行った、主として19世紀の社会学理論に対する説明の焦点の1つは、「社会的、政治的秩序の基本的な（かつ永続的な）源泉とされる慣習と伝統の再発見、家父長的、共同体的権威の再発見」というところにあった（Lukes [1978: 646=1989: 54]）。権威と権力の関係についてニスベットによれば「社会的権威というイメージは、旧体制に由来する材料によって形づくられ、合理的で中央集権的かつ大衆的な政治権力のイメージは〈革命〉の立法様式から生みだされた」のである。そもそもこうした区分が生起してきた原

因もしくは契機について、「権威と権力との区分の萌芽」が生じたのはフランス革命が伝統的社会に与えた衝撃にあるとニスベットは主張している。

さらに彼は、つぎのように述べている。「社会的権威対政治権力という対比は、まず保守主義者たちによって取り上げられ、19世紀全体を通じて保持されて、中央集権化と社会集団についてのデュルケムの考察や、合理化と伝統に関するヴェーバーのそれにまで引き継がれてきた観点にほかならない。社会学の歴史から窺えるように、権威と権力についての社会学特有の区分の仕方と、社会的拘束、社会統制、規範的権威などをめぐる広範で継続的な社会学的関心とは、同一の土壌（soil）に根ざしたものなのである。そしてまさにこの土壌こそが、社会学における共同体（community）への関心を生みだしたのである」(Lukes [1978: 646=1989: 54]; Nisbet [1966: 108-116])。

以上のようにニスベット権威観の基調は、政治権力との対比にもとづき、伝統的権威の存在をアピールするところにあった。また、伝統的権威と政治権力の対比区分に、その力点は置かれていたとルークスはいう。しかしながら、ルークスの議論だけでは権力と権威の違いについてはっきりとらえることができない。そこで、その違いについて、ニスベット自身の考察に基づいて辿るならば、つぎのようになるだろう。すなわち、権力とは、「1人、あるいはそれ以上の人々の意思に、他者を服従ないし遵守させようという努力」のことであり、「当の社会集団に公認されている規範に由来しない」という意味で「権力の対象となった人々には、正統と認められてはいない」のであるのに対して、権威は、組織化された社会集団の役割、地位、規範に源泉をもち、正統性（legitimacy）を帯びた存在なのである（Nisbet [1970: 6章]）。伝統的権威がポジティブに捉えられているのに対し、権力はどちらかといえばネガティブに扱われている。

伝統的な考え方や存在が重要視されていることは明らかであるものの、ニスベットの所論においては権威の担い手および受容者が特定できない。ただし、組織化された社会集団の役割、地位、規範、再発見されるべき「慣習と伝統」という〈古くからある規則〉とでもいうべき存在に、権威の源泉が見いだされていることは確かである。

サン・シモン

（Saint-Simon, *Oeuvres de Saint-Simon et d'Enfantin*（Paris: Dentu,1865-78）vol.XX; vol.XXXIX）

　サン・シモンは19世紀から20世紀にかけて、伝統的な視点と近代的な始点とを結合させつつ、権威をもった言明の本質と承認をめぐる規則を近代になって発生してきた諸条件に関連させつつ考察を行った論者のひとりとされる（Lukes [1978: 647=1989: 55-7]）。

　産業社会においては、旧来の体制が「貴族や聖職者」から指導者が選ばれていたのとは対照的に、科学者、芸術家、経営者、産業界の指導者たちが、「人間精神の導き手」として、多様性を備えもっとも優秀であるという意味で適格であるという（中世から近代にかけての、権威の担い手となるべき理想像の変化）。こうした産業社会において、上述した人たちによって指導される政治体制は、「健全な道徳と真の哲学とから導きだされた原理に従って構想され、組織されるであろう」（Lukes [1978: 647=1989: 55]）。そして、この産業社会的政治体制を基礎付ける内容、つまり権威行使の際、その源泉となる根拠こそが「実証的知識」であり、こうした知識に基礎付けられなければ、新たに勃興した産業社会は維持存続しえないとサン・シモンは主張したのである。こうした重要性を帯びる、彼のいうところの「実証的知識」とは、つぎのような内容を引き起こす知識である。すなわち、「社会が自らの運命を改善するのにいかなる手段を選択しなければならないのかを認識し、社会を原則に則って導くことが可能であり、物事の管理を委ねている人々に恣意的な権力を与えずにすむような、そうした結果を伴った啓蒙された状態」を生み出す知識のことであり、具体的には「科学的識見（scientific opinions）」のことである（Lukes [1978: 647=1989: 55]）。

　整理すると、科学者、芸術家、経営者、産業界の指導者たちといった「権威の担い手」が、政府機構に代わって、社会的運営を行うようになり、彼らを除く広範な人々の「人間精神」のうえに権威を行使するようになるのが、中世とは異なる産業化しつつある近代社会の特色であり、この権威の源泉は、

実証的知識という、新たに登場した科学的識見なのである。

> **コント**
>
> (Lenzer, G.ed.,1975, *August Comte and Positivism; The Essnetial Writings*, Harpar Torchbooks, New York; *The Positive Philosophy of August Comte*, H. Martineau trans., vol. Ⅱ, Trubner, n.d., London)

「秩序と進歩（order and progress）」こそが、結局のところコントのモットー（Comte's motto）であった（Lukes [1978: 647=1989: 57]）。彼は、19世紀初頭のカトリックの反革命派の論客として知られるド・メーストル（de Maistre）と『人間精神進歩の歴史的概観』（1795年）を著してコント自身に多大な影響を与えたとされる哲学者のコンドルセ（M. de Condorcet）とを対比的に引き合いにだしつつ、つぎのように述べている。「ド・メーストルとコンドルセの遺産とが同じくらいわれわれには必要なのであり…すなわち進歩的教理とヒエラルヒー的教理の双方が等しく必要なのである」（Lukes [1978: 647=1989: 57-8]）。

しかしながら、権威をめぐる考察においては、旧来の秩序に取って代わる「実証哲学」こそが、新たな形態の「社会的服従（social subordination）」を正当化する（justifying）ものとコントは考えた（Lukes [1978: 647=1989: 57]）。つまり「実証的ヒエラルヒー」こそが、旧来の秩序（old order）に取って代わるべきものなのである。この実証哲学という「精神的な権力（spiritual power）」こそが、社会を導くべき「道徳律（morality）」を作り出す。そして、このような道徳律は、「識見による統治（government of opinion）」という役割を果たすのである（Lukes [1978: 647=1989: 57]）。識見による統治とは、「多様な社会関係をかならず統治しうる諸原理を確立し、維持していくこと」なのである（Lukes [1978: 647=1989: 57]）。また、識見という道徳律は、教育的な機能や社会紛争に対し、規則性へと戻す仲裁（regular intervention）という効力をもつかもしれない権威を行使しうるという。コントにとって「道徳（Moral）」は、政治的解決（political solutions）に勝る存在であった（Lukes [1978: 647=1989: 57]）。

「近代的な精神的権力（modern spiritual power）」が新たなる権威の原理（a

new principle of authority）になりうるとコントは信じていた。さらに、「新たな科学的指導者に対する人々の忠誠は、神学的段階における聖職者たちに対する理性を伴わない服従（unreasoning obedience）とはまったく異なった性質のものとなるであろう」（Lukes [1978: 647=1989: 57-8]）。ここでいう科学的指導者とは、有識者（savants）のことであり、彼らだけが「[新たな有機体的な教理の]認識を確保するのに不可欠な道徳的力を特権的に与えられている」（[ ]はルークス自身による補足部分）。「われわれの時代の有識者は、他のすべての階級とはまったく異なって、精神的な統治におけるふたつの根本的要素、すなわち理論的な事柄における能力と権威とを（capacity and authority in matters of theory）所有しているのである」（Lukes [1978: 647=1989: 58]）。

コントの権威観において明確になっているのは、権威の源泉が実証的に新たに案出された「識見」、とりわけ哲学的色彩の強い識見としての「道徳」にあるということである。この道徳とは、具体的には「新たな有機的教理（doctrine）」を指す。権威主題領域としては、政治から科学、教育までの幅広い識見であろうが、とりわけ倫理や道徳といった、個々人が自らを律する方面にあると考えられる。社会に対し、自らの識見呈示できるだけの実証的教理を認識するのに必要な「道徳的力（moral force）」を特権的に付与されているのが、「有識者たち（savants）」であって、彼らこそ、中世を引きずる他の階級に依然として留まっている、貴族・一般市民といった身分や富と財力のちがいを問わないすべての人々の信条に対して、行使される権威の担い手なのであった（1章3節も参照）。

デュルケム

(Durkheim, É. "L'Individualism et les Intellectuels", *Revue bleue*, 4e série, vol.X（1898）; *L'Education morale,*（1925）)

ヴェーバーとは対照的に、権力、とりわけ個人および集団間の不均衡な関係としての権力について、デュルケムは議論を行っていない。また、彼は、サン・シモンと同様に、出現しつつあった新たなヒエラルヒーを重要視していた。そして、道徳を政治的解決より重要なものと捉えている点で、コント

と類似点があるのである（Lukes [1978: 648-9=1989: 60-2]）。

　つまり、権威をもって伝達された「共有の信条」によって、いかなる社会も構成されている。その信条とはつまり、集合表象（集合意識）であり、その内容と伝達様式は、社会秩序のタイプが異なるのに応じてさまざまであるが、デュルケムによれば、信条にとっての権威ある根拠は、カトリックが人心を収攬し、身分という精神的拠り所が堅牢であった旧体制（中世）とは違い、近代社会において特別な形をとるようになったのである。すなわち、近代社会にとって、「特殊な権威を持つ、集合的な信条と実践の体系という意義を持った『宗教（religion）』」が新たに必要となったのである。そして、この宗教の「司祭（priests）」には、「国民の教師（schoolteachers of the nation）」がなるのである。デュルケムによれば、「国民の教師」とは、教育を通して、社会が定め要求する道徳律（morality）を理解することが可能になった、知識人（intellectuals）がなるべきであるとされる（Lukes [1978: 648=1989: 61]）。

　ここでいう「宗教」の内容は、彼が想定する「個人主義」のことを指している。個人主義こそが、「道徳的統一を確かなものとする唯一の信条体系」とデュルケムは主張した[11]。それは、「人間の権利が国家の上に位置づけられ」ており、「自分自身」ではなく「個人一般」が光を与えられ、「人間的なものすべてに対する共感」と経済的、社会的正義が重んじられている宗教なのである（Lukes [1978: 648=1989: 61]）。したがって、デュルケム流の「個人主義」は、「人間が信徒であるとともに神である」宗教であるという。

　社会的権威は種々諸々の社会一般で必要とされているとともに、上述の広義での「宗教」は、個人の理性・自由・自律性と両立可能だとデュルケムが主張したところが興味深いと、ルークスはいう（Lukes [1978: 648=1989: 61]）。デュルケムにとって、この「宗教」における「第一の祭儀（rite）は思想の自由」にあった。思想の自由は、権威が完全に合理性に根ざしている場合には、その権威への敬意（respect）と完全に調和する。こうした主張の一環として、「自由（liberty）」は「合理的に行為し、義務を遂行する能力」として定義され、個人の自己統御という「調整の果実（fruit of regulation）」と把握される。他方、「自律性」は、「規則に敬意を表したり、集合的理想に献身したりする」際に、「わ

れわれの行為の理由（reasons）についてできるだけ明確で完全な自覚を持つ」ことだと定義されているのである（Lukes [1978: 648=1989: 62]）。権威に対する敬意の問題、とりわけデュルケムの指摘が希少でありながらも不徹底であるという点については、のちに検討することになる。

デュルケムの権威観において、権威の担い手は「国民の教師」・「司祭」としての知識人である。主題領域について敢えていえば、「宗教的」（デュルケム流の）「個人主義」と関連した、自律（自己統御；自己の行為理由の明確な自覚）を司っている、個々人の倫理・道徳・教育的方面にあると考えられる。こう考えるとき、源泉はデュルケム流の道徳的「宗教」にあり、それにもとづき、知識人たちが諸個人の信条に対し権威を行使する。中世まで深く広く及んでいたキリスト教の影響が減衰した近代社会においては、こうした、近代特有の道徳的「宗教」が分有された集合意識によって、諸々の集合体（ひいては社会）はあらたに統合される必要が生じてきた、というのである。

> **パーソンズ**
>
> （Parsons, T., *The Social System*（Routledge & Kegan Paul, 1951）, "Authority, Legitimation and Political Action" in C. J. Friedrich（ed.）, *Authority, Nomos* I（Harvard University Press, 1958））

パーソンズをはじめとする機能主義的な合意理論における権威観は、「信条に対して行使される権威」をめぐる、これまでみてきたサン・シモンやコント、デュルケムといった論者たちの観点すべてを「一般化し相対化したもの」にすぎないとルークスはいう。この立場において、「権威的、あるいは『正統的（legitimate）』と考えられているものは、社会においてある所与の価値体系（あるいはそれに由来するもの）にほかならない」のである（Lukes [1978: 649=1989: 63-4]）。

「構成的な共有の価値への愛着が失われれば、集合体は解体へと向かう」とパーソンズは主張する。ここでいう「価値」とは、「システムとしての集合体のために、したがってその結果として集合体における自らの役割のために、行為の一定の方向性（directions）や行為の形態を求め、またそれらを

維持しようとする個々人の信託（commitments）」のことである（Lukes [1978: 650=1989: 64]）。そして、権威とは、「集合体の目標達成に関与している場合には社会成員の諸行為を統御することが許される、という制度化された諸権利の複合体（complex of institutionalized rights）」のことである。ここでいう「権利」とは、「集合体の構成員からの支持を当然のこととして期待する指導者たち」に与えられているそれのことである（Lukes [1978: 650=1989: 64]）。他方、権力は、「集合体の目標に即して物事をなさしめる（get things done）、社会システムの一般化された能力」と捉えられている（Lukes [1978: 650=1989: 64]; Parsons [1958: 210; 216]）。

パーソンズにおいて、「集合体目標に即したように物事をなさしめる能力」にすぎない「権力」は、諸権利の複合体である権威から派生し、「権威」に由来するものにほかならない。ルークスによれば、信条に対して行使される権威という立場に位置づけることができる考え方に分類しうる論者は概して、権威関係を本源的なもの（primary）とみなしているという。すでに触れたように、こうした観点に立つと、権力は権威を構成する一要素、もしくはその派生物として考えられるのである（Lukes [1978: 650=1989: 65]）。

合意状態という、パーソンズ流の社会認識のもとでは、「諸個人は、権威関係（the authority relation）によって枠付けられる（molded）存在、さらにはそれによって構成上の位置付けを行われている（constituted）存在とみなされている」のである。さらには、「自らの役割を特定化することやそれらの自己認知、そして自らの自己存在確認そのものが権威関係によって決まる」とまで考えられているのである（Lukes [1978: 650=1989: 66]）。こうした想定においては、諸個人と諸集団の間の利害抗争はほとんど考慮されていない。この理由の1つとして、権威を行使する者とそれを受容する者の間での利害の同一視（an identity）を、諸々の権威関係という存在そのものが作り出し、促進すると考えられているためである（Lukes [1978: 650=1989: 65]）。

このようなパーソンズの権威観においては、源泉は「社会においてある所与の価値（行為の方向性と形態を定め、維持しようとする、個々人の信託の対象となる）体系」にあると考えられる。だが、その担い手としては、制度上の「指

導者」とされるが曖昧で、主題領域も広汎にわたり、受容者も、社会構成上枠付けられた（molded）諸個人とされるがあまりに抽象的、あるいは一面的すぎて、生きた人間という具体像をイメージしにくいと思われる。

> **トクヴィル**
>
> （ A. de Tocqueville, *La Démocratie en Amerique*, book II, part II, chap.II; book II, part III, chap.XXI; book I, part I, chap.III; book II, part IV, chap.VI; "Lettre a Eugene Stoffels" in Oeuvres et Correspondance In édite, G.de Beaumont,ed.（Paris, 1861）vol. I）。

　トクヴィルは、社会的権威におけるふたつの形態、つまり伝統的権威と民主的権威とを対比的に捉えた（Lukes [1978: 647-8=1989: 58-60]）。

　こうしたトクヴィルの対比的思考は、ニスベットにおける伝統的権威対政治権力という対立的構図とは内容は異なるものの、伝統対近代という対立図式的な問題意識をもつ必要に迫られていた帰結であるという点で、共通するニュアンスが認められるだろう。

　彼の見方によれば、伝統的権威が優勢であった貴族制の時代において人々が抱いていた気構えは、「ある個人、あるいはある階級をなす人々が持っていた優越的な尺度（superior standard）に基づいて自分たちの識見を形成するのが当たり前」というものであった（Lukes [1978: 648=1989: 58]）。伝統的権威は、優位にいるものに対して、劣位の立場の者との関係において、さまざまな義務や責任といった制約（constraints）を、ノーブレス・オブリージュ[12]的意味から課していた。その結果、優位者の権力は制限され、それらは国民的利益へと方向付けられていたという。

　これに対して、彼が強調し、危機意識をもつと同時に可能性を見い出そうとしたのは社会的権威の近代的形態の方であり、前時代と比べて平等で、民主主義に基づくものであった。トクヴィルによれば近代において、あらゆる社会は、「共通の信条（common belief）」つまり「人々が信頼して受けとり、議論せずに受容される識見（opinion）」を必要としているという（Lukes [1978: 648=1989: 58]）。しかしながら、すべての社会に必須の共通の信条、すなわち世論は、人々にとって必要であると同時に、専制的なはたらきをも人々に対

して行ってしまうのである（Lukes [1978: 648=1989: 59]）。

　世論の専制というトクヴィルの危機意識は、「人間の行動ばかりかその意思にまで作用を及ぼし、それに反対することも反対の意思をもつことも許されない」という指摘によく表れている。近代という「平等の時代」になり、個々人において「多数を占める識見を信じようという気構え（readiness）が増し」、共通の信条もしくは識見は、「民主的な人々の間で存続する私的判断（private judgment）のための唯一の指針」になったのである（Lukes [1978: 648=1989: 59-60]）。

　一方、中央集権化された国家による「民主主義の独裁」とは、つぎのような叙述に見いだされる。すなわち、国家は「すべての国民を締め付け、圧迫し、無力化し、生気を失わせ、鈍感にさせ、ついには彼らを一群の臆病で勤勉な動物に変えてしまうのである。政府とは、まさにこの群れの羊飼いにほかならない」。ただし、このような世論の専制と政治的専制という危険な存在は、制度的な安全装置や地域的多様性、そして結社の自由と民主的自由によって牽制することが可能であるとトクヴィルは考えていたのである。彼のねらいは、「秩序と道徳を伴った…前進しつつある民主的な社会を達成する方途」を、とりわけ伝統主義的立場の人々に対して示すところにあった（Lukes [1978: 648=1989: 59-60]）。

　信条に行使される権威論であるという、トクヴィルの議論に対するルークスの位置づけは、「私的判断のための唯一の指針」が「共通の信条」にあり、「人間の行動ばかりかその意思にまで作用」するというところに由来するのであろう。このような捉え方を受け容れるとき、トクヴィルの権威論における権威の担い手、受容者、そして権威の源泉は、はたして、それぞれどのような存在であると考えればよいだろうか。トクヴィルの権威に関する記述について検討していくと、彼の想定している権威の「担い手」は、必ずしも人間であるとは限らないということがわかる。それはおそらく、「共通の信条」あるいはそれを生み出す「世論（public opinion）」といったところにあることになるのだろう。そう考えると、トクヴィルがいうところの社会的権威の近代的形態としての世論は、権威の行使者としての担い手であると同時に、権

威の行使内容や正統性の根拠、つまり権威の源泉をも兼ねているのみならず、権威の受けとり手でもありうるわけであり、その意味で未分化で消化不良ぎみの印象を受けてしまう。しかしトクヴィルの近代認識において、旧来の「貴族階級」から「多数派」への変化が重要視されているところから考えると、誰が誰に対していかなる内容の権威を行使しているかということよりむしろ、「共通の信条」や世論を構成する個々人の存在の勃興というものが彼にとって目新しかったのであり、世論および人々を、自由でさまざまな活動を行っているたくさんの結社の存在、多様性のある諸地域の存在を明らかにすることによって、「秩序と道徳」を喚起しつつ、専制単一的世論や集権的国家の圧力を緩和していこうというねらいがあったと思われる。

　ただし、識見の共通性や世論の集合的な性格をどのように捉えるかという点については、トクヴィルの権威観は一面的であるともいえよう。というのも、共通の信条や世論を、その構成員個々人の識見のたんなる総和であるとみるか、個人的な識見には還元できない社会的実体とみるか、あるいは個人の識見を素材とした構成員個々人間の相互作用過程として動態的にみるかについては――「私的判断のための唯一の指針」という外在、拘束的理解から考えて――、社会的実体としてしか世論を捉えていないようにみえるからである。

　こうした実体的把握の難点は、宣伝や操作といった発想が存在しないところにあり、そこにトクヴィル権威観の限界があると考えられるのである。また、トクヴィルの議論には、社会にとってコンセンサスの存在が不可欠である、という価値前提が存在している点についても注意が必要である。つまり前時代においては、貴族階級の優越的な尺度が合意の基盤となる権威源泉であったのであり、こうした尺度を喪失した近代になって、あらゆる社会で世論という共通の信条が、その代わりとして必要になったという発想である。この考え方における過去認識と現在認識のなかに、コンセンサス重視の姿勢を読み取ることができよう。

　そして「秩序と道徳」の必要性を説く彼の未来へのヴィジョンのなかにも、この姿勢は現れているのである。トクヴィルに限らず、信条に行使される権

威をめぐる議論の多くには、「秩序」の確立へ向けての切迫感と問題意識が強く感じられる。この問題意識の前提となった、世論という権威源泉はまた、その担い手や主題領域が明確でないという意味で、中世までの権威と比べ、一層つかみ所のないという、現代的権威の特徴を帯びているのである。世論に代表される、目にみえない、具体的存在を実体としてイメージしにくい権威と、人間的弱さを持っている人間の私的な判断放棄という現代的問題については、次章で論考していくことにしたい。

第4節　むすび―権威論という知識の継受と担い手側の排除問題―

権威論という知識の継受

　以上で、その内容を踏まえながらも明瞭化を試みつつ、検討補足を加えてきたルークスの論考については、クレスピが権力理論と行為論の関連で「言及」しているが（Crespi, Franco [1992: 117]）、権威と権力研究において、たとえば三次元権力観のような大きな論争点になっているわけではない。1974年に提起した華やかな論争点[13]とはまた別の路線、いわば比較的地味だが地道な権威と権力の研究史上の鳥瞰図をルークスは提示したといえると思われる[14]。「権威という観念に関し、これまでの研究史においていかなる記述がみられるのか」という問題の紹介という目的からみるとき、「基準」と「思想潮流」についてかれの要約的整理をしのぐ業績はみあたらないといってよい[15・16]。

　2章で主張したように、「知識の継受」は、権威（オーソリティ）観念の語源三要素の1つ〈高齢・個人（人格）〉要素に深く関わっているのと同時に、権威現象（自発的遵守・私的判断の放棄）を随伴した、社会的行為の一種である。ただし、総論を旨とする本書では、継受における留意点について、注意を促すにとどめておきたい。

　知識の認知・継受者資格・継受内容のセレクトといった留意点については、すでに指摘した。そこで「知識社会学」[17]的なこの3つの点を、5章の権威に関する議論という「知識」に当てはめていうと、つぎのようになるだろう。

政治思想史にも、社会学にも造詣が深いと推察されるルークス（文献欄参照）に依拠した理由は、知識を「よく識り」、「資格」も適格と、本書が"信用"したところにある。ただし、「継受内容のセレクト」については、いくつかの問題をルークス（あるいはルークスを継受した本書）も含み持っている。この「むすび」では、ルークスの制約について指摘するとともに、本書が、「セレクト」という社会的行為をした背景について、言及しておきたい[18]。

　6章で論じるように、現代社会における情報量の増大は、研究者に対しても「私的判断の放棄」を要請しているとも考えられる。その結果、フロンティア的で目新しい研究ばかりがもてはやされ、クラシカルな研究が埋もれてしまうという危惧を抱いているのは、筆者だけだろうか。本書の「結び」でふたたび言及するように、世界遺産の担い手がひきも切らないのは、現代社会において「実益」があるからであろう（知名度、箔づけ、観光…）。どんなに豊かな知識でも、「認知」しようとする人間が第一線を退くと、"遺物"になりかねない。本書は、継受を志し、権威論に対し、現代社会の動向という実益も踏まえた新たな"火入れ"を試みているのである。

ルークスと既存権威論者の制約―権威者側中心、受容者側軽視の知識人的目線の高さ―

　以下の議論では、ルークス自身の"セレクト"を含む、彼の権威論に関し留意すべき問題（制約）についての指摘を行いたい。その上で、知識としての権威論の確認（輪郭づけ）自体の重要性を主張する。それと同時に、本書のテーマである権威の継続力の解明という観点から、「担い手側の排除問題」について、言及していくことにしたい。

　まず、ルークスの権威論の問題（あるいは制約）として挙げられるべき傾向としては、彼の権威論の分類が政治的主題領域における権威（政治的権威）の文脈の中で行われているというところであろう。したがって、ルークスの分類は、権威の統合機能における立場の相違に（どうして人々がまとまって（まとめられて）いるのか、に対する考え方の違いに）着目したものとなっている。さきに言及したように、ルークスが精緻をきわめたデュルケム研究の著者として知られていることと関連があるとも考えられるが、彼の権力と権威をめ

ぐる議論では、統合機能の遂行のための手段としての側面にウエイトを置いた考察がなされているという点に、その議論の制約と特色があることには、留意する必要がある。

この政治哲学志向というルークスの論考のマクロ（総論）を旨とする特色と、統治・統合者側の都合を重視しすぎる既存権威論と関連した問題点としてつぎに指摘しなければならないのは、彼の研究には権威「現象」とはどのようなものであり、他の社会的勢力の諸問題との違いはどこにあり、権威現象全体のメカニズムについて解明しようとするといった姿勢があまりみられないところである。

台風の例でいえば、上から吹き付ける風は天から神が降らせているのではなく、地表からの暖かい空気によって生じた上昇気流によって生成されている。このため、いくら下降気流が激しいからといって、上ばかり見上げていても、現象の全体像はつかむことができない。地表の「状態」についても目配せが必要であろう。権威現象においても、権威者側ばかりでなく、受容者側の状態についてもみていかないと、権威の全体像はつかめないように思われる。

さらに2節でみてきたように、ルークスは、権威のポイント（"構成要素（component）"）をブラウとスコットのみるように私的判断の放棄と自発的遵守という形で相関的に捉えていない。「私的判断の放棄」について指摘している点は評価できる一方で、権威特有ともいえる「自発性」に対する配慮がいささかとぼしいところ（"行動権威論"という形で概観し、間接的に言及しているものの、それを"権威概念の構成要素"という形に直接織り込んだり、"自発性"が"私的判断の放棄"と、どう関連しているのかについて言及していないところ）に不満を感じるのは筆者だけではないだろう。

いいかえれば、なぜ、人々が自発的に遵守するのか、その理由を浮き彫りにしようとする努力を見いだすことができないところは残念である。これはルークス個人が軽視したというより、本章で取りあげた、影響力の大きい既存の権威考察者たちの目線においても、同様なのである。彼の仕事が発表された場の性質からいえば（政治思想の紹介というより、社会学的な分析からおさ

えるべき場なのだから)、心理と社会化（内面化）というミクロな研究の成果とマクロな政治・社会的権威現象の中間の、いわば川と海とが交わる汽水域にも、もっとスポットライトを当てるべきである。

さらに彼自身が宣言した「抽象」・「哲学」志向は、1978年と1987年の論文に共通する特徴である。ここで問題となるのは、たとえ政治哲学志向ではあっても、むしろ政治哲学的傾向の強さという特色を生かし、遵守の自発性および正当化（justification）あるいは、正統化（legitimation）と権威の継続力の強さについての考察についてである。政治・マクロ志向というならば、この相関づけがなされてしかるべきなのに、それがみられないところにもルークス権威論に対する物足りなさが感じられる。

いいかえれば、普遍的に該当する権威の観念的構成要素に対する着目があるにもかかわらず、担い手や源泉の正当化にまつわる権威が永続きする仕組みといった権威一般の問題について取り上げていないところは踏み込み不足である。

対立する諸根拠の排除と権威として承認する基準といった構成要素問題は、権威継続へとどうつながっていくのだろうか。この連関についてルークスが議論を発展させていないところは、とりわけ（政体という時間耐久性が高い問題を扱っている）政治的主題領域にウエイトがおかれているところからみても疑問が残る点であろう。

本書の見方により、この問いへの答えを略述すれば、つぎのようになる。のちにみるように、対立する諸根拠の排除は、権威の受容者の私的判断放棄を促す。そして、受容者間でも排除問題が生じることが、権威継続と関わっているのである（前者は6章、後者は7章で論考する）。

フリードマンの影響とクリーガーとの違い

ルークスの権威論を取り上げる上でもう1つ留意すべきは、信条権威、行動権威という発想が、フリードマンの1973年の論文に負うところが大きいという問題が挙げられる。つまり、フリードマンの「政治哲学における権威概念（"On the Concept of Authority in Political Philosophy"）」で提示されている、〈権

威である・権威にある〉という概念枠組についてその意味するところを検討するとき、信条権威は「権威である（an authority）」、行動権威が「権威にある（in authority）」にほぼ相当する発想といっても過言でないのである（6章2節1）参照）。したがって、ルークスはそれらの概念をほぼそのまま用い、政治学者と社会学者の諸業績へと、フリードマンをより広い範囲に演繹的に当てはめたと考えることもできる。ただし、フリードマンの影響は、ルークス自身冒頭の注で明示してあるとともに（Lukes [1978: 672=1989: 100]）、信条・行動権威の検証対象となっている社会・政治哲学者のほとんどは、ルークスによって追加された（フリードマンにはみられない）ものである。

また、3つの思想潮流として権威論の歴史について掘り下げを行っている議論についてはフリードマンにはみられず、ルークス独自に行った思想史の整理であるとともに、「権力還元論（課せられた権威（authority by imposition））」については、そういう分類的発想とそれに該当する思想家の選定ともに、ルークスオリジナルの考察である。この意味で、ルークスの論考はバランスがとれた、より包括的な権威と権力をめぐる鳥瞰図を提示しているといえるだろう。1章で論じたクリーガーの権威観念史は、権威という発想・観念（idea）の用例から権威論者たちを分類した。それに対し、近現代の政治・社会思想史にしぼり、権威行使のされ方（権威行使根拠≒権威源泉）に焦点を当て、より広い社会現象まで含む、おおよその考え・概念（concept）について論じたところにクリーガーとの違いがある。

知識的権威としての信条権威・義務的権威としての行動権威―信条権威全盛の中世から行動権威全盛の近現代へ―

そしてこの信条権威／行動権威というフリードマン仕込みのルークスによる区分は、第3章で取り上げたボヘンスキーがおこなった権威主題領域の性質に基づく、知識的権威（命題に基づく権威）／義務的権威（命令に基づく権威）という線引きと酷似している。この2つの立場の間で参照の形跡は（すくなくとも参考文献の形では）ない。これら二区分の類似性という本書の位置づけの是非は、厳密には読み手による検証を待たねばならないが、かりに知

識的権威≒信条権威／義務的権威≒行動権威という判断が妥当であるとするとき、ボヘンスキーによるドイツ流の論理学的な権威へのアプローチを政治・社会思想史的にルークスらが結果的に裏書きしていることになり、これらの区別立ては権威について考える上で主要な焦点として指摘できるだろう[19]。

さらに、政治・社会思想史的な流れと権威のあり方について、言及しておきたい。信条権威が中世まで、宗教的分野（主題領域）を中心に全盛だったのに対し、近代以降、行動権威が、政治や社会をおもな主題領域としつつ、主流になってきた、という流れである。主流となる権威類型の歴史的動向について、さきに紹介したフリードマンは、つぎのように述べている。「分有された信条という見地に基づく権威アプローチにはいくつかのバージョンがあるが、こうしたアプローチをとる書き手たちは、権威という覚え書き（notion）[20]がすでに失われた、あるいは歪められてしまったと内心主張しているのが通例である」（Friedman [1973: 58]）[21]。

縦糸型権威としての信条権威・横糸型権威としての行動権威―縦糸型権威から横糸型権威へという時代の趨勢―

信条・行動権威の違いについて、権威の受容者の置かれた立場から今一度考えたい。そのため、操り人形をイメージしてもらいたい。上から操られる受容者と横から操られる受容者。権威についてのビジョンを示し、受容スタイルについてのイメージを明確化するためにあえて単純化していえば、信条権威は主として縦糸によって成り立つ権威であるのに対し、行動権威は主として横糸によって成り立つ権威なのである（縦糸については6章、横糸については7章で論じる）。

本章2節1）の「権威根拠」で紹介した権威源泉の具体的内容についてイメージしてもらえばわかるように、信条権威から行動権威へと、社会において支配的な権威のあり方は移り変わってきているとはいえる（6章2節2）"匿名の権威に対する同調"参照）。ただし、権威現象（自発的遵守・私的判断放棄）は、縦糸と横糸が複雑に絡みあってこそ成り立つのであり、権威の継続力の強さも、この両方向の"絆"あってこそなのである。どちらかといえば、信条権

威的な研究より、組織論や同調論にみられるような形での行動権威的な研究の方が、勢いがあるように思われる現代の状況であるが、両者を結びつけて考えることが長期的安定という権威の特徴をひもとく鍵になる、というのが本書の立場である。

担い手側の排除問題：受容者オルタナティヴの減少は、私的判断停止を結果的にもたらす

　さらに「権威根拠」に関してみると、ルークスは明示しておらずしばしば混同しているところがある。それは権威承認の対象問題であり、「権威として承認する」というとき、①　権威が拠って立つ優越的価値を含有する存在（これらこそ「権威」の「源泉（sources）」と表記するのが適切である）、②　その権威源泉を担う具体的で生きた人間（権威の担い手）、この2つを分けて考えた方がよいと思われる。

　つまり、権威として承認するというとき、「源泉そのものが権威としてふさわしいのか」、「権威源泉を担う者として、ある人が適任であるのか」、という区別（源泉正統性と、担い手と源泉のつながりの正統性との区別；4章の図4-2を参照）の問題である。

　「権威根拠」の冒頭でみたように、ルークスの叙述にしたがうと一見②を指しているように考えられる。だが、ルークスが列挙している特定化基準の具体的内容をみる限りでは、この2つの問題が混在してしまっている。とりわけこの区分が重要になるのは、第3局面から第4局面にかけての、権威の正統性が問題になるときである。また、権威として承認する基準が問題化されるのはいかなる場所・時局か、という問いも設定できよう。権威源泉は何か、あるいは担い手は権威者として適任か、と受容者側がまなざしを向ける局面自体、日常生活ではそのきっかけはほとんどなく、源泉の基盤自体への疑問視や担い手の適格性への疑義の呈示そのものが非日常的で、そのような場面はいかなる状態の時かを特定する問題も、ルークスの整理した歴史や基準をふまえつつも今後の権威論の課題として提起できる。

　そして根拠をめぐる問題でもっとも重要なのは、源泉とその担い手側にお

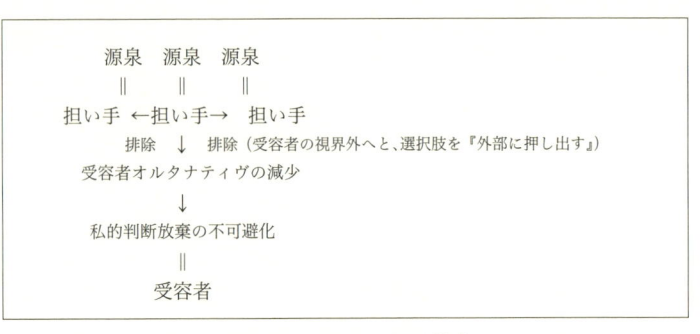

```
      源泉  源泉  源泉
       ‖    ‖    ‖
      担い手 ←担い手→ 担い手
           排除 ↓ 排除 （受容者の視界外へと、選択肢を『外部に押し出す』）
        受容者オルタナティヴの減少
                ↓
          私的判断放棄の不可避化
                ‖
              受容者
```

図5—3　担い手側の排除問題と判断放棄スパイラル

ける排除という問題である（**図5—3**）。担い手（源泉）間にも、差別（誹謗・貶価）や排除といった闘争が、第1局面（権威発生・関係形成局面）において生じているはずであり、第3局面においても不断に（ただし、受容者側や社会一般にはしばしばみえないところで）生起している。

　ただし、さきに触れたように、自発的遵守と私的判断放棄という権威「継続」という問題にとってより重要なのは、一定の源泉を握る権威の担い手側が、武力その他で他権威を排除するという問題自体ではない。この問題自体、秘密裏にやらないと受容者の心が離れるという意味で考えなければならないが、ここでむしろ強調しておきたいのは、自発的遵守・私的判断放棄との関連で直接重要性を帯びている、受容者側の「視野狭窄」という問題なのである（他権威を〈外部に押し出す〉（他権威が受容者の視野から外部に押し出される）ことで、自然と選択肢が減っており、"自発的に遵守"したり、"あれこれ考えをめぐらす余地（私的判断）を放棄"せざるを得なくなる）。

　この問題は、権威継続と関連する「第3局面」の事柄であると思われる。第3局面における他権威の「排除」は、その権威源泉自体の闘滅ではなく、ルークスが指摘したように、「第二義的根拠を受容者に与えない」、いわば受容者に目隠しをするという形で、事実上の無効化が行われているのである。この他権威の減少は、受容者オルタナティヴ（4章参照）の減少→私的判断の放棄というスパイラルにつながるという意味で、注目すべき問題なのである。

注

1 ボットモア流のエリート論とニスベット流の保守主義的立場からも「ラディカルな見方」(三次元権力観を唱えたことで広く知られている1974年論文の副題)を標榜するルークスが評価されている点も重要である。ただし、ルークスの主要業績の1つがエミール・デュルケム研究にあることについては、一定の留意が必要である。彼自身の権威観や3つの潮流のまとめ方に関しても、デュルケム流の社会学的な立場に対する親近さが感じられる。

2 他の既存権威研究についての紹介と検討は、拙稿[1989]・[1991]・[1998]で行った。

3 この章の議論の多くは、「権力と権威」(Lukes [1978]) に即したものである。なお、ルークスの仕事には、権威について正面から取り組み考察した業績がもう1つ存在する。それは「権威についての諸々のパースペクティヴ」(Lukes [1987]) であるのだが、そこでは、「永久のパースペクティヴ」([1987: 143]) といった、彼自身の認識論への没入がきわめて色濃くあらわれている。そうした概念はたしかに、彼の三次元権力観における「真の利害関心」と呼応した重要なテーマになりうると考えられるが、本書でルークスをとりあげるねらいが、主として既存の権威論に対する見取り図の提示にあることから考えて、ここでは1987年の論文そのものに対する考察は——言及することはあるにせよ——行わない。なお、「権威についての諸々のパースペクティヴ」におけるパースペクティヴの扱い方に関する批判として、ローゼンブラムの研究(Rosenblum[1987])を挙げることができる。

4 本書での訳出は、原文でのニュアンスをできるだけ伝えることを旨にしているために、訳書より生硬になってしまっている。本節の他の箇所も同様であるので留意されたい。

5 「行為および/あるいは信念」とはそれぞれ、次節で取り上げる行動権威・信条権威に当たる。"believe"というニュアンスを強調する文脈では"信念"、そうでないときは"信条"と表記している。なお、"行動"と"行為"の訳語については、注9を参照。

6 Lukes [1978：644=1989：47] 参照。

7 ルークスの議論でいう「現実主義的(realistic)」という用語に一定の留意が必要である。ここでいう現実とは、その対義語に「非現実」を想定された発想ではない。むしろ、協約にもとづく行動行使権威の樹立という考え方のような、理念(ideal)指向的立場の存在を暗黙の前提として、「現実主義的思想潮流」と記述されていることに留意すべきであろう。また、ここでいう「理念」指向とは、「空理空論」、「地に足が付かない」という日本語的ニュアンスとしてではなく、英国英語流のコンテクストで用いられている点をも顧慮すべきである。

8 なお、ルークスは言及していないが、ルークスの文脈で「権力還元論者」と位置付けられているヴェーバーを、批判し（"Critical Remarks on Weber's Theory of Authority"）、さらに徹底した権力還元を主張したのが、ブラウである。この見方に筆者は同意しないのだが、その一方でブラウは、自発的遵守と私的判断放棄に権威の特徴を見いだしていた。

では、何故ブラウが権威の現象上の特徴を的確に洞察しているにもかかわらず、権力還元を主張したのか。これは彼の権力概念定義自体が、「交換」と絡みあまりに汎用的な規定にされてしまったことと関連した問題とおもわれるが、ブラウのかなり広大な権力論全体に対する詳細な検討が必要である。したがって本書では拙速な総括は避け、今後の課題にしたい。

9 行動権威論に属する論者においても、行為（意図的行動）と行動とが峻別されているとは言いがたい。また、ルークス[1978]（さらには、フリードマン[1973]）も、"action" あるいは "conduct" と "behavior" をまぜこぜに使用している。このため、本書では幅広い意味を持たせ、"行動" と表記している。

10 ただし、ホッブズの視点は、行動権威論ばかりでなく、権力還元論にもまたがっているとルークスはつぎのように指摘する。「万人の万人に対する闘いという困難な問題に対する解決として主権がいったん自発的に確立されると、今度はその主権が、それ以降も意志の行使を通じて、あらゆる権威関係の源泉としての位置にとどまろうとする、とホッブズは仮定していたから〈両方にまたがっているといえるの〉である」（Lukes [1978：644＝1989：44]〈 〉は引用者による補足）。人民が政体を自発的に樹立するという側面が「行動権威」的、それ以降は、あらゆる権威関係を裏打ち（担保）する源泉としての政体の権力が前提にされるという意味で「権力還元」的である、とルークスは注意を促している。とはいえ、人々の手による自発的な権威樹立という側面が重要視され、ホッブズは行動権威論者の1人として位置づけられているのである（(Lukes [1978：651＝1989：68])）。

11 ルークスは、詳細をきわめたデュルケム研究を発表したことでも知られていると同時に（Lukes [1973b]）、個人主義についても、『ヒストリー・オブ・アイディアズ (*Dictionary of the History of Ideas*, Philip P. Wiener(ed.), Charles Scribner's Sons, 1968)』のなかで「個人主義の諸類型」の項目を執筆しており、個人主義に関して複数の著述を残している（Lukes [1968]; [1971]; [1973a]）。

なお、ルークスの「三次元権力観」（Lukes [1974]）に関する説明と内外の論者による多様な批判と検討・言及は枚挙に暇がないほど数多く提出されているが、このアプローチの権力論の中での位置づけに関する文献としては、君塚 [1993]、中島 [1990] を参照いただきたい。

12 「ノーブレス・オブリージュ (noblesse oblige)」とは "高貴な立場にある者はその立場にふさわしく振る舞うべきで、危険を伴う戦争時にも陣頭に立たなければならない" といった考え方だが、日本の武士道やイギリス王侯貴族の行動原理

の1つにもなっており、トクヴィルにとってこういった傾向の喪失は好ましくなかったのかもしれない。この考え方については、新渡戸[1900]、水谷[1991]を参照。

13 杉田[2000]、君塚[1993]、宮本[1984]を参照。

14 そのことは、この論考の発表場所が、ボットモアとニスベット編集による『社会学的分析の歴史（*A History of Sociological Analysis*）』（1978年）であったことからもうかがい知ることができよう。

15 ただしこのルークス[1978]「権力と権威」は、日本において2度も翻訳されて紹介されている（文献欄参照）割には、言及が少ない。厚手の書籍の章の1つだったこと、政治学と社会学にまたがっていたことも、地味な存在になってしまった理由かも知れない。もっと注目されてしかるべき考察だと思われ、本書でクローズアップしたように、あらためて注意を喚起したい論考である。

16 3つの権威観に登場する研究者の多くは著名であり、その研究者（思想家）そのものに関する研究的蓄積があることは周知の事実である。古典研究の研究者という視点に立つと、本書のような（権威というワードをもとにひもとく）横断的な素朴な紹介には、いろいろと不適切な「アラ」も指摘されうるかもしれない。ただ、本書の力点は権威論の「存在」の証明というところにある。したがって、各論者の論述に関する専門的観点からみた場合の引用や紹介の仕方に関する問題については、本書はあえて立ち入らない。

17 本書でいう知識社会学とは、具体的には、バーガー・ルックマン流の「広義の知識社会学」をイメージしている。詳しくは1章注22を参照。

18 たとえば本書は、権威に焦点を当てるため、ルークス[1978]における、権力に関する論述について言及せず、権力還元論を「軽視」した。この行為も、"セレクト"に他ならない。

19 以上でみてきたように権威には大きく分けて二種類に分かれるとして、ではそれらは、権威継続とどのようにつながっていくのだろうか。担い手側偏重の権威観とそれに伴う受容者側敬意要因の無視とも関連して、この問いに対し先学の研究による諸業績はほとんど答えておらず、踏み込み不足である。本章のねらいはその補完に際し、「何を」補完するのかというときの「何」に当たる、先行研究における記述の存在自体の一端を明らかにしておくところにある。

20 "note（ノート；記憶にとどめる）"の名詞形として、現在では忘れられてしまったが、過去には確かに存在していた、という文脈的ニュアンスを生かすために、「記憶にとどめるもの；覚え書き」としておいた。

21 Friedman[1973：58]フリードマンがここで挙げている「書き手」とはトクヴィル、デュルケム、コント、パーソンズであり、この考察の踏襲を明言するルークス[1978]の業績では、この4人を含むより多くの論者が議論の対象とされている。

第6章　私的判断放棄と現代社会
―権威継続をもたらす縦糸的問題―

第1節　はじめに―私的判断と権威―

私的判断と権威

　本書で提唱している"権威過程"（権威を変化する過程として、相対視する考え方）の継続局面では、私的判断放棄と自発的遵守という2つの事象を代表的論題として挙げることができる。この二大テーマによって、権威の継続局面が成り立っているといっても過言ではない。権威に関する3つの発想が信条権威、行動権威、権力還元論であるというとき、とりわけ前二者は、受容者「個人」の側の外的経済的／内的心理的利害状況のあり方により、権威行使効果が変わってくるものと思われる。そこで本章では権威継続をもたらす受容者自身の側の問題に着目し、私的判断放棄をめぐる先行研究とそのメカニズムを中心に考察を行っていくことにしたい[1]。これに対し7章では、権威継続をもたらす受容者たちの「集団」の側の問題について主として考察する。人はどのような要因から、自らの"生得的権利"を、あかの他人（たち）にゆだねてしまうのだろうか[2]。他者たちに判断をゆだねてしまうことを誘う要因の特定を、本章のテーマとしたい。

　そもそも私的判断（private judgment）とは、"個人の自律"と深く関わる問題であり、そのための必要条件の1つと考えることができる。「自分の良心にしたがって行動することが、基本的で必要な能力だと考えられ」る社会こそが「正気の社会（The Sane Society）」であると、1950年代のアメリカの社会状況をふまえたうえで、フロムはすでに主張している（Fromm [1955]）。フロ

ムの『正気の社会』におけるこの主張について、ルークスは、「急速に弱まっている自律性を再獲得するための、広範囲にわたる訴え」の一環であると位置づけているが（Lukes [1973a: 57=1980: 84]）、私的判断放棄に関する本書の問題意識も大筋ではこの点にあるといってよい。欧米ですら、マスメディアの発達や世論の圧力により、"個人の自律"が急速に衰えているというのである。同調の風潮が根強い日本で"個人の自律"について考察を試みようというとき、歴史的に（観念・（革命経験といった）実践の両面から）、考えが育まれてきた欧米の業績について、踏まえておく必要があるだろう。ただし、個人と自律一般ではテーマがあまりに広すぎるため、本書の主題である権威、とくに受容者個人の私的判断放棄に関わる先行研究に限って、おさえておくことにしたい。

　私的な判断の留保や放棄を個々人が行うようになり、それらが"集合的に"つづけられていくことではじめて、権威継続は可能になると考えられる。いってみれば、人間の"弱さ"（個々人が"自律"に疲れること）が、権威を永らえさせているのである[3]。本章の課題は、この人間の生物的な弱さ（欧米人と日本人では、弱さの程度が文化歴史的影響から異なるとも考えられるが、この問題は今は置いておく）が、これまでの研究でどのように扱われてきたのか、確かめることである。人間の弱さと、その裏返しとしての個人の自律というテーマで既知・周知とされている議論の再確認と明確化、それを踏まえた上での私的判断放棄研究に対する本書の寄与範囲の明示は、権威継続を系統的に論考していく上でも、避けては通れない課題といってよいだろう。この2つの点もまた、本章の主たる目標となる。

　フロムの問題意識を"受け継いだ"ルークスは、つぎのように指摘を行っている。「権威とは、私的判断を行使しないこと (nonexercise)、を意味している。つまり、権威を受容する者は、彼が何事かを行なったり信じたりするための根拠として、彼にそうするようにという命令を出す資格があるものと彼が承認している存在から、指図されているという事実を受容するだけで十分なのである。つまり、権威を受容するということは、こうせよとかこう信ぜよとか言われた事柄については詮索を差し控える (refrain from examining) という

ことなのである」(Lukes [1978: 639=1989: 29])。この続きの箇所で、アクィナス（Aquinas）とホッブズを例示し、私的判断の放棄が、権威研究において古くから重要な位置を占めてきたことをルークスは論じている。しかしながら、権威における私的判断放棄のメカニズムについて、彼が何らかの想定（ビジョン）を提示することはなかった。

　そのため本章では、このメカニズムについてのビジョン（構造的図式＝抽象的構図）を、なるべくイメージしやすいような単純な形で、提示することを目指したい。というのも、私的判断の放棄の仕組みの明確化が、本書のメインテーマ（権威相対視のためのツールの提供）へとつながると考えられるからである。そのためにまず当面の課題として、広い意味で「私的判断の放棄（surrender of private judgment）」に関する研究を紹介するところから始めたい。私的判断の放棄について、これまで研究者はどのようにとらえてきたのか、まず明確化しておきたい。それを踏まえた上で、判断放棄がどのような仕組みによって行われるのか、本書でこれまで呈示してきた概念も用いながら考えていくことにしよう。

　ところで、この問題は、フロムやルークスの問題設定からみると、権威の問題のみならず、現代社会において"個人が自律するとはどのようなことか"についても、ある程度目配せが必要になってくると思われる。その意味でつぎのような問いを立てたい。はたして、自律してない個々人から成る社会は「狂気の社会」であり、詮索すること（examining）をつねに限無く行い続けることが仮にできたとして、相手や場面を問わず詮索好きな個人こそ「正気（sane）」といえるだろうか。このやや極端な問いかけに対し一定の解を導き出そうとするとき、放棄に対するすっきり感（カタルシス）と放棄対象たる権威をめぐる社会状況という2つの条件について、留意する必要が出てくる。

現代社会で判断を放棄するメリットと無能力化の危険

　まず、「放棄に対するすっきり感」という、現代人の"個人"にまつわる問題から考えよう。そもそも、私的判断、さらには個人の自律そのものを放棄することが、現代社会で広範にみられる現象であるとすれば、こうした振

る舞いにより人に何らかの利得がもたらされていると考えるのが自然であろう。私的判断放棄を人間判断の「習慣化（habitation）」として捉えるとき、その利得についてバーガーとルックマンは、「人間によってその活動に付与される意味という点からみると、習慣化はそれぞれの状況を新しく、その度ごとに定義しなおすという苦労からわれわれを解放してくれる」と指摘する（Berger and Luckmann [1967: 53]）。

彼らによれば、われわれが「労力の節約（an economy of effort）」という利得を獲得するために判断を習慣化させるばかりではなく、それは社会からの要請でもある。社会の側からみれば、分業を可能にしより高度な活動を行うためには、社会を構成する個人個人のルーティーンが必要である。そしてこうしたルーティーンを可能にするのは、人間個々人が判断を習慣化していく結果として生み出される、個人個人の判断を放棄する傾向とされている。こうしてみると、彼らの議論の根底にあるのは、構成分業的な社会という見方である。つまり、人間の活動は、主題領域的に分業されており、当該社会によって「割り当てられ」ていない主題領域に関する（身体的・精神的）活動は、"節約"（≒停止）して他に委譲せざるをえない。

彼らが指摘しているように、分業化・専門化が社会や組織の大規模化にとって不可避であるとしても、人間一人ひとりにとってみれば、大きな問題を潜在的に抱えている。本書でも、プロフェッション（専門職・専門職業）とプロフェッショナル（専門職者）に対する依存傾向ついては、序の冒頭で、すでに指摘した。ここで深入りできないが、この問題[4]については、イリイチらの『人々を無能力化する諸々の専門職業（Disabling Professions）』が代表的であろう（Illich [et al.]　[1977]）。

私的判断放棄によって失われるもの

こうしてみると、われわれ人間が一定の「私的判断」を放棄することによって、一定時間内に、より多くの遂行が可能になっている現実について、まず留意が必要であろう。ただしこうした現実を受け容れるにしても、問題にしたいのは、時代の趨勢に沿った一見よいこと尽くめの私的判断の停止やその

常態化としての放棄であるが、そうすることでその個人が「何か」を失っている危険はないのか、ということである（さきに言及した、イリイチのいう"disabling"（無能力化）の問題）。はたして、遂行可能性の量的増大が、個人の経済的さらには精神的「便益」に本当に結びつくのだろうか。それは、個人にとってごく一時的に利するのみではないか。

　この問題に対してにわかに解答をしめすことはできないが、個人の自律や私的判断の確保と、社会もしくは個人の効率の追求とが背反的であるとすれば、両者のどのような配分を目指すのかが問われなければならないことは指摘できるだろう。これは社会学でしばしば論題となる社会（集団）対個人の問題であるともいえる。

私的判断放棄常態像としての権威主義

　自分自身が機会あるごとに判断する労を厭いつづける、放棄常態化の最たる存在が「権威主義的パーソナリティ」といってよい。このパーソナリティについて厳密には専門研究に当たってもらいたいが、〈上の者に（マゾ的なまで）へつらい、目下の者には（サド的に、ムチ打つようなまでに）厳格な人格傾向〉といった人物像を具体的にイメージしてもらいたい。この性格傾向では、自分より上か下かだけ考えればよく、いちいち対応する労からまぬがれ、組織社会では上司たちの評価も概して高い。この性格の持ち主ばかりでは、その硬直性から組織全体は滅びるかもしれないが、その組織の中では位階上昇しやすい側面もあるとされる。

権威を客観視する概念ツールの必要性

　このように権威主義研究自体、現代的重要性を帯びているが、これまでの研究に欠けていたのは、「権威主義」という場合の「権威」の内容に関する検討であった。権威主義的パーソナリティが問題だ」と頭ごなしに決めつける人がいるとすれば、その人もまた、自己判断の放棄と紋切り型の脊髄反射の罠に囚われている。問題を唱える場合はまず、その弊害とその原因、その用語の発想の歴史的変遷、それが翻訳語である場合、受容史の中で加除され

たニュアンスはないのか等、柔軟に視野拡大した上で問題を主唱し吟味する姿勢が必要不可欠であろう。これと同じ発想、"権威を微分するという考え方"に基づき、本章では私的判断放棄をできるだけ回避するための方策として、いわば「権威の客観視」のための概念ツール提供に至るのである。

現代社会と私的判断放棄

　さらに、現代社会でこの集団と個人、権威主義とともに注目されるべき問題は、私的判断放棄の「常態化」現象である。その前提として、現代特有の情報量の増大がある（**図6―1**参照）。資料はやや古いが、今日でもこの増大傾向は変わらない。このように増大する一方の諸々の情報に対し、ひとり独力で立ち向かわざるをえないとき、人はどうなるだろうか。橋本晃和はつぎのように述べている。「情報の『量』と『価値』は別次元であるからといって、その社会的インパクトも『価値』ある情報の方が大きいということにはならない。すなわち、情報過多はそれなりに価値を有するものであり、その

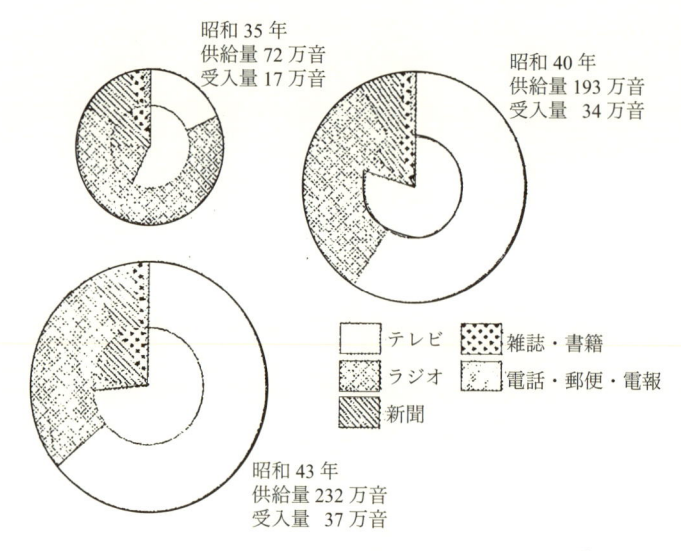

昭和35年
供給量 72万音
受入量 17万音

昭和40年
供給量 193万音
受入量 34万音

□ テレビ　▨ 雑誌・書籍
▨ ラジオ　▨ 電話・郵便・電報
▨ 新聞

昭和43年
供給量 232万音
受入量 37万音

図6―1　情報の供給と受け入れ[5]

出所：『国民生活白書』、経済企画庁、1970年

社会的インパクトは、はかりしれないものがある。

　人間は同じ情報にくどく接していると、最初は視聴覚系に反応するだけでも、やがて脳細胞を刺激し、ついその気にならせたり、正常な感覚をマヒさせたりしてしまうものである。…情報化社会は情報過多であるといわれる。その結果、情報過多のなかから必要な情報を選択しなければならないと指摘される。しかし豊富すぎるほどの情報の中味が不必要なものばかりであったらどうなるか」（橋本 [1972: 50-1]）。

　最初から音や画像がないことと、音や画像を意識的に遮ることとは、相当な違いがある。画像情報があるのに敢えて目をつぶったり、少しでも関心がある話が聞こえているのに、敢えて耳をふさぐということは、不安や苦痛を伴う。こう考えるなら、要領よく、より確からしい方向で情報処理をし続けていく必要が現代人には求められている、といえよう。一時代前と比べ飛躍的に増大する情報に接するとき、後で後悔しないように情報に対処するために、多かれ少なかれ、人は私的判断を他の存在に委ねざるをえない。

　健康から、割安な価格、中学受験を控えた子どもの環境整備といった情報まで、現代社会で「知らない」ということには、一種の恐怖がつきまとう。取り残された疎外感や子どもへの罪悪感といった感情を回避しないといけないという強迫観念のもとに、毎日を送っている人も少なくないだろう。自分の判断を諦め、自分以外の他者・メディア・機関や制度運用組織の発表する情報に基づいて、自己の全生活を決定しつづける人間像。この類例は何も宗教団体の信者に限らない。高度情報化がもたらすネットを含む情報の海にさらされざるをえない現代人のなかで、自分でいちいち多くの情報を集め、分析比較し、判断を下すことに疲労感を覚えはじめている人なら誰もが、程度の差はあれ「判断を停止して他者に身もこころも委ねることでもたらされる安らぎと解放感」に魅力を感じるといっても過言でないだろう。

　権威に対する私的判断の放棄には安心感の獲得と不可分に、「信用」に依拠しつつ、責任の宛先を自分（の判断）から逸らそうという側面もある。ブランド企業の家電品の購入や有名大学の新卒者の採用には、たとえその商品や人材が"はずれ"であったことが事後的にわかったとしても、判断当事者

（たち）の責任の宛先の転嫁（の先取り）という意味での「安心感（不安解消）」を伴っているといってよい。現代社会は卒業生（求職者）や購入可能な商品の選択肢があまりに多いゆえに、一時代前とは違った判断という「重荷」と「責任」があらたに生じてきたというわけである。

　このように現代社会での硬直的で保守的なものの見方がはびこらざるをえない傾向は、フロムやルークスが危機感を表明していた個々人の自律が喪失されつつある社会における人間たちの問題と、共通する点とともに異なるところもある。先行研究に学びつつ批判的に継承していくことを志す研究者は誰でも、この点に言及する義務があるだろう。相違点とは、一見陳腐で常識的だが、ひとことでいえば「時代背景」である。彼らが念頭に置いていたのは、第二次世界大戦前のファシズムの台頭であり、全体主義が大衆社会で再来しかねないという悪夢であったといえる。ルークスの場合やや強調点が異なり、「個人主義」自体への関心が強いものの、フロムをわざわざ引用していることやその年齢や生い立ちから考えるとき、この危惧を抱いている点は否めない。筆者の臨む社会は彼らとはやや様相が異なっており、むしろ危惧する対象は情報量の増大に対する個人の疲弊にある。その結果、権威の受容者としての現代人は、権威源泉の魅力という縦糸（上下）的作用によって、いわば操り人形のように、心ならずも「自発的」に動かされざるを得ない傾向をもっている。この違いに留意しつつ権威の先行研究を検討していくこととしよう。

第2節　権威研究における「私的判断の放棄」

1）私的判断放棄の構成要素

論点としての私的判断放棄

　では、権威に関する先行研究において、以上で示したいわば経験的な「私的判断放棄」の問題は、どのように扱われているのだろうか。まず最初に、権威研究において「私的（個人的）判断放棄」が大きな焦点となっていることを示すものとして、政治学者のリチャード・フレースマン（Richard Flathman）が、"Authority and the "Surrender" of Individual Judgment" と題する

章の冒頭で行っている、つぎの記述を紹介しておきたい[6]。

「権威や権威関係には、ある人の、あるいは一連の規則や職務の権威を受け容れ、それに服従し、もしくはそれに同意する人々の側に、『判断の放棄』というような要素（some species of "surrender of judgment"）が含まれているという命題についての見方には、驚くべき一致（coalescence）が存在している。ウィリアム・ゴッドウィン（William Godwin）やロバート・ポールウォルフ（Robert Paul Wolff）のような、権威に反対するアナーキストから、ジョン・ロールズ（John Rawls）やジョセフ・ラズ（Joseph Raz）のような権威に対する中庸的支持者をへて、ホッブズ（Hobbes）やハンナ・アーレント（Hannah Arendt）、そしてミカエル・オークショット（Michael Oakeshott）のような熱狂的権威支持者に至るまで、権威の行使における標準的かつ顕著な徴である指示が、B自身のメリットについての判断に関わりなく、Bによって服従されるというリフレインが、上述の研究者たちの大規模な合唱において、おうむ返しにくり返されてきている（a considerable chorus of students have echoed the refrain that the directives that are standard and salient features of practices of authority are to be obeyed by B irrespective of B's judgments of their merits）のである」（Flathman [1980: 90]）。

フレースマンの記述は政治学における権威研究のみをさしているが、バーガーとルックマンにもみられるように、「私的判断放棄」の問題への「着目」は、政治学に限らず、より広い分野で散見でき、こうした事実こそがこの問題の一般性・重要性を物語っているように思われる。

私的判断放棄のイメージ

では、私的判断の放棄とは、どのような現象を指すのであろうか。まずはフリードマン（Friedman, R.B. [1973]）の有名な議論[7]に基づき、その内容についてなるべく具体的な形で確認しておきたい。その上で、私的判断の放棄問題にさまざまな角度からアプローチしていくことにしよう。

［人対人］

「私的判断放棄（surrender of private judgment）」とは、「権威概念の主要な要素（the main elements）」の1つとして論じられている（Friedman [1973: 57]）。そして、彼が前提とするのは、権威とは、人対人の関係であるということである。すなわち、「実際、『権威』という語は、他の種類の影響力とは違って、ある人が他の人に対し発揮するある特別な影響力の一種を指すのにしばしば用いられる」（Friedman [1973: 63]）。

［行動権威と信条権威］

さらに、「権威」には、権威である（an authority）場合と、権威にある（in authority）場合がある。前者は、その人の見方や発言が信じられる（be believed）に値する何かを持つある人を指し、それが信条に対して行使される権威（authority over belief）である。一方、後者は、他者がどのように行動すべきか（should behave）について決定を下す権利を授ける官職、位置、地位をある人が占めることを意味する、行動に対して行使される権威（authority over conduct）であるという（Friedman [1973: 57]）。

権威を信条と行動に大きく2つの分化が可能であるとする考え方は、さきに論じたようにボヘンスキーと共通している。フリードマンやその継承者であるルークスが「研究史」から、この分類を導き出したのに対し、ボヘンスキーは権威（Autorität）概念の論理学的な構成要素から、権威主題領域の質的相違に言及し、それが命題（Satz（―である））の集合である権威を「知識的権威（epistemische Autorität）」、指示（Weisung（―であるべきである））の集合を「義務的権威（deontische Autorität）」と名付けたのであった。受容者の個人的信条や価値観へ踏み込む権威が知識的権威、信条権威であり、それらにまで踏み込まない権威が義務的権威、行動権威である（3章、5章も参照）。

［指示受容の要因が、指示内容でなく、指示規定する人（の社会的属性）にあること］

説得との示差的相違として本質的に重要な点は、権威が、他の人の意思あるいは判断に対する、特有の依存関係（the distinctive kind of dependence）をあ

らわしているということである。すなわち、「権威関係において決定的なのは、まさしく発話者の地位（the status of the speaker）なのである。権威関係で主要なのは、ある行為を規定する、個人の社会的アイデンティティ、もしくは『パーソナリティ』である」（Friedman [1973: 67]）。

［私的判断の放棄］

　以上の諸項目を踏まえた上で、私的判断放棄の内容が明らかになる。信条権威と行動権威のあいだには重大な相違が存在するが、それにもかかわらず、両方の権威の形態は、「私的判断の放棄」という特徴を共有している。すなわち、「行動権威に対し服従するという命令授受の場合では、受容者は、命令を受けた当該行為に対する自身の判断に基づく行動（conduct）を行うことなしに、命令に応じる。他方、ある人が、ある１つの信条（belief）を受け入れた場合にも、かれは、誰か他の人の判断を重んじて、その当該信条の基盤、つまり当該の信条が基づいていると思われる根拠（the grounds）に関する自分自身の判断を下すことを放棄していると理解されよう」（Friedman [1973: 66]）。そして、この私的判断の放棄にこそ、行動を規制する他の方法とは違った権威独自のはたらきがある。「おそらく、『権威』という用語は、強制を行う資源、ワイロの授受、誘因による刺激、あるいは宣伝活動が存することなしに、そして、議論や検討に多くを要せずして、同調（conformity）が引き起こされる状況を記述的に説明するのに必須のものである。…たんに、Xが授け（gave）、あるいは作成した（made）ゆえに、ある命令が守られ、ある決定が受け入れられるということによって、われわれはそうした状況を説明できよう」（Friedman [1973: 63]）。

　以上の確認的な論考によって、私的判断放棄という現象の内容が、かなりイメージしやすくなったのではないだろうか。ただし、フリードマン自身は、この現象の仕組みや要因に関しては、何も論じていないのである。そのためこれらの問題について、これから順次論考していきたい。

2) 匿名の権威に対する同調

実体としてイメージしにくい、匿名的な現代の権威

ところで、フロムは、20世紀の権威の特徴についてつぎのように述べている。

「物質的繁栄や政治的、性的な自由にもかかわらず、20世紀中葉における世界は、19世紀以上に、精神的に病んでいるように思われる。じっさい、アドレイ・スティヴンソンが非常に簡潔にいったように『われわれは、もはや奴隷になる恐れはないが、ロボットになる危険がある』。われわれを脅かす公然たる権威はないが、われわれは、同調という匿名の権威（the anonymous authority）の恐怖に支配されている。われわれは誰にも個人的には服従しない。つまりわれわれは権威との葛藤を経験しないが自分自身の確信ももたなければ、ほとんどなんの個性も自己感覚ももたない」[8]。

匿名の権威のイメージ

この匿名の権威に対する同調という問題は、本章のテーマである「私的判断の放棄」と深く関わっているといえよう。というのも、ここで指摘されている現代人が同調という形でロボット化している状況というのは、各人の「その人ならでは」の判断は棚上げし、あるいは「その人らしい判断」自体される余地なく、いわば「右へ倣え」的な画一的判断が集合的になされるありさまを指していると考えられるからである。

では、同調の対象としての「匿名の権威」について、フロムは具体的にどのようなものを想定しているのであろうか。それは、「利益、経済的必要、市場、常識、世論、『ひと』がしたり、考えたり、感じたりすること」である（Fromm [1955: 152-3=1958: 177]）。フロムによれば、20世紀中葉の権威は、見えにくいものであり、それゆえに、今日の権威に対するわれわれの姿勢は、「誰が目に見えないものを攻撃できるだろうか？　誰が存在しないひとに反抗することができるのだろうか？」（Fromm [1955: 153=1958: 177]）というようにならざるをえないという。今日の権威に対し、われわれは、「個人的良心の代わりに、

適応し承認されたいという欲求があり、誇りと支配の感覚ではなくて、たえず増大する、おもに無意識的な無力感がある」(Fromm [1955: 99=1958: 121])という。今日の社会に対し、フロムはこのような「病理の診断」(Fromm [1955: 102=1958: 124])。を下す。

同調を促す排除の存在

　以上のような「匿名の権威」に対する同調の危険についてのフロムの指摘そのものについては、一定の評価ができよう。それは、問題意識において共通するところがあると感じられるからであり、時代と社会に対する「診断」としては的を射ているといえる。フロムの論述は、匿名の権威に対する同調という問題について具体的な現象内容の把握を提案しているところに意義がある。

　その一方で、彼の提案では、このような現象がどのように生じ、いかに継続していくかという仕組みについての説明が不足している。フロムの同調論は、「匿名の権威がはたらくメカニズムは、同調である」(Fromm [1955: 153=1958: 178])。と述べているにもかかわらず、同調の描写を記述する以上に深い、その発生や維持のメカニズムについての想定は示されていない。「常識」や「世論」は、5章でみたように、優勢な権威が、対立する権威（意見）を排除して受容者オルタナティヴ（他に選ぶかも知れない可能性がある選択肢）を減少させ、7章でみるように、受容者どうしの排除で、永くつづいていくのである。

　さらに、彼の診断内容自体にも問題がないわけではない。われわれは「個人的に服従」していないと、本当にいいきれるのだろうか。フロムのように、匿名の権威への服従を個人的権威への服従とは、まったく異質なものと想定し、（資本主義経済と関連づけてはいるものの）現象の表層を記述するのにとどまっているのであれば、「匿名」性の深淵を説明変数とする、いわば「匿名還元主義」になる危険がある。「匿名的」な事物を、異質なものとして警告するばかりにとどまるよりむしろ、それが具体的事物と（時間的・空間的には離れているにせよ）つながっていると捉えたほうがより建設的であると思

われる。こうした捉え方は、「匿名化」という仕組みを解明するための前提である[9]。

結論を先取りすれば、フロムがイメージしているような個人的権威[10]は主として、縦作用（縦糸的絆）が強い権威（信条権威）、匿名的権威は横作用（横糸的絆）が強い権威（行動権威）である（本章4節"むすび"参照）。フロムの警告は、横作用の強まり（近代以降、現代にいたる社会においてしばしば生み出されている、"右へ倣え"的な風潮）に対する危機感の表明である。

この警告自体重要であるが、彼が過去の遺物とみなした縦方向の権威的作用も、公然とではなくとも、依然として根強く（密やかに）存在しており、この2方向の作用は関連づけてとらえるべきだというのが、本書の見方である（6章は縦作用、7章は横作用をそれぞれメインに据えて論じているが、7章で述べるように、縦糸と横糸が交差して、初めて権威は持続力を有するに至るのである）。

以上の疑問点を手掛かりにして、本章では、現代で特に問題となっている匿名の権威[11]を、個人的権威と異質なものと想定しない。前者は後者の変形であり、後者は前者のいわば「原初形態」だと考える[12]。こうした推論は、フロムのアプローチを一歩進めて、匿名の権威への同調の問題を、さきにふれたように個人の視野狭窄と個人間排除という形で、一層明瞭に分析するための前提となるだろう。

このため次節では、個人的権威における私的判断の放棄の基本的構図について、社会学的なアプローチによる想定構築という観点から考えていくことになる。そして、その手掛かりをヴェーバーとデュルケムの議論にもとめることにしたい[13]。いいかえると、フロムの「匿名の権威論」、とくに同調というある種の"忘我"の個人にとっての功罪と、構造的見取り図（構図）について、以下の論考の中で具体的イメージを描いていきたいのである。同調の時間的コンテクストの問題や、個人と集団の問題をも踏まえなければ、匿名的権威の問題は明瞭化できない、というのが本書の立場なのである（つぎの3節1)で個人の問題を、2)で集団の問題を考えることにしたい）。

第3節　私的判断放棄要因の二重構造

行動権威と信条権威

　ところで、判断放棄の内容に関するフリードマンの議論によれば、権威は「行動権威」と「信条権威」に分けることができるのであった（5章も参照）。この区分からみると、バーガーらの思考判断の節約の議論は、どちらかといえば、利己的、功利主義的な利得を社会と個人が相互に追求するという点で、主として「行動権威における私的判断放棄」の問題である。

　他方、この節で考察する「聖なるものと判断放棄」の問題は、利己功利という行動レベルの要素と対立する、主として信条（belief）という思想レベルの要素に関する議論であるといえよう。ただし、カリスマ的指導者をリーダーとして担ぐことによって人々の力を結集するといった事例では、行動権威としてカリスマを捉えることができるように、カリスマ問題は、行動権威と信条権威の両方に関連しているといえるだろう。そこでここではまず、行動権威と信条権威とは何かという問題について、そのポイントを確認しておくことにしたい。

信条権威としてのカリスマ

　行動権威・信条権威という両方の側面があるにせよ、カリスマ的源泉を持つ権威は、主としてどちらに関連づけるべきなのだろうか。

　フリードマンや彼の考察を踏襲した上で敷衍することを宣言しているルークスによる信条権威と行動権威の史的考察性を帯びた論述を詳しくみていくとき、カリスマ的権威が一時的に行動権威として利用される場合はあるにしても、主に、信条に対して行使される権威であると捉えておく方が適切であるように思われる。というのも、行動権威とはそもそも、「共通の信条をではなく、むしろ調整された行為を生み出す」権威のことを指すからであり、「私的な信条においてはそれに反対していても、その一方で権威に服従することもありうる（Lukes [1978: 651=1989: 68]）」、いわば「協約による権威」であって、「それに従うものに対して、自分自身の判断によって行動することを差し控

えるように要求しているにすぎないということであり、それに従うものは、命令が持つ権威を受容していても、個々の命令に対して私的な異議を差し挟むことは自由」だからである（Lukes [1978: 643=1989: 43]）。

信条権威とは

それに対して、信条権威とは、「ある特殊な知恵、啓示、技能、洞察力、知識などを根拠として、信条に対してその承認を要求する存在」である（Lukes [1978: 643=1989: 39]）。いいかえれば、信条権威を受容するということは、「ある主張に対して、その主張の源泉が権威として承認されているがゆえに、真なるもの、確かなるものとして、同意が与えられるということなのである」（Lukes [1978: 642-3=1989: 37-8]）。

こうした信条権威とは、あくまで特別な存在が有していたものであった。ローマ市民にとっての元老、中世キリスト教徒たちにとっての教皇といった存在が、本来的な意味での信条権威の具体例である。こうした「特別な、しかも人々によって受容されている資格に基づいた、信条に対する抗いがたい根拠である権威」は、いつの時代にも、どこの社会にも存在しうる普遍的な事象では決してなく、特定の時代、ある限られた範囲の共同体社会でのみ存在しうる（Lukes [1978: 642=1989: 40]）。つまり、それら「特別な存在」が個人的選択の問題として考えられたり、便宜や効率といった実用上の問題として把握されるのではなく、信条に対する抗いがたい根拠であると認める共有的な価値観や原理が想定されている共同体や時代といった、とても限定的な社会においてのみ見いだされる権威の在り方なのである。5章4節で紹介したフリードマンの言葉を再びかりるならば、「分有された信条という見地に基づく権威アプローチにはいくつかのバージョンがあるが、こうしたアプローチをとる書き手たちは、権威という覚え書き（notion）が既に失われた、あるいは歪められてしまったと内心主張しているのが通例である」（Friedman [1973: 58]）。

カリスマ的な権威が、主として信条権威に属するというのは、以上のような意味においてそういえるのである。また、信条権威は知識的権威と考えて

よく、その特徴は権威者側からもたらされる指示主題領域が、「―である」という命題から成り立つところにある（3章、5章参照）。

それに対し、行動権威を受容者側が求め、私的な判断を個々の受容者が放棄するという場面や事態は、行動権威が担ぎ出される理由が功利的でみえやすい点を考えるとき、比較的想起しやすいと思われるため、本書では直接の考察対象とはしなかった。ただ、権威に対する私的判断放棄問題を総合的に考える場合、無秩序状態を抑制するために国家を樹立するといった「協約的権威（行動権威）」のような、便宜的な個々人の私的な行動放棄の問題についても、稿を改めて考えなければならないだろう。

私的判断放棄の諸要因の検討に先立ち、行動権威と信条権威の違いについて、あらためて浮き彫りにしてきた。というのも、"いかなる権威に対して"、"どのように"放棄を行うのか（主として"どのような権威源泉に対して"、主にどのレベル（行動レベル－信条レベル）についてまで、放棄を行うのか）、というところが重要だからである。以下では、主として「構造」的見地から、放棄に影響を及ぼすと考えられる「作用の方向」について検討を加え、権威に対する私的判断放棄問題にアプローチするためのビジョンを呈示していきたい。

1）カリスマ論における私的判断の放棄の問題
権威源泉としてのカリスマ

権威の現象性を誘う源泉の具体例としては、西洋中世のキリスト教、近代の政治思想について、1章ですでに言及した。オーソリティ観念が受け継がれていく際に人々がイメージした具体的内実（いわば実体）という意味で、磁力を持った2つの考え方を強調したのである。西洋権威観念の、いわば"担い手"であると同時に、その源泉という具体的内実を帯びた"知識"として（知識的権威≒信条権威の源泉の具体例としての"キリスト教"・"政治思想"）、別の角度からいえば、東洋にはなかった"地域効果"として注目してきたのである。同所で指摘したように、知識の継受をめぐる問題には、権威現象特有の自発的遵守と私的判断の放棄、さらに（先行的存在を認知できる立場にあるかどうか

も含めた）継受者資格と継受内容のセレクトに注目すべきである。

　1章3節では西洋権威観念という具体的「内容」に着目して論考してきた。それに対して本節では、より抽象的な「形式」にウエイトを置いて考えていくことにしよう。上下関係という垂直方向の作用について、いわば権威源泉の魅力の"縦糸的性格"について考えたい（本書"結び"も参照。また、縦糸に対する"横糸"（権威現象の横方向の作用）については、7章で論じることにしたい）。

　縦糸というのは、垂直方向の絆であり、拘束力であって、権威の受容者は、いわば操り人形のように、心ならずも動かされていくイメージを想像していただきたい。操られるといっても、魅力に依存した自発的遵守に、論考対象を限定したい。つまり、権威的社会関係において、受容者側が権威の担い手から得ることができる「何か」に基づき、判断放棄がなされる問題について論じていくことにしたい。具体的にはここでは、ヴェーバーに基づき、担い手のカリスマに判断放棄要因があるケースについて、みていくことにしよう。

　ヴェーバーは、カリスマ的支配の前提条件として、カリスマを超自然的資質の所有者とその支持者たちという関係のなかでしか、こうしたカリスマ的な源泉は存在しえないと考えていた。そして、カリスマがもつ磁力の源泉についてヴェーバーが想定していたのは、シャーマン、癲癇病者、狂暴な戦士、デマゴーグ、預言者である（Weber [1972: 140-1=1970: 70-1]; [1972: 654-7=1960: 398-400]）。

　ヴェーバーのカリスマ論に詳しいリンドホルムによれば、カリスマの保持者たちは「強力な色調をおびた感情を露わにしめすことができる独特な生得的能力（a unique and innate capacity）においてきわだっている点で、カリスマ的なのである」（Lindholm [1990: 26=1992: 44]）。権威源泉の「優越的価値」としての「独特な生得的能力」について、イメージを明確にするために、リンドホルムのことばによってかなり具体的に表現すれば、「癲癇病者のぎょろぎょろした目、戦士の逆上せる激怒、デマゴーグの絶叫、垂範的預言者の並はずれた静けさ」なのであり、このような生得的特質は、「傍観者たちに自動的に伝導し（transmitted spontaneously to onlookers）、彼らを熱狂と生命感情に感染させる」（Lindholm [1990: 26=1992: 44]）[14]。

権威源泉情報と権威の担い手との不可分性・信条権威の権威源泉としてのカリスマ

　このように、「優越」の内容は、受容者たちがとても持ち合わせることができない、「訴求力」、受容者一人ひとりの心の奥深くに刻み込まれる「印象」の源(みなもと)とでもいうべきものである。この優越性は、カリスマ保持者の属性とでもいうべきところに宿っており、カリスマ的権威の担い手と切り離しては、考えづらいのは確かである。

　ただし、受容者にとってみれば、視覚・聴覚経験の1つであることは確かであり、優越的価値を帯びる権威源泉としてのカリスマがもたらす優越性を、権威の担い手から受容者が得る広義での「情報内容」という捉え方を本書では呈示したい。

　カリスマとの接近遭遇という経験から、受容者は、私的判断の放棄を行うようになるというルートが、通常考えられるだろう。その際、情報内容に一般的な特色があるとすれば、どのようなものが考えられるだろうか。おそらく、前述のリンドホルムの挙例から考えると、これらの例は通常の社会生活ではなかなか味わえない刺激であり、カリスマ的指導者がもつ、日常的なルーティンとは無縁の諸事象を現出することができる、「非日常性」を帯びた事象とくくることができるだろう。

　このような非日常性を現前させる「特異な生得的能力」の存在ゆえに、たとえば説法に聞き入る際の「忘我（恍惚）」といった形で、受容者の私的判断の放棄は、行われていると考えられる。したがって、ヴェーバーのカリスマ論は、主として権威関係の担い手が持つ源泉の内容の「特異さ（優れた形での異なり具合）」自体（非日常が日常とは異なるというとき、問題なのは"異なっている"こと自体であり、ルーティーンな無刺激的状態にアクセントが加わるときのアクセントという力そのもの）から、受容者の判断放棄を説明しているといえるだろう。常人の脳裏に、優れたアクセントをつける人をカリスマ的権威者と呼ぶこともできよう。また、うわべの行動・振る舞いに対して影響を及ぼすのでなく、胸裏奥深くにまで、その人の「信条（信念）」にまで影響を及ぼすという意味で、カリスマは、行動権威というより、信条権威的である。

ただし、源泉由来の情報と担い手とは本来分けて考えるべきであるにもかかわらず、あまりに一体化しすぎ分離不能であるところに、カリスマ的（信条的）権威の特色があることにも留意すべきである（システム（系統）化しにくく、子どもや後輩に譲りにくい、カリスマ的権威源泉は、その性質ゆえに、廃れやすい）[15]。そして「情報」は、義務的というより知識的な権威（権威主題領域）にあり、受容者は何かをしたがっている（日常的な無味・無臭性を打ち破るような、刺激的"情報"を知りたがっている）状態にある、と推測できよう。

関係加入局面以前の受容者の状況

さらに、カリスマ論における私的判断の放棄の要因の想定において留意すべき点を、つぎのように指摘することができる。それは、私的判断の放棄とカリスマ的権威関係への加入とがどのようにつながっているかという問題である。関係加入以降、信奉者が私的判断を放棄するとしても、時間的に先行する、カリスマ的権威関係加入以前の状況について、ヴェーバー自身はどのように考えているのだろうか。この問題に対する回答は、信奉者たちが送る生活の日常が悲惨な状態にあり、主観的に苦しみを感じているゆえに現状から抜け出したいと彼らが考えている、と要約できよう。

すなわち、「重要な点で、なお真のカリスマの名残をとどめているような権力——例えば（少なくとも理論のうえでは）中国の君主の権力はそうであった——の担い手は、彼の行政が、被支配者たちの困苦（ein Not der Beherrschten）——この困苦が洪水であれ敗戦であれ——を救うことに成功しなかった場合には、全民衆の前で、公然と、自分自身の罪と不徳とを弾劾する」（Weber [1972: 656=1960: 407]）。要するに、「困苦（Not）」という悲惨な日常的状況におかれた人々が、「独特な生得的能力」の担い手と、必然にしろ自ら捜し当てたにしろ、出会い、カリスマ的権威関係に加入し、その時点以降、私的判断を放棄するようになった、というようにヴェーバーのカリスマ論を権威過程という観点から位置づけることはあながち的はずれとはいえないであろう。

このように考えるならば、「前提状況（悲惨さ）」と「契機」というふたつの要素が、カリスマ論に含意されていることに、注目することが肝要である。

この二要素が私的判断放棄の問題一般に敷衍できるとすれば、判断放棄にいたる可能性を高める、受容者がおかれている「状況」が、時間先行的に存在している点に注視する必要があることになる。悲惨ゆえに現状からの脱出を人々が願っているという状況のもとで、困苦者は現実逃避といった、自らの脳を痺れさせ、文字通り「夢中にさせて（aborb; indulge）くれる」刺激（情報）を求めている状態にある[16]。このような、磁力に弱い金属、色に染まりやすい白紙といった心理状態を抱える人間たちは、いつの時代にも、どこの地域でも少なくないはずである[17]。カリスマに代表される信条権威では、権威の担い手が帯びる魅力との接触というきわめて偶発的で、計算や予測といった人類の歴史の主要傾向とは無縁という意味で「非合理的」な「契機」を経て、私的判断放棄の定常化（権威関係への加入）にいたるのである[18]。

2）デュルケムの集合論的視点
集合的意識が権威関係の受容者に吹き込む感情

しかし、ヴェーバーのカリスマ論は、カリスマ所有者とその支持者とのさまざまな意味での「関係（＝縦方向の作用）」にウエイトをおいて論が展開されている点に、留意しなければならない。逆にいえば、支持（する可能性がある）者を取り囲む諸々の集団と当該支持者個人とのつながりについては、ヴェーバーはあまり多くを語らないのである。集団と個人の問題を論じた研究者としては、デュルケムが重要であろう。そこで支持者個人を取り囲む集合的な効果をめぐっては、デュルケム的アプローチを踏まえつつ、集団が権威の受容者個人にいかなる影響をあたえるか（横方向の作用）について、私的判断放棄特有の問題の彫出化を狙いつつ考察しておきたい。

デュルケムによれば、宗教（ひいては、社会）の本質とは、神や教義の内容、またはその正統性根拠にあるのではなく、人々の精神を昂揚させる集団や集合的意識にあるのである。すなわち、「社会的環境はすべて、実際は、われわれの精神にしか存在しない力によって増殖されているように思われる。われわれは旗が兵士にとって何であるかを知っている…今日なお、それが流れるのを見るときには、われわれはその生化学的特質が説明できない強烈な情

緒を経験せざるをえない」（Durkheim [1912=1975（下）: 408-9]）。「宗教力は集合体がその成員に吹き込む感情にすぎない…<u>あらゆる事物が装っている聖なる特質は、したがって、その内的特質に含まれているのではない。それに付加されているのである</u>」（Durkheim [1912=1975（下）: 411] 下線は引用者による）。

私的判断放棄を促す集合的感情

　このデュルケムの知見を本書の観点から命題化すると、つぎのようになるだろう。それは、権威の担い手に服従するという現象を継続させるのに、受容者たちの集団が主導的な役割をはたしている、というものである。そして、受容者集団内部において、彼らの私的判断の放棄が生じており、その発生要因は、集合的感情にあると考えられる。デュルケム自身の概念からいえば、集団が人々に精神の昂揚をもたらし、「強烈な情緒」を経験するということになるが、このことを本書の概念を用いて説明するならば、権威関係加入後、関係継続局面で受容者の私的判断放棄をもたらすのは、権威の担い手と受容服従者という二者関係内的なカリスマ性を帯びた情報をはじめとする情報内容自体が帯びている誘因性によるばかりでなく、受容者たちの集団による効果という側面も見逃せなくなるいうものである。ただし、継続局面での私的判断放棄に際して、担い手がもたらす情報内容と信者たちの集合的効果、そのいずれが主導的か、あるいはその割合がいかなるものかについては、別に考察を要するだろう。

集合的感情の波状性

　さらに、デュルケムは、自然発生的な集合感情についても注目していた（Durkheim [1912=1975（下）: 388-95]）。かれによれば、社会（具体的には、オーストラリア諸部族の社会）の生活は、異なった二形相を交代に経過するのであり、あるときには、人口は小集団に分散し、経済的活動を主に行い、またあるときには、「人口は一定の地点に数日から数か月に及ぶ時日のあいだ集中し凝集する」のである。そして、「集中しているということそれ自体が例外的に強力な興奮剤として働く」のであり、そこにおいて「表明された感情は、

それぞれに大いに外界の印象に鋭敏な全員の意識の中で抵抗なしにこだまする。すなわち、そのいずれもが交互に他のものに反響し合う。このようにして、根本的な衝動は反射されるにつれて拡充していく」のである。自然発生的な感情は、集合において伝播し、受け入れられ、やがて宗教的観念を生み出していくのである。すなわち、「したがって、宗教的観念が生まれたと思われるのは、この激昂した社会的環境における、この激昂そのものからである。そして、これが確かにその起源であったことを確証するのは、オーストラリアでは固有の宗教的活動がほとんどまったくこれらの会合の行われるとき集中されているという事実である」。

以上のように、宗教的な凝集力の源泉の発生、さらにそれへの参加においても、一定の集団の集合的感情や情熱が、その促進要因として関わっていると考えられる。換言すれば、宗教的権威源泉の発生、そして権威の受容者が権威関係に加入するのには、受容者を含む一定の集団の集合的感情が関わっているといえよう。ただし、本章のテーマからいえば、権威源泉の「発生」はとりあえず対象外である。テーマに即していえば、受容者は、集合的感情に気兼ねしつづけるために私的な判断を放棄し、関係に加入せざるを得ないという側面が重要である[19]。こうした判断放棄傾向が権威関係継続局面においてもつづき、関係内在的な権威者側の魅力がもたらす放棄性に付け加わってくるということができるだろう。

3）権威に対する私的判断放棄の二重構造
加入局面と継続局面における私的判断放棄

以上の議論において、私的判断放棄の例としてカリスマと宗教を取り上げ、ヴェーバー、デュルケムの議論を本章の観点から位置づけ、問題の一端を明らかにしてきた。ここではそれらをより明瞭に提示し、さらに本書の概念に基づく知見を加えていくことにしたい。

まず、「権威に対する私的判断の放棄」には、関係加入における私的判断の放棄（源泉と担い手の正統性（legitimacy）の無条件的承認）と関係継続局面におけるそれ（無条件的指示受容）という、2つの時間局面的な水準が設定され

なければならないということである。この点は、先行研究において見落とされた、もしくは混同されていていた問題であると思われる。さらに、これまでの議論で明らかにしてきたように、私的判断放棄の要因は、権威関係内在的なものと、関係外在（人々の集合）的なものが存在する。この2つの要因と、権威的社会関係上の2つの局面とを統合すると、以下のようになるだろう。

加入局面での状況と契機

　カリスマに代表される権威的関係への加入局面における私的判断放棄の要因には、さきにふれたように、状況と契機という2つの要素が存在する。

　状況とは、その時代、その地域に特有の社会状況である。ヴェーバーも指摘しているように、カリスマ的指導者が支配的地位を得るのは、主として受容層の困窮時である。そうした状況の共有（"悲惨さ"という状況認識の共有）という集合性を通じて、権威は広まる（個人個人が、"自分は悲惨なんだ、何とかしないといけない"という意識を自覚し、そうした意識を持つ人が次第に増えていくこと。ルーティンな、日々の生活に追われる状態にあっても、日常性に対する懐疑を抱くようになる人が増えること）。

　困っている個人に、目新しい権威の（非日常的な）源泉の正統性とその担い手の存在を、無批判かつ無条件的に承認するようにはたらき掛けを行うのは、"困窮という状況そのもの"（あまり深く考える余裕を与えず、飛びつきやすくする状況）プラス権威源泉の"非日常性"（日常性の克服・打破という意味では、"脱日常性"）における「非」という要素（斬新さ、新奇さという、未だ手垢がついていないような無垢な魅力）である。

　ヴェーバーの言葉でいえば、カリスマ的支配形成の前提としての非日常的な状況と、その異常性に由来する集団的興奮である。「カリスマ的支配の創出は、いつでも非日常的な、外的な特殊政治的あるいは経済的な状況、あるいはまた内的精神的な、殊に宗教的な状況、あるいはこれら3つの状況を合わせたものの産物であり、異常なものから生まれ出た、1つの人間集団に共通な興奮と、どのような内容のものであれ、支配者であること（Herrentum）そのものへの傾倒から成立する」（Weber [1972: 669=1960: 409]）。その際重要な

のは、この要素が、個人がこれから加入するかもしれない権威関係とは独立して、外在的に影響を及ぼす点である。この際の集合性の枠組み[20]は、より具体的には同一の社会階層や同業者集団といったものが考えられる[21]。

　他方、加入の際の契機とは、権威の社会関係に内在する、権威源泉の帯びる優越的価値と、その担い手が醸し出す魅力との「出会い」である。ただし、契機が判断放棄の要因として働くために重要なのは、契機が契機となるための「魅力」の内容である。それは、カリスマの例でいえば独特な生得的能力であるが、これが日常から隔絶した存在であることからもわかるように、個人にとって何が「魅力」となるかという問題は、個人がおかれた状況の「日常性のあり方」と密接に関わっていると思われる。契機が入り込む余地のある（うんざりするような；おきまりの）日常性なのか、何かを補う余地のある（欠食児童が多数、身の回りにいるような）日常性なのかといった問題である。

継続局面での集合と魅力

　継続局面における「私的判断の放棄」の要因もまた、「集合」と「魅力」という2つの要素から考えることができる。この2つの要素は、加入局面とよく似ているものの、内容的には若干の違いもある。

　まず、継続局面の「集合」とは、同じ権威を戴く受容者たちのそれである（受容者集団）。この継続的局面における集合的要素は、受容者たちの相互規制によって個々人の私的判断を麻痺させ、権威的情報の無条件的受容を促進させて、権威（関係）維持を支持するはたらきをもたらす（くわしくは7章で考えたい）。受容者オルタナティヴ（他に選ぶことのできる権威（者））があったとしても、それを覆い隠す（4章・5章参照）。そして、新しい集合には、そこでの「集合的アイデンティティ」が、加入前の集合と比べより強く存在し、それに基づくアイデンティティ像（その権威受容者集団"らしさ"。企業における"部署文化"みたいなもの）を求める受容者間で「相互審査」が行われる。「新しい集合」は、セクト（もしくは、ゼクテ）として捉えることもできる（拙稿[1993]）。「セクト主義」とは、集合的・個人的アイデンティティに根ざすゆえに熾烈なのである。

継続的局面における「魅力」とは、権威関係における担い手の存在自体と彼が擁する源泉に由来する優越的価値を帯びた「情報」に存するのであり、関係内在的であるという点では、加入局面における契機と変わらない。魅力は無条件的情報受容と担い手への帰依を促進するが、関係加入以降の時間の経過とともに、魅力が低減したり、新しい魅力が創発的に生じることもあるだろう。権威側の魅力(源泉の優越的価値に由来する情報とその担い手の存在)は、受容者の個人的判断の放棄と"ひきかえに"、権威側がもたらす情報（指示）を受容させる。この意味で、私的判断放棄と権威的指示受容は、表裏一体のものである（権威的指示の受容については、7章で取り上げる）。この魅力という作用はいわば縦のものであるのに対し、同時に受容者集団という横からの、放棄と受容を促す作用（集合的意識）もはたらいている。縦横同時、両方向的作用の存在が、権威継続を揺るぎにくいものにしているという概念的見取り図を本書は呈示する（本書"結び"も参照）。横からの作用・集合的意識が具体的にどのようにはたらくか、その作用そのものについては、7章で考察したい。

第4節　むすび―「私的」放棄と「判断」放棄―

〈私的放棄〉と〈判断放棄〉とでは、作用因が違う

　私的判断放棄をめぐる先行研究（2節）で欠けていたのは、私的判断（private judgment）という際の、「私的（個人性）」と「判断」との分離的理解である。本章で提示した権威に対する個人の私的判断の放棄の要因は、権威源泉とその担い手が持つ魅力という権威関係内在的なものと、服従者たちの集合性という当該の二者的権威関係からみれば外在的なものによるのだった。この考え方を当てはめるとき、「私的放棄」・「個人性放棄」は、（公との対比も含め）関係外在的集合性に由来し（横糸的作用）、「判断放棄」は、純粋に魅力によるために、関係内在的、源泉とその担い手由来（縦糸的作用）というように想定できるのである。

　しかもこの問題には、権威関係加入とその継続局面という2つの時間継起

的な配列局面が存するのである。では、私的判断の放棄問題にとって、権威関係「加入」と「継続」という時間局面的水準をあえて設定して考えるメリットは、どこにあるのだろうか。先に触れたように、先行研究においてこの2つの水準は混同されていた。しかし、権威（関係）への無条件的加入という局面が自明視され、権威継続局面における問題である、権威的指示の無条件的受容のみが、組織論を中心としてこれまで議題とされてきたところに問題はある。権威関係継続時の問題はたしかに重要であるが、この問題のみに検討をくわえるいわば静態的な立論設定を行うと、それに時間的に先行して必ず存在する、権威を成り立たせている源泉の形成過程や源泉の正統化プロセスを議論の射程に入れることが困難になる。これに対して、私的判断放棄に対する時間局面的発想の当てはめは、権威の時間的（さらには空間的）限界を露呈させるための少なくとも概念的裏付けを提供するものであり、個人の視野拡大という戦略性を持つ。そしてこの権威の限界性の把握こそが、個人の自律のための条件の1つに他ならない。

　現代人は、何らかの権威の受容者とならざるを得ない。だが、私的判断放棄を問題として知ることで、自律性を少しでも高めることもできるのではないだろうか。把握のための概念ツールの活用には、私的判断放棄回避や匿名の権威無効化に向けた営為に手がかりを与えてくれる可能性があるといってよい。「その私的判断放棄は、医者のアドバイスなど『私的（縦糸的）』色合いが強いのか、あるいは『（コーホート（同時出生集団）など）あなたの横にいる人たち』の（横糸的）刺激によるのか」、日常のシーンごとに、自問することを提案したい。権威万能感の否定と権威への枠嵌め（産業社会特有の権威パターンの解明）に関しては、ヘーゲルの〈主人と奴隷の弁証法〉を踏まえて自説を展開しているセネット [1980] の4章が実践的である（拙稿 [1991] 参照）。虎視眈々と、現実に枠に嵌め、受容者を"捕囚"しつづけようとしているのが権威者側、「理解」という観念的な形で権威を枠に嵌める（べきな）のが受容者側である。

放棄をめぐる構図の客観化

　では、「権威の限定性の把握」に際し、具体的にどのような構成要素に着目すべきであろうか。着目以前の前提として、現在伸張している諸々の権威源泉やその担い手たちという権威をめぐる布置状況（constellation）に対する自分の価値観に基づく評価と位置づけの明確化こそが、その営為のための条件となる。自己の主観性の自覚を踏まえた、外在的で拘束的な存在である権威の「客観視」という営為は、権威理解の主観性＝理解の存在被制約性＝権威把握ツール諸概念の明確化という手続きを通して、何人にも可読的で時代と地域文化を問わない規則（ratio）性を帯びた、ヴェーバー的意味で「合理的な（rational）」ものとなるだろう。そうした「権威把握のツール諸概念」を活用するねらいは権威立脚点の明確化にあり、その存在的制約を明らかにするところにある。

　それは、① 権威が権威として認められている〈主題領域〉的制約、② 権威源泉成立へと至る歴史的過程とそれに遡った当該の権威に先行する既存権威が存在していたことの明確化（3章 権威源泉発生と先行権威への接続問題を参照）、③ 権威が権威として通用する地域と人員的対象範囲、④ 当該の権威源泉がいかなる働き（機能）を何（誰）に対して現在の時間的局面で（時間時代的意味での"現在"の状況下で）果たしているのかといった、現に権威を権威たらしめている諸々の要素が伴っている制約と限定的性質の明確化に他ならない（権威の万能性に対する枠嵌め）。

　明確化を試行する側についても同様である。権威立脚点のかくれた正体を探り出して曝く当事者自体の立脚点そのものが、絶対中立ではありえないことを自認し、自身が拠って立つ価値観点の自他に対する宣言と制約を但し書きする姿勢もまた、権威の限定性の「把握」者には求められるだろう。権威への「枠嵌め」を行うのに先立つ、嵌めようとしている枠の"由来"自体の明確化もまた、私的判断放棄の"回避"の際には必要となる（自己の価値観形成の"クロニクル"明確化努力）。「私的判断」というときの、「私的」性の明確化である。

　「客観的認識」（ヴェーバー）の前提とされる主観性の自覚、自と他（権威側）

の立脚点の明確化という手続きをへてはじめて、「権威へ嵌めた枠」が一個人の一時的なアドホックな感情を越えて客観性を帯び、それ自体の信用と説得力、実践的有効性を発するようになる。また自（個人側）・他（権威者側）の枠嵌めは、それに基づく自己と権威側との距離測定（測距）結果の意識化を結果的にもたらす。このような自他の経済的・精神的な面での客観的な利害の布置状況を勘案する営為もまた、自己判断をつづけ、権威把握ツールを勘案駆使する際に実効性を増す要件であるといえよう。

行動権威に対する"私的"性放棄と信条権威に対する"判断"放棄

　他方、私的放棄が集合性と魅力という2つの要因に基づいてなされるというとき、では、このような放棄は「いかなる権威に対して」行われると考えればよいのだろうか。この問いに対する答えは、私的判断を控える際の歴史社会状況や社会内での場面の違いという観点から捉え直すこともできるだろう。いいかえれば、放棄の際支配的な社会的権威の違いという観点からこの問題を把握できそうである。

　そこで放棄対象問題に、5章で際だたせた権威論における重要な線引き、2つの権威観をあてはめるとき、"集合性への放棄"は主として「行動権威」に対する「自然状態」という環境を克服する秩序問題的便宜上の都合から、"魅力に基づく放棄"は「信条権威」に対する知識を含む優越性への心的降伏（surrender）という自己判断の委譲というように区別立てが可能となる（図6—2）[22]。

権威の担い手に対する私的判断放棄と源泉に対する私的判断放棄

　また、権威に対する私的判断放棄の関係内在的誘因として権威側がもたらす「魅力」には、担い手という「人物」に対する「敬意」的ニュアンスに基

	信条権威	行動権威
私的判断放棄	当事者決定的	集合決定的

図6—2　私的判断放棄の二重性と信条・行動権威

底した性質のものなのか、あるいは担い手がもたらしてくれる広義での「情報」、指示内容の有用性、権威源泉が帯びる優越的価値に由来する魅力なのかというところは、分別して捉えておくべき問題である。それはいいかえれば、放棄をした方が有利という計算に基づいた権威への"surrender"なのか（権威源泉に対する私的判断の放棄）、それとも敬意から派生した「信用」や「義務感」に基づく「懐疑への禁忌」による"surrender"であるのか（権威の担い手に対する私的判断の放棄）、という区別といってもよい。

私的判断放棄問題の生物的制約性

　他方放棄問題のやっかいさは、この問題が以上のような、いわば社会・文化的誘因と、人間の生物的制約という二重構造から成り立っているところにある。本章冒頭で言及した1950年代と現代とでは、その呈している歴史的コンテクストと社会状況はかなり相違しているといえるだろう。その一方で判断の委譲がもたらす生物学的（心理学的）安心感・解放感・カタルシスといった広義の「快感」そのものは、それほど変化していない。「習慣化」について「状況を新しく、その度ごとに定義しなおす」苦労からの解放という視点から捉えている、バーガーらによる日常的生活世界をめぐる主張は、この"判断放棄問題の生物的制約性"というラインに属する議論であると位置づけることができるだろう。

　人間の苦労・労力の許容量的限界という、生物的制約性（不変という点を強調すれば、"生物的事実"）について、ひきつづき考えたい。権力概念をめぐりパーソンズは、ミルズの『パワーエリート』をゼロサム的だと批判したが、人間の五感も同様の問題（あるいは謎）を纏っている。五感（視・聴・嗅・味・触）の総量は決まっていて、加齢とともに増減するのか、感覚間の折り合いはどうついているのかといった、エネルギー配分と整合（統合）をめぐる個人内"政治"（＝意識の統合と配分をめぐる折り合いの付け方）とでもいうべき問題である。快・不快と五感の限界という生物的事実は、味見の際、うっとりと目を瞑るソムリエも少なくないといった目に見えるイメージを思い浮かべていただきたい。こうした光景は、味覚と視覚とがせめぎ合っている瞬間であると考え

ることもできるだろう。ソムリエと客は、味覚という専門主題領域における権威の担い手と受容者だが、客はソムリエを信用し、味覚の経験と能力の点でかなりの程度（社会的・文化的意味で）「目をつぶって」いる状態に置かれていることは、確かだろう。ただし、生物的制約ゆえに、権威者たるソムリエもまた、感覚的資源を味覚に振り当て、視覚は「放棄」せざるをえないのである。客は、社会的（知識的）に私的判断放棄をしている（せざるをえない）ことは確かである。だが権威者個人も生物的制約からは逃れられず、感覚の上で「私的判断放棄」をしているのだ、と「権威を枠に嵌め」て捉える考え方について、本書は提案しておきたい。

　現代社会の状況に、話を戻そう。さまざまな刺激が交錯する現代社会では、何かを放棄して、他者にゆだねなくては立ちゆかない場面が、ますます増えつつあるように思われる。さきに、イリイチらの『ひとびとを無能力化する諸々の専門職業』について触れたが、とりわけ医療や病院に関する数多くの専門職研究についてみてもわかるように、専門職（職業）(profession)のあり方や個々の専門職者（professional）に頼り切った状況（あるいは、専門職側が意図的に、知識を独占し、人々が自分たちに頼らざるを得ない状況を作る側面や"医原病"といった問題）は、今後、好むと好まざるとを問わず高齢化社会に向き合わざるを得ないわれわれの誰もが、直面せざるを得ないのである（その対処法の一端は、4章の"下位者権威論"で考えてきたとおりである）。

　専門性の高度さの点で専門職権威者に依存を深めるのとは別に、"便利さ"の点から、さまざまな専門職に依存することの危うさについても、あらためて指摘しておきたい。ワープロの漢字自動変換が多くの人の漢字を書く能力を鈍麻させてきているように、イリイチのことばでいう"disable（無能力にする；できなくさせる）"状況は、われわれが望んだ便利さの代償であるのと同時に、すでに触れた、増大する情報量の限られた時間内での処理要求とミスの不許容化（判断ミスの履歴が、デジタルデータとして残りやすくなってきていること）という、時代的・社会的要請でもある。

　確かに、何かを決めることは別の事柄をあきらめることに他ならないという事実は、いつの時代も変わらない。ただし現代社会では、あきらめなくて

はならない事柄が飛躍的に増えている。放棄せざるを得ないシーンが増えるとき、人は繰り返し身をゆだねることに理由づけをしないと、不安を募らせてしまうものである。理由づけのもと・源、理由づけの先、その「宛先」が「もっともさ（もっともらしさ）」を帯びた権威なのである。その意味で、権威源泉の数が増加しているかどうかはともかくとして、現象としての権威（自発的遵守・私的判断の放棄）に身をゆだねたいと考える機会・可能性（チャンス）は、多くの現代人にとって、増加し続けていると思われる。放棄場面の増加の前提条件として、現代社会における決定場面の増加と、それにもかかわらず向上していない、人間の処理能力や不安耐久能力がある（人間の生物的制約が、時代を問わず横たわり続けているという問題）。

生物的制約と2つの私的判断放棄

以上のように私的判断の放棄とその習慣化＝状態化には、放棄者側の都合により発生しているものと、放棄者個々人の判断放棄が「万人の万人に対する闘争」を回避し、組織や社会の意思決定を迅速かつシンプルにするために要請される場合がある。さきにも触れたように前者を信条権威的私的判断放棄、後者を行動権威的私的判断放棄と名付けるとして、この両放棄はともに、社会・文化状況的要請と、生物的制約に基づく「快」追求欲求という二重構造を呈しているゆえに、権威に対する私的判断放棄問題には複雑な印象がつきまとっているように思われる。

社会状況や知識・文化的な放棄誘因は、歴史時代に応じて変化しうる。これに対し、生物的放棄欲求は人間の生物的制約条件に由来しているゆえに、その存在自体は時代変化しないものといってよいように思われる。人口と情報が増大した現代社会では、重荷と責任が個人の判断に直接かかり、失敗がより明確に自覚できるばかりでなく、他者たちからも「履歴」的に辿られやすくなったゆえに、こうした欲求は増加したと考えることもできよう。この生物的放棄と社会的放棄は、**図6－3**の形で権威の違いと関連づけて整理することができる。また、「私的」と「判断」の分離と関連づけると、信条権威的放棄は「判断放棄」的色合いが強く、行動権威的放棄では、「私的性」

	放棄理由	原動力
信条権威的放棄	主として生物（学）的制約	関係内在的。受容者の都合。権威者側の直接的誘因性（担い手に対する敬意と源泉の価値優越的情報）。「判断」放棄。縦の作用。
行動権威的放棄	主として社会（学）的制約・理性	関係外在的。他の受容者たちからの圧力に対する同調。「私的」・「私的性」・「私（わたくし）性」放棄。横の作用。

図6―3　人間の生物的制約と信条・行動権威

放棄という性質を帯びていると思われる。

　以上の考え方は、社会関係と「集団と個人」を軸にして権威に対する私的判断の放棄の要因について想定を提示しているという意味で、主として社会学的見方に基づくものである。ただし「私的判断放棄問題」は、社会とは別の位相にも跨る問題を含んでいる。関係外在的な「私的放棄」と内在的「判断放棄」との区分、社会・文化的誘因と生物学的欲求、行動権威的放棄と信条権威的放棄という視点をここでは新たに提案してきた[23]。

　他にも私的判断放棄には多層的要素が混じり合っており、問題がみえにくく、実感しにくくなっている。権威者側による"対立する諸根拠の排除"という問題（担い手側排除問題）もある（5章2節2）参照。受容者側の排除問題については7章で論じる）。排除を経て「自発的に」、私的判断放棄せざるを得ない権威の受容者像について、自分の身の回りに当てはまるケースはないだろうか。本書で示した"区別立て"は、多要素を分別するよすが（助けとなる道具）となるはずである。

　さらに、信条権威的放棄が関係内在的で行動権威的放棄が関係外在的力に由来するといっても、そこには「主として」という限定がつく。現代日本社会で増大する情報選択の拠り所としては、この2種の放棄傾向が入り交じった状態であると考えられる。信条権威的放棄という側面については、権威側が提供する直接的な広義での誘因性が大きく影響することは本章で論じたとおりである。これに対し行動権威的放棄という側面の強い権威源泉としては、

外在的、多数決的力に対する同調を引き起こす世論や常識といった「空気」をイメージできよう。さきのデュルケムの集合論について今一度思い浮かべてもらいたい。そこに描かれていた〈興奮を共有する集合的感情〉は、多数派に身を委ね少数者を追いつめ排除することに、喜びを覚える人間像へとつながるところはないだろうか。これを裏返せば、少数派として排除の対象になるという恐怖心が心的降伏（surrender）をもたらし、無条件的同調に結びついていくという流れになる。集合圧力はこのように、快感と恐怖というアメとムチの両面を帯びているゆえに、広汎に共有されていくものと推察できよう。

　これらの生物的制約に社会的理由づけがからみ、私的判断放棄は一義的に割り切れるものではないのが現実である。だが、上述した2種の放棄傾向に分けて放棄現象と向き合うことで、現実の放棄シーンごとの特色づけ、（昂揚感からやや距離を置いた）冷静な相対視と"忘我"からの脱却が可能になる。自分自身の放棄シーンが思い浮かばない人でも、目で見える他者（たち）の放棄は、記憶に残りやすいものと思われる（90年代の日本社会で生じた、宗教カルトによる問題など）。

　では、関係外在的放棄（集合圧力に基づく放棄）が生じていくプロセスとは具体的に、どのような順序で考えればよいのだろうか。権威継続を過程から解こうとするとき、集合的な圧力が掛かりつづけるタイムスパンは相当長そうであるところから考えると、どうやらこの問題は長期的継続（"持続"）という権威現象の特徴を理解する「鍵」という意味で重要そうである。

　そこで「放棄」と並ぶもう1つの鍵概念、「自発性」に焦点を当てながら、次章では、「集合的な圧力が掛かりつづける」仕組み、構造的にいえば主として、"横糸的絆"＝"横の作用"という問題を中心に、権威の継続、ひいてはその変化の条件について論考していくことにしたい。

　権威現象の長期的継続性は、これまで6章で論じてきた"縦糸"と、これから7章で論じる"横糸"によっており成される織物のような、特有の隠微な丈夫さによって支えられている。現代人の多くが権威を万能視せず、枠へと嵌めて相対視して権威に接するには、権威の継続を支える縦と横の要素に

ついて、誰もがアクセスしやすい、なるべくシンプルな形で踏まえていく必要があるだろう。

注

1 継続局面を中心に、必要に応じて加入局面にも言及していきたい。
2 関係加入局面および継続局面において、「私的判断放棄」がなされない場合も存在する。それは、「私的な（private）」ものが存在する余地がない場合、「判断」能力がない場合、もしくは自由意思によって選択がなされている場合である。
3 人が権威を求めるとき、その人は程度の差はあるにせよ、自身の立場が揺れ動いていたり、心理的に"迷っている"状態にある。心理的迷いや社会的立地の浮遊化というのは、人間の生涯という「行路」（ライフコース）において避けがたい状態であり、生涯にわたり"自律"を貫くことは難しい。この生物的意味での広義の"弱さ"が古今東西の権威を永らえさせてきたのである（本書冒頭の「はしがき」・「序」も参照）。
4 専門職の中でも、とくに医療分野における患者の私的判断放棄を促すシステムについては、フリードソンの『医療と専門家支配』を参照（Freidson [1970]）。
5 社会学に限っても、"知的遺産（資産）"は、年を追うごとに増える一方である。そこで、"私的判断の放棄"が、研究者にも求められているといったら言い過ぎだろうか。そのため、ヴェーバーやデュルケムといった、"時代効果"的制約を超越した知識的権威源泉として、おさえておくべき業績を引用する研究者は、今後ますます減少し、目新しいフロンティアの思想"のみ"、（視野狭窄的に）もてはやされていく傾向が、今後一層顕著になるであろう（3章で言及した、"古典の中心性"の重要性についても参照）。
6 "private"を「私的」、"individual"を「個人的」と、本章では一応訳し分けたが、判断放棄をめぐる問題に限っていえば、論者間でこの二語のあいだにニュアンスの違いは、それほど認められない。ただしルークスについては、[1978] や他の著述において"私的"対"公的"、"個人"対"社会"という違いが認められる（5章2節）"対立する諸根拠の排除"を参照）。
7 フリードマン [1973] に依拠、もしくは言及した近年の政治社会学者、政治学者として、ルークス（Lukes [1987：145]; [1978：36]）、ラズ（Raz, Joseph [1985：7-8]）、コノリー（Connolly, William [1974：133]）をあげることができる。
8 Fromm [1955：102=1958：123-4] 米国の元国連大使アドレイ・スティーブンソンは、「私たちは全員が共に小さな宇宙船に乗って旅行している乗客で、わずかな空気と土に依存している」という「宇宙船地球号」演説（1965年）を行ったことでも知られている。

9 匿名性（anonymity）の問題については、バーガーらを参照。そこでは、社会的相互作用の類型化図式における、対面・具体性から「匿名性」へのつながりが「連続的」なものとして捉えられている（Berger and Luckman [1967: 28-34]）。

10 フロムの権威観にふれておくと、彼自身は同書で、合理的権威と非合理的権威について言及している。この区分によれば「合理的な権威」とは、一種の優越対劣等の関係であり、教師・生徒関係に代表され、両者の利益方向は同一的で、愛情という「情緒的な絆」により結びつくが、解消の傾向を持つ（"促進的権威"）関係である。他方、「非合理的な権威」とは、主人・奴隷関係に代表され、両者の利益方向は対立的であり（"禁止的権威"）、敵意や憎悪の抑圧感情としての盲目的な称賛の感情によって結びつき、両者の距離が増大する傾向を持つ関係である（Fromm [1955: 95-7=1958: 117-9]）。

11 詳しくは、7章3節（2）"受容継続の強制"内の"バーナードとサイモンにおける正当化"で論じるが、バーナードのいう、近現代権威の特徴としての"フィクション性（想像力によって作り出された仮構性）"に関する議論は、フロムが診断した"匿名の権威"に対する人々の"恐れ"を、いわば"効用"として、組織論≒行動権威的見地から、肯定的にとらえたものと考えることもできる。目に見えない権威に対する、人間の"ひるみ"を、ばらばらな嗜好をもつ現代人を集合的にまとめるためのエキス（まとまりの本質をなす精髄）として、重要視しているのである。なお、権威に対する恐れ（fear）一般については、セネット [1980]を参照。

別の見方からいえば、組織論的な横作用を重視する権威像は、行動権威的である。これを"権威の趨勢の歴史的変遷"でいうと、前近代で全盛であった、中世宗教に代表される信条権威的縦作用の権威に対し、フィクション性に源泉を置く、近現代的ではじめて開花した、行動権威的横作用権威の一種である。

さらに、恐れやひるみの裏面としての"威（おど）し"に関しては、本書2章、「権威」を構成する「威」の字義も参照。"authority"本来の語義にすらなかった、洋の東西を問わず権威現象に含まれる「恐れ」に対し、和漢語の"権威"を構成する「威」の字義に「恐れ」が含まれていること、そして"恐れ"や"威し"についての日本人の"実感"があったことが、「現象にしっくりくる権威という語」という認識が広まり、"権威"という訳語が残った一因になったと本書では推察している。

12 「原初形態」・「変形」といったのは、縦作用から横作用へ、信条権威から行動権威へという、主要となる権威のあり方の歴史的流れを踏まえたからである。権威作用形態の歴史的変遷については、稿をあらためて論じたい。

13 3章で引用したアレグザンダーの"古典の中心性"をめぐる議論について、思い起こしていただきたい。ヴェーバーやデュルケムのすぐれた「読み手」たちが、第一線を退くと、この両者の"知的遺産（資産）"は、廃れてしまいかねない（本

当の遺物(過去のもの)になってしまう)。廃れるのは、知的遺産が現代社会とマッチしないからではない。遺産の"担い手"の数が減少するから廃れて、やがて忘れ去られてしまうのである。本書はつたないながらも、この両者の時代を超越している意義を強調し、知的遺産という"灯火(ともしび)"を継受する一員となることを志している。

14 担い手－受容者という一対一の権威関係が、社会的に拡がる具体的契機についての描写として、"傍観者たち(onlookers)"への伝導(transmitting)というこのシーンは、とても重要である(細い縦糸が、小さな束になっていくイメージ)。

15 信条権威として、政治や宗教、医学に代表される科学・学問などが、現代社会では代表的であろう。たとえば、医学一般への信仰(信頼感情)が多くの人に内面化されているにしても、具体的権威関係としての"現れ"をはっきりとみせる(指示を受容する形で現れる、自発的遵守としての私的判断放棄)のは、医師－患者という関係における担い手を通してである。

16 行動権威においても、前提と契機は、重要な要素である。前提についていえば、本章1節で触れた、情報の量的増大と人間の判断能力の乖離を、現代社会特有の状況として指摘できよう。

17 急激な社会変動(ワイマール期のドイツや、江戸末期から開国を経て明治時代に至る日本)のもとでは、脳を麻痺させ目をくらませてくれる、心をつなぎ止めてくれる「何か」を求める人たちが多かった(セネット [1980] でいう権威との絆(bond))。このことも、ヒトラー台頭や新宗教の多数勃興と関連があると推察される。具体的には、受験勉強を終えて生活構造の"転換"を余儀なくされ、心の空白を抱えている、大学の新入生など。変化が大きな時代社会、あるいは人生における転換期には、権威(関係)との"出会い"が多くなる。受容者側の状況の流動化が、それまでの日常では目にとまらなかった"権威源泉"を、意識させてしまうからである。この問題については、拙稿 [1995] も参照。

18 「権威の魅力」は形式的には、権威源泉の「優越的」価値の魅力と、その担い手がもつ魅力に分析できるだろう。ただ、源泉と担い手を分離して捉えにくいところに信条権威の特徴があり、アプローチの阻害要因となっている(組織論(行動権威)の方が宗教的分野より、権威に言及した論文数が多いこと、など)。

19 熱心な信者が、信者でない人を誘って、集会に連れて行くケースなどをイメージできよう。現代社会でも、先祖代々の信者という「巻き込まれる権威関係」をもつには創立から日の浅い多くの宗教団体が、このような形で布教を行っているものと思われる。宗教に限らず、たとえば有名なモデルの撮影会をキヤノン主催で行うことが、会場での雰囲気という洗礼を受けることで、他のメーカーのユーザーに乗り換えを(暗に)促すといったケースなど、ブランドをめぐるシーン・場面をはじめ、さまざまな形で今日でもみられるのではないだろうか(こうした場面は、オープンでなく、密やかに執り行われがちなので、みえにくいのが実情

である)。

20 「集合性の枠組み」に関し研究者がその枠をどのように設定するかという問題は、非常に複雑な論点を数多く含み困難を伴うものと推察される。当事者意識と研究者の視座にはずれがあり、特定の時代に限定した場合でも、社会階層、特定の地域の家族といった各集合の個人に対する影響の峻別は難しい。だが、本書が提起した、関係加入局面における集合性の枠組みという発想は、「匿名の権威」の明確化の第一歩になるものであると思われる。

21 社会階層や同業者集団の例として、たとえば、社会変動の結果生じる危機感を共有するヒトラー(Hitler)運動の社会的背景と基盤を挙げることができる。「低中間(小市民)階級」という集合が社会階層であり、この階層内での、たとえばインヌンク(親方たちの職業身分組合)などの集合が職業身分共同体の一例である(曽良中 [1983: 99])。こうした集合の存在が、低中間階級の相対的な下降への危機感(身分不安、あるいは「心理的貧困化(the psychological impoverishment)」(Lasswell [1933: 374])を助長し、増幅させ、権威関係への加入を促進する「1つの」要因として作用したと想定できる。関係加入の局面において、個人は、自らの判断を下すのを停止し、集合の作用に身を委ねてしまった側面もあるというのが本書の見解である。

　ただし、このような想定は、ヒトラー運動の研究において必ずしも明確に提示されているわけではない。先行研究においては、個々人それぞれの動機と集合的作用(しかも集合も複合的)とが、運動加入に対してどのようにはたらいたのか、という点が曖昧なまま残されているように思われる。この問いを換言すれば、階層や職業という「集合」がたんに、似たような状況におかれた、社会内の位置の近い者のカテゴリーに過ぎない、つまり、同一の条件下において同一の「反応」をしたにすぎないのか、それとも、階層や職業という「集合」において創発的な作用が存したのか、ということである。この峻別は使える資料という制約を顧慮するだけでも困難であるが、集合がどのように私的判断の放棄に与るのかという問題関心からみると重要になるだろう。

22 権威の研究史に即して厳密にいえば、信条権威では受容者側に私的な判断をおこなう余地はないのだが、本書では権威をめぐる現象を特徴づけるため、この概念を弾力的に用いることにしたい。

23 ルークスは、行動／信条という区分を採用し、しかも私的判断の放棄に関する論考まで提出しているにもかかわらず(Lukes [1978])、両者をクロスさせて論じることはなかった。また、先行研究で往々にして論じられてきた「権威主義的パーソナリティ」という考え方に欠落していたのは、かかる性格特性の持ち主が依拠しやすいのは「いかなる種類の権威」なのかという視角である。行動／信条という権威区分は、放棄の際の、あるいは放棄を他者に強要する際の依拠対象の峻別という観点からも、有用となる可能性があるといえるだろう。

第7章　敬意が排除を生み出すとき

―権威継続をもたらす横糸的問題―

第1節　はじめに―権威関係と受容者集団のダイナミズムという横糸的作用―

1）指示授受関係としての権威

権威と差別

　私的判断放棄と敬意が差別と排除をよび起こすとき、権威ははじめて永続性をもつようになる。権威でもって差別や排除すべてについて説明できるわけではない。だが、堅牢な権威ほど、その周縁に、好むと好まざるとを問わず差別的排除作用を随伴せざるをえない。これらの事情について概念と図示で説明することが、本章の課題である。

権威の曖昧さ

　それにさき立ち、たびたび指摘している権威概念の曖昧さについて、ここで今一度触れておかなければならない。権威を指示授受関係として理解する論拠、および敬意要因をこうした受容原理に組み込む発想という2つの論点は、権威という発想特有の（時間の永さと永さ（"継受の累積"）を尊ぶ敬意的感情に由来する）「曖昧さ」と権威受容をめぐる先行研究の検討に由来するからである。

　先行研究には、権威の受容に関して、主として2つの発想の系譜があるとみることができるだろう。1）権威源泉の正統性にもとづいて受け入れられているというもの（権威関係内在的要素による受容：3節(1)"自発的受容"参照）、および2）受容者の集団や社会圏（受容者圏[1]）内部で生ずる相互規制によっ

て受け入れられるとするもの（権威関係に外在する要素からの受容：3節（2）"受容継続の強制"参照）である。

これらの研究の流れが比較的メジャーなのに対し、権威を敬意と関連づけて論じた先行研究は、マイナーである。その意味で貴重な研究としては、4章で検討してきた議論の他に、デュルケムによる言及が、非常に早くからなされた著名な社会学者の研究という意味で注目すべきである（この言及については、1）項末で論考する）。

序で示した、観察可能（公然・隠然）・伏在・利害紛争のあり・なしといった現象的研究（①、②）と語義的研究（③、④）という先行研究に対する位置づけを踏まえるとき、権威の安定と受容、これらの過程がもたらす「権威の継続」に対する説明の概要は、つぎのようになるだろう。

権威関係と受容者集団のダイナミズムの結果としての権威継続："縦糸"と"横糸"がおりなす"織物"的丈夫さ

（1）当事者間の指示授受関係としての権威関係：当事者関係（権威源泉担い手─受容者）と第三者たち（他の受容者たち）の存在からなる指示受容原理という概念図式からみた権威観呈示による権威受容の安定的継続の説明を試みる。いい換えれば、権威には、指示受容関係と捉えることにその複雑性ゆえ固有のメリットがあるという提案である（権威という言葉の曖昧さ：語自体の曖昧さと他の社会的勢力概念との関連の曖昧さの克服）。

この課題をはたすため、1）権威源泉の担い手と指示の受容者の関わり方、2）第三者の属性について、3）受容者と第三者の関わり方という、3つの観点から論考していくことにしたい。まず、担い手と受容者という指示授受関係当事者における社会関係上の特徴を、受容者依存と担い手の指示受容期待・期待圧力という点から示す。この結果を踏まえ、第三者の指示授受関係に対する役割を考慮することにより、権威継続をめぐる指示受容原理概念図式（権威の"行使"についてのビジョン）を提案する。さらに第三者と受容者の関わり方を考慮し、変動の可能性（権威現象変化の契機）をも探究したい。

(2) このように権威の特徴を「権威的指示受容関係とそれを特徴づける長期的安定性（"丈夫さ"）」と捉えるとき、1）権威源泉の正統性にもとづいて受容者個々人が自発的に受け入れるという側面（縦方向の作用。"縦糸"）と、2）受容者集団や社会圏内部で生ずる相互規制（役割転換）によって受け入れを継続させられるという側面（横方向の作用。"横糸"）にわけて、分析したい。

さらに、継続安定性をめぐるこの両側面ともに、担い手に対する受容者側の敬意が大きく関わっている。その関わり方として、つぎのような概念図式を提案したい。1）では、二重の依存状態（権威源泉—受容者、担い手—受容者）のもとで担い手が受容に関して何の期待もしないときに生じる敬意が、源泉に対する正統性信念を喚起することによって、受容を促進する大きな要因となる。2）では、役割転換（相互規制）が受容継続の安定化を生み出していく。そこにも受容者個々人がいだく敬意がはたらいている。

このような形で受容者たちが自発的に逸脱者と敵対して受容圧力をかけるとともに、通常時にも逸脱そのものをおさえることによって、権威安定が結果としてもたらされ続ける。この権威の安定には、自発性が深く関与するのに対し、変化には権威源泉の優越的価値への合理的依存が関与している。状況変化に伴う受容者期待分岐による役割転換の遅滞が、権威現象変化の契機となるというものである。

概念のつながり

以上が、権威の継続に対する説明の概要である。この論考の前提として、7章で用いる概念について、ここでふたたび内容を確認しておきたい。

権威的指示の受容メカニズムとは、権威継続に対する説明を意図している。

```
権威源泉の担い手（その社会内位置）＝ 優越的価値を帯びた「情報」
              ↑↓
  敬意   ↑↓道具的・帰属的指示（主題領域による限定）
              ↑↓
  他の受容者→受容者←他の受容者
```

図7—1　権威の縦方向の作用；"縦糸"（↑↓の部分）

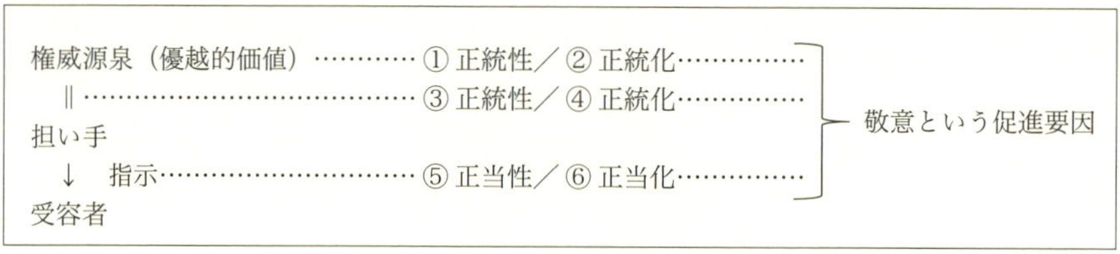

```
権威源泉（優越的価値）………① 正統性／② 正統化………┐
 ‖                   ………③ 正統性／④ 正統化………│ 敬意という促進要因
担い手                                              │
 ↓   指示         ………⑤ 正当性／⑥ 正当化………┘
受容者
```

図7―2　下位者からみた権威正統性の6水準
(4章図2"下位者からみた権威正統性の6水準"再掲)

　権威源泉に依拠した権威の担い手（権威者）とその受容者（追従遵守者）による権威関係を中心として、その二者関係からみた第三者（他の受容者たち）が関与する、特定の専門主題領域に関わる指示（"知識"や"義務的命令"）の授受をめぐる仕組みをここでは描きたい（知識的権威と義務的権威については、3章を参照）。

　権威源泉とは、担い手の拠り所であり、優越的価値、およびそれを伴った特定の社会内位置（カリスマの保持者という定評や課長というポストなど）をいう[2]。「指示」についていえば、権威関係における個々の指示は、担い手―受容者という当該関係者以外の、第三者によって継続的に支持されている（**図7―2**参照）。このことを、第三者による権威源泉の正統化、および個々の指示の正当化と呼ぶ。

　個々の指示に対する正当化（justification）は支持者の指示受容に対する期待、およびサンクションを伴う期待圧力によって行われ、源泉の正統性（legitimacy）によって裏付けられている。そうした正統性は、個々の指示の継続的―長い場合では通世代的―正当化の連続によって確認されていく[3・4]。

敬意が際だたせる権威の特徴

　ところで、権威と敬意を結びつける想定は、権威という語の日常的な用法からみれば、常識的だと感じられるかもしれない。ただ、敬意から権威を説明している研究や言及は、多くない。4章で検討した研究に加え、その数少ない言及者のひとりが、デュルケムである。

　彼によれば、権威とは、外から強制され、尊敬や畏怖、感謝の念を抱かし

め、受容者たちの生命力を高めつつ伝達される力であるという（Durkheim [1914 = 1983: 253]）。ただし、残念ながら彼の議論では、権威現象において、強制や畏怖と尊敬、そして伝達がどのように結びつくと理解すべきか、そのつながりと仕組みについて具体的想定がなされているわけではない。つまり、権威現象の具体的表出は、何に見いだすことができ、それと強制、畏怖・尊敬、伝達とがどのような関係にあるか明瞭にしているわけではないのである。これは、デュルケムの問題関心が本書とは異なるためであろう[5・6]。本書は現象としての権威を指示受容の仕方（自発的受容とそれに先立つ受容者の個人的な判断の放棄）にみいだすとともに、敬意に起因する「影響力」の行使と受け容れ（指示の授受）という点に、他の社会的影響力とは異なる権威概念および現象の独自性を主張する。

2）権威的指示受容メカニズムの局面配列上の位置
主観的感情が空間的・時間的に"伝達される"ことで生じる権威の現象的特徴

　デュルケムによれば、権威とは、外から強制され、尊敬や畏怖、感謝の念を抱かしめ、受容者たちの生命力を高めつつ伝達される力であるというのであった[7]。直感的、経験的にみるかぎり、彼の権威理解は現象の特質を見事に描写してるように感じられてならない。ではこのように権威を現象面でとらえるとして、強制・畏怖と尊敬・感謝と伝達とは、どのようにして結びつくと説明すべきであろうか。

　以上のような、感情的な主観性（尊敬・畏怖・感謝）とある種の同調のような空間的に拡がる力（伝達される力）を結びつけるメカニズムこそが、他の概念と区別される権威の特徴であり、その解明が権威一般の理解につながるというのが筆者の姿勢である[8]。したがって、7章の論述は基本的に概念の図示（視覚経験の対象として捉えやすいビジュアル化）を目指すと同時に、すでに述べたように権威概念の独自性を浮き彫りにすることで、より記憶に残りやすく印象づけることを目指したい（以下、"仮説"という形で"まとめ"を呈示していく）。

　ただし、感情という主観性は、デュルケムのいうように空間的に「伝達さ

れる」ばかりでなく、時間的にも伝達されうる。そこで、権威の独自性としての「時間性」についていうと、これまで論じてきたように、権威的指示の受容メカニズムの中心となる担い手―受容者という権威関係は、四局面より成り立っていると考えることができる。源泉発生・関係形成（第1局面）、関係加入（第2局面）、関係継続（第3局面）、関係離脱・権威消滅（第4局面）である（3章参照）。そして、この四局面いずれもが、社会生活のなかにある「必要」と関与していると考えられよう（必要については、3節2)で論じる）。権威現象の時間の流れを、7章では、権威関係を中心としたこの分析枠組み（局面配列）からとらえ、受容者側の関係有用性という観点から[9]、おもに関係継続および関係からの離脱／権威の消滅局面について考察していくことにしたい。いいかえれば、権威とは、尊敬・畏怖・感謝という主観性が、世代間で継受されつづける流れの一断面として、現象化（私的判断の放棄と自発的遵守）している、1つの「相」にすぎない、という相対視する姿勢を提案したいのである（相については、序の注1を参照。〈感謝の世代間継受〉については、江戸期における〈忠臣〉をめぐる事物の相続などをイメージしていただきたい）。

第2節　指示授受関係としての権威の特徴

　時間的に永く、空間的に拡がりをもつ権威現象の、1つの「相」（断面）としての権威関係における権威的指示の受容という場合の「権威的」とは、社会関係上いかなる特徴を持つのだろうか。この特徴についてここではこれを「権威性」と呼ぶこととし、担い手と受容者のつながりに着目して議論を進める。

1) 依存―担い手への依存・源泉への依存
依存の二重性
　社会関係としての権威の特徴は、受容者が担い手側に対して一方的に依存している点にあり、権威関係とは、権威源泉に随伴する優越的価値および源泉の担い手に対する受容者のある主題領域における依存関係であると理解す

ることができる。

　権威における依存の問題を論じるに際し、源泉のともなう優越的価値に対する受容者の依存と権威源泉の担い手に対する受容者の依存とに区分可能である。優越的価値への依存とは、別の目的のための手段としての依存の形である。他方、担い手自身への依存とは、権威源泉の優越的価値を媒介するもの（担い手）に依存することである。

　ただし、2つの依存の区別はあくまで理論的想定であって、実際には、この2つは単一の指示授受関係において混然としているものであり、その意味で、権威に対する依存とは二重であるといってよい。試験合格のため予備校教師の指示にしたがう受容者という関係では、前者の側面が優勢であるという一方、ある教祖―信者関係では、後者の側面が優勢であるという形で表現できよう。

価値への依存

　権威を優越的価値に対する依存という観点から理解するならば、「権威は権力の制度的側面であると考えられるにしても、主要な相違は、権威が流通的媒体ではないという事実にある」というパーソンズの指摘は、権威源泉に随伴している優越的価値の体系内限定的性格こそが権威と権力とを概念上分かつ1つの指標となりうることを示唆しているという意味において重要である（Parsons [1967: 319 ＝ 1974: 90]）。

　権威が権力のように「流通的媒体」ではなく、特定の体系（システム＝系統性；3章3節2）"権威源泉とその発生"を参照）ごとに制約的であるという理解は、権威源泉が当該体系によって制約されているという点に起因している。この点において権威源泉が随伴している優越的価値には、権力連関における価値との差異が存在すると想定されるべきであろう[10]。

　逆にいえば、優越的価値への依存は、別の目的のための手段としての依存の形であり、受容者のおかれた集団や社会といった体系の範囲ごとに、異なる優越的価値特有の依存の形態が想定できる。いかなる価値を優越的価値とみなすかは、すぐれて当該体系特有であるためである。

担い手に対する依存

　担い手自身への依存とは、受容者が優越的価値を担う人に対して情緒的に没入する依存の形である。受容者が問題処理に際して権威に依存するという観点からいえば、源泉への依存とは合理的依存の側面を、担い手への依存とは非合理的依存の側面を指すといってよいだろう[11]。ここでいう担い手への依存とは、優越的価値を利用する目的からその手段として担い手に依存する状態を指すのではなく、源泉へ依存する状態が継続する結果、担い手との関わりあいそのものが関係継続の目的となっている状態における依存の形を指している[12]。

権威性における依存

　権威主義の問題では、受容者自身（権威主義者当人）の個人状態と彼が身をおいている社会状況が、基本的な説明要因として理解されているように、権威性における依存（権威関係ならではの依存）とは、権威の担い手の存在とは独立した、そのおかれた社会状況や社会内位置といった受容者側が依存せざるをえない条件によって規定されている点に特徴がある（3章3節1）で紹介した、ホマンズの交換理論的な権威規定、とくに"交換の外在性"（権威の担い手側の直接的脅しや、操作に依らないという性質）をイメージしてもらいたい）。

　つまり、権威の担い手が自らの位置を保持するため、あるいは意思を貫徹させるために、受容状況を操作することによって依存が生み出されるわけではなく、担い手と受容者がおかれた社会状況における受容者のいる位置の在り方の変化によって、依存が発生するのである。

　受容者位置の変化とは、時間の経過に応じて、何らかの選択行為等の判断を受容者が行わざるを得なくなるということである。判断を受容者に要求する諸要因には、さまざまなレベルのいろいろなものがあるだろう（6章参照）。そして、当該の問題を処理するために受容者が権威と関わる根拠は、媒介そのもの（担い手）にではなく、権威源泉の優越的価値の中に存するという意

味で、権威への依存とは、第一義的には、源泉への依存であるといえよう。

担い手に対する依存比率の増加

　逆にいえば、受容者側の依存条件が担い手側の意図により、彼（ら）の働きかけにおいて現出されたのではない限りにおいて「権威的」といいうるのである。こうした状況のもとで、何らかの選択行為等の判断を受容者が行わざるを得ない場合、この問題を処理するために権威と関わる契機は、権威源泉の優越的価値に存すると考えられるという意味で、権威への依存とは、第一義的には源泉への依存であるといえるものの、源泉のともなう優越的価値への依存に際して、当該源泉を担う人物に対する依存を経ざるを得ないことが多いため、事態をややこしく、複雑でわかりにくくしている。

　これは源泉へのアクセスの困難さによるもので、この困難さが担い手としての立場を確かなものとすると同時に、優越的価値の希少性を保つことにつながる（昔の日本の研究者が、たとえば丸善で原書を買い占め、その方面のオーソリティとして君臨しつづける、といった例など）。受容者と源泉とのこの隔たりが担い手によるものではなく、かれに対する依存を経て初めて優越的価値への依存にいたることが可能となるとき、ひとりの人間としての担い手個人に対する感謝の念が受容者側に生起する（前掲の例でいえば、"買い占め"が水面下でおこなわれるといった場合でも、"感謝"は生起しうる。一般に、受容者側が担い手側の"作為"に気づかず（あるいは作為がない状態で）、"自然"と感じる限りにおいて、感謝の念は生まれるであろう）。

　担い手に対するこの感謝の念が関係を続けるうちに生起してくることから、当初、優越的価値への依存が相対的に大きく、時の経過とともに、担い手に対する依存の割合が大きくなるという想定も呈示できるかもしれない（仮説1）。依存状態が継続的になるとともに尊敬の対象としての担い手に対する依存が一層深くなっていき、その結果、権威への情緒的な依存である担い手への依存の割合が、優越的価値への依存の割合より、相対的に大きくなることになるだろうというものである。こうした敬意の念は、この先で論じるように担い手による受容期待や期待圧力がない状態のもとで一層深まると

想定できる（詳しくは3）敬意の発生を参照）。

以上みたように、権威への依存には、源泉に対するものと、それを媒介する担い手に対するものというふたつの次元がある。これを、権威に対する受容者の「二重の依存」と呼ぶことができよう[13・14・15・16]。

> **仮説1**：権威に対する受容者の依存は二重のものであり、一般に、関係加入当初は権威源泉のともなう優越的価値への依存（合理的依存）の割合が大きい場合でも、継続時間の経過とともに担い手に対する依存の割合が相対的に大きくなることが多い[17]。

2) 担い手の指示受容期待・期待圧力の不在

受容期待圧力とは

指示授受関係としての権威の第二の特徴は、担い手が受容者に対し、指示受容についての期待をいだかず、受容しないことに対するサンクション、すなわち受容期待圧力を行使しないところにある。

ジュヴネルが「純粋な権威関係とは、担い手による買収や脅迫による上納の享受、あるいは担い手にとって何ら威信が付加的に享受されることなく、担い手の言いつけに受容者がしたがう関係」と定義し、セネットが担い手の無関心に着目したのは、権威関係では、担い手が受容者に対して受容の有無という点で依存しなくてよい状態にあることが必要であるということを示すためであると思われる (Jouvenel [1958: 161]; Sennett [1980: 84-124 = 1987: 115-68])。

これは、優越的価値をもつ担い手が個々の指示について、〈受容者が受容しようがしまいが構わない〉という姿勢をとることができる社会内の位置にあることにほかならない。自らの位置の保持において個々の指示受容に利害を持たない担い手は、受容しない人に対して直接サンクションを発動する必要がない。したがって、担い手は、受容者に対して受容期待を抱くことはなく、期待圧力をかけないことになる。

第7章 敬意が排除を生み出すとき 363

第三者の手による指示の正当化

担い手によって期待圧力が行使される必要がないということは、担い手にとっては個々の指示の正当化を自らの手で直接行うことがないことを意味するだろう。これを担い手／受容者／第三者（他の受容者たち）という三者の関連において考えるならば、指示の正当化は第三者によってなされることになる。

したがって、権威関係とは担い手と受容者が後者の前者に対する一方的依存によって成り立っている関係であるとともに、担い手と第三者が当該関係における指示授受という点では関連を持っていない関係であるということができる。

権力との対比

権威的指示の権威性の特徴を明確にするために、権威とその隣接概念である正統的権力とを対比的にとらえるならば、受容期待、およびそれに関連するサンクションに裏付けられた担い手の意思貫徹意図の有無、つまり受容者に対する指示の受容期待の有無、そこからもたらされる敬意の念の有無というところに区別の指標をおくことができるであろう。

正統的権力関係では、受容者がかなり一方的に依存しているという点において権威関係と共通している。だが、担い手側も自らの位置の保持という利益において個々の受容者の指示受容行為にわずかにせよ依存しているために、担い手の位置の保持には指示の正当化が必要であるという点で異なっている。正統的権力は、その関係において指示受容が行われるように、担い手が自らの意思を貫徹しており、操作や圧力など何らかの方法で他の受容者たち（第三者たち）を動員して、かれらに指示正当化を行わせている関係として捉えることができる。この関係においては、担い手自身が期待圧力を行使していないものの、指示受容期待を抱いており、いわば間接的に圧力を行使することで意思を貫徹することになる。

このように正統的権力とは、担い手と第三者とが当該関係における指示受容に際して関連を持つ点において、権威関係とは異なっている。丸山が「利

益指向の同一性」に権威関係の特質を見いだしたように、権威関係がつづいているかぎりにおいて担い手と受容者とは、少なくとも当事者の意識の上では、利益志向の対立的な関係におかれることはない（丸山 [1950: 198] なお、3章でふれたように、ボヘンスキーの権威論でも、利益志向について言及がある）。

　対立しない利益指向のもとで、優越的価値を司る担い手に受容者が依存した状態にある一方、担い手は自らの社会内位置の保持という利益に関して受容者による指示受容に直接は依存しておらず、受容者の利益に反するような指示を無理に受容させる必要がないかぎりにおいてのみ、権威関係が存続する。

　これとは反対に、丸山は権力関係の本質を「利益指向の対立性」に見いだした。これに関連していえば、担い手が自らの位置の保持という利益について個々の受容者の指示受容行為に依存しているために、受容者の意思に逆らっても（あからさまに受容者の意思に逆らわなくても）担い手の意思のもとに受容させる関係が権力であるということもできるだろう[18]。

受容姿勢の盲目性

　さらに依存の問題と関連させて考えると、受容者の依存状態が担い手の意図的操作に基づいて現出されたのではないという意味において「権威」関係なのであった。この関係において、優越的価値および、その担い手に対して受容者が依存状態にあるにもかかわらず、担い手が受容期待を抱かず、期待圧力を行使しない限りにおいて、その価値を伴う源泉の担い手に対して尊敬や感謝の念を引き起こすことにプラスに作用していると想定することができる。

　そして、この尊敬や感謝の念によって、担い手に対する受容者の依存がいっそう強化されているものと考えられる。尊敬に基づくがゆえに受容者の担い手への依存が深まる結果、関係の安定性が高くなる点において、権威は正統的権力と異なっている。

　また、権威に対する受容の姿勢に盲目性があるという指摘は（たとえば、小川 [1988: 273]）、その前提にあるのもまた、受容者の依存状態と担い手側の

受容期待および期待圧力の不在である。この状況によって、感謝や尊敬の念が引き起こされることで、「担い手に対する依存」が一層深まり、彼または彼女に対する受容者の盲目性がさらに促進されることになるというように理解できよう。宗教的権威の信者にしばしばみられる、受容姿勢の盲目性は、権威と人間感情との結びつき（の根深さ）について、印象づけているように思われる。

3）敬意の発生
同一視と優越への憧憬：感謝の"脱返報性"

　これまでみてきたように、二重の依存状態に受容者がおかれているにもかかわらず、担い手側からの受容期待や期待圧力が存在しないとき、担い手に対する受容者の敬意が発生すると考えられる。

　二重の依存状態にある受容者には、権威源泉の優越的価値と人間としての担い手の同一視が存在している。源泉の優越性を担い手に重ねあわせるとき、受容者は、優越した人間として担い手に憧憬を抱くのである。これに加えて、担い手が自らの社会内位置の保持について個々の指示受容に利害を持たないにもかかわらず、指示の施与を行うことによって、受容者が担い手に精神的な負債を感じることになり、その結果として、感謝の念をいだくようになると考えられるのではないだろうか[19]（感謝の"脱返報性"）。これらが複合して、権威の情緒的な側面としての、担い手に対する受容者の敬意が生み出されるのである。

　受容者が問題処理に際して権威に依存するという観点から二重の依存を捉えなおすと、源泉への依存がその価値優越性に基づくゆえに合理的なものであるのに対し、担い手への依存は、それが情緒的敬意を随伴するために、非合理的側面をもつということができるだろう。そして、権威関係における依存が源泉への合理的依存と担い手への非合理的依存から成り立っていると考えるとき、依存における合理的・非合理的側面は、後に論じるように権威現象の安定と変動につながっているということができるのである（詳しくは、3節2）で考えたい）。

第三者の役割

　以上の議論では、7章における課題の1つであった「権威性（権威の特徴）」について明らかにしようとした。まとめると、つぎのようになる。

　権威の社会関係としての特徴は、指示授受関係において受容者が二重の依存状態にあるにもかかわらず、担い手の指示受容期待や圧力がなく、その結果担い手に対する尊敬の念がいだかれることによって、非対称性（優者と劣者という、シンメトリーでない関係性）が安定化した状態にある社会関係であるということができる。ただし、これまでの議論では、担い手と第三者の関係を背景としておきつつも、おもに担い手と受容者の関わり方（当事者関係）が問題とされていた。

　他方、こうした当事者関係と併行して、権威的指示の受容メカニズムにおいて受容行為を誘発する重要な契機は、"正当化プロセス"であると考えられる。では、どのようにして正当化が行われることになるのだろうか。このような問いかけに対して、本書では、権威における正当化および正統化は、間接的に行われることで、権威源泉の"自然さ"が保たれる、という考え方を提起する（3章も参照）。間接的というのは、第三者たちの手によって行われるということを意味しているのである。

　権威現象としての指示受容メカニズム（"伝達される力"が空間的に働く仕組み）は、当該権威関係（特定主題領域に関する担い手―受容者）とこの第三者（担い手に対する他の受容者たち）によって構成されている。そして、第三者の内容、および第三者と受容者のつながりに関する考察を踏まえた、権威的指示の受容メカニズムについての想定の呈示が、つぎに着手すべき課題となる。いいかえれば、権威現象における"横糸的絆"の問題である。

　権威継続の安定に関連して、関係にとって直接の当事者でない第三者としての他の受容者たちは、関係といかに関わっているのだろうか。これまでは主に、担い手とその受容者（権威関係）について検討してきた。それに対し、3節では、受容者たちの集団と権威関係の継続という、権威における横方向

の作用の問題に取り組んでいくことにしたい。

第3節　権威的指示の受容原理

1）指示受容メカニズム

権威は「添加物（additive）（≒追加・後見）」——受容を促す2つの伝達力

　以上の論考では、指示授受関係としての権威の特徴について、権力と対比的になるべく簡潔に示そうとしてきた。そのため味気なく、具体的内実が空疎に感じられるところもあったかもしれない。関連する雑多の事柄は注に落としたので、理解の一助にしていただければ幸いである。これまでは、「構成要素」について述べてきたが、ここからは、それらが織り成す「動き」、さきのデュルケムの例でいう「伝達される力」（受容メカニズム（原理））について、主として考えていきたい。権威的指示の受容メカニズムを考えるためには、「権威は事実的な強制そのものでもなく、また理由づけの原理となる価値そのものでもなく、両者の"additive"として（権力に理由づけられた価値が添加されて、あるいは価値が権力に担われて）成立するものである…」と森も指摘している[20]、権威の概念規定において用いられている2つの要素を確認しておく必要がある。

　この「理由づけの原理となる価値」と「事実的な強制」とを統合する議論は、重要であるとともに、相互が一見したところ矛盾しているゆえに、一筋縄ではいかないような困難さを含んでいると思われる。森[1961]では、この2つについて指摘されているが、統合の試みは、なされていない。むしろ、たとえばクリーガー[1968]にみるように[21]、権威概念化の歴史そのものが、自発的服従と強制的権力との間で揺れ動いてきたということができよう（1章参照）。

　権威の概念史について7章であらためて注目したいのは、権威を強制的権力に結びつける見方と、自発的服従に結びつけようとする見方とが、立場によって「極端」になっており、いわば「乖離」してしまっている点である。しかしながら、実際の権威現象は、自発的受容という側面と受容を強制する

側面とが、相互に織物のように入り組んだ形で関連しあっているからこそ、安定的なのではないだろうか。

このように考えると、強制的権力に結びつける見方と自発的服従に結びつける見方とを、対立的「見方」として捉えるのではなく、それぞれを権威的指示の受容メカニズムを構成する「側面」として捉える必要があるだろう。しかも「受容を強制する側面」は、権威の担い手側の意思に基づくサンクションによる強制的権力によるのではないと考える方が自然である。というのも、意思の貫徹とサンクションの施行という権力的要素は受容者側の反感を買いやすく、波乱要因が多くなるゆえに現象が安定的に長期継続しにくいと推察されるためである。むしろ、自発的受容と私的判断放棄を特徴とする"権威に特有のしくみ"で「強制」がなされているゆえに、継続性が安定的な（受容者側の反発が少ない）のではないだろうか。

そこで以下の論考では、「理由づけの原理となる価値」に基づく受容（自発的受容という側面）、および「事実的な強制」に基づいた受容（受容を強制する側面）という2つの側面それぞれの特徴について整理を、まずは行いたい。「自発」に関する議論、「強制」に関する議論は個別には、先行研究ですでに論じられている考え方である。本書では、この2つの考え方を相互に関連させることで、一見自由で自発的にみえる受容が、実は縦糸と横糸により促されているという、権威ならではの強制の在り方について、ビジョンを呈示する。この2つのはたらきの根本には、担い手に対する受容者たち側の敬意的要因があり、ここに権威の特色としての、ぎくしゃくしないスムーズな遵守と、その結果としての継続力の高さがある、と本書はみるのである。

順序としては、まず、この2つの側面それぞれについて論考していく。個別の側面については、直感的に捉えやすく、比較的著名な先行研究もあると思われるため、本書のこれまでの論考をまとめつつ、簡単にみていくことにしたい。その上で、〈相互に関連しつつ、受容を促進する〉際、2つの側面が"いかにして"相互につながっていくのか、という問題をメインにして取り組むことにしたい。

(1) 自発的受容
源泉に対する正統性信念
　自発的受容という側面とは、優越的価値を伴った権威源泉に対して受容者がいだく正統なるものという信念に主として基づく受容のことである。正統であるがゆえに源泉に依拠する担い手が発する指示を受容者が、自ら進んで、継続的に受容していく。自己判断の放棄、すなわち、他者判断のそのままの受容は、権威源泉に対する正統性の信念、およびその担い手に対する権威源泉の担い手としての正統さの確信に由来し、その結果としておこなわれることになる。担い手が受容に関して圧力を行使しない一方、指示の妥当性について、受容者が自発的に、権威源泉の正統性から「理由づけ」を引き出してくる、とまとめることができよう。
　自発的受容について論じている研究者の代表として、ヴェーバーをあげることができよう（Weber [1968]; [1972]）。まず、ヴェーバーは、権力（Macht）の中に支配（Herrschaft）の概念を含めた。よく知られているように、彼は権力を「ある社会関係の中で、抵抗に対しても自己の意思を貫徹するおのおののチャンス」とし、支配を「一定の内容をもつ命令に所与の人々が服従するチャンス」と定義している（Weber [1972: 28-9 ＝ 1953: 90-1]）。支配の概念には、強制による服従と自発的服従が含まれている。そのため支配の考察において、彼はさらに、強制による服従と自発的服従を区別している。
　クリーガーが指摘するように、ヴェーバーは、「みずから進んで服従するような」自発的服従を意味するコンテクストでは、Herrschaft に Autorität という外来語を同格的に付加している。すなわち、カリスマならびに伝統的支配には、Autorität を適用したが、合法あるいは官僚的支配には、Herrschaft だけを適用したのである（Krieger[1968: 157 ＝ 1988: 78-80]; Weber [1972]）。カリスマ的支配では、非日常的カリスマが、伝統的支配では神聖視された伝統が、正統性信念の対象としての権威源泉である。伝統的支配についていえば、源泉の神聖性（Heiligkeit）に対する信念が、受容者側の、みずから進んで服従する促しとなるような自発的想起によるものであるというところに、Autorität ならではの特徴があると考えられる。自発的服従という観点にのみ

焦点を当てると、法でなく、カリスマと伝統に、受容者の心に響く訴求力を秘めた源泉ならではの優越的価値がある、といえるのではないだろうか。こうみる限りでいえば、縦糸的絆（どちらかといえば、積極的自発性という促し）に基づくのが「伝統」・「カリスマ」という権威源泉、横糸的絆（どちらかといえば、（ホッブズのいう〈垣根〉（5章）・ブラウのいう〈集団規範〉（4章）的な意味で）消極的自発性という促し）に基づいているのが、「法」（あるいは規範一般）という権威源泉なのである（"縦糸型権威から横糸型権威へ"（5章）についても、思い起こしていただきたい）。自発的受容（≒服従）という観点に限っていえば、権威（≒ Autorität）らしさは、大勢としては中世から近現代にかけて、薄れてきているといえる。ただし、消極的自発性が、「隠微なやり方で」受容を強制しているさまが、「感情」（あるいは各自のアイデンティティ）を伴うところに、"権威ならではの強制"の契機はある。権威が水面下で（一見しただけではわからない形で）随伴する、排除をも含む"受容継続の強制"は、（空気読め、といったさまざまな同調強要シーンからも垣間見られるように）むしろ濃厚に、強まってきているといえはしないだろうか[22]。

　権威源泉の種類と、受容者がみずから進んで服従する、自発的受容に話を戻すと、源泉の優越的価値をどのようなものと想定するにしても[23]、その優越性が当該体系において限定的であるという条件のもとで（3章参照）、指示の受容がこの源泉に対する受容者のいだく正統性の信念によって行われているという点で、服従——具体的には、指示の受容——に関して、少なくとも他発的でないという意味で、（"積極的・消極的"を問わず）自発性が見いだされる。権威的指示に権威たる意味を与える「理由づけ」は、担い手自身によってではなく、権威源泉の正統性に対する受容者の側の信念によって、自分（たち）から行われているという意味で自発的なものであると考えられよう。

正統性信念がもたらす自発的受容

　ヴェーバーによる三類型に代表される正統性信念による受容という側面とは、指示の授受が受容者の権威源泉に対する正統性の信念によってもたらされるという想定を行っているとともに、こうした受容理解の前提として、権

威とは集合体それ自体によって支持されているという想定がなされている。権威源泉を集団的コンセンサスと等視した場合、権威的指示を行う人は、集合体のエージェントとして受容者によって認定されており、集合体の名のもとに行為することになる（Bierstedt[1974: 254]）。権威源泉について、ビアステットはそれを「集合体成員の大多数の支持」の中に見いだし、クーンツとオドンネルが「私有財産制度を構成する諸法律」に、そしてヴェーバーが「伝統、カリスマ、法」の中に見いだすといった具合に、源泉の優越的価値をどのようなものと想定するにしても、その優越性が当該体系において限定的であるという条件のもとで、指示の受容がこの源泉に対する受容者のいだく正統性の信念によって行われているという点において、指示の受容に関する規定に共通性が見いだされるであろう（Bierstedt [1974: 254]; Koontz and O'Donnell [1955: 47-63 = 1965: 72-102] 既述のように、源泉が通用する範囲の限定性については3章、源泉に対する受容自発性における、積極から消極という趨勢（縦型的権威から横型的権威へ）については5章を参照）。

　平たくいえば、「何を」正統視するかは別にして、権威とは「人の集まり」においてみられ、「集まった人（たち）による」正統視によって、権威が保たれているという考え方自体は、権威に関するこれまでの研究で共有されてきている、ということである。

自発性を促す敬意的要因

　このように、権威的指示に権威たる意味を与える「理由づけ」は、担い手自身によってではなく、権威源泉の正統性に対する"受容者側の"信念によって行われている[24]。そして「受容者側の信念」というところから、権威と感情という問題が浮上してくる。やや飛躍していえば、ヴェーバーが、伝統的支配における服従は恭順の念（Pietät）から発すると記述しているように、自発的指示受容には、源泉の担い手側に対する敬意の念が関与すると考えることができよう（権威と敬意感情の結びつきについては、3章を参照）。彼は、恭順の念が生起する仕組みを具体的に呈示していないが、本書の考え方によれば、担い手側に依存しつつも依存状態に対して担い手の意図がはたらいてお

```
権威源泉（優越的価値）──担い手
  有益な指示        ↑
正統性信念↓      敬意
     受容者
```

図7－3　正統性と自発的受容（縦糸的作用）

らず、受容者側の状況によって依存が生じるという事態においてのみ、当該指示授受関係は権威的（第三者的）といえる（3章のホマンズによる、間接統制的な権威行使観も参照）[25]。正統性と自発的受容という縦方向の作用（"縦糸的作用"）についてまとめたのが、**図7－3**である。

したがって、源泉に対する正統性信念は、第一義的には、源泉がともなう優越的価値に依存せざるを得ない結果として生じるものであるのに加えて、その権威ならではの担い手に対する信頼や尊敬という要素、すなわち、依存しつつも、期待や圧力が存在しないところに生じる担い手に対する敬意の念によって、当該社会体系（"人の集まり"）固有の優越的価値に対する正統性信念が増幅されていると考えることができよう。

ただし、権威源泉の価値優越性、および担い手に対する敬意は、時間経過により受容者側、あるいは担い手側の状況が変化した場合、変化を免れない。そして、このことは、次項で論じる「受容継続の強制」をも揺るがし、ひいては権威全体を揺るがす要因になるかもしれないのである（変化については、3節2）で論じたい）。

(2) 受容継続の強制：受容者圏における期待圧力による受容

他方、権威的指示の授受関係における受容に対する、継続的な「事実的な強制」とは（3節1）の冒頭を参照）、受容者たちの範囲によって（"人の集まり"の境界内で）なされており、しかも担い手自身による強制力によらないところに特徴がある（4章（ブラウ）、3章（ホマンズ）参照）。担い手が直接、強制力を行使しないところでのみ、担い手に対する受容者の敬意が生じうると考えられるからである。1節1）"指示授受関係としての権威"で掲示しておい

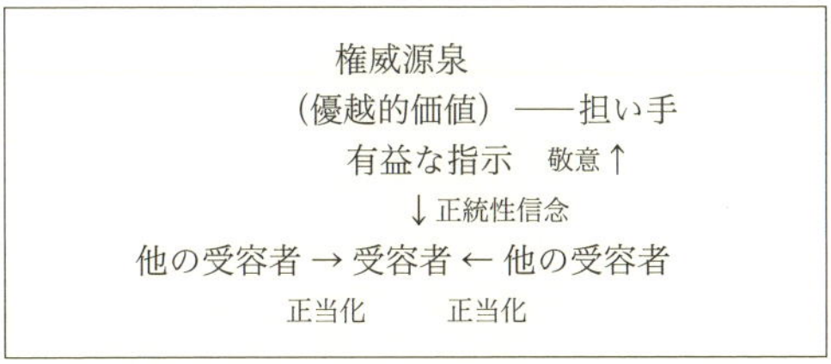

```
        権威源泉
       （優越的価値）――担い手
        有益な指示　敬意↑
          ↓ 正統性信念
     他の受容者 → 受容者 ← 他の受容者
        正当化　　　正当化
```

図 7－4　正当化による受容継続の促進（横糸的作用）

たように、「第三者の属性」と彼らが「当該指示授受関係に対して果たす役割」について、以下では論考していくことにしたい。

受容者圏と受容者集団

　ジュヴネルによれば、あらゆる権威には、成員が相互に刺激し影響を及ぼしあう現象の発生する範囲が存在する。権威には、受容者の範囲があり、これによって成員間の協働の維持が保証されている。そして、こうした受容者範囲を保持し、維持することこそが、権威の果たす重要な機能であるという（Jouvenel [1958: 168-9]）。なお本書では〈受容者の範囲〉について、狭い、相互認知可能なケースを〈受容者集団〉、より広く、必ずしも相互認知していないケースを〈受容者の社会圏（受容者圏）〉と呼ぶことにしたい。

　彼の知見を裏返していえば、結果的に権威の維持をもたらすのは、世代が変われば成員は入れ代わり、加入や離脱によって集まり散じることがあっても、担い手の個々の指示の正当化を続けていく受容者圏や、より範囲特定的な受容者集団の存在によるということである。さらに、この受容者たちの範囲を担い手の指示受容と一層積極的に結びつける発想として、バーナードやサイモン、ブラウ、ドーンブッシュとスコットの議論を位置づけることができると思われる。権威の維持をもたらす、受容者集団や受容者圏における正当化は、同じ立場の人々の間で行われる、いわば"横糸的作用"であるといえよう[26]。横方向の正当化による受容継続の促進についてイメージしたのが、**図 7－4** である。

バーナードとサイモンにおける正当化

　バーナードによれば、組織内では人々の間に命令の権威を維持しようとする個人的関心が生まれ、集団的感情や態度になるという（Barnard [1938: 169-70 = 1968: 177-8]）。バーナードの権威定義を受容すると宣言したサイモンもまた、受容者集団の権威受容に対する効果について「正統性という動機が最大の力をもつのはこうした間接的機構を通じてのこと」と強調する（Simon [1957c: 104-6]）。

　権威は、「その受容を拒絶した場合に当人の『信頼する集団』、つまり自分がその中で立場を認められたいと望んでいる集団の成員たちから除け者にされるようなとき受容される」。さらに、「特定の権威機構が集団の成員から正統であるとして受容された場合、彼らは自分たちの行動面での権威を受容するばかりでなく、それを受容しない成員に対し排斥の意思を示すものである」と指摘している。

　このようにサイモンによれば、権威はその受容を拒絶した場合に除け者にされるという恐怖心が集団により生み出され、この集団作用が権威受容を後押しするというのである。職場における「作業集団」のような、集団成員が他の成員たちによって自分の立場を認めてほしいと望むひとまとまりの人の群れ、いい換えれば共に属しているという範囲特定が比較的容易な「集団的状況」においては（『受容者圏』というより、範囲について自覚やコンセンサスを伴う『受容者集団』においては）、そこでの承認と否認が権威受容を決定づけることになる。

ブラウ、ドーンブッシュとスコットにおける正当化

　さらに、ブラウによれば、「権威とは自発的かつ避けがたい性質を伴う社会的統制の形態」であるが、「自発的行為とは社会的な拘束のない行為を意味しない」というとともに、権威の独自な特性については「指示や命令に追従させる圧力は、示唆し命令する優位者からくるのではなくて、服従者の集合体からくる」という（Blau [1963b: 226]; [1964: 200=1974: 179-80]; [1974: 51]）。

　さらに、ドーンブッシュとスコットは、支持者たちの規範による正当化

に注目することで、権力の権威化について特徴づけ、そのために、認可・是認という区分を呈示している（4章3節も参照）。すなわち、「権力の権威化は、認可される（authorized）場合、是認される場合（endorsed）、あるいはその両方の場合に生起する」という。彼らによれば、「認可される」場合とは、その担い手の上位者たちの規範によって支持されていることを指し、「是認される」場合とは、受容者の同僚仲間における規範によって支持されていることを指している（Dornbusch and Scott [1975: 42]）。

　この議論がすぐれている点は、担い手の上位者あるいは受容者の同僚といった、当該の指示授受関係者とは一応別の人々、すなわち第三者の集団規範による支持という点に注目して、この正当化メカニズムのなかに権威的指示の受容の特徴を見いだしたところにある。彼らは、公式組織における統制メカニズムを分析するという観点から、「権力の行使とは、『是認』によるよりはむしろ（あるいはそれに加えて）、『認可』によって規定されているといってよいだろう」というように、「認可された権力」にウエイトをおいて議論を展開していく（Dornbusch and Scott [1975: 59]　（　）内は原文のまま）。だが、自らの上位者たちの支持のもとに担い手が「認可された権力」には、公式的サンクションによる裏付けが想定されていると考えるのが自然であり、これは担い手による期待のみならず、期待圧力による受容の保証である。したがって本書では、「認可された権力」を考察対象から外し、「是認された権力」における指示の受容が保証されるメカニズムについて注目したい[27]。

　以上の議論において共通するのは、指示受容に際して受容者の仲間（他の受容者たち）が、当該の指示授受において、直接的関与をするのでなく、一応第三者的立場から（受容者集団の規範を介する形で）、関与しているという想定である。

　本書が提唱している、横からの作用としての期待・期待圧力による受容継続の強制（という側面）についてまとめると、つぎのようになるだろう（自発・強制という2つの側面については、3節1）冒頭を参照）。

　まず、担い手によってもたらされた指示を受容すべきであるという"期待"、および受容を拒むならばサンクションを行使するという"期待圧力"

が、受容者集団や受容者圏においてかけられている状況をイメージしてもらいたい。この状況の下では、ある受容者に対し、別の受容者たちの手によって、指示受容行為の正当化、すなわち指示内容そのものの正当化（justification）が行われており、こうしたプロセスを経て生まれた指示の正当性ゆえに指示受容が行われている。

　この受容強制メカニズムにおいて、権威関係にとっての第三者とは、他の受容者たちであり、担い手が指示受容を期待せず、そのための圧力をかけることもないのに、受容者間で、どちらかといえば消極的であるにせよ"自発性"に基づきつつ指示受容の相互強制がおこなわれるというところに、横方向で作用する、権威としての強制力の特徴があると考えられる[28・29・30]。指示の正当さが受容者たちの集団や、お互いに見知ることはない受容者たちの社会圏によって、"空間的・時間的に"引き続いて支持され、受容期待圧力がかけられていくがゆえに、担い手が発した指示は継続的に受容され、権威は維持されつづける[31]。

(3) 役割転換
横から行われる自発的強制
　以上では、指示受容の強制者がその他の受容者たちであるとし、1節1) 冒頭の"当事者間の指示授受関係としての権威関係"であらかじめ掲示しておいた、「第三者としての属性」と彼らの「果たしている役割」（強制力の行使）に当たると論じてきた。
　(1) と (2) の議論をふまえてこれらを組み合わせ、1つの枠組みを形成するならば、「事実的な強制」とは、「理由づけ」に基づく他の受容者による当該受容者に対する個々の指示の受容継続の強制であり、理由づけとは、その権威源泉についての正統性信念に基づいて他の受容者によって受容者に対して行われることになる。そして理由づけを行う人も行われる人も権威源泉の正統性について確信をしており、他の受容者の存在は、この確信を揺るぎないものとしている。
　権威的強制の特殊性は、「強制」が担い手側の手によらず、いわば上から

ではなく「横」から行われるところある。これは、権威的強制が自発性に基づくためである。「縦」ではなく、「横」から強制されているからこそ、敬意や正統視というプラスイメージの感情と、強制というマイナス感情とが、権威現象においては同居可能なのではないだろうか。ただし、こう考えるにしても、受容者たちを突き動かす原動力自体は、謎のままである。人が人に強要を課すからには、相応の理由があるはずであろう。

では、こうした枠組みのもとで権威的指示が受容される可能性の上昇が生じるために、受容者集団の他の成員と受容者との関わり方において介在していると仮定すべき原動力（仕組み）とは、どのように考えたらよいだろうか。この問いは1節1）で述べた「受容者と第三者の関わり方」という3番目の問題に当たるものである。

指示受容の可能性が上昇するには、上（担い手側）からの露骨なサンクションがないとすれば、「横」からの、権威現象特有の受容継続を強制しつづける仕組み、〈受容の継続を、気まぐれに左右されず、安定かつ長期的にさせる〉仕組みが存在していると考えるのが自然である。権威現象は受容が継続されつづけることで成り立っているのであり、それが長期的安定性という権威の特徴ともつながるからである。

権威の先行研究において足りないもの

いい換えれば、権威が長期にわたり安定するのは、受容の強制が行われ、しかもそれがいかにスムーズでありつづけるかによって決まると思われる。そしてスムーズであるということは、強制を行う者たちがそれを自ら進んで行っていると考えるのが自然である。このように受容期待圧力が継続的にかけられていくことが権威の安定を意味すると考えるならば、受容者間でおこなわれる指示受容の相互強制システムがスムーズにはたらく点について、より具体的想定を行うことが必要である。

前述のように、権威的指示の受容が促進されるのは、1）源泉が帯びる価値優越性に対する確信（正統性についての信念）および権威の担い手に対する敬意と、2）第三者の期待および期待圧力の存在によるという権威に関する

先行研究が、これまで提出されてきた。

　しかしながら、指示受容根拠としてのこの2つの促進要因はそれぞれ独立した、孤立完結的な形で論考が行われてきたのであり、従来の研究では決して有機的に組み合わされてきたとはいえず、期待圧力の存在とその実効性については立ち入った仮定はなされてはいなかった。この2つの要因を切り離した説明であっても、権威（的指示）の個別現象としての具体的受容場面については、かなり明確なイメージを与えてくれる。ただ、権威現象全体の継続を長期安定的に保つメカニズムに対しては、1人ひとりの権威源泉への正統視や担い手に対する敬意を、集団規範の強制力と"つないで"考える必要があるのではないだろうか。正統視、敬意、強制力はそれぞれ、独立して長期継続し得ず、たとえある権威源泉を正統視する人がいたとしても、源泉を担う人に対する敬意や、他者からの強制がないと、その正統視はぶれやすい。逆説的だが、今日みられる権威は、この三要素がセットで、世代間で継受されつづけているものが多く、このセットが揃わないと、そもそも現在まで永続していないのではないだろうか。

自発性と継続強制との間に介在する要因──権威現象のダイナミズムとしての「役割転換」──

　では、これら双方の立場を1つの枠組に取り込むことにより権威的指示（広義での情報）の受容メカニズム、受容促進圧力の実効性について想定を呈示するとすれば、いかなる仕組みによって、つながっていると考えたらよいだろうか。

　この問いに対する本書の答えは、受容者集団における期待や期待圧力が、長い期間にわたり継続的に、効率よくはたらきつづけるようしむける推進力の存在＝受容メカニズム作動に関する何らかの介在的作用要因の存在を仮定しておく必要があるのではないか、というものである。というのも、穏当な、源泉への正統性や担い手への敬意と、やや過激な強制とは、一見するとつながらないように思われるからである。

　そこで、こうした受容者間での期待圧力の掛け合い、いわば相互強制に関する仕組みに対する説明について、ブラウの受容者集団規範説（4章参照）

にヒントを得てみた。さらに、ブラウが直接言及しない「規範」に関する先行研究についても検討した。その結果、状況変化の過程が、目にみえるかのごとくイメージしやすいことから、心理学への還元（ブラックボックス化）を批判し、あくまで社会学的な水準から社会現象を説明し尽くすことにこだわったフィアカントによる知見の1つ、「役割転換説」に、受容者たちという"人の集まり"の維持、ひいては権威の継続をめぐるダイナミズム（人々の動き方）のアイディアを求めることにしたい。人の集まりの維持という形での権威の継続は、表面上は「静的」で、「不動」にみえるものの、水面下では、人々の「動き」が確かにあり、役割が"密やかに"入れ替わっているのに、あたかも「復旧」したかにみせているのである。外面上の体裁を（関係者全員が）繕うことで、人の迷いを遠ざける、迷いを遠ざけたいがゆえに取り繕おうとする人々によって織り成される権威現象というビジョンを、概要としてイメージしておいていただきたい。

役割転換説

では、まず「役割転換」の流れについてまとめ、いかなる「役割」があり、どのように入れ替わる（転換する）のか、明確にしておきたい。フィアカントの役割転換説によれば、行為者と傍観者の立場の転換を通して、習俗、より広くいえば規範は安定し、継続していくという。この継続プロセスは、つぎのような経過をたどる（Vierkandt [1923: 392-5]）。

1. ある行為が、社会規範の担い手としてその行為者に対立する傍観者たちによって問題にされる。
2. それまで一体であった社会規範の構成員たちが、傍観者と行為者の立場へと分化する。
3. 多数者としての傍観者たちが、当該規範に従うことを行為者に対して期待するとともに、圧力をかけることで、その実現を求めるという規制関係の成立。
4. その結果、行為者が従う場合、彼が規範に従うと同時にこうした緊張

関係は解消し、その社会規範は維持されるとともに、傍観者と行為者も、同じ規範のもとで分化した状態から再び統一の状態へと復する。役割の転換が何度か実際に生じることを経て、通常時にも規範の構成員たちのあいだに相互監視状態が継続する。

この役割転換による相互監視は、「法」という源泉においてばかりでなく、権威全般にもみいだすことができるだろう。ただし、権威ならではのポイントとしては、まず、権威における役割転換は、受容者の範囲内においてのみ生じることが挙げられる。このことを、さきにのべた優越的価値の体系内制約性および指示主題領域の制約性という観点と関連させて考えるならば、受容者集団（ひいては受容者圏）においては、価値の優越内容（伝統や知識の豊富さなど）、および、指示内容の属する主題領域（医学的、宗教的など）という点において、一定の共通性が見いだされるという想定が可能である。

たとえば、師弟関係における兄弟弟子間の共通の性質、ファン、宗教信者間など、受容者集団の範囲を確定する識別手段として、いいかえるなら、権威がそれとして通用する範囲の境界を見きわめる手段として、役割転換が生じる範囲を、その指標としうるのではないだろうか。そして、源泉のともなう価値の優越性は、その生起する範囲内において、しかも特定の主題領域に限り承認されているといえるだろう。

権威の範囲

役割転換の発生する範囲が権威の範囲であると考えるならば、時間的（時代効果）、地域的（地域効果）、さらにこの両者を固定した下での社会階層や世代という、各々の範囲の内で、特定の権威がしめる範囲の境界は、その権威固有のものとなるだろう。この意味において、権威現象において、受容者間で役割転換が行われる範囲では、それらの受容者間に何らかの共通の性質が見いだしうる。これは、類似状況にある者たちが一定の指示主題領域に関する権威の受容者になり、指示受容を通じて、いっそう共通性を強めるためであると考えられる。この点を、つぎのような仮説という形で呈示しておき

たい。

> **仮説2**：特定の権威現象において、受容者間で役割転換が行われる範囲では、それらの受容者間に何らかの共通の性質が見いだしうる。共通の性質とは、その権威の主題領域に関連している。

権威関係をめぐる役割転換

　役割転換の「範囲」（行為者属性）のつぎに、「目的」、つまりなぜ、役割転換が生じるのかという点について検討しよう。役割転換による相互監視が権威継続を安定化させているというとき、それはまず、指示の受容（不服従の防止）について行われていると想定される。というのも、ある行為者の指示に対する不服従は、他の受容者（たち）からみれば、自分の依存している優越的価値、そして、感謝と敬意をいだいている担い手をおとしめられるかのごとく感じられ、指示を受容しない人の存在は、自らの立脚する依存基盤を傷つけかねないように感じられるためである。それゆえに、不服従者に対立する多数者たちが、当該の指示受容を促すと考えられる。

　そして、不服従者の役割をはたしている者が、別の機会には、多数的傍観者の1人として監視者の役割をはたすというように、不服従者と傍観者との役割が転換していくことによって、通常時にも相互監視状態がつづき、権威が継続させられていくことにつながるのである。

　さらに本書で注目したいのは、相互規制は、個々の指示不服従というレベルの他に、関係レベルでもはたらいているという問題である。

　そして、指示強制レベルと関係強制レベルで共通する、役割転換の原動力が、源泉の正統性への確信と担い手に対する敬意にあるのではないか、という想定を呈示しておくことにしたい。時間と感情が権威を曖昧にしていると、これまで繰り返し指摘してきた。そこで本書は、敬意感情が権威を"永続"させているという「敬意感情動因説」とでも呼ぶべき、1つのビジョンを具体的に呈示しておきたいのである。序で指摘したように、これまでの権威研

究で足りないのが、具体的ビジョンの提供だからである。

このビジョンが前提としているのは、つぎの見方である。つまり、当該権威関係（受容者集団）からの離脱防止についても、集団や圏による期待や（より露骨な、目に見える形での他者排除を伴う）期待圧力が関与しているという見方である。この見取り図で生じるダイナミズムは、つぎのようになる。

ある受容者が当該関係から離脱しそうになった際、離脱試行者対その他の受容者という役割分化が生じ、前者に対する後者によるサンクションが準備される、というものである。そこでは、通常時においても、離脱防止についての期待あるいは期待圧力が、各受容者の間で（恐怖として）生まれていると推測できよう。離脱防止を受容者たちが望むその前提にあるのは、つぎに述べる価値に対する確信や担い手に対する敬意の存在である。

役割転換の原動力

指示不服従防止、および権威関係離脱防止にはたらく役割転換の原動力は、傍観者（＝第三者）たちの源泉の正統性への確信と担い手への敬意に由来する。というのも、ある行為者の指示に対する不服従や当該権威関係からの離脱は、他の受容者たちからみれば、自分の依存している優越的価値、そして、敬意をいだいている担い手をおとしめられるかのごとく感じられるからである。

ポイントは、不服従者に対立する多数者たちが各自の「自発性」に基づき指示受容や離脱防止を促すために、権威における強制はスムーズに行われるところにある。そして、離脱防止を受容者相互が、恐怖心を抱きつつも、望むその前提にあるのもまた、自分がコミットする価値の他（社会一般）に対する優越性の確信や担い手に対する敬意であると想定できるだろう。

このように、役割転換による相互監視は、指示の受容と権威関係（その受容者集団）からの離脱防止について行われ、権威源泉の価値としての優越性およびその担い手に対しての確信や敬意に由来している点に権威的指示の授受関係としてのその特徴が見いだせる。そして、正統性信念をいだいている受容者の間において役割転換が生起することによって活性化される、自発的

正統性（legitimacy）と強制的正当化（justification）という2つの受容根拠は、実際には相互増幅的に作用していると想定するのが適当であろう。このメカニズムが受容者間の役割転換により活性化することによって、たとえ依存せざるをえない状況が変化し正統性信念を持ちえなくなった場合でも、指示への不服従、さらには関係からの離脱に対して他の受容者たちによるサンクションが引き起こされることにつながっていく。

問題発生的・通世代的役割転換

では、指示受容を促し、関係継続に資している、上述の役割転換という発想と「時間と感情」とを絡めてとらえると、どうなるだろうか。この問いに対して手短に、論点を先取りして答えると、「権威に関する役割転換は、二重に行われている」ということになる。そもそも、フィアカントの役割転換説は、習俗と規範に関連した、問題が発生したとき生じる相互監視と規制に関する知見だった。二重性について整理すると、つぎのようになるだろう。

1）フィアカントが提起した役割転換の議論は、担い手の指示を遵守しない行為が発生した際に、いかにして非遵守者に当該指示を受容させるかという、個々の指示の受容レベルの受容行為原理について当てはめることが可能である。これは権威現象ばかりでなく、規範一般における逸脱者への対応にすぎない。このレベルの逸脱対処法に関してここでは〈問題発生的役割転換〉と呼ぶ。以上で論じてきた、いわば"敬意的感情動因説"的（敬意が権威継続を安定させる）役割転換とは、主としてこの側面について述べたものである。これは、敬意感情から（について）役割転換を（から）解き、権威「持続」をもたらすという考え方である。

2）では、時間から（について）役割転換を（から）解き、権威「持続」について考えると、どうなるだろうか。本書では、時間についても、権威現象では役割転換が生じているとみる。時間的役割転換とは、世代間での役割交代といったものをイメージしてもらいたい。より具体的には、つぎのようになる。

受容者間において形成される新入の受容者とその他の受容者という2つの役割位置間における転換による受容者圏を継続的に維持する仕組みについて考えてみよう。それは、被監視者が時を経て監視者となるという意味において、「発達（人間成長）的」な役割転換である。たとえば、企業において、管理職につかない社員を権威関係の受容者と考えるならば、こうした社員の集団の中でも、入社年数によって新人―古参間の関係があり、新人研修という形での一種のイニシエーションによって、世代を経る形で受容者集団を維持させていくのに貢献する。新人平社員が昇進し、上司として新人を「受容者」として訓育するケースでも、世代を経て受容者集団維持に貢献しようとするだろう（スムーズな遵守関係（上司―部下役割）の引き継ぎの際も、絶え間ない、世代間継受を繰り返す）。

　したがって2）の仕組みは、受容者集団に適する「受容」者の形成原理となっていると考えることもできよう。これについて本書では、〈通世代的役割転換〉と呼ぶことにしたい。世代間の役割転換が生起している期間においてのみ、源泉の価値優越性は承認されつづける（権威源泉の時間性と空間性については、2章を参照）。逆にいえば、権威の存続期間は、価値の優越内容や主題領域の点で一定の共通性をともないつつ生起する通世代的役割転換の発生期間を、その指標とできるだろう。

　受容者間において生起する役割転換とは、問題発生的であると同時に、通世代的であるという点を、権威受容者圏の範囲と権威継続期間という、空間と時間からの権威に対する枠の当てはめ（ビジョン呈示）に関する仮説という形で提示しておくことにしよう[32]。

仮説3：受容者間における問題発生的／通世代的役割転換は、権威的指示の時間継続的受容を安定化させている。

仮説4：受容者間における問題発生的役割転換は空間的範囲について、通世代的役割転換は時間的範囲について指示受容者の範囲を確定するという意味で、特定権威が妥当性を有する境界の指標となりうる。

(4) 自発的受容と受容持続の強制：役割転換連続による差別や排除
自発的受容主導の〈信条権威〉、受容継続の強制主導の〈行動権威〉
　ここまでの論考によって呈示してきたのは、つぎのような想定であった。権威関係において受容者が担い手の指示にしたがう仕組みは、縦方向と横方向から成り立っている。源泉の優越的価値の正統さと担い手に対する敬意といった二者関係内在の要因は、縦的かつ自発的であり、多かれ少なかれ、私的判断の放棄を伴う。もう1つの要因が横方向の作用で、主として「消極的な自発性」に基づいた強制である。この横的強制には、その人の仲間集団（同じような立場にいる受容者の集団）・社会圏が深く関わっており、その集団や圏において役割転換が行われることによって、権威現象における指示受容は定常化する。空間的には「問題発生的役割転換」によって、時間的には「通世代的役割転換」によって、権威が継続されていく、という想定である。
　こうした権威現象の中で、受容者の心身は、自発的受容という縦方向の絆と受容継続の強制という横方向の絆により、縦糸と横糸によって束縛され、場合に応じて「引き」により、相互に突き動かされつづける。しかもこの状態が、親から子へと受け継がれつづけるのである。権威相対視は、こうした状況にただちに「効く」ものではないにしても、"みる"対象として、すでに埋没しかかっている遺産の掘り起こしを含め、権威に関する情報を共有可能な形で記録する（客観的知識として記録する）という指向性をもっている。
　では、権威の違いに関して、この「受容二要素（自発的受容・受容継続の強制）」の軽重は、どのように考えればよいだろうか。前章で論じた〈私的判断放棄〉と〈権威的な指示の受容〉は、いわば「ネガとポジ」である。自己判断を控えるということ、オルタナティヴを諦めるということは、今所属する権威者側の指示に従うことに他ならない。このようにとらえるならば、〈放棄〉で論考したように信条権威は、関係内在（源泉の価値と担い手）＝自発的受容がメイン、それに対し行動権威では、横からの力、関係外在（他の受容者）の圧力＝受容継続の強制がメインというという形で、権威者側に対し

遵守をつづけると考えられるだろう。

従順なだけの受容者像

ところで、これまで本書で言及してきたブラウやドーンブッシュとスコット、あるいはフィアカントの所説では、受容者集団や受容者圏における期待・期待圧力にただ従順なだけの受容者像が想定されており、この点には一定の留保が必要である。裏返しにいえば、彼らの議論を踏まえて構成された権威的情報の受容仮定に関するここまでの概念図式では、継続局面内の比較的短い期間と、受容者の範囲という空間に関しては、ある程度有効と思われるものを提示できたかもしれない。しかしながら、これらの論者の知見をそのまま踏まえるだけでは、権威の変化という局面をとらえることができなくなってしまう。

あらゆる社会現象が変化するものであり、社会現象であるかぎり権威現象も変化を免れることができないとするならば、権威変化はどのような事象によって発生してくると想定したらよいだろうか。この問題につき本書では、「担い手のもたらす指示に対する受容者間の期待分岐」に着目する。先行諸研究で権威現象の変動要因として注目されていなかったこの視座に対する新しい位置づけを行うことにより、「権威継続（関係継続）」と「権威変化（関係からの離脱・権威の消滅）」という局面分けを踏まえた独自の考え方を示していくことにしたい。変化を探るためには、変化を食い止めている、権威ならではの特色について、まず明らかにしなければならない（変化については2)で論じる）。

正統観と敬意が役割転換の原動力

役割転換の原動力を自発的受容を前提とした権威源泉の正統性に対する信念や担い手への敬意にもとめるならば、権威現象における受容継続の強制という問題は、権威現象に特徴的である受容者各自の「自発的」受容姿勢に深く根ざしていることがわかる。権威的指示の受容とは、初発的には（他の受容者からの期待や期待圧力によらないというかぎりで）比較的自由かつかなり自

発的に受容者がうけいれるものであるはずだからである。こうした指示受容の前提にあるのが、受容者がおかれている時代や地域である。特定の状況下で、受容者は、権威源泉の正統性と担い手に対する敬意によって権威的指示を自発的に受容する。

ところが、自らが権威的指示受容を自発的に行うということは、他者に対する受容継続の強制をも、暗に随伴しているのである。源泉の正統性と敬意により権威的指示を自発的に受容する人には、指示不服従者や権威関係からの離脱者の存在が許せないため、自ら進んで彼らに対して指示正当化（期待・期待圧力の行使）を行うのである。というのも、自ら進む自発性の原動力が正統性信念や敬意であるとき、何を正統とするか、誰に敬意を示すかといった価値観は、自己存在を正統なものと確認する反映だからである。優越的価値が何か、という問題を含むため、権威は、アイデンティティ問題と関わらざるを得ない。たとえ勘当されていても、他人から親の悪口を聞かされると、貴方に言われる筋合いではないと感じるといった場合について、イメージしていただきたい。

尊崇する人が貶されたり、信じている考え方を否定されたとき、あなたはどのように感じるだろうか。このように、権威的指示の自発的受容には、その原動力が正統観と敬意にあるところに、他者に対する受容継続強制の契機がすでに含まれているわけである。

そして受容継続の強制（個々の指示受容継続の強制、もしくは権威関係への慰留）は、自発的受容者たちの集団や社会圏において、増幅され、強化される。それは、ある受容者個人が指示の受容を拒む（関係からの離脱が試みられる）ときに顕在化する。その際に、ある程度の指示不服従試行者や関係離脱試行者に対しては、サンクション（賞罰）の準備によってその意思を撤回させる。だが、それ以上の者に対しては、破門・除名といった権威源泉ごとにその価値優越性に適した烙印の付与による訣別の合理化が、かつての受容者仲間たちによって行われることになる（法治国における裁判官や裁判員のように、量刑決定とその宣告という問題も、"烙印"選定の一種である）。逸脱者が、元通り信念を矯正されるか、誤った存在として訣別させられるかに、はっきりと二分

されるのは、半端な逸脱状態許容によって源泉や担い手を冒涜する情報発信源が、受容者の範囲内に潜伏化するのを避ける狙いにもよるだろう。

アイデンティティとしての正統観と敬意： アンダーグランドな色彩を帯びる、権威をめぐる差別や排除問題

　こうした逸脱者の矯正またはそれとの訣別は、役割転換の連続にとって重要である。役割転換の連続とは、不服従者の役割をはたしている者が、別の機会には多数的傍観者の1人として監視者の役割をはたすというように、不服従者と傍観者の転換が連続することである。権威源泉の正統性や担い手に対する敬意に疑いを抱く受容者が生じることは、他の受容者たちにとって苦々しく感じられるばかりでなく、役割転換の連続にも不都合となる。同時に、ある受容者が心の中で源泉の正統性や担い手への敬意に疑いを少し抱くようになったとしても、受容者集団におけるサンクションの準備によって、その印象の表明は躊躇させられるだろう。権威継続の安定にとって重要な鍵[33]は、受容者集団における役割転換の連続が、それを見聞きする受容者個々の内面まで含めた「潜在的逸脱可能性」をも抑えているというところにある。潜在性までも含む権威による人々の方向付けは、価値優越性信念や敬意に端を発するため、メンタルで繊細な、傷つきやすいプライドという自己像により基礎づけられている。

　受容者たちのアイデンティティ（自己存在確認・存在証明）にもとづいて権威継続が強制されつづけているため、権威現象が抑止や抑圧、差別や排除と

```
             権威源泉
        （優越的価値）― 担い手
         ↑      有益な    ↑      ↑
         敬意    指示    敬意   敬意
              ↓正統性信念
       他の受容者 → 受容者 ← 他の受容者
     差別・排除（の潜在可能性）  差別・排除（の潜在可能性）
```

図7―5　権威をめぐる敬意と差別

いった社会問題の遠因として働く可能性も想起できよう（図7—5）。権威への反逆は、いわばアイデンティティへの挑戦なのである。

2）権威現象の変化

以上のように権威継続の長期的安定には、受容者各自の自発的受容が大きく関わっている。自発的受容とは、源泉の優越的価値に対する正統性の確信と、担い手への敬意から成り立つ。これに対し権威の変化には、源泉の優越的価値に対する正統性の確信（合理的依存）が深く関与しているのである。この合理的依存と、権威変化に関する人口的・経済的条件については、別の機会に論じている[34]。

そこでここでは、権威が変化していくという局面移行（第3局面から第4局面）の条件というところに焦点を当てて、合理的依存という観点から論じていくことにしたい。合理的依存は、担い手がもたらす指示に対する受容者（たち）の期待（こうなっていってもらいたいという、状況推移の軌跡のイメージング）として捉えることができる。

受容者期待

受容者が担い手側（権威）に一定の期待を持つ点については、たとえば、「権威の利他性とは、権威の下で他である下位者の意欲や needs がそれの達成を促進され、充足されることであるが、その場合、われわれは下位者の意欲や needs を一応概観しただけでも、逆に下位者の意欲それ自体のあり方が権威の安定性、継続性に深く作用する側面があることを知った」という池田の指摘がある[35]。

この指摘は受容者側から現象の変動をとらえる視角を提供している意味で重要な示唆を含んでいるが、そこにおいては「下位者の意欲」がどのような仕組みによって権威の変化に作用しているかについて、明らかにされているとはいえない。そして、この点を明らかにすることがここでの課題である。

受容者が期待するのは、本書のことばでいえば、担い手の指示が帯びている価値の内容に対してであり、具体的には、権威源泉の優越的価値のことで

ある。したがって、受容者期待は、源泉の価値優越性に対する合理的依存に関わる問題といってよいだろう。

期待分岐による役割転換の遅滞

受容者が期待する価値内容は、状況に応じて変化しうるものである。状況の変化とは、社会状況の変化による価値の低下、あるいは他に選択できる権威が出現することによって、源泉の価値の優越性が受容者にとって絶対的でなくなる場合、受容者のおかれる状況そのものが変化することで、当該の源泉の価値そのものが不要になる場合などが、具体的には挙げられる[36]。

こうした変化につれて、受容者が期待する価値内容が、実際に付与される担い手の指示と齟齬をきたすにいたる場合、役割転換によるサンクションをさけるため、表面上指示を受容するとしても、受容者は不満を抱くようになる。社会状況の共時性による依存状態の類似性があると仮定すると、この不満が複数の受容者に共有されるようになる。何らかのきっかけで不満の共有が判明していくとき、担い手の指示内容に対する既存の期待とは異なる期待が、新たに姿を現すことになるだろう[37]。

その結果、単一の権威源泉に複数の期待が並存する状態のもとでは、役割転換は遅滞をきたすようになり、その指示受容促進力の大幅な減退につながるのである。受容者期待が合理的依存によるものであることから、権威変化の契機は、源泉の優越的価値に対する合理的依存（いわば、打算的側面）にすでに含まれており、社会状況や受容者自身の状況の変化によって、顕在化してくると考えられる。

関係離脱と権威消滅

このように、役割転換の遅滞は権威の変化をもたらすが、そこからは第4局面における2通りの成り行きが見込まれる（3章参照）。

1. 権威関係からの離脱：権威的指示の受容メカニズムの弱体化による受容者たちの離脱の増加。
2. 権威の消滅：受容者たちの離脱の結果、受容者数の減少による権威現

象の縮小あるいは消滅。期待内容を共有する受容者同士が集合することによって、新たな源泉に基づくまた別の役割転換が生起し、新しい権威現象が発生する[38]。

　受容者期待分岐の問題とは、裏返していえば特定の権威継続が安定する条件を示しているといえよう。それは、受容者間の指示内容に対する期待の斉一化である。ただし、受容者期待斉一性の継続が、担い手期待や期待圧力に基づく操作という〈強制性〉の文脈よりも、受容者集団や受容者圏で受容者各自のアイデンティティの実感をも含む"needs"のために、〈自発性〉にもとづき行われている点が、権威特有の問題なのである。

　自分が依拠する権威の継続を願う受容者たちによって斉一化が維持されるのは、つぎの2つの条件がバランスよく、つづく結果であると想定できよう。1点目は、不服従者を離脱させることである。これは、さきの議論と一見矛盾するように思われるかもしれない。だが、ここでの問題は、ある程度の不服従試行者、離脱試行者に対してはサンクションによってその意思を撤回させるものの、それ以上の者に対しては、破門・除名といった権威源泉ごとにそれに即した烙印の付与による決別の合理化が、かつての受容者仲間たちによってなされるというものである。同調しない者は、斉一化を願う人々（"一丸となる"・"1つになる"が安心の拠り所であると感じたり、考えたりしている人たち）により、排除されることになるだろう。

　2点目の条件は、新たな加入者の継続的確保である。不服従者を離脱させ期待の斉一性が確保されつづけるのと併行して、欠員を補うために、受容者数の確保が役割転換の継続的生起にとって必要である。この都合のよい人材が確保されつづけるかどうかという問題は、社会状況の変化と源泉の価値優越性との適合性の継続により左右されると思われる。具体的には、企業の新人社員獲得をめぐる状況などを、イメージしていただきたい。たとえば現代でいうなら、「環境」との適合性が高いという社会的評価が高まると、その企業には優秀な新人が集まりやすい、などという事例である。

　以上の条件によって生じる受容者期待の斉一化、役割転換の継続的生起が、権威現象の継続をもたらすと考えられる。

権威継続の変化、第3局面から第4局面への移行について、仮説としてまとめると、つぎのようになる。

> **仮説5**：受容者間の期待分岐は、役割転換遅滞により権威の継続に変化をもたらす一方、期待斉一化は、権威継続の安定をもたらす。

第4節　むすび─感情的要因と時間的要因：権威のみえにくさ─

変革のパラドックス

　権威受容のメカニズムは、指示受容期待や期待圧力、指示の正当化や源泉の正統化をおこなうのが、担い手ではなく、源泉を正統と認め、担い手を尊敬する受容者たちの集団や社会圏であるところにその特質がある。したがって、権威とは、人々の自由な創意と批判力を封殺する危険性をはらんでいるとともに、変革への原動力として働くこともあり、後者の例としては、革命運動において強力な権威による牽引の存在、あるいは絶対帰依にもとづく布教が挙げられるという主張がなされるとき（加藤 [1950: 175]）、本書でもこの指摘を支持すると同時に、留意も提起することになる。

　指摘を支持するというのは、つぎのような認識による。90年代日本におけるカルト集団の活動について考え合わせると、戦後になってまだ時間がたたない、1950年に行われた指摘は、21世紀になった今日、加藤 [1950] に限らずあらためて点検し、その貴重な「経験の記録」を継受する必要があるにちがいないというものである。権威ある求心力によってまとまる“人の集まり”は、いつの時代にも世界中どこにでもみられるが、その問題点は状況次第でいつ顕在化してもおかしくない、潜在的テーマでありつづけていると思われる。主義主張は何であれ、人と人とが束なっているところには、“磁場”が生じ、外部に対し何かしないではいられない気持ちを成員に抱かせる（垂直に延びたたくさんの“縦糸”が捩れて撚り糸のようになり、しだいにキツキツに締まっていくことで熱を帯びていくようなイメージ）。戦前の日本人も、その1つの例だったのではないだろうか。

つまり、創意や批判力の行使のための権威の働きとは、まず集団内の結束を固めることが集団外への働きかけの前提条件であり、そのために権威的指示の受容メカニズムが、当該権威に基づいて集団や圏外に創意や批判力を行使したいと考える受容者たちによって利用されることを意味する。逆にいえば、変革行使集団が、その外部に対し力を保持しつづけるためには、集団内受容者の自由な創意と批判力を封殺せざるをえない。これは、オーソリティの語源三要素の1つ、〈創始・開始〉的側面が現実社会で作動する際、直面せざるをえないパラドックスである（1章3節、とくに近代自由主義思想家に関する議論も参照）。

プラスの感情とマイナスの感情

このパラドックスは、権威が引き起こすプラスの感情とマイナスの感情に関連がある。

1節"はじめに"で示したデュルケムの権威理解に対して、本書の見方に基づき注釈を加えるならば、つぎのようになるだろう。受容者たちの〈生命力を高めつつ伝達される〉とは、すぐれた価値およびそれを媒介する担い手に対する依存によってもたらされる充足、および役割転換によるその空間的・時間的伝播のことであり、〈尊敬・感謝〉の念は、すぐれた価値と担い手への依存のもとでの期待・期待圧力の不在の結果生じたものである。

これらポジティブな側面と一見相反する、ネガティブな側面をも、権威はあわせ持つ。それが〈外から強制され・畏怖を抱かしめる〉性質であり、他の受容者による受容についての強制の存在に起因していると本書では推測した。それは、個々の受容者の依存性をみたしつつ、役割転換による相互規制によって、指示の伝達が保証される仕組みにおいてはたらいている強制という想定である。

その結果、権威に対しては、その受容者ばかりではなく、直接関係しない第三者にとっても、「畏怖」という厳粛な、「怖れ」につながる、ある意味暗い感情を抱かせる（"威"の字義（2章1節1）も参照）。

「権威」という訳語が日本で定着した理由の1つは、"authority"という西

欧観念の原義にはそもそも含まれていないにもかかわらず（1章3節参照）、現象面では西洋においても、デュルケムの権威理解にも示されるように認められていた「畏怖」という怖れ畏まりが、漢字の「威」という字義が含み持つニュアンスと合致していたところにも、あるのではないだろうか。

権威の変動がみえにくい2つの理由

　ただし、現象に畏怖を抱くとしても、受容者は、新たな期待に基づき、指示への不服従やメカニズムからの離脱という形で意義を申し立てることがあり、この受容者個人の期待に端を発する力が、受容者のおかれた集団や社会圏、権威の担い手、やがて権威源泉や現象全体そのものに対して影響を与える可能性も想定できるのである。

　権威的指示の受容メカニズム、ひいては権威継続自体の変化の契機は、不満の共有とその継続的保持にある。だが、権威現象と人間個人とでは、タイムスパンが違う。そのため権威継続の変化には、世代を越えた不満の共有が必要になることもあるだろう。このように不満発生やその集合化と権威変動との間には、見通しを立てることも難しい「時間のズレ」が存在している。このタイムラグが、権威変動という側面を不明瞭なものにしているともいえよう。

　今継続している権威の消滅を見届けることは、多くの人にとって難しい。権威の消滅は、時間的側面からいっても、視覚経験の対象外である（このタイムラグの喩えとしては、問題はあるかもしれないが、"大政奉還の図"を目にしている人と、江戸幕府の関係について、考えてもらいたい）。

　時間的問題とともに、自発性と敬意という感情的要因が、権威の変動的側面を生じにくく、みえにくくさせている。自発性と敬意は、視覚経験の直接の対象にならないにもかかわらず、権威継続に大きく関わっているのである。受容者個人について過程論的にみれば、敬意および正統性信念により初発的には自発的に指示を受容し、大きな疑義が生じない限り自発的受容が続くとともに、他の受容者に対しては指示の正当化（押しつけ）をおこないつづける。その一方で受容継続の強制は、かりに個々の受容者の心中に多少の疑義が生

じたとしても、それを押しつぶすように、受容者の集団や社会圏の役割転換によって空間的、時間継続的に行われている。しかもこの役割転換は、受容者個々人の自発性に支えられている。

指摘してきたように、権威的指示の受容のメカニズムは自発的側面と強制的側面をもつが、「強制的」側面ですら「自発」性に根ざした作用であるところに、他の社会的勢力と違った「権威」特有のダイナミズムと永続きする仕組みがある。換言すれば、敬意や源泉の価値優越性という信条という自発性が関与しているために、安定を長期にわたって保持しているのである。

継続と変化に対する帰属性・道具性の役割

敬意要因と正統性信念という感情（主観）的要因が基軸となって、個々人の受容継続の安定化が保たれ、権威的指示の受容が長期にわたり安定し、権威現象はその内なるうねりを通して継続力を保持しつづけていく、という見取り図を本書では示した。この敬意とは権威の担い手に対するもので、主に権威が帯びる「帰属的側面」に属している。これに対し、正統性信念は、主として権威源泉（優越的価値）に対して受容者が日々の生活の中で保持しつづけている「念」であって、広義でいえば権威のもう1つの性質である「道具的側面」に属している。これらは本書が提示する「権威継続理解の見取り図」のなかでは基本的に継続の素因として位置づけることができる（担い手―源泉のつながりの正統性など、縦方向の作用。前掲の図7-2 参照）。

しかしながら権威継続を微分するとともに過程＝成り行きという考え方に照らしてみると、源泉の優越的価値への合理的（道具的）依存に基づく受容者間の期待が分岐して、指示の受容に関して役割転換がとどこおるとき、権威現象は変化の局面にはいることになる[39]。この意味で、権威的指示の受容が安定した状態では、指示内容（権威側がもたらす広義での情報）に対する受容者たちの期待が、斉一化しているといえるだろう。

横糸的作用としての役割転換の意義

以上のように本章の論理には、担い手―受容者間の権威関係といいながら、

縦方向の受容者視点中心の問題と、その受容者の横の問題、受容者たちの集団の問題が含まれていた。6章までは前者の個人問題中心だったのに対し、7章では主として、権威関係（担い手—受容者）からみると「関係外在的」な他の受容者たちの集団からの圧力作動の仕方に注目した。

　本章で指摘したのは、個人問題の集団に対する転化作用だった。「担い手に対する敬意」・「源泉の価値優越性に対する揺るぎなき信条」といった「権威関係内在的」な権威的情報の受容を推進させる作用素因が、アイデンティティを守るためその受容遵守者の内面で自家中毒を起こし、似たような立場にあるほかの受容者たちに遵守と受容の継続を強制していくといった、受容者集団の役割転換的ダイナミズムの重要性を主張した。元来関係内在要因であった敬意や価値優越確信に基づく権威の遵守と受容は、「自発的」になされていたのに対し、やがて関係外への作用とその集積化を経て、内在要因としての自発的敬意や信念が「転化」して、関係外在的で拘束的な「強制力」へと変質していく過程を、ここでは描こうとしたのである。

　ところで、この過程は個人意識の集合表象への転化という意味で、個人と社会という社会学的アポリアを架橋する可能性をもっていると考えることはできないだろうか。ミクロ—マクロ・リンクにおけるミクロからマクロへの転化の過程といってもよいとすれば、この変質過程には重要な社会学的意義が含まれているように思われる。そして、外在的推進力が働いていく具体的過程についてそのプロセスを局面ごとに区別立てを行うことで、権威が永い継続力を保持しているというとき、一見揺るぎなくて不変で静態的にみえるのに反し、その実現象内部では動態的で水面下で「自発的な強制」が行われ続けているそのメカニズムについてなるべく明確化するところにこそ本章の主眼あったともいえる（権威不動視の相対化）。

継続傾向の権威間での違い

　では、このような継続のあり方に、権威間で違いはあるのだろうか。信条権威や行動権威に特徴的な継続の仕組みというものがあるかどうかという問いが成り立つとして、本章の見取り図との関連で言及すれば、つぎのように

なるだろう（5章も参照）。

　信条権威は、受容者の信条（belief）に関わっているために、「天下国家のため」という信条である場合は別にして、人のため、社会のためというより自分個人の関心事に与りがちであり、主として、担い手 - 受容者という関係内在的な受容推進力（担い手に対する直接的な敬意や源泉の価値優越性そのものに対する確信）によって支えられている。この意味で信条権威は、どちらかといえば積極的な自発性に基づいているといえよう。

　これに対し、行動権威は主に関係外在的な強制（役割転換とその継続）によって（いやいやながらであれ）支えられている。行動権威の典型として、近代政治思想家が思い描いた、政府と人民と自然状態をイメージしてもらいたい。万人の万人に対する闘争という無秩序な自然状態を回避するために、個々人はおのおのが持つ私的な利害関心についてある程度留保し、しぶしぶとながら政府（権威）樹立に同意し、その継続を承認する。この意味で行動権威は、いわば消極的自発性や周囲からの受諾に対する期待圧力により、継続が確保されている側面が強い。

　また、信条権威≒知識的権威、行動権威≒義務的権威であると想起するならば、知識的権威の継続が積極的自発性主導、義務的権威の継続は受容継続の強制が基調といってよいだろう。

継続力の源泉としての差別や排除

　さらに、ここでいう受容（あるいはそれに先立つ（権威関係そのものの）遵守）は、6章で論じた権威に対する私的判断の放棄と表裏一体の関係にあると考えることができよう[40]。権威側（源泉とその担い手）の存在自体の遵守（権威関係の形成・関係への加入）とそれに続く権威関係上での個々指示（知識を含む広義での『情報』）の受容は、ほかにとるかもしれない選択的存在の放棄や本来的自己判断の留保と放棄、それらの可能性の放棄の裏返しに他ならないからである。自主的な判断や行為であっても、あることを決めるということは一般に、他の可能性を諦めることと同義なのは確かであろう。

　ただし、自主的決定と権威に基づく決定（権威的決定）では、"締め付け方"

が違うのである。権威（的指示）の受容をもたらす締め付け方には、特色がある。まとめると、つぎのようになるだろう。

　まず、源泉・担い手・受容者集団という多重的な要因を伴うゆえに、遵守・受容を推進しつづける力が強いと同時に永持ちすることが、権威的特徴としてあげられるだろう。人間の自主的決定は一般に、強い意思でなされることがあっても、加齢とともに決断力が鈍ったり、決断から時がたつと、迷いが生じがちである。また、自主的決定ならば、つぎの選択はまた別に考えるという、"是々非々"といった柔軟さを持ち合わせているものである。これに対して、権威的決定では、他の選択肢へぶれることなく、むしろひとたび選んだなら、かつてのオルタナティヴや選択候補だった自己（判断）を否定するという頑なささえ、随伴しているように思われる。こうした硬直性は、選択のぶれが、一個人の問題にとどまらず、受容者集団に対する「裏切り」的負い目につながるからである。

　柔軟性と対照的な硬直性を帯びた、絶対的かつ一元的で排他的な「放棄」を、権威は惹き起こしがちである。さらに、敬意のいわば反動として、軽蔑感情や"怖れ"に基づいた、差別と排除という陰翳もまた、権威の隠れた特徴といってよいのではないだろうか。敬意はアイデンティティ（自己存在確認・存在証明）に根ざすゆえに、それを傷つける存在を許さない。そして差別や排除を受けるのではないかという、潜在的恐怖心もまた強制力の自律性をもたらし、権威の、ともすると果てしのないようにも感じられかねない継続力を高めているのである。

注

1　受容者圏とは、受容者たちの範囲のことであり、いってみれば受容的社会圏のことである。ここでいう社会圏とは、共通の社会的性質（当該権威の担い手の指示の受容）を分有する人々の範囲を意味する。この社会的性質の共通性が意識されているとは限らず、相互の帰属意識（われわれ意識）が必ずしもいだかれていないという点で、集団を形成しているとは限らないと同時に、圏とは集団をも含む概念ではあるが、ここでは受容という社会的性質の自覚および共に所属してい

るという意識の有無から並立的に使用している。
2 　図7－1で"権威源泉の担い手（その社会内位置）＝優越的価値を帯びた「情報」"というところに注目してほしい。カッコでくくったのは、"優越的価値"が担い手自身の"人格"におもに宿るケースと、"位置"におもに宿るケースがあるからである。組織論的権威論を中心によく使われる、「システム源泉・個人源泉」という区分でいうと、"人格"が個人源泉、"位置"がシステム源泉に相当する。本書3章3節も参照。
3 　権威の定義について、まず挙げられるのは、ミヘルスのそれであるが、本書は定義の比較検討を課題とするものではない。ここでは、とりあえずラスウエルとカプランの定義に比較的近い立場であることを示すにとどめざるをえない。彼らによれば、制裁に動機づけられた影響力の受容が権力であるのにたいして、正統性（legitimacy）への態度に動機づけられた影響力の受容を権威と呼ぶのである（Lasswell and Kaplan [1950：74-7; 133-41]）。
4 　権威定義に関連して、合理性を強調したその代表としてイーストンのものを挙げることができる（Easton [1958：179-80]）。彼によれば、対人関係における勢力過程において、権力をふるう者（A）の発する通信文が、受け手（B）の側の選択性を経由することなく、つまり、周囲の事情に照らして、それを受け入れることが自己の利益になるという選択性を経ずに、いわば、文句なく受け入れられる場合、AはBに対して「権威」を行使していることになる。こうした立場の存在は敬意的想起の常識性に対する反証になるだろう。また、権威と敬意の結びつけという発想から最も遠いという意味で、この定義が唱えられた行動主義全盛だった時代・社会状況をふくめ再考に値する。
5 　権威と敬意とを結びつけた業績が意外と少ない事実については、権威研究をある意味代表する次の諸文献について検証してもらうとき、明白になるだろう。4章でとりあげたように、『新社会学辞典』（森岡・塩原・本間編[1993]）の権威の項では、間場が「権威とは、それがいかなる社会的存在の属性であれ、他者に対して優越した価値の保持者であることが社会的に承認され、かつ他者の行為を左右する意思決定をなしうる能力のことである」という書出で定義をしている。定義としてよくまとまっているものの、指示受容（権威継続）と敬意の連関の問題については言及していない。そのことは、『政治学事典』（下中編[1954]）や、ルークスによる権威と権力の概念化の歴史についての議論(Lukes [1978])でも同様である。
6 　源泉・価値・位置（位座）の区分という発想は、サイモン（Simon [1957a]）による価値位置と権力源泉の区別、権力源泉とその行使の区別、および、小口[1955]、ボヘンスキー（Bochenski [1988]）による源泉と関係の区別に関連した論考より示唆を受けている。
　　とくに小口は、宗教的権威について、「対象の権威」（神）と「対象への媒介と

しての権威」との2つの側面が混同されがちである点を警告しているが、この指摘は重要である（小口 [1955：165]）。

これと関連して、優越的価値と受容者を媒介するメディアとしての担い手自身の価値化の問題が重要であると考えられるが、これはまた別に立論すべきであろう。また、7章でいう社会的位置とは、ベイツとハーベイ（Bates and Havey [1975]）が詳述しているステーション（station）という概念に近い。彼らによれば、ステーションとは、権力や名誉、財力と結びつき、その一部が親から子へと伝承される、ある個人の役割レパートリーの総体を指す。この概念について詳しくは、ベイツら [1975] を参照。

7 Durkheim [1914 = 1983：253] デュルケム以降の権威研究における敬意の問題については、4章の議論を参照。「人間性の二元性とその社会的条件」の中で、彼は、権威が付与される神聖な事物とは、集合的理想を固定化した集合表象であり、多数の個人意識を共同意識の融合に導くものであるため、「救いの力」として尊敬され、畏怖され、求められて、われわれの肉体的個体という世俗的事物とは隔離され、別の次元におかれる一方、この神聖な事物は集団内生活における儀式等を通じて個人意識のなかに入りこみ、人格の要素となっているところに、対立しつつも結合する聖と俗という二元的存在としての人間性があるという。

8 森が早くも指摘したように、権威源泉形成と権威の変動過程の究明こそが、現在でもなお権威論の主要課題といってよいだろう（森 [1961：97]）。そこで拙稿 [1992] では、過程問題について考える手掛かりとなるべき前提作業を四局面の概念化という形でおこなうことで過程論的権威観呈示を模索した。そこから発展した論考が3章であるが、本章はこの見取り図の主として「継続」局面について議論を進めている。

9 「権威源泉の発生」に関する以下の引用、および信条権威と行動権威をめぐる考え方（5章）をも参照。

「このような事実としての『力の規範への転化』もその事実性自体の内部に当事者双方の側からみて何らかの価値性＝有用性、もしくは少くともその契機を含んでいたからこそであろう。当事者双方がそれぞれそこからなにがしかの利得を汲みとりうるからこそ、その関係が事実的に維持されているのである。このことはマリノフスキーが利益の『互酬性』ということを説いて強調したところであった」（森 [1960：30]）。

社会の本質の1つを分業（役割の分担）と考えるとき、権威を含む社会現象一般が成立し続けるためには、このような分業に対し一定の有用性を伴う役割を果たしていることが必要である。このような有用性は、天皇と摂関、あるいは王と首相、神と司祭に見いだすこともそう無理なことではない。受容者としての摂関や首相、司祭は、同時に受容者集団内部では、他のより下位受容者とは権威関係上の担い手という立場にいることになる。それとともに、こうした優越的受容者

は、権威の担い手が直接サンクションを行使しない立場にあることによってそれを神聖視と崇拝の対象とすることができ、自らはそれとの唯一交信者・独占的な取次役になりうる位置にいる。同時に、実権を握ることで政治経済上の大きな利得を手中にする「立場」にいると理解することができる。こうした権威源泉＝その担い手→第一受容者→一般受容者という仕組みによって「源泉＝担い手」が一般から隔絶されることで、権威源泉の聖化と高めあげが保証され続けることで、その社会での求心力の維持という役割を、持続的に果たすことになる。

10　優越的価値、および、それと密接に関連する権威主題領域に基づく"制約"という発想は、"権威の相対視"（序を参照）にとってきわめて重要である。権威に枠を嵌め、万能視を相対視に変えようとするとき、"その権威はいかなる価値に基づき優越的なのか"、問うことが有効である。いかなる価値も、時間（時代）的、空間（地理）的に範囲が限られているからである。

　　権威源泉の価値については、受容者の占める社会的位置（社会の中で置かれた立場）に随伴した価値によって付加的に高められることはありうる（〈受容者の属性が高める権威源泉の価値〉といったケース）。権威的指示内容の主題領域が同じ場合において異なる権威（源泉）を比べるとき、源泉の価値の程度は、その受容者たちが伴っている価値の程度と関連しているといえるだろう（貴人が崇拝するブランドが、庶民が崇拝するブランドより一層貴いとされるケースなど）。

11　担い手に対する狂信性は、感情がまとわりつくという意味で（権力にはあまりみられない）、権威ならではの問題だが、"総論"を旨とする本書では、深入りしない。なお、権威における"受容姿勢の盲目性"については、2）を参照。

12　ただし、依存の「形」と関係の「性質」は、本来異なるカテゴリーのものである。帰属的性質と道具的性質という、権威関係結合の性質と、源泉への依存・担い手への依存という依存対象の違いは、分けて考えた方がよいと思われる。

13　権威が権力と違い流通的媒体ではなく体系制約的であるという問題について、源泉に随伴している優越的価値の体系内限定的性格こそが権威を権力と分かつ概念上の１つの指標となりうることを示唆したパーソンズの指摘は貴重ではあるが、唯一のものというわけではない（Parsons [1967: 319=1974:90]）。

　　たとえば、宗教的権威に関し小口 [1955：170] が「権威はまずその関与する集団の内部のものである。これが外部に向うのは、いわばその拡充であり、転化である」と指摘する側面も、上述したパーソンズの指摘との符合しているとみてよい。外部への拡充のメカニズムについていえば、本章ではのちに触れるように、受容者たちが関与する点に着目する。また、当該「体系」間の相違は、宗教、教育、政治といった権威的指示内容の主題領域の種類、すなわち、優越的価値の内容の違い、さらに当該主題領域内における「派（立場）」の違いに応じて、優越的価値尺度にズレが存在している点に留意が必要である。なお、権威主義の問題についてここでの議論は、指導教授の次の文献にもとづいている（曽良中 [1983]）。

14 時間の経過に伴う判断をせまる要因のなかでもとりわけ重要なものとして、社会的時間（social time）の問題をあげることができるだろう。ルイスとワイガート（Lewis and Weigert [1981]）によれば、個人がある出来事（event）を経験すべき時期——たとえば、就学、就職、結婚、出産など——は、当該の社会によって個人にとっては先験的に決定されてしまっている。所定の出来事の経験を延期する（出来事を経験しない）こと自体社会的非難の対象となっているために、短時間で適切な判断を下す必要性があり、そこから個人の主観的切迫感が生み出されるという。

15 優越的価値特有の依存形態に関連していえば、権威的指示の受容の促進要因として、1. 時間的節約の必要（Lewis and Weigert [1981]）、2. 高度に専門化した判断内容に対する思考の節約の必要（Friedrich [1972 : 71-3 ＝ 1976 : 90-2]）が想定される。このいずれもが「権威の道具的側面」に属するものである。ただし、短時間での適切な判断の準拠点を必要とし、優越的価値やその媒介者としての担い手に対する依存状態を促進するという意味で「帰属的側面」とも密接に関連している。こうした状況が担い手の戦略的操作にもとづいて現出されているわけではないところに、権威問題の社会状況依存性がある。

16 合理的・非合理的という権威への依存形態に関連し、概念の合理的側面についての文献としては、フリードリッヒ（Friedrich [1958]; [1972]）、秋永 [1962]、非合理的側面については、中村 [1966]; [1970] を参照。もっともこれら政治学的立場では、フリードリッヒ（Friedrich [1972: 80-1 ＝ 1976 : 96-7]）のように、敬意は権威の本質的要件とはみなされていないが、彼らの論考は権威（authority）概念史に対する考慮がかけてしまっている。また、合理的—非合理的という設定を、関係結合の性質の違いという観点から、前者を権威関係における道具的依存、後者を帰属的依存と呼ぶこともできるが、こうした概念化の発想は、フロム [1936] およびセネット [1980] の議論より示唆を受けた。より詳しくは拙稿 [1992] の議論を参照。ここで挙げた論者の合理性概念にはいずれも、ヴェーバーの合理化論の影響がみられる。

17 「合理性」が曖昧な概念であるというのはある意味皮肉なものだが、本書では主としてヴェーバー流の概念ニュアンスを念頭に置いて記述しているため、ここであらためて具体的にその内容を確認しておきたい。

西欧音楽の他地域にはみられない独自の特徴をふまえた上で、ヴェーバーの社会学では合理性・合理化という発想が含みもつ3つの特徴が強調されてきた（Collins [1986]）。まず第一の要素は、「技術的である」ところにある。

この技術的合理性とは「万人にとって開かれており、理解可能」という点に特徴がある。第二の要素は「活動的・能動的」という要素であり、既存世界を変革的に支配する力という意味で、ヴェーバーのいう合理性には活発であるというニュアンスが含まれていることが多い（1章3節の〈権威現象性の源としての伝

達内容自体の魅力〉における、西洋権威が帯びる「発奮要素」と合理性の発達も参照）。三番目の要素は「予測可能性と規則性」にある。ヴェーバーによれば、市場は予測可能で一定の規則に従って価格の決定を生み出すときにはじめて、非合理的でなく合理的な存在になるという。

合理的依存というときの「合理性」は、主としてここでいう第一・第三要素のニュアンスを含意しているものと理解されたい。

18 正統的権力の行使による受容メカニズムとしては、次のような例が考えられる。新聞社という組織体、イデオロギー的観点から予め分類された識者に意見を求め、それを引用する形をとりつつ、組織体の意見を代弁させるような形で引用する。それは、一見バランスをとるような形で組織体の立場からみて、正－反－正という順序で配列させるにしても、新聞社は、自らの立場をオブラートでくるみつつ、各界の「権威」の談話を使い分けることで、組織体の意見を読者に受容させることを意図している（ただし、しばしば見受けられる『……の権威』という表記は、語源的・語の構成観念的・翻訳的に厳密にいえば『権威者』とする方が望ましい（2章参照）。また、識者はそれぞれ各主題領域において、一定の受容者と権威関係におかれていると考えられる）。

新聞社の意見の受容について、読者集団（層）全体を操作することによって、間接的圧力を行使しており、担い手がその関係の第三者と水面下でつながっている点から、この現象は正統的権力関係であると理解することができる。

担い手がサンクションを直接行使しないという権威の特徴についていえば、先行研究において必ずしも合意があるとはいえない。たとえば、ロングは、影響力のうち意図的なものを権力とした（Wrong [1977: 24]）。さらに、権力には、暴力、操作、説得、権威が含まれるという。したがって、ロングの議論における権威とは、意図的なものということになる。ロング、あるいはルーマンの権力論については宮台 [1989] を参照。

19 交換論的にみるとき、受容者が担い手に感謝の念をいだいても、精神的負債はなくならない。また、かりに、受容者が担い手に対して対価を払うとしても、感謝の念は減じない。それは、権威的指示が、受容者にとって、いわば限界効用的な意味で個人的に貴重で代替不能な存在であるのに対して、財貨は担い手にとって代替可能な普遍的効用をもたらすことを意味するにすぎないためである。交換理論的にいえば、質の異なるサービスの交換は、成立しえないために、負債はそのまま残るということである。この問題については、たとえば上野 [1979] を参照。

20 森 [1961：95-96]（ ）内は引用者による補足。この引用のなかの "additive" は、スピロ（Spiro [1958]）からの引用である。ここでスピロは、おもに政治における方策（政策＝policy）から議論をはじめ、人間一般（human being）に議論を広げたうえで、権威を次のように定義している。「権威は、我々の運命（fate）に関与している諸々の方策（policies）——これらの方策が、たとえ他者によってつ

くられたとしても—を受け容れるように我々を導く一種の『添加物』(a kind of "additive") である」(Spiro [1958: 50])。

　スピロ [1958] は触れていないが、"添加するもの（additive）" とは、1 章 3 節で指摘した、オーソリティ語源三要素（注 21 参照）のなかの "追加・後見" と一致していると思われる。この "追加・後見" 要素は、三要素の中でも根源的であり（Arendt [1958: 100=1973: 153]）、オーソリティにはそもそも、何かを "増やす"（若輩者を信用づけて "重みを増させる（後見する）"、というような場合など）というニュアンスが、その根底にあることに留意されたい。その意味で、権威をひとことでいえば、"添加物" である、といっても過言ではない。

21　権威という観念の起源は、すでにみたように共和政ローマ時代の新造語〈アウクトリタス〉(auctoritas) にもとめることができ、このローマ的観念に含まれる意味には、1. 追加・後見、2. 創始・開始、3. 高齢・個人（人格）がある（1 章参照）。それに対し、本書で展開している「担い手」概念は、1、2、3 の意味を併せもっている。つまり、担い手とは原則として個人的である。担い手がもつ源泉の優越的価値は、受容者にとっては、新たに出会うという意味で創始的である——今日用いられている「著者」(author) という語は 2 の観念に由来している——。また、源泉の優越的価値に対する後見的責任は、信用という意味で担い手に関連しているのである。

22　拙稿 [1994] も参照。この 15 年間、権威についての自発性について調べ、考え続けてきた 1 つの結論が、本項目の記述となっている。

23　優越的価値としては、抽象的には、3 章で論じた、時間権威と空間権威という 2 通りの方向性が指摘できるが、より具体的には、また別に論じたい。

24　権威源泉の正統性による指示の受容には担い手側による制度的サンクションも深く関わっていることが少なくない。ただし、本書の見方によれば、そうした場合は「権威現象」とはいえず、後者による前者の補強が事実上行われるにしても、二者は独立の受容要因であると考えられるためここでは前者に焦点を絞って議論を進める。

　権威と自発性の問題には、権威関係レベル（加入局面の問題）と、関係加入確定以降（継続局面）の指示受容レベルがある。本書では、後者に議論を限定している（前者については、3 章および拙稿 [1992]; [1995] を参照）。

25　Weber [1972] 3 章・9 章参照。ただし、ヴェーバーは、恭順の念の発生要因について、何の説明も加えていない。ルークスが指摘しているように、これは、ヴェーバーの問題関心が、服従そのものではなく、支配構造の大枠のうちで、一般にいかなる根拠に基づき権威への服従がなされるか、に向けられているためだろう（Lukes [1978：663 = 1989：109]）。

26　バーナードやサイモン、ブラウ、ドーンブッシュとスコットは、組織内における〈横糸的作用〉を重要視する論者であり、社会・国家という範囲における〈横

糸的作用〉を重視したのが、5章で言及した「行動権威論者」である。受容者の範囲という観点からいえば、組織論では、相互に顔見知りである「受容者集団」が、「行動権威論」では、相互認知可能な集団より遙かに広い「受容者圏」が、横糸的作用を編み出す温床とされているように思われる。厳密にいえば、この2つの立場の間には、作用の強さに違いがあるだろう。ただし、横からの強制に促され、"消極的自発性"に基づき権威的統制（権威行使）が行われるという考え方そのものは、共通しているとみて良いのではないだろうか。

27 さらに注目すべき知見としてはゼルディッチとウォーカー（Zelditch and Walker [1984]）の「正統性と権威の安定性」（"Legitimacy and the Stability of Authority"）があげられるだろう。彼らのこの業績は「ドーンブッシュとスコット理論（"Dornbusch & Scott theory"）を建て増しし、拡張させた議論」であると評価されている（Blegen and Lawler [1989: 171]）。ゼルディッチらによれば、組織における権威は、是認 (endorsement) と認可 (authorization) 双方を必要とする協同的システムであるという（ちなみにゼルディッチ（Zelditch, Morris Jr.）は組織論ばかりでなく、パーソンズとベールズの『家族：社会化と相互作用過程』（Parsons and Bales [1955] *Family, socialization and interaction process*）の "collaboration" に名を連ねている研究者としても知られている）。

28 本書で提唱する「入り込む（はいりこむ）／巻き込まれる」という対概念的アプローチ（3章参照）は権威関係の加入の仕方に応じた加入という局面への着目に基づく区分である。権威関係の加入とは、受容者の集団や社会圏への加入と等しい。したがって、入り込む権威関係とは、受容者集団・圏に任意に加入できる関係であり、巻き込まれる権威関係とは、受容者集団・圏に入らざるを得ない関係を意味することになる。成員補充という点で権威現象における強制システムが安定するのは、権威関係への加入と、個々の指示の受容というふたつのレベルにおける強制がそれぞれシステムとして完成していることが考えられる（拙稿 [1992] 参照）。

29 受容継続の強制と権威の受容者にとっての「強制感」に関連して、高田保馬はジンメルに倣って、「権威の本質」を「超個人的事物的なる公理のもつが如き承認の強制を主体（担い手）のもつこと」に見いだし（（　）内は引用者）、そこに「最後決定力」や「品位」を読みとりつつ、担い手を「信憑せらるべき」であると受容者が信じ、そこに「客観的なるもの」があることを信じるという（高田 [1959: 41]）。本書の見方によれば、「承認の強制」は担い手自身が行うのではなく、受容者の範囲において行われ、そこで「客観的なるもの」が生起するとともに、担い手に対する「品位」を受容者が"自発的"（勝手）に見いだすようになるということになる。

30 5章で論じた権威の種類という観点からいえば、「命令の権威を維持しようとする個人的関心」は行動権威に対する私的判断の放棄に属すると思われる。この

ような従者たちの個々の関心の総体がバーナードのいう周知の「フィクション」であり、彼は権威（源泉）そのものであるとした。

所与の現実から人が主体的に創り出したものがフィクション（仮構）である。フィクションを「近代精神の本質」と位置づけた論者もいる（丸山 [1961：41-4]）。前近代的権威がことごとく実体的なものの裏打ちに基づいて成立していた（クリーガー [1968]、セネット [1980] を参照）事実と対比して考えるとき、近代あるいは現代的権威の特徴は（所与の現実という対応する"実体"を直接目で確かめることのできない）抽象的"イメージ"に基づき、イメージを権威の源泉としてイメージに照らして正統か否かを判断するといった形で成立しているところに求めることもできるだろう。

ただし、イメージやフィクションという際にその言葉の内包の大きさに惑わされてはいけない。いかなる時間・いかなる受容者圏に対し、どのような「主題領域」範囲で権威がイメージされているかという近現代権威に対する「範囲限定」は、目でみることができた 19 世紀までの権威にも増して重要である。

31 前注のように、フィクションが近代精神の本質の「現われ」であり、それが前近代まではそれほど広範にはみられなかった近代ならではの在りようであると考えるならば、バーナードが組織権威の源泉（従者の遵守根拠）を、実体的な存在の影としてではなくフィクションそのものに求めた方向性は正しく、まさに近代以降広く存するようになった大規模組織の特徴を近代ならではの精神に照らして言い当てているといえる。

では権威がフィクションであってフィクションが「近代精神の本質」であるとき「権威（近代組織権威）は『近代精神の本質』の現れの 1 つである」といえるとすれば、近代ならではの特質をそこに備えるに至ったのはどうしてだろうか。

フィクションが近代の本質で近代以降の大規模組織権威の源泉（遵守根拠）がフィクションにあるというとき、その実体は結局のところ整合的系統性とそれに基づく正統な命令系統を指していると思われる。近代組織は一般にあまりに規模が大きすぎる故にそれを担っているであろう上位者の大半とは終生非対面的で実感として目でみて把握することすらできないクーリー（Cooley）派的な第 2 次集団であって、そこでは根源的な遵守根拠がイメージによってしか把握できず、フィクションやイメージに対する"信頼"が組織存立にとって必要になってくる。

従業員という受容者たちが服務する関心は曖昧にフィクションにあるというより「何に対するフィクションか」が重要であり、それは組織の規律・規則という「系統性」にある。この意味で、近代組織権威は冒頭で触れた「行動権威」であるのと同時にその源泉からみればバーナードより具体的に「システム（空間系統性）権威」（3 章）と位置づけることが適切だろう。

32 相互監視におけるサンクションは、正統性に照らして行われていると考えられる。除名や破門はその例であろう。

役割転換が生じる「範囲」について、フロムあるいはリースマンの社会的性格論における「社会」の範囲は、ここで論じた役割転換の生起する範囲と重なる部分が少なくないであろう。受容者範囲の境界特定化という発想法は、当該権威体系に対する適合的行動様式の結果形成される社会的性格の議論においては、その「社会」の範囲－階層的・空間的・時間的－の境界を検討する際、応用可能性を持つと思われる。この点については稿を改めてとりくみたい。

通世代的役割転換についていえば、担い手位置の世代間の継承における代替りという出来事が権威失墜の契機となることは少なくなく、これは次節で述べる指示付与の適切性変化の問題である。代替りした際に担い手は、依拠する源泉の正統さそのものの証をたてる必要よりむしろ、自らと源泉との結びつきの適切さと、付与する指示の正当さの証をたてる必要に迫られることになる。

33 ただし、こうした役割転換の連続は、権威的指示受容の主たるメカニズムではなく、第二次的で派生的なものである。「権威的」という観点から見て重要な示差的特徴は、権威源泉に対する正統性信念と担い手への敬意に由来する受容の自発性に現象的特徴があるといえるからである。役割転換の連続、いい換えれば受容継続の強制は、自発的な受容者たちの集団の産物であり、潜在的逸脱可能性に対する「抑え」として、権威の長期的安定の大枠を説明するものである。

抑えは「潜在的」あるいは「陰で」行われているために、権威をめぐる「差別や排除」問題はアンダーグランドな色彩を帯びていると考えられる。ただし、近年発達したwebにより、従来であったら心の中のつぶやき（心象）にとどまっていた感情が、"書き込み"という形で現象（映像）化し、数多くの人々の視覚経験の対象となることで、これまでにはない"抑え"をも、生み出しつつある。

34 藤田[1993]では、合理的（計算予測可能な、ヴェーバー的意味での合理性に基づいた）依存を主とする権威を「機能的権威」として捉え、それをプロテスタンティズムのゼクテの信用創造に見いだし、ゼクテの盛衰と社会変動について、リースマンの社会的性格論を援用しつつ考察した。

35 池田[1982：183] 同様の指摘は、「権威や規範の指示する関係において行為する人々の利得水準の低下と犠牲の増大が従前よりも目に見えておおきくなれば規範非準拠行為の増加は明らか」（森[1960：33]）という記述においても見いだすことができる。

36 受容者の指示不服従あるいは関係からの離脱をもたらす状況としては、受容者の依存状態の変化が想定できる。オルタナティヴな権威に手に届くようになる場合の具体的成り行きについては、4章の〈下位者権威論〉についても参照いただきたい。

37 事態の変化に際して生じる受容者の不満は、1）源泉の価値優越性自体の低下に対し、2）源泉と担い手のつながりに対する疑義によって、生じると考えられるが、本書では、より根本的な変化契機と考えられる1）に注目する。また、担

い手位置の継承における代替りという出来事が「権威失墜」の契機となることは少なくないが、これは指示内容の適切性が受容者側によって新たに(その時点の状況に基づいて)問題化されるためである。すなわち、代替りという出来事によって、受容者側で権威に対する期待内容点検の機運が生じるのに呼応して、担い手は、源泉と担い手のつながりの正統さの証とともに、その依拠する権威源泉の価値優越(正統)性の証をたてる必要に迫られる。

38　新権威発生と既存権威との接続問題については、3章を参照。

39　その意味で、合理性を主とする権威は、脆いところがある。4章の〈下位者権威論〉を参照。

40　ちなみに"surrender"に当たるとされる日本語には、「降伏(服従)」と「放棄」の2つの意味の訳が当てられている。"権威に対する私的判断の放棄"というとき、一見、権威(側)に対し"無条件降伏"しているようにみえるが、その実、"何に対して"降伏しているのか(受容者集団・自分の都合・そのミックスとすればどちらの側面が強いか)、観察(自問)すべきである。"条件付き降伏"へ持ち込むには、どうしたらよいのか、本書で示した諸々のビジョンを活用していただければ幸いである。

結　び
―権威の動態的把握と高齢要素の現代的意義―

権威の動態的開拓

　The Sociological Tradition のなかで、ニスベットは、「権威」について社会学史上の基本観念の1つに位置づけた[1]。「社会学的伝統のなかで、概念上基本的で、歴史的に際だつものを明示しようとした」という、この世界中で知られた著書における採択方針に適うと、ニスベットは権威概念を評価しているのである。

　権威という章で具体的には、「権威の合理化（ヴェーバー）」、「権威の機能（デュルケム）」、「権威の諸形態（ジンメル）」といった形で、彼はまず、学史的議論を展開した。このような権威に関する社会学的伝統を踏まえた上で、ニスベットは、共同体という形での「社会」再構築の条件について探求するのである。

　そもそも、サン・シモン、コントといった社会学の祖は、政治的主題領域・政治思想からの社会的主題領域の自律化に貢献し、フランス革命で揺らいだ社会再構築の条件について考えていく過程で、社会学を編み出していったといえよう。同時にこの営みは、当時盛んであった近代政治思想の主要論題である「政治権力」から、中世までは考えられなかった産業社会ならではの精神的指導者といった「社会的権威」を独立させた。政治に従属するだけではない、権威の自律的領域に対する注目を、彼らは強く促したのである。

　こうした営みは、権威の歴史の上でも重要な意味を持っている。アーレントによれば、コントは新しい産業社会の出現に際し人々を導く知的枠組を提供したが、「社会再組織のために必要な科学的作業のプラン」（1822年）に代

表される知的営為は、古代ローマ、中世カトリックに比肩するような、長大な「権威」を再構築しようという試みだったのである（Arendt [1958: 98-106 = 1973: 150-60]）。

だが、このように権威への知的関心の重要性について指摘されている割には、研究対象として、それほど発展していないのが権威の現状である[2]。これはなぜだろうか。この問いはひとまず置き、研究テーマとして重要性があるとして、では権威を過程としてとらえることには、いかなる専門的な意義があるといえるのだろうか。

社会的勢力論と政治社会学の専門家である森博は、権威研究の主要な課題の1つに権威源泉の形成や権威の変動過程の究明があると、1961年に早くも指摘していた。「権威についての問題論」のⅡ節〔権威形成の過程論〕は以下の内容で締めくくられている。

「構造化を推進し維持する要因とそのメカニズムはそのまま同時に構造変化を生ぜしめるメカニズムとして説明されねばならず、ここに権威形成過程—特に価値がいつ・どこで・どのようにして成立し成長しあるいは退化するものであるか—の究明が、従来の切断された構造論と変動論とを直接に関連づけるための動態論の理論的拠点となる。この課題の追求は、グループダイナミストによる実験的試みやイメージ形成の観点からするイーストン、ボールデングらの研究があるが、漸く緒についたというべく、今なお多くのことが未開拓のままである。権力・権威に関する社会学的研究にとっての現在における一つの重要な課題は、生活諸資料の形成・獲得・配分過程との関連のもとに、そこに作動する勢力の様態をさぐり、諸々の価値イメージが現実に形成され・発展し・衰退していく過程を明らかにすることである」（森 [1961: 97-8]『社会学評論』43・44号）

この指摘は、40年以上前になされた先駆的なものである。それにもかかわらず、権威源泉形成と権威変動過程の究明は、依然として新鮮な問題であ

り続けているといえる。

　というのも、現在に至る内外の研究を管見する限り、この動態論（変動過程とその時々の権威構造の究明）として権威を捉えようとする試みは、これまでなされてこなかったからである（森 [1959]; [1974] 参照）。「権威形成の過程論」はいまだ「未開拓のまま」残されている。ではなぜ、開拓できないのだろうか。

　重要さが指摘される割には権威研究が進展していない理由、権威の動態論が未だ未開拓のまま残されている理由、これらの大半は、研究対象としての権威の取り組みにくさ（権威の曖昧さ、とらえにくさ）に由来しているというのが、本書の見方である。

　そこでこのとらえにくさ、つかみどころのなさについて、いま一度、現象・概念・観念という水準に分けて、「結び」としてあらためて振り返っておきたい（序の"時間と感情を現象レベルと概念レベルから分析"も参照）。権威の不明確さの解明に対し、括弧内が本書で考察した章である。

権威の不明確さの解明

　まず、現象としての権威は、これまでのべたように、長期間にわたり継続しているため、その発生局面は探りにくく、この先どうなるのか、いつ消滅するのか見通しを正確にたてることには困難が伴う。人間とタイムスパンが違うのである（序・3章）。権威発生については、自己申告が多いという意味で信憑性に問題がある資料からの読み取り、あるいは想像に頼らざるをえない。権威変動と消滅も、隠れて生じている現在進行形の現象を予想し、将来を予測、予言するという不確実な性質を持っている。

　このように現象的測定困難は、タイムスパンが人間とかけ離れている、権威の特性にある。いいかえれば、継続性の永さに権威現象の特徴がある。発生と消滅が、永すぎるゆえにみえにくい。そのための接近方法として、四局面配列を提案した。私的判断の放棄と自発的遵守、これらをもたらす敬意と排除について指摘してきたが、とりわけ「排除」は、陰で行われ、隠微・陰湿という意味で把握が困難で、その上、はじまりとおわりがみえないメビウスの輪のように、（場合によっては部落差別のように、何世代にもわたり）くりか

えし、受容者間の相互牽制が、その構成員が変わってもつづいていくという持続力を発生させている。

　時間と並んで権威の現象的測定を困難にしているのが、感情である（4章・7章）。敬意的感情が権威受容を促し、受容しない者の排除にさえつながると、本書では主張してきた。だが、人間の感情と権威受容の相関については、視覚経験の対象にできないこともあり、つかみづらいというのが現実である。

　これら現象上のつかみにくさに対して、概念（concept）としての権威の曖昧さは、序で示したルークス[1974]の図に示されているように隣接概念、特に権力との関係が、研究者の立場により異なっていることに由来する（序・5章）。

　さらに観念（idea）としての曖昧さは、語源三要素としての〈追加・後見〉〈創始・開始〉〈高齢・個人（人格）〉、権威観念史におけるニュアンスの変遷、訳語という問題を含んでいる。オーソリティという発想は古く、歴史上経てきた蓄積も多く、入り組んでいるために、一層つかみどころないような印象を深めてしまっているが、概念とも関連した権威の示差的特徴は、敬意と人格（高齢・個人的要素）にある。権威の構成要素の1つに「主題領域」があると論じたが、主題領域も人（ひと）という発想（いわば私性）に付随したもので、それゆえ限定的性質を帯びており（3章2節3））、公的性質と通貨的・メディア的普遍性を持つ権力とは対照的である（1章・2章）。ただし、これまで行われてきた担い手側偏重の研究（5章）では、受容者側とその感情について無視される傾向があった（7章）。

正統化偏重の権威概念

　以上の把握しづらさ、測定しづらさと並んで、権威の動態的開拓が進まない理由の1つに、政治偏重、〈担い手側偏重の権威観〉とこれと関連する〈追加・後見（正統化）要素偏重の権威観〉が現代の権威観・権威研究の主流[3]をしめていることが挙げられる（1章3節、4章・5章参照）。そもそも〈権威形成〉と〈変動〉は、担い手側のみに着目した視点、〈正統化（追加・後見）要素〉中心の視点だけでは、まず論じること自体不可能である。

残念ながら、現代の権威観念（広くいえば概念）は、〈追加・後見〉要素に偏り、しばしば権力へと還元されて捉えられている。社会学の創立者たちは、社会的分野を学問として政治思想から独立させた。権威を政治権力の正統性源泉としてのみ、狭く捉えがちな風潮は、この学問化の歴史に逆行している。権威は政治的主題領域（統合と配分をめぐる問題）ばかりでなく、宗教や科学、倫理、道徳、教育といった主題領域に関して、さらに論究される余地がある。同時に、〈追加・後見（正統化）〉要素ばかりでなく、〈創始・開始〉と〈高齢・個人（人格）〉という要素にも目を向けるべきであろう。とくに「高齢」要素は重要である。

高齢要素の現代的意義

社会全体の高齢化傾向は先進国共通の問題であるが、「高齢」への敬意とその権威性については、高齢（先行的存在："先祖"）に対する人類の発想法の変遷史に照らして、今後論じていく必要があるだろう。高齢化社会では、経験的蓄積の相続（継受）を期待する、広い意味での「世襲」礼賛の風潮も見受けられる。二世・三世は、いってみれば"生まれながらの高齢者"として、若くして〈現在を過去から継受すべき者〉として期待されている。血縁はなくとも、団塊世代の大量退職に際し、経験や勘の継承が期待されている。

受け継がれる内容は、DNA（相貌・らしさ）から、後天的経験までさまざまちがいがあるものの、先進国（主として経済な成功自認国）の高齢化社会というのは例外なく、受け継いでほしいと願われる時代精神や共通の成功経験という、広い意味での「文化」を蓄積してしまっている。遺産を残そうという意識が強く、しがらみも制約もない焼け野原がハングリー精神や経済的向上心をよび起こし、繁栄を生むとは考えにくい傾向にある。後の世代に残す「遺産」について考える手掛かりとして「世界遺産」のあり方をみても、遺産の数が増えることはあっても1つたりとも減ることはなく、遺産を受け継がなければならない人も増加する一方である。

高齢とは、一種の遺産（経験と富と人脈の蓄積）といってよい。高齢化社会とは、広義の文化遺産だらけの社会であり、権威三語源の〈創始・開始〉の

項で述べた、「新しいことを始めるのに際し、先例と結びつけないと認められない」社会なのである。

排除問題としての権威論

正統化要素偏重・担い手側偏重の権威観という現状がもたらす、もう１つの弊害として、排除問題（とくに受容者側の排除問題）の不問が挙げられる。というのも、担い手側の〈追加・後見（正統化）〉要素を重視するこれまでの権威研究では、受容者側の敬意的要因が軽視され、これに関連する受容者間排除の問題は、扱われてこなかったからである。「同調」に言及されることはあっても、同調者集団における横の相互牽制については、論題とされていない。排除が権威継続と間接的につながっているという流れについて本書では示したが、今後一層踏み込んだ究明が必要である。「間接的」というのは、担い手側は排除が生じることを直接望んでいるわけではなく、また、担い手側の視野の外で隠然と、受容者間排除が生起するためである。家元であれ教師であれ、教え子同士が排除しあっている様を目にする機会は少なく、また排除を残念に思うケースも多いかもしれない。だが、排除が生じないようでは、その権威は永続きしないのである。同じ権威を受け入れている者たち（受容者たち）が同調を渋る者を自発的に排除し始めるとき、権威は自律的永続力を持つようになる。

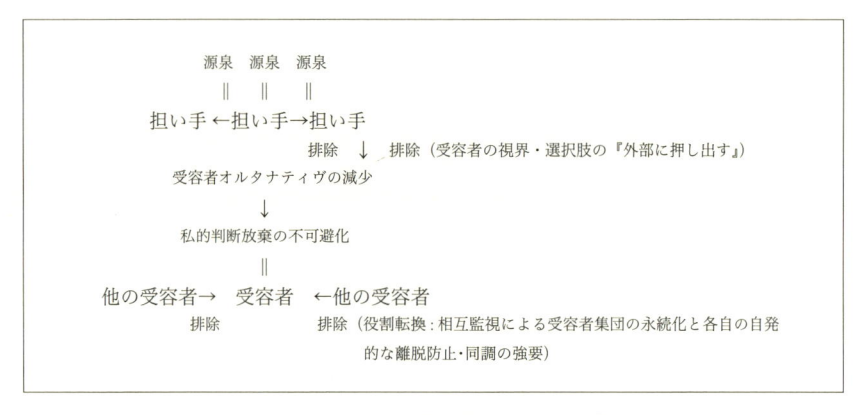

```
            源泉  源泉  源泉
             ‖   ‖   ‖
            担い手←担い手→担い手
                   排除 ↓ 排除（受容者の視界・選択肢の『外部に押し出す』）
       受容者オルタナティヴの減少
                   ↓
           私的判断放棄の不可避化
                   ‖
      他の受容者→  受容者  ←他の受容者
             排除        排除（役割転換：相互監視による受容者集団の永続化と各自の自発
                              的な離脱防止・同調の強要）
```

図８―１　権威をめぐる二重の排除問題と判断放棄スパイラル

これまで論じてきたように、権威をめぐる排除には、担い手側で進行するものと、受容者側で行われるものがある（5章・7章）。両側面をあわせたのが図8―1であるが、これは担い手側が受容者の「私的」判断の根拠となる別の選択肢を「みえなくする」ことで、受容者オルタナティヴが減少し、私的判断放棄が不可避化するというスパイラルを示している。

継続性の高さを相対化する四局面的権威過程観：私的判断放棄・自発的遵守と敬意要因

担い手側（正統化要素）偏重、高齢要素、排除という問題について確認したところで、「権威の不明確さの解明」に対する本書の"手法"について、あらためて確認しておきたい。

権威に関して、冒頭で紹介したニスベットがいうように、基本観念という市民権を社会学史上得ているという見方がある一方、本書は先行諸研究では曖昧なまま取り残されていると考えられる諸問題の明確化を試みてきた。それは権威の曖昧さの解明が、動態論といった未開拓の権威研究にとって必要だからと考えられるためである。社会秩序の再構築というニスベット的視点とは別の視点から、権威を社会学的に特徴づけ、その特徴を可能ならしめている諸原因やメカニズムについて考察を行おうとした。概略すると、以下のようになる。

まず、権威現象の特徴はどこにあるのかという問いを立て、それを「継続性の高さ」と推定した。しばしば権威現象の特徴の具体的内容として記述してきた「従者の私的判断放棄（停止）と自発的遵守」がこの継続性の高さをもたらす。この原因についての探求と接近法について提案し、先行研究の知見を示しつつも独自の視点（時間的局面配列、敬意と排除）に基づき、論考を展開した。時間を局面配列といった形で具体的に「過程」として捉えるという意味で、この発想から権威を明確化する接近法は、過程という権威観、「権威過程」と呼びうるだろう。権威過程という発想法はすぐれて社会学的だが、このように権威を社会学的に捉えるという意義は、社会学概念から権威現象に対し説明を試みたり、社会学で権威がこれまでどう扱われてきたのか明確し、多様な権威観を紹介することにあるのと同時に、先行研究で積み残され

た問題（下位者側が権威継続にもたらす影響）の明確化というところにある。

社会学的権威の曖昧さ

　先行研究の紹介と検討を通して改めて感じるのは、それらの曖昧さである。ただし曖昧と一口に言っても、その原因には2通りの要素が含まれていることに留意すべきであろう。権威の社会学的研究が曖昧であるという問題には、権威という対象特有の問題（すでに述べた、現象・概念・観念各水準の問題）と、社会学自体が抱える問題がある。曖昧な「権威」を社会学的に特徴づけることで、一層曖昧にしてしまった懸念もある。というのも、社会学そのものが曖昧さを多分に含み持つからだ。

　ニスベットは挙げていないものの、権威同様社会学で論争の歴史がある観念（概念）の1つに「役割」がある。「権威の社会（現象）学的アプローチの曖昧さ」の明確化、あるいは先行研究による論争をめぐる観点整理として、つぎの論述をここで引用させてもらい、社会学に由来する曖昧さについて整理する手がかりとしたい。

　　「社会的役割の概念は、すでに社会学の基礎概念としての市民権を手中にしている、といってよいだろう。社会と個人の媒介概念としてばかりでなく、社会構造の基本単位としても役割概念は用いられている。
　　しかしながら、このように役割概念がふんだんに使用され、役割分析が確立しているかに見える反面において、役割概念は、依然としてきわめて曖昧模糊とした概念であり、役割分析の操作化は完全に低迷状態にある。1950年前後に、このカテゴリーがはなばなしく登場した直後から指摘され続けていた問題点は、少しも改善されないままなのである。役割概念は、多面的な要素を含み、その場かぎりの課題を背負わされて、社会的役割の基本的性格に関しては、ほとんど共通の理解を欠落したまま乱用されてきた、といえるだろう。その理由の一端は、社会現象の基底的事態としてのいわゆる役割現象なるものに関して徹底した考察を怠ってきたことにあるように思われる。社会的役割によって社会と人間

とが媒介され、社会構造の基本単位が役割であるというのなら、まずもって社会的役割の<u>根本的性格に照らし</u>、その根拠や理由が明らかにされなければならない」。（佐藤 [1975: 99-100] 下線は引用者による）

　以上の「問題の所在」との見出しが冠せられた「役割分析の基本問題」は、権威分析にも当てはまるように筆者には感じられてならない。そこで、特に下線を付した箇所や概念について権威のケースに関連させつつ、筆者の考えを以下では述べていく。この叙述によりこれまでの論考内容について振り返ると同時に、なぜ社会学における「権威」研究が複雑なものとならざるを得なかったのかについて、代表的社会学概念の1つとされる「役割」研究のケースを参考にして照らしつつ、権威と社会学の混乱のポイントに関し本考察での回答箇所に言及し、本書を「むすぶ」一環としておきたい。

＊<u>分析の操作化</u>

　操作化＝合理化（可測化）と考えるとき、概念が指す具体的現象や先行研究による知見が即座に想起できないほど抽象化を施した「操作化」に筆者は反対である。それはあたかも過度の合理化がもたらす逆機能のように、過度の操作化により概念自体何から抽象したのか見えなくなるおそれがあるからであり、その結果漠然とし、説明力や独自性を失う。とはいうものの、「客観性」確保の手段として「適度の」分析の操作化は避けられないことは確かである。
　ただしその際に、権威「分析」など「…分析」という言い回しや接近方法には、しばしば混同がみられる傾向について注意が必要であろう。役割分析という場合と同様に、権威（論的発想）「を」分析するのか、あるいは権威（論にみられる知見）「で」なにか具体的社会現象について分析するのか、分析というワードが社会学で用いられるときしばしば無自覚な混在がみられる。この混同は、これまで本書でしばしば指摘してきたとおりである。説明対象と説明概念の混同は、社会学のみならず社会科学全般において広くみられ、それほど問題化されているようには思われないが、「操作化」以前に「分析のめざすねらい」の明確化が肝要である。

権威を分析するのか（対象としての権威）、権威で分析するのか（語源三要素、局面配列、現象上の特徴からの説明）という一応の線引きは、考察する際つねに意識しておくべき区分であるように思われる。

＊多面的な要素

　論理学者であるボヘンスキーの観点を手掛かりに、3章（局面配列としての権威）で、この問題について論考してきた。すでにみたように、彼の論考を手掛かりに権威をめぐる諸々の構成要素（道具的側面・帰属的側面：巻き込まれる・入り込む権威関係：権威源泉・担い手・受容者・主題領域）に関して考察してきたが、これらと関連した権威の時間的変化過程（四局面配列；発生・加入・継続・消滅）問題というように、権威を構成し、あるいは権威に関連した諸要素もまた多面的であることを、本書の考察ではあらためてはっきりさせると同時に、権威現象への接近のための手掛かりとなるよう整理を試みてきたわけである。

　権威の発生を権威源泉の正統化という観点からとらえるとき、その権威発生時点で既成（エスタブリッシュ（established））の"系統"（体系・システム）に対する新権威接続のあり方に基づいた時間権威（≒伝統的支配）と空間権威（≒合法的支配）という権威の分類方法については、第3章で提唱した。さらに時間権威は「個人権威」と「通世代継承権威」により構成され、それぞれが四局面配列的経過をたどりつつあることから、4（生成・加入（接続）・継続・消滅）×4（生成・加入（接続）・継続・消滅）＝16通りのパターンを想定できることになり、時間権威を構成する要素の多面性の一端はここからもうかがうことができよう。

＊その場かぎりの課題を背負わされて　基本的性格に関し共通の理解を欠落したまま乱用

　5章（3つの権威観）で論じたように、この問題は権威の場合も深刻である。ただし、そのポイントは、論者毎に想定している社会に実在した具体的権威像が異なっている上に、それぞれが独自のやり方で自分の頭の中にある具体

像を抽象的論考へと結晶化しているところにある。冒頭で言及したニスベットの議論をみても、「権威の合理化」というときのヴェーバーは主として政治組織、「権威の機能」についてのデュルケムは宗教組織や教育組織における道徳の問題、「権威の諸形態」というときのジンメルは組織ばかりでなく個人の人格、といった具合であって、相互に共通点や互換性を無理に求めること自体、かえって問題があるように思われる。闇雲な操作化により概念自体の説明力や独自性の喪失が生じるのを避けるのと同様に、共通点や最大公約数のみを探し求めるのでなく、個々の研究者がイメージしている社会に実在する対象は何かということを浮き彫りにしていく、5章で試行したような研究アプローチが有用である。

社会学の研究対象でも、先行研究業績の量、研究者の数、研究対象の具体性の高さに由来する計測数量化と操作化のしやすさなど、自然科学的手法に近い手続きの導入が容易な分野とそうでない分野がある。3章、権威の主題領域のところで言及した、フックス（Fuchs）の科学組織論をみてもわかるように、学問と一口にいっても文学と物理学ではかなり科学性の程度が異なっており、社会学は前者に近い状態である。

「手法の科学的手続きの厳密さ」はなるほど魅力を備えているが、だからといって手続きや手法の科学性にばかり気をとられ、先行研究の蓄積の少なさと研究対象のつかみどころのなさ、抽象性ゆえに「研究に値しない」、「学術論考」の対象として不適切と言い切るのは、その学問の発展にとって有意義であると必ずしもいえない。さもないと、「権威」に限らず、手がつけにくい分野はいつまでたっても「未開拓のまま」、残され続けることになってしまう。

誰もが納得するような、鮮やかな手続きや科学性は、あくまで「手段」であり、「手段」を試したいために素材を探す、というアプローチの仕方もあるかもしれない。その一方で、対象の明確化という「目的」にとって、現状のあまり洗練されていない研究の布置状況下で、最善のものを研究対象に応じて選んでゆくやり方があってもよいのではないだろうか。

その意味で、権威研究は、役割研究と同様、社会学の多くの分野と同様に、

これまで行われてきた「研究ノートの確認」（何が行われて、何が行われていないかの整理）と「ノートの系統化」（これまで行われてきた研究は、どのように相互が関連しているのか）を明確にする必要があると思われる。

＊現象なるものに関して徹底した考察

　権威現象とは何か。じつは、先行研究の中でこの質問に明確に答えている論述は少ないように思われ、そこで本書ではとくに明確にするように努めてきた。

　ところで、そもそも「現象」とはどのように捉えればよいのだろうか。『広辞苑』（第五版）によれば日本語でいう現象とは「（哲）(phenomenon) 1. 観察されうるあらゆる事実。『自然―』、2. 本質との相関的な概念として、本質の外面的な現れ。⇔本質・本体。、3. カントの用法では、時間・空間や範疇的諸関係に規定されて現れているもの。これは主観の構成したもので、その背後の本体たる物自体は認識されえないとした。事体。⇔物自体」とされている。この中で社会科学における考察で主にもちいられる現象という語の用法は2や3の哲学的色彩の強い専門的意味に限られるものではなく、また"phenomenon"の語源がギリシャ語の「現われる」というかなり一般性を帯びたニュアンスのものとされるところから考えても、1の観察されうる事実、と考えて論述している研究者は多いと推察することが妥当であろう。

　この観察可能な事実という意味で捉えるとき、権威現象を権威「特有」の観察可能対象としての「現象」たらしめているポイントは、ブラウとスコット [1963] や間場 [1993] もみるように、権威に対する私的判断停止（放棄）と権威の自発的受容にある。この2つの現象の結果、これらによってはじめて、継続性が高く不安定化しにくい、ときに「伝統」そのものと同一視される権威なるものがもたらされているという見方を本書は提示してきたわけである。私的判断放棄、自発的遵守、その結果としての継続、長期的継続としての持続という諸問題を「権威現象」として議題化し、それらの問題を可能ならしめている諸要素や仕組み、あるいはそれらを理解する際に有意義であると思われる概念図式や発想について提示するという形で、「現象なるもの

に関して徹底した考察」を行ってきたつもりである。

＊根本的性格に照らし

「根本的な性格」とは照らされる元であるような「説明概念」であって、「権威で」何がしかの社会的な現象に対して説明を加える際に用いる「説明項・説明変数」のことである。概念の根本的性格について考えるとき、それはおそらくその社会学概念のアイデンティティ（自己存在確認、存在証明）に根ざしたものに他ならない性質のものであるだろう。性格（character）とは特色・特質であり特徴であって、他の概念にはないその概念ならではの性質を意味していると考えられるからである。こう考えるとき、権威の根本的性格は、以下で挙げ、本書で呈示してきた8側面についての考察とそれに関連した、高齢・個人（人格）を中心とした語源を構成する観念、および四局面配列それぞれにおける問題のなかに存しているのである。さらにつきつめていうならば、権威現象＝権威の継続（←従者判断放棄・自発的遵守）を説明し、それをもたらす諸要因こそが「根本的性格」である。権威の道具性（従者側の自己判断の節約という効用）、および直接的・具体的権威者を含む権威的（空間的拡がりを持ったネットワーク）体系・（時間的）系譜に対する尊重心や敬意（広い意味での権威ネットワークや関係への所属がもたらす安心感）と受容者各自のアイデンティティへの挑戦（不服従）者に対する自律的排除は、権威の根本的性格に当たると思われる。

〈排除〉という横の作用と〈自発性〉という縦の作用が織り成す、"織物としての権威"の持続力の強さ

さて、さきの「現象なるもの」の項でも言及したが、序や第4章をはじめとする本書で繰り返し触れてきたように、ブラウとスコット [1963: 28] によって特徴づけられている権威現象とは、つぎのような内容だった。

> 「他の社会統制との差異性という観点からみた…権威の2つの基準は、正統な命令に対する自発的遵守と、命令に先立って生じる判断停止である」

本書では、権威の現象的特徴＝観察されうる事実としての現われ方が、こ

の2つの出来事に存しているという立場をとり、その結果として権威の継続力の高さがもたらされている、という見方をとってきた。

そして、この2つの現象（視覚経験が比較的可能な"現れ"）は、以下であらためて呈示していく、「8通りの側面」という、直接の視覚経験がむずかしい"原因"（敬意、道具（功利）性、集合的圧力）の結果として、成り立っているという発想に基づいて、論考を行ってきたわけである。

この8種の原因の結果が権威現象を特徴づけている以上、自発的遵守と判断停止が権威の時間耐久性の高さをもたらしているというとき、この8種の原因それぞれが、権威継続の遠因となっている、というのが本書の結論である[4]。

さらに8種の原因についていえば、権威には、序で喩えた台風のように、縦方向の作用と横方向の作用によって、持続力がもたらされていることに注目すべきである。この8種のうち4種（1、2、5、6）は、縦の作用、〈権威者側対受容者個人〉という、いわば"縦糸"である。受容者間「排除」という横の作用、"横糸"がのこりの4種（3、4、7、8）である。8種の縦糸と横糸から、権威継続という"織物"（ネット）がおり上がり、時間耐久性を持っていくイメージを思い浮かべてもらいたい。

人が権威を求めるということは、"縦糸"と"横糸"から成る"織物"におり込まれたがっている、みずからを"落ち着かせ"たがっているとみることができる。自発的にせよ、強制的にせよ、おり込まれることで、身分（信用）的、精神（永続への憧憬）的に、人ははじめて安定し、結果として、人々の集まりである社会も落ち着く方向に向かうのではないだろうか。

自発的遵守と判断停止をめぐる8種の側面

①自発的遵守（道具性）：思考判断の節約（6章）
　　受容者（従者）の遵守自発性が、権威の担い手がもたらす指示情報自体の有用性（道具（功利）性）によってもたらされる側面。
②自発的遵守（担い手への敬意（≒帰属性））：（2章、4章）

受容者の遵守自発性が、担い手自身という"無私性"を含む人格・人物に対する敬意によってもたらされる側面（権威者（専門職者）の無私性と依頼者の自発的遵守とのつながりについては Wilensky[1964] を参照）。

③自発的遵守（敬意的動機に基づく集合的強制）：（7章）

受容者の遵守自発性が、担い手敬意をいだく他の従者たちからの敬意発露と遵守の強要によってもたらされる側面。アイデンティティにもとづく強要と排除

④自発的遵守（道具的動機に基づく集合的強制）：（5章）

受容者の遵守自発性が、権威がもたらす情報内容自体（道具的功利性）の有用性によってではなく、自発的遵守それ自体に有益さがあるとされ、受容者がおかれている集合成員たちから「自発的」遵守を強要される側面。β対VHS、VHD対LD等、"規格"の画一的受諾こそが全社会的利益をもたらすとする「圧力」など。近世から近代にかけての「統一国家」要求も、厭戦や諸外国への対抗という「具体的便益」を掲げるという点では、この側面を帯びている（"規格という権威"第2章の"定訳語の類型化"も規格化と関連する）。4の側面でいう自発性とは、「任意同行」のような"仕方なく渋々と進んで行う"類の性質のものであり、自分の手で行ったというだけの「消極的自発性」である。

⑤判断放棄（道具性）：個々人の思考判断の節約問題（6章）

受容者の判断放棄が、権威の担い手側がもたらす指示情報自体の有用性（道具（功利）性）によってもたらされる側面。あれこれ考えること自体が重荷で、結果的にみてもムダと考える傾向など[5]。

⑥判断放棄（敬意）：敬意に由来する判断放棄（2章、4章）

受容者の判断放棄が、担い手に対する敬意によってもたらされる側面（疑うこと自体不敬という教育から"忘我"的現実逃避まで）。プレスサスも指摘するように、しばしば親から子への敬老教育によりなされ、社会行動（集団行動）をする以前に、彼の例では組織への加入（入社）以前にすでに、内面化されている側面である。権威受容の盲目性は、

宗教信者にみられる姿勢である（3章3節1）参照）。

⑦判断放棄（敬意的動機に基づく集合的強制）：私的判断放棄の二重構造（6章）・指示受容原理（7章）

　　③の側面と重複するところが多いが、③が「進んで受け容れる」ことを念頭に置いているのに対し、⑦では「無私性（奉公滅私）」を受容者集団内で競わされる側面を指す。受容者の判断放棄が、権威者に敬意をいだく受容者集団による集合的な強要によってよってもおこなわれる側面[6]。

⑧判断放棄（道具的動機に基づく集合的強制）：行動権威（5章）

　　④と区分するのは難しいかもしれない。ただ⑧の側面は、⑦で示した「無私性強要」の実利版である。④でも挙げた"規格の権威"性をめぐる問題で、規格そのものの権威性というのは、例えばβの方がVHSより個々の製品自体（内容）の機能性や便益性が優れているとしても、「規格（形式）」が分立するより統一された方が"全体"としては有益ゆえにβを排するといった現象を指す。この場合βは、4章で言及した、排除されてしまう「対立する諸根拠」の1つにあたる。規格の権威性や「行動に対して行使される権威」という思想潮流で括られるとされる発想法は、DVDをはじめとする現在多発中の規格系紛争を考える上で参考となるだろう。

権威過程四局面それぞれでの着眼のポイント

　以上の数々の要因により永らえている、権威の持続（長期的継続）は、以下で再び示す、権威過程というビジョンから浮き彫りにされ、相対視されるべきである。

　とはいうものの、従来権威発生と権威変動が解明対象として論題化されてこなかった理由の大半は、繰り返し述べているように、時間と感情をめぐる、現象・概念・観念それぞれでの権威のつかみどころのなさに起因する。また、現代までの研究動向が、担い手側中心、正統化要素偏重というところにある点も、発生や変化契機の解明をないがしろにする遠因となっている。

複雑な権威現象・概念を整理し、発生や変化を説明するためのバックボーンとして呈示したのが、権威過程としての四局面配列である。権威現象の来し方いく末について相対化した形でイメージし、社会現象としての権威の諸問題が、どの局面で、どういった脈絡・前後関係で生み出されているのか、という点をはっきりさせるところに、配列化のねらいはある。では、この局面配列という権威のとらえ方において、具体的にはそれぞれの面において「何に」着目し、「どういった対象を」、「いかなる概念から」問題化すれば、権威を相対視するきっかけとなるだろうか。

権威は不動という固定観念に再考をせまるためにも、変動過程とその時々の権威構造の究明にむけて、最後に各局面と本書での考察の対応箇所、およびそのあらましについてまとめておきたい。権威に迫るビジョンの1つとして、本書の提唱した四局面的権威過程を、心の中にとどめておいていただければ、幸いである。

第一は「**権威創造・関係形成**」という局面である。「関係形成」には優越的価値を帯びている権威の源泉が必要になる。したがってこの面に関する論考の出発点を占めるのは、権威源泉とは何で、それがいかにして新たに生まれるのか、という問題である。ただし、権威関係形成はそもそもが担い手の祭り上げプロセスであると見なすこともでき、ここには学説的に2つの考え方がこれまで唱えられてきた。1つは下位遵守者側が、例えば社会秩序の安定や紛争の仲裁・裁断者をもとめて誰かを共同で「権威者」として祭り上げるケースである。そもそも学問としての社会学が必要に迫られて案出されるきっかけとなったフランス革命前後の数多くの事例や平安末の律令制衰退期に主として関東武士団が源頼朝を「唯一者」として戴いたケースなどに事例を求めることができるが、これを「行動権威」と呼ぶ。もう1つは最初から上位側が権威を帯びているケースであり、キリスト（その直弟子）に直接由来する神聖さと授権を伴っていると考えられているカトリックローマ教皇などがその例であって、これを「信条権威」と呼ぶ（4章）。これに対し、権威源泉そのものの発生の傾向は、価値優越性がいわば錬金術のようにいかにして創出されるかという問題であるが、空気から貴金属が造出不可能である

のと同様、無から有が生まれることはない。源泉に基づくとき、権威は「時間権威」と「空間権威」に分かれる。これら両権威の発生はともに、上位側の作為（信条権威）、下位側の作為（行動権威）のいずれにおいても、先行する既存の権威（源泉）に対する関連づけという「接続」手続きを踏まなければならないと考えられる。そして権威「源泉（source）」とは、「受容理由」という主観ではなく、重みをもつイメージ・集合表象をも含む「客観実在」的な存在を指すという考察が示されるに至る。その「実在」は、「先行的存在（一種の"先祖"）」であり、〈先行的存在〉に対する時間的あるいは空間的〈接続〉によって、新たな権威形成は可能になる（3章）。この契機は、権威語源三要素の〈創始〉と〈高齢〉というニュアンスで、古代ローマ時代すでに論題化されていた。〈追加〉要素偏重の現状で権威を動態的に把握するためには、〈高齢〉と〈創始〉要素に対する論及をもっと進めないといけない（1章）。

　第二は「**関係加入**」局面である。この面で主題となるのは、受容遵守者の権威との出会いの違いという考え方である。戦前日本で臣民・赤子を志してこの国に産み落とされた者はいない。こうした選択余地の全くない権威を、「巻き込まれる権威（関係）」と呼ぶ。これに対し、受容者側である程度自由に権威の従者になることが可能なものが「入り込む権威（関係）」である。これらは権威関係の「背景」と考えることができ、局面配列という軸とはべつに横に広がりをもったマクロな歴史時代状況と当該権威現象とをつなぐ結節点として、「その時代社会の中でのその権威の位置」を示す手掛かりとなるだろう（3章）。

　なお、3章でも言及するにとどめておいたが、「関係加入」局面は、権威そのものが拡大する、いい換えれば"成り上がる"局面でもある。

　〈権威の社会学〉的相対視の模索についていえば、ある権威の〈源流・起源〉を探ったら、つぎはその〈展開〉、いい換えれば"拡張・成り上がり"について問うべきである（"語源"に対する"用例"を論じた、1・2章における論考の手法を参考にしていただきたい）。この問題について詳しくは、別に議論を必要とするだろう。

第三は「**関係継続**」局面である。「私的判断放棄」(6章)、「権威現象の安定化」(7章)はともに、主としてこの局面に関する問題と位置づけることができる。源泉の優越的価値に対する信念と源泉の担い手に対する敬意にもとづき、自己の判断を放棄し、自ら進んで遵守者は権威的情報（指示）を受容しつづける。この状態を「二重の依存」という。また権威の担い手は遵守・受容者に対し、自らがもたらす情報を受け容れるよう圧力を直接かけない。この「担い手の指示受容期待・期待圧力の不在」が従者側の敬意を導き出すことにつながる（7章）。敬意と源泉価値への信念をいだく受容者たちは、権威の受け容れの継続に関し、相互強制を役割転換的におこなうことで、権威は安定する。この役割転換には、問題発生的なものと通世代的なものが存在し(7章)、とりわけ後者は権威継続の長期化につながり、「時間権威」化（3章）におおいに貢献する。

　第四は「**権威消滅・関係離脱**」局面である。権威の変化は、「継続」局面の様態とその変容の兆しと密接に関連づけて考えないと把握が難しい。権威継続の特徴を「受容者期待の斉一性」と「役割転換連続」にあると考えるとき、権威変化の契機は「受容者期待分岐」と「役割転換遅滞」にもとめることができる（7章）。

不変属性とネット性

　権威過程における局面配列という形で権威の相対視を試みるとき、その特徴としての継続局面の長さとその強さもまた、あらためて理解されるだろう。この継続力の強さとは、言い方を換えれば経年変化のしにくさ＝時間的な耐久性の高さ（不変属性）と考えることもできよう。こうした時間耐久力の強さは人間には備わっておらず、少なからぬ人々にとって魅力となる。生きものと違い、制度的権威はそもそも時間経過に堪えうるよう、変質しにくい存在であることを期待された上で考案されている産物である。

　では、時間経過とともに変わりにくく、価値が廃れにくいという意味での「不変属性」とは、どこからもたらされていると考えるべきであろうか。先行権威研究を踏まえたこの問いに対する応答は、本書（3章）で示したよう

に「**系統性**」、あるいは先述の「**織物**」、広くいえば"**ネット性**"というところにある。

「系統立って（systematic）いること」とは、ある基準（criterion）や規則（rule）、秩序（order）にもとづきつつ、時間的（ancestry（血統）; genealogy（系譜））、あるいは空間的に張りめぐらされたネットワーク（網状組織）であることを指している（network=' a group or system of interconnected people or things '（*OED*））。このように「もはや変わることのない〈先行的存在＝"先祖"に対し、時間的・空間的に接続した〉[7]ネットとして権威を捉えること」によってはじめて、ネットが「（従者側の手で自発的に）広がるのか／（権威の担い手側の手で）広げるのか」、「（空間・時間的にどのような範囲で、あるいはどのような主題領域に関してという意味で）どこに」広がる／広げるのか、「誰が、（受容者の範囲という意味で）誰に対し、どのような狙いから」広がる／広げるのか、という**権威現象ごとの色合いの違い**を浮き彫りにするという視座を得ることが可能になる。にもかかわらず、既存の権威研究を一瞥するとき、これまでの研究では、権威現象ごとの色合いの相違を浮き彫りにするという発想は、提出されてこなかったといっても過言ではないだろう。

また、「継続力の維持」に対して権威がその特性として帯びている"**ネット性**"が利している有り様は、つぎのように考えることもできる。点や線と違い、あたかも「網（net）」を想起させる系統とは、時代へのキャッチアップが容易であり、遅れた、あるいは現在の基準からみて都合の悪い部分（parts）のみを交換可能である。時代にそぐわなくなった法体系の一部分は一連のセットで廃止し、他の条項との整合性を図りつつ代替のセットで充当できるよう最初から設計されていると考えることもできよう。連綿と続く伝統的権威としての家系の中で、後世からみて都合の悪い時代については敢えて語ることを止めて、他の歴史時代の出来事を栄光の物語として整えることに尽力することで、系統の神聖さや無謬性を強調することも可能である。

これら空間的・時間的整合化や隠蔽によるパーツの交換や隠匿が行われるとしても、体系・系統としての権威そのものはその網羅する守備範囲の悉皆性、時間的長大さと地位連鎖回数の多さのために、部分的改変を克服しても

たらされる「堅牢」「不変」という印象ゆえに、全体として揺らぎにくく、部分がリフレッシュされても全体としてはアイデンティファイ（同一視）され、逆境を切り抜けて生き残る（survive）わけである。

先行的存在という不変への憧憬

　このような、良い意味での"枯れた"遺物としての〈先行的存在〉に接続した系統（＝権威のネット的性質）のもたらす「不変」という存在の確かさに対する人々の憧れが、自発的遵守や自己判断の委譲をもたらし、それらの集積化が現象としての権威を強化していく。

　モータル（mortal）さを自覚する人間はだれでも、加齢とともに保守化をするとしばしばいわれる。その遠因の1つに、歳とともに変化せざるを得ない存在としての自分に比べ、法体系という権威（空間的ネット権威[8]）や伝統という権威（時間的なネットにより成立する権威）は堅牢であるため、自分が逝去したのちも有り続ける可能性が高い「存在への憧憬」がある。

　人は法体系には空間的広範さの点で、伝統にはその時間の開始と終着のスパンの点で遠く及ばない。高齢者の勲章志向も「叙勲者という系譜」への憧れ、自らが過ごした時間を信じ、自分の人生を系譜づけることで、「意味」を客観的・社会的に明確化させて価値づけたいという願望や、無存在化への恐怖、「逝去後も存在しつづけること」に対する希求の現われととれなくもない。

　このように権威は、これまでも、人間の存在のあり方とともに、古代ギリシア時代から論題とされつづけている研究テーマだった。そして、先進工業国を中心に進行しつつある社会の高齢化[9]（先行的存在＝"先祖"の累積的増加）は、いわば「権威という社会現象」の1つの"相"、つまり"すがた"に他ならない（序の注1も参照）。このように権威というテーマは、これからその重要性を一層増していくだろう。地球規模で（たとえば、西洋の権威と日本の権威の地域効果を比較するといった形で）論題とされるべきであり、人類のあゆみとともに、影法師のようについて回るテーマでありつづけていくものと思われる。

〈権威の社会現象学〉的アプローチ：権威相対視の手順

　本書のテーマ的タイトル"権威の社会現象学——人はなぜ、権威を求めるのか"に関連していえば、「社会の高齢化」に揺さぶりをかけ、停滞した現代日本社会に活気をもたらすためには、自明視されている諸々の「権威を問うこと」によってそれらの相対視が必要——権威の成り立ちの相対視と権威を求める人々が置かれた状況の相対視が必要なのである。そのためにはまず、〈起源〉をはじめとする広義の「意味」という切り口より接近するところからはじめなければならない。

　本書は、人々が権威を求める「意味」の相対視（大津波の前には、いかなる権威も無意味といった例を含め、人がそもそも権威を求める意味の限界の明確化）というより、主として権威そのものの「意味」の相対視、権威の成り立ちの相対視のビジョン＝デバイスの呈示に努めてきた。その具体的例示として、「権威」ということば、"authority"の定訳語としての「権威」の権威性（権威ということばの自発的遵守やこのことばをめぐる私的判断の放棄）を問う、というのが本書の出発点だった（1・2章）。では、どのように「権威を問う」（権威に対し問いをたてる）のか。すでにみたように、語源・用例・翻訳という3つのポイントを設定し、論考してきたわけである。これらの問いはそもそも、"authority"という発想を構成する語源的三要素（創始・高齢・追加）に由来しているがゆえに、現存するいかなる権威であっても、これらの三ポイントについて問うていくことこそ、その相対視には有効な手段となるのである。

　　始まり（起源）を問う（←"語源"＝〈創始〉）
　　継受のされ方（定着プロセス）を問う（←"用例"＝〈高齢〉性）
　　現代ならではの意義・展開・正統化のされ方を問う（←"翻訳"＝〈追加（後ろ盾による正統化）〉）

　「人はなぜ、権威を求めるのか」について考えるためには、求められている権威1つひとつを、ひとまず相対視していく必要がある。その手がかりと

なるのが、「起源は何か」・「いかに継受されてきたか」・「現代的意義は具体的にどのように考えるべきか」という「権威の社会現象学」的問いなのである。

注

1　Nisbet[1966] 4章を参照。ニスベット自身の権威研究史上の位置づけに関しては、かれと関係が深く、その社会理論に造詣が深いであろうルークスの見方を4章で紹介した。
この先言及する「役割」は、社会学の基本概念として挙げられていないものの、同書の5章では「役割」とセットで使われることの多い「地位」について、「階級」との対比を軸に、論考が展開されている。

2　たとえばクリーガー（Krieger[1968]）は、議論末尾の文献表の冒頭で、権威についての包括的な文献目録は、存在しない、と述べているが、現在に至るまで、この状況は変わっていない。若いうちに迅速に大量の業績産出を求められる現代の研究者が置かれた環境で、こうした研究状況もまた、権威研究に取り組もうとする人の数を減らす原因となっているように思われる。手早く結果を出すには、ある程度開拓の進んだテーマを研究課題とする方が賢明だと考える人が多いのは、仕方のない側面もある。

3　つかみどころのない権威に対する研究自体、そう多くないのが現状である。このため5章をはじめ、先行研究への言及と紹介に努めてきたが、残念ながら権威研究に対する系統的整理はできなかった。したがってこの課題は別の機会に行うことにしたいが、とりあえず現代の権威研究とその担い手側偏重性については、4章2節でブレーゲンらが挙げた論者を想起していただきたい。

4　ただし、「自発的遵守」と「判断放棄」との区分は、どちらの側面が強いかという、分析のための概念であって、実際には両側面にきれいに割り切れるというものではない。また、権威の受容に対する道具的側面と、遵守の自発性自体（自ら進んで・喜んで受け容れるとは、どういうことなのか）については、充分に論考できなかった面もあり、今後の課題となるだろう。

5　オルテガは、大衆が帯びがちな、過去に対する敬意を払わず科学に対する功労者・創始者を忘却する"結果優先の傾向"を批判した（Ortega [1930]）。

6　後者のケースは本書で立ち入ることが出来なかったが、その重要性からみて、また別の機会に論考していかざるを得ない。

7　3章を参照。

8　空間的ネット権威は、法権威を含むが法体系にとどまらない。世界の国々に張りめぐらされた大使館網や、中央の大放送局を中核にして中継装置により接続された放送局群なども空間ネット権威の例として想起できる。

9 ただし、この高齢要素に対して、研究者が"魅せられて"しまうと、序で言及したように、"ミイラ取りがミイラになる"危険がある。これまでの権威研究の多くが、保守的であったり、あるいはその全否定として、アナーキーな硬直性を帯びていたりという傾向があるとすれば（5章参照）、それは、高齢要素を含む"権威の魅力"に幻惑されているともいえよう。魅力が醸し出す、昂揚感を伴う権威の全能感（全能であるという感覚）を、冷静に相対化するためには、高齢要素も、権威動態の一環として（継続局面、あるいは発生局面における"先行的存在"として）、位置づける姿勢が必要である。

いかなる権威であっても"権威過程（四局面配列）"として把握可能であり、〈権威の社会現象学〉的にいえば、まずは"源流をさぐる"ことからはじめることを提案しておきたい。

文　献

※なお、引用文については、本書の性質上、原語を明確にするため適宜変更させていただいた場合がある。

間場寿一 [1993]「権威」森岡清美・塩原勉・本間康平編『新社会学辞典』有斐閣.
秋元律郎 [1971]『現代都市の権力構造』青木書店.
―――― [1979]『日本社会学史―形成過程と思想構造』早稲田大学出版部.
―――― [1981]「政治社会学を学ぶ人に」, 秋元律郎・森博・曽良中清司編『政治社会学入門』有斐閣.
―――― [1981]『権力の構造：現代を支配するもの』有斐閣.
秋永肇 [1962]『現代政治学Ⅱ』富士書店.
安藤英治 [1965]「マックス・ヴェーバーにおける『客観性』の意味」、大塚久雄・安藤英治・内田芳明・住谷一彦『マックス・ヴェーバー研究』岩波書店.
―――― [1972]『ウェーバーと近代――一つの社会科学入門』創文社.
青山秀夫 [1950]『マックス・ウェーバーの社会理論』岩波書店.
朝倉恵俊 [1975]「ゼクテと社会変革」『社会学評論』26-1.
浅野智彦 [2001]『自己への物語論的接近―家族療法から社会学へ』勁草書房.
Alexander, J. C. [1987] The Centrality of the Classics in Giddens, A. and Turner, J. H. (eds.), *Social Theory Today*, Polity Press.
―――― and Loader [1989] The Cultural Grounds of Rationalization: Sect Democracy Versus the Iron Cage in Alexander, J. [1989] *Structure and Meaning : Relinking Classical Sociology* , Coloumbia University Press.
Arendt, H. [1956] Authority in the Twentieth Century, *Review of Politics* 18-4.
―――― [1958] What Was Authority? (= [1973] 志水速雄訳『人間の条件』中央公論社) in Friedrich, C. (ed.), *Nomos I Authority*, Harvard University Press
Barnard, C. [1938] *The Functions of the Executive*, Harverd University Press = [1968] 山本安次郎・田杉競・飯野春樹訳『新訳　経営者の役割』ダイヤモンド社.
Bates, F. and Havey, C. [1975] *The Structure of Social Systems*, Gardner Press, Inc.
Bendix, R. and Lipset, S. [1957] Political Sociology: An Essay with Special Reference to the Development of Research in the United States of America and Western Europe, *Current Sociology*, 6-2 .
Berger, A. [1953] *Encyclopedic Dictionary of Roman Law*, The American Philosophical Society.
Berger, P. and Luckmann, T. [1967] *The Social Construction of Reality: A Treatise in the Sociology of Knowledge*, Anchor Press = [1974] 山口節郎訳『日常世界の構成―アイ

デンティティと社会の弁証法』新曜社.
Bierstedt, R. [1950] Analysis of Social Power, *American Sociological Review* 15-6. ＝ [1961] 鈴木広訳「社会的権力の分析」鈴木幸寿訳編『政治権力―政治社会学論集―』誠信書房.
―――― [1974] *Power and Progress: Essay on Sociological Theory*, McGraw-Hill.
Blau, P. [1956] *Bureaucracy in Modern Society*, Random House, Inc.
―――― [1963a] Critical Remarks on Weber's Theory of Authority, *American Political Science Review*, 57-2.
―――― [1963b] *The Dynamics of Bureaucracy*, the University of Chicago Press.
―――― and Scott, R. [1963] *Formal Organization*, Routledge & Kegan Paul ＝ [1966] 橋本真・野崎治男訳『組織の理論と現実 フォーマル・オーガニゼーションの比較分析（上）』ミネルヴァ書房.
―――― [1964] *Exchange & Power in Social Life*, John Wiley & Sons, Inc. ＝ [1974] 間場寿一・居安正・塩原勉訳『交換と権力―社会過程の弁証法社会学―』新曜社.
―――― [1974] *On the Nature of Organizations*, John Wiley & Sons, Inc.
Blegen, M. and Lawler, E. J., [1989] Power and Bargaining in Authority-client Relations, *Research in Political Sociology*, vol.4, JAI Press, Inc.
Bochenski, J. [1974] *Was ist Autorität? Einfuhrung in die Logik der Autorität*, Verlag Herder KG Freiburg im Breisgau ＝ [1977] 丸山豊樹訳『権威の構造』公論社.
―――― [1988] *Autorität, Freiheit, Glaube : sozialphilosophische Studien*, Philosophia Verlag.
Buckley, W. [1967] *Sociology and Modern Systems Theory*, PRENTICE-HALL, INC ＝ [1980] 新睦人・中野秀一郎訳『一般社会システム論』誠信書房.
Cartwright, D. [1959] Power: A neglected variable in social psychology in Cartwright, D. (ed.) *Studies in Social Power*, Institute for Social Research, University of Michigan,Ann Arbor.
―――― and Zander, A. [1960] *Group dynamics : research and theory* (2nd ed.), Harper and Row ＝ [1969] 三隅二不二・佐々木薫訳編『グループ・ダイナミックス』誠信書房.
Collins, R. [1986] *Max Weber*, Sage Publications, Inc..
Connolly, W. E. [1974] *The Terms of Political Discourse*, D. C. Heath and Company.
Crespi, F. [1992] *Social Action & Power*, Blackwell.
Dornbusch, S. M. and Scott, W. R. [1975] *Evaluation and the Exercise of Authority*, Jossey-Bass Publishers.
Durkheim, É. [1912] *Les Formes elementaires de la Vie religieuse, Le Systeme totemique en Australie*, Presses universitaires de France ＝ [1975] 古野清人訳『宗教生活の原初形態（上）・（下）』岩波書店.
―――― [1914] Le dualisme de la nature humaine et ses conditions sociales, Scientia 15 ＝ [1983] 小関藤一郎訳「人間の二元性とその社会的条件」小関藤一郎訳編『デュ

ルケーム宗教社会学論集』行人社.
Easton, D. [1958] The Perception of Authority and Political ChangeFriedrich, C. (ed.) *Authority*, Harvard University Press.
Eckstein, H. and Gurr, T. [1975] *Patterns of Authority: A Structural Basis for Political Inquiry*, Wiley.
Ekeh, P. [1974] *Social Exchange Theory*, Heinemann Educational Book Ltd. ＝ [1980] 小川浩一訳『社会的交換理論』新泉社.
Emerson, R. [1981] Social Exchange Theory in Rosenberg, M. and Turner, R. H. (eds.) *Social Psychology : Sociological Perspectives*, Basic Books.
円満字二郎 [2008]『漢和辞典に訊け！』筑摩書房.
Eysenck, H. [1963] *The Psychology of Politics*, Routledge and K. Paul.
Flathman, R. [1980] *The Practice of Political Authority*, University of Chicago Press.
Feldman, Ofer [1989]『人間心理と政治』早稲田大学出版部.
Freidson, E. [1970] *Professional Dominance: The Social Structure of Medical Care*, Atherton Press, Inc. =[1992] 進藤雄三・宝月誠訳『医療と専門家支配』恒星社厚生閣.
Friedman, R. [1973] On the Concept of Authority in Political Philosophy in Raz, J. (ed.) [1990] *Authority*, Basil Blackwell.
Fromm, E. [1955] *The Sane Society*, Rinehart & Company Inc. ＝ [1958] 加藤正明・佐瀬隆夫訳『正気の社会』社会思想社.
─── [1936] *Studien über Autorität und Familie*, hg. Max Horkheimer, Paris ＝ [1977] 安田一郎 訳『権威と家族』青土社.
Friedrich, C. [1958] Authority, Reason, and Discretion in Friedrich, C.(ed.), *Nomos I Authority*, Harverd University Press.
─── [1972] *Tradition and Authority*, The Pall Mall Press ＝ [1976] 三辺博之訳『伝統と権威』福村出版.
Fuchs, S. [1986] The Sociological Organization of Scientific Knowledge, *Sociological Theory* 4-2.
─── and Turner, J. H. [1986] What Makes a Science 'Mature'?: Organizational Control in Scientific Production, *Sociological Theory* 4-2.
─── [1992] The Professional Quest for Truth, State University of New York Press.
藤田弘夫 [1991]『都市と権力─飢餓と飽食の歴史社会学』創文社.
藤田哲司 [1991]『権威関係の研究─ミヘルスの権威定義を手掛かりに』（文学修士論文 早稲田大学）.
─── [1992]「権威関係の時間プロセス」『社会学年誌』早稲田社会学会 33.
─── [1994]「権威的指示の受容原理─権威現象の安定について─」日本社会学会『社会学評論』179.
─── [1995]「ゼクテ民主主義の再検討─機能的権威の観点から─」関東社会学

会年報『社会学論集』6.
─── [1996]「権威に対する私的判断放棄について」早稲田大学大学院文学研究科『早稲田大学文学部紀要別冊』.
─── [1998]「権威とオーソリティ」早稲田大学院生研究会『ソシオロジカル・ペーパーズ』6.
─── [2006]『権威過程の基礎的研究』(文学博士論文　早稲田大学).
─── [2008]「準新漢語としての"権威"」(日本社会学理論学会第2回大会レジュメ(神戸大学)).
─── [2009]「"権力という訳語"の誕生」(日本社会学理論学会第3回大会レジュメ(千葉大学)).
─── [2010]「〈権力という訳語〉とは適切か"グローカル化""時間的連帯"としての"定訳語の権威"の正統性検証行為」(『コロキウム』5号、東京インスティテュート).

Galbraith, J. [1983] *The Anatomy of Power*, Houghton Mifflin Company, Boston ＝ [1984] 山本七平訳『権力の解剖─条件づけの論理─』日本経済新聞社.

Garling, Ursula Schumm, [1972] *Herrschaft in der Industriellen Arbeitsorganisation*, Suhrkamp Verlag ＝ [1983] 豊田謙二・岡村東洋光・久間清俊訳『労働・組織・支配』ユニテ.

Gottlieb, Roger, [1994] The Dominated Self in Schmitt R. and Moody, T. E. (eds.) *Alienation and Social Criticism*, Humanities Press.

Green, R. and A Joost Elffers Production [1998] *The 48 Laws of Power*, Joost Elffers ＝鈴木主税訳『権力に翻弄されないための48の法則』(上)・(下) 角川書店 2001.

浜本隆志 [1998]『紋章が語るヨーロッパ史』白水社.

羽田新 [1983]「組織とオーソリティの役割」鈴木幸壽編著『権力と社会』誠心書房.

濱島朗・竹内郁郎・石川晃弘編、[1977]『社会学小辞典』有斐閣.

Havans, T. [1970] *Nishi Amane and modern Japanese thought*, Princeton University Press.

長谷川正 [1983]「バーナード権威論についての一考察」『京都学園大学論集』10-3.

橋本晃和 [1972]「情報化社会とコミュニケーション」慶応大学新聞研究所編『コミュニケーション行動の理論─インターディシプナリー・アプローチ─』慶応通信.

林道義 [1970]『ウェーバー社会学の方法と構想』岩波書店.

Hobsbawm, E. and Ranger, T. [1983] *The invitation of tradition*, Cambridge University Press ＝ [1992] 前川啓治・梶原景昭ほか訳『創られた伝統』紀伊國屋書店.

Hochschild, A. [1983] *The Managed Heart*, The University of California Press ＝ [2000] 石川准・室伏亜希訳『管理される心：感情が商品になるとき』世界思想社.

Homans, G. [1974] *Social Behavior: Its Elementary Forms* (rev.ed.), Harcourt BranceJovanovich ＝ [1978] 橋本茂訳『社会行動』誠信書房.

保坂稔 [2003]『現代社会と権威主義─フランクフルト学派権威論の再構成』東信堂.

保立道久 [1996]『平安王朝』岩波書店.
市河三喜 [1953]「まえがき」『新英和大辞典』研究社.
犬飼守薫 [1999]『近代国語辞典編纂史の基礎的研究』風間書房.
岩堀行宏 [1995]『英和・和英辞書の誕生―日欧言語文化交流史―』図書出版社.
池田義祐 [1975]『支配関係の研究』法律文化社.
────── [1982]「権威の利他性」池田義祐 [1985]『社会学の根本問題』法律文化社.
Illich, I. [et al.] [1977] *Disabling Professions*, Marion Boyars ＝ [1984] 尾崎浩訳『専門家時代の幻想』新評論.
Johnson, B. [1963] On Church and Sect, *American Social Review* 28-4.
Jouvenel, B. [1958] Authority, The Efficient Inperative in Friedrich, C. J.(ed.), *Nomos I Authority*, Harvard University Press.
ジョニン・ジャン [1991]「『万国公法』成立事情と翻訳問題―その中国語訳と和訳をめぐって―」、加藤周一・丸山真男校注、『翻訳の思想』、岩波書店.
姜尚中 [1981]「合法性と正当性―マックス・ウェーバー」飯坂良明・渋谷浩・藤原保信 編『現代の政治思想』理想社.
河内祥輔 [1986]『古代政治史における天皇制の論理』吉川弘文館.
Key, W. [1976] Media sexploitation, New American Library ＝ [1989] 植島啓司訳『メディア・セックス』リブロポート.
Knight, J. [1992] The spontaneous Emergence of Social Institutions : A Bargaining Theory of Emergence and Change in Knight, J. [1992] *Institution and Social Conflict*, Cambridge University Press.
片桐雅隆 [2000]『自己と語りの社会学』世界思想社.
────── [2003]『過去と記憶の社会学―自己論からの展開』世界思想社.
────── [2006]『認知社会学の構想―カテゴリー・自己・社会』世界思想社.
────── [2007]「創刊の辞」日本社会学理論学会『現代社会学理論研究』1.
加藤康司 [1976]『辞書の話』中央公論新社.
加藤新平 [1950]「権力と権威」弘文堂編『社会構成の原理』.
加藤周一 [1991]「明治初期の翻訳」加藤周一・丸山真男校注『翻訳の思想』岩波書店.
川端久夫 [1971]「オーソリティ論におけるバーナードとサイモン」『経済学研究』36-5 ・36-6、九州大学経済学会.
川崎喜久子 [1980]「宗教的権威の類型― J. Wach と M. Weber をめぐって―」日本大学社会学会『社会学論叢』78.
見坊豪紀 [1977]「日本の辞書(2)」『岩波講座日本語9』岩波書店.
君塚大学 [1993]「権力論における『反実仮想』の妥当性について」社会学研究会『ソシオロジ』37-3.
木村利人 [1987]『いのちを考える―バイオエシックスのすすめ』日本評論社.
────── [2000]『自分のいのちは自分で決める』、集英社.

────── [2003]「『医の倫理』から『バイオエシックス』へ」木村利人編集主幹・著『バイオエシックス・ハンドブック―生命倫理を超えて―』法研.

北恭昭 [1977]「日本の辞書 (1)」『岩波講座日本語 9』岩波書店.

北山晴一 [1999]『衣服は肉体になにを与えたか―現代モードの社会学』朝日新聞社.

Koontz, H. and O'Donnell, C. [1955] *Principle of Management-An Analysis of Managerial Functions*, McGraw-Hill Book Company, Inc. ＝ [1965] 大坪檀訳『経営管理の原則』ダイヤモンド社.

小島義郎 [1999]『英語辞書の変遷 英・米・日本を併せみて』研究社.

小阪隆秀 [1982] 「オーソリティ概念の批判的考察―ウェーバー官僚制組織論の再評価のために―」日大商学研究会『商学論志』51-4.

Krieger, L. [1968] "Authority" in Wiener, P. (eds.) *Dictionary of the History of Ideas; Studies of Selected Pivotal Ideas*, Charles Scribner's sons ＝ [1988] 川崎修訳「権威」『権威と反抗』平凡社 ＝ [1990] 川崎修訳「権威」『西洋思想大事典』平凡社.

Krupp, S. [1961] *Pattern in Organization Analysis: A Critical Examination*, Chilton Company.

Kuhn, T. [1962] *The Structure of Scientific Revolutions*, The University of Chicago Press ＝ [1971] 中山茂訳『科学革命の構造』みすず書房.

久慈利武、[1981]「交換理論」 安田三郎・塩原勉・富永健一・吉田民人 編『基礎社会学 第Ⅱ巻 社会過程』東洋経済新報社.

栗島紀子 [1991]「西周の訳語」森岡健二編著『改訂 近代語の成立』明治書院.

Langton, K. [1969] *Political Socialization*, Oxford University Press ＝ [1978] 岩男寿美子ほか訳『政治意識の形成過程』勁草書房.

Lasswell, H. [1933] "The Psychology of Hitlerism", *The Political Quarterly* Ⅳ.

────── and Kaplan, A. [1950] *Power and Society*, Yale University Press.

Lawler, E. and Yoon, J. [1996] Commitment in exchange relations: test of a theory of relational cohesion, *American Sociological Review* 61.

Lewis, J. and Weigert, A. [1981] "The Structure and Meanings of Social Time", *Social Forces* 60-2.

Lindholm, C. [1990] *Charisma*, Basil Blackwell ＝ [1992] 森下伸也訳『カリスマ―出会いのエロティシズム』新曜社.

Luhmann, N.[1975] *Macht*, Ferdinand Enke Verlag ＝ [1986] 長岡克行訳『権力』勁草書房.

Lukes, S. [1968] "Methodological Individualism Reconsidered," *British Journal of Sociology* 19.

────── [1971] "The Meanings of 'Individualism'", *Journal of the History of Ideas* 32.

────── [1973a] *Individualism*, Blackwell ＝ [1980] 間宏 監訳『個人主義』御茶の水書房.

────── [1973b] *Emile Durkheim: his life and work*, Allen Lane The Penguin Press.

―――― [1974] *Power : A Radial View*, Macmillan ＝ [1995] 中島吉弘訳『現代権力論批判』、未来社.

―――― [1978] "Power and Authority" ＝ [1989] 伊藤公雄訳『権力と権威』、アカデミア出版会＝ [1980] 山之内靖・田総恵子訳「権力と権威（上・中・下）」日本評論社『経済評論』29-5・10], in Bottomore, T. and Nisbet, R. (eds.) *A History of Sociological Analysis*, Basic Books Inc.

―――― [1987] "Perspectives on Authority" in Steven L. [1991] *Moral Conflict and Politics*, Clarendon Press.

Mannheim, K. [1952] *Ideologie und utopie*, Schulte-Bulmke ＝ [1968] 鈴木二郎訳『イデオロギーとユートピア』未来社.

町田俊昭 [1971]『三代の辞書 英和・和英辞書百年小史』三省堂.

丸山真男 [1950]「支配と服従」弘文堂編『社会構成の原理』弘文堂.

―――― [1961]『日本の思想』、岩波書店.

―――― [1964]「政治権力の諸問題」『現代政治の思想と行動』未来社.

松井栄一 [2005]『国語辞書はこうして作る』港の人.

正岡寛司 [1981]『家族―その社会史と未来―』学文社.

―――― [1995]『家族過程論―現代家族のダイナミクス』放送大学教育振興会.

Mason, K. [1991] "Multilevel Analysis in the Study of Social Institutions and Demographic Change" in Huber, J. (ed.) *Macro-Micro Linkages in Sociology*, Sage Publications.

松岡正剛 [2008]『白川静 漢字の世界観』平凡社.

Mauss, M. [1923-1925] *Essai sur le don; forme et raison de l'echange dans les societesarchaique*, L'Annee sociologique seconde serie ＝ [1962] 有地亨訳『贈与論』勁草書房.

Merton, R. [1968] *Social Theory and Social Structure* rev.ed., The Free Press ＝ [1961] 森東吾・森好夫・金沢実・中島竜太郎訳『社会理論と社会構造』、みすず書房.

三宅晧士 [1958]「経営組織における権威についての一考察」福島大学経済学会『商学論集』27-3.

Michels, R. [1937] "Authority", Seligman, E.(ed.), *Encyclopedia of the Social Sciences*, Macmillian, Inc.

Milgram, S. [1974] *Obedience to Authority: An Experimental View*, Harpercollins ＝ [1995] 岸田秀訳『服従の心理―アイヒマン実験』河出書房新社.

三田村蕗子 [2004]『ブランドビジネス』平凡社.

三戸公 [1973]『官僚制』未来社.

宮台真司 [1989]『権力の予期理論 了解を媒介にした作動形式』勁草書房.

宮本孝二 [1984]「パワー概念の分析的有効性―バリー・ヒンデスの提言を手がかりに」社会学研究会『ソシオロジ』28-3.

宮崎正勝 [1997]『鄭和の南海大遠征 永楽帝の世界秩序再編』中央公論新社.

―――― [2007]『知っておきたい「酒」の世界史』角川書店.
―――― [2008]『知っておきたい「味」の世界史』角川書店.
―――― [2009]『知っておきたいお金の世界史』角川書店.
水谷三公 [1991]『王室・貴族・大衆：ロイド・ジョージとハイ・ポリテックス』中央公論社.
森博 [1959]「勢力論―観察と測定の諸問題」『東北福祉論叢』1.
―――― [1960]「権力と社会秩序―試論的考察―」『東北福祉短期大学論叢』2.
―――― [1961]「権威についての問題論」日本社会学会『社会学評論』43・44.
―――― [1974]「社会的勢力の測定理論」（上）・（下）現代社会学会議編集『現代社会学』1-1・2、講談社.
森岡健二 [1991]『改訂 近代語の成立 語彙編』明治書院.
森岡清美・塩原勉・本間康平編 [1993]『新社会学辞典』有斐閣.
森田数実 [1988]「フランクフルト学派と家族研究」徳永恂編 [1988]『フランクフルト学派再考』弘文堂.
諸橋轍次 [1957]（1994年修訂）『大漢和辞典』大修館書店.
向井守・石尾芳久・筒井清忠・居安正 [1979]『ヴェーバー支配の社会学』有斐閣.
Mulkay, M. [1971] *Functionalism, exchange and theoretical strategy*, Routlodge and Kegan Paul, Ltd.
なだいなだ [1974]『権威と権力』岩波書店.
永井陽之助 [1971]「政治的認識の構造―大衆社会における権力構造―リースマンとミルズの権力像の対立をめぐって―」永井陽之助 [1971]『政治意識の研究』岩波書店.
永嶋大典 [1996]『蘭和・英和辞書発達史』ゆまに書房.
長尾周也 [1975]「権力と権威」(1)・(2)『大阪府立大学経済研究』28-1・4.
―――― [1979]『組織体における権力と権威』大阪府立大学経済学部.
中島吉弘 [1990]「権力と責任」『情況』情況出版 1990年12月号.
中村義知 [1966]『現代政治学研究』広島大学政経学部政治経済研究所.
―――― [1970]『現代の政治―その論理と構造―』法律文化社.
日本国語大辞典編集委員会 [2000-1]『日本国語大辞典 第二版』小学館.
二村敏子 [1964]「オーソリティの源泉について」福島大学経済学会『商学論集』33-3.
Nisbet, R., [1966] *The Sociological Tradition*, Basic Books, Inc. ＝ [1975] 中久郎監訳『社会学的発想の系譜』（Ⅰ）・（Ⅱ）アカデミア出版会.
―――― [1970] *The Social Bond : An Introduction to the Study of Society*, New York; Alfred A. Knopf ＝ [1970] 南博訳『現代社会学入門（一）・（二）・（三）』講談社.
西原和久 [1998]『意味の社会学―現象学的社会学の冒険―』弘文堂.
―――― [2003]『自己と社会―現象学の社会理論と〈発生社会学〉』新泉社.

――――・岡敦 [2006]『聞きまくり社会学―「現象学的社会学」って何?』IST BOOKS 新泉社.
―――― [2010]『間主観性の社会学理論―国家を超える社会の可能性〈1〉』新泉社.
――――・油井 清光（編）[2010]『現代人の社会学・入門 ―グローバル化時代の生活世界―』有斐閣.
新渡戸稲造 [1900]『武士道』岩波書店.
小川晃一 [1988]『政治権力と権威』木鐸社.
小口偉一 [1955]『宗教社会学』東京大学出版会.
大塚久雄 [1966]『社会科学の方法』岩波書店.
Ortega y Gasset [1930] *La Rebelion de las Masas* ＝ [1995] 神吉敬三訳『大衆の反逆』筑摩書房.
Parsons, T. [1958] "Authority, Legitimation and Political Action" in Friedrich, C.(ed.) *Nomos I Authority*, Harvard University Press.
―――― [1963] "On the Concept of Political Power" in Parsons, T. [1967] *Politics and Social Structure*, The Free Press ＝ [1974] 新明正道監訳『政治と社会構造』誠心書房.
Perrow, C., [1972] *Complex Organizations: A Critical Essay*, McGraw-Hill Publishers ＝ [1978] 佐藤慶幸監訳『現代組織論批判』早稲田大学出版部.
Peter, R. S., [1958] "Authority" in Flathman, R. E. (ed.)[1973] *Concepts in Social & Political Philosophy*, Macmillan.
Presthus, R., [1960] "Authority in Organizations", *Public Administration Review* 20-2.
―――― [1962] *The Organization Society*, Alfred A Knoof ＝ [1965] 寿里茂・曽良中清司訳『巨大組織』ダイヤモンド社.
Raz, J. [1985] "The Justification of Authority", *Philosophy and Public Affair* 14.
Riesman, D. and Glazer, [1950] *The lonely crowd: a study of the changing American character*, Yale Univ. Press ＝ [1964] 加藤秀俊訳『孤独な群衆』みすず書房.
Rosenblum, N. [1987] "Studying Authority" in Pennnock, J. and Chapman, J. (eds.) [1987] *Authority Revisited*, New York University Press.
Schaar, John, [1961] *Escape from Authority : The Perspectives of Erich Fromm*, BasicBooks,Inc.
―――― [1969] "Legitimacy in the Modern State" in Connolly, W. (ed.) [1969] *Legitimacy and the State*, New York University Press.
―――― [1970] "Reflactions on Authority", *New American Review* 8, New American Library.
Scheff, T. [1988] "Shame and Conformity : The Deference-Emotion System", *American Sociological Review* 53.
Schutz, A. [1970] *On Phenomenology and Social Relations*（Wagner, H. (ed.)）, The University of Chicago Press ＝ [1980] 森川真規雄 浜日出夫訳『現象学的社会学』紀

伊國屋書店.
――――[1974] *Der sinnhafte Aufbau der sozialen Welf*, Suhrkamp = [1982] 佐藤嘉一訳『社会的世界の意味構成』木鐸社.
Sennett, R. [1980] Authority, Alfred A. Knopf = [1987] 今防人訳『権威への反逆』、岩波書店.
佐藤勉 [1975]「役割分析の基本問題」『現代社会学』2-1 講談社.
佐藤慶幸 [1981]『行為の社会学』新泉社.
Sigrist, C. [1967] *Regulierte Anarchie, Untersuchungen zum Fehlen und zur Entstehung politischer Herrschaft in segmentären Gesellschaften Afrikas(Texte und Dokumente zur Soziologie)*, Walter-Verlag = [1975] 大林太良・石川晃弘・長谷川博幸・岡千曲訳『支配の発生：民族学と社会学の境界』思索社.
島田裕巳 [2007]『日本の 10 大新宗教』幻冬舎.
清水盛光 [1971]『集団の一般理論』岩波書店.
Simmel, G. [1908] *Soziologie*: *Untersuchungen über die Formen der Vergesellshaftung*, Dunker & Humbolt = [1994] 居安正訳『社会学（上・下）』白水社.
下田直春 [1981]『社会学的思考の基礎―社会学基礎理論の批判的展望―増補改訂版』新泉社.
Simon, H. A., Smithburg, D. and Thompson, V. [1950] *Public Administration*, Alfred A. Knopf = [1977] 岡本康雄・河合忠彦・増田孝治訳『組織と管理の基礎理論』ダイヤモンド社.
―――― [1957a] *Administrative Behavior* 2nd., Free Press = [1989] 松田武彦・高柳曉・二村敏子訳『経営行動』ダイヤモンド社.
―――― [1957b] *Models of man, social and rational : mathematical essays on rational human behavior in a social setting*, John Wiley & Sons, Inc. = [1970] 宮沢光一監訳『人間行動のモデル』同文舘出版.
―――― [1957c] "Authority" in *Research in Industrial Human Relations*, Harper & Brothers.
―――― [1958] (in collaboration with J. G. March,) *Organizations*, John Wiley & Sons. Inc. = [1977] 土屋守章訳『オーガニゼーションズ』ダイヤモンド社.
下中邦彦編 [1954]『政治学事典』平凡社.
新明正道 [1967]『社会学的機能主義』恒星社厚生閣.
――――[1974]『社会学における行為理論』恒星社厚生閣.
白川静 [1984]『字統』平凡社.
曽良中清司 [1983]『権威主義的人間』有斐閣.
曾根原理 [1996]『徳川家康神格化への道』吉川弘文館.
Spiro, H. [1958] "Authority Values and Policy" in Friedrich, C. (ed.) [1958] *Nomos I Authority*, Harvard University Press.

Spitz, D. [1949] *Patterns of Anti-Democratic* Thought, Macmillan.
杉本つとむ [1981]『江戸時代翻訳日本語辞典』早稲田大学出版部.
杉田敦 [2000]『思考のフロンティア　権力 Power』岩波書店.
鈴木直 [2007]『輸入学問の功罪』筑摩書房.
高田保馬 [1959]『勢力論』有斐閣.
高埜利彦 [1987]「幕藩体制における家職と権威」朝尾直弘・網野善彦・山口啓二・吉田孝編『権威と支配』岩波書店.
────── [2001]『江戸幕府と朝廷』山川出版社.
田中建彦 [2002]『外来語とは何か』鳥影社.
丹下隆一 [1984]『意味と解読─文化としての社会学』マルジュ社.
Tannenbaum, A. and Kahn, R. [1957] "Organizational Control Structure : A General Descriptive Technigue as applied to Four Local Unions" *Human Relations* 10.
────── and Kahn, R. [1958] *Participation in Union Locals*, Evanston-White Plains.
寺田篤弘 [1986]『社会学の方法と理論』新泉社.
手島邦夫 [2002]『西周の訳語の研究』（文学博士論文　東北大学）.
藤堂明保 [2006]『漢字の起源』講談社.
Trudgill, P. [1974] *Sociolinguistics* (Forth Edition), PenguinBooks ＝ [1975] 土田滋訳『言語と社会』岩波書店.
Turner, J. H. [1991] *The Structure of Sociological Theory*, Wadsworth Publishing Company.
────── and C. Powers [1995] *The Emergence of Sociological Theory Third Edition*,Wadsworth Publishing Co.
Tushnet, Mark 1987, "Comment on Lukes" in Pennock, J. and Chapman, J. (eds.) *Authority Revisited*, New York University Press.
Ullman, W. [1961] *Principles of Government and Politics in the Middle Ages*, Methuen.
上野千鶴子 [1979]「財のセミオロジ」『現代社会学』11　講談社.
占部都美 [1974]『近代組織論（Ｉ）─バーナード＝サイモン─』白桃書房.
Vierkandt, A. [1923] *Gesellschaftslehre*, Ferdinand Enke.
渡瀬浩 [1970]「オーソリティの問題」渡瀬浩 [1970]『経営社会学』丸善.
────── [1981]『権力統制と合意形成』同文館.
────── [1983]『組織と人間』同文館.
Weber, M. [1906] Die "Kirche" und die "Sekte" in der Nordamerika, *Die christliche Welt* Nr.24/25 ＝ [1966] 安藤英治訳「アメリカ合衆国における"教会"と"セクト"」『成蹊大学政治経済論叢』16-3.
────── [1920] Die protestantischen Sekten und der Geist des Kapitalismus, *Gesammelte Aufsätze zur Religionssoziologie*, J. C. B. Mohr, ＝ [1988] 中村貞二訳「プロテスタンティズムの教派と資本主義の精神」『ウェーバー宗教・社会論集新装版』河出書房新社.
────── [1968] Gesammele Aufsätze zur Wissenschaftslehre, J. C. B. Mohr, II. Die 》

Objektivität 《 sozialwissenschaftlicher und sozialpolitischer Erkenntnis ＝ [1982] 出口勇蔵訳「社会科学および社会政策の認識の『客観性』」出口勇蔵・松井秀親・中村貞二訳『完訳・世界の大思想1 ウェーバー社会科学論集』河出書房新社, VII. Über einige Kategorien der verstehenden Soziologie ＝ [1968] 林道義訳『理解社会学のカテゴリー』岩波書店, X. Der Sinn der 》 Wertfreiheit 《 der soziologischen und ökonomischen Wissenschaften ＝ [1982] 中村貞二訳「社会学・経済学における『価値自由』の意味」出口勇蔵・松井秀親・中村貞二訳『完訳・世界の大思想1 ウェーバー社会科学論集』河出書房新社.

―――― [1972(1956)] *Wirtschaft und Gesellschaft*, J. C. B. Mohr, Kapitel I. SoziologischeGrundbegriffe ＝ [1953] 阿閉吉男・内藤莞爾訳『社会学の基礎概念』角川書店, Kapitel III. Die Typen der Herrschaft ＝ [1970] 世良晃志郎訳『支配の諸類型』創文社, Kapitel IX. Soziologie der Herrschaft ＝ [1960/62] 世良晃志郎訳『支配の社会学（Ⅰ・Ⅱ）』創文社.

Wilensky, H. [1964] "The Professionalization of Everyone?" *American Journal of Sociology* 70（2）.

Wilson, B. [1991] *Religious Sects-a sociological study*, George Weidenfeld & Nicolson Ltd. ＝ [1991] 池田昭訳『宗教セクト』恒星社厚生閣.

Wolpert, J. F. [1950] "Toward a Sociology of Authority", Gouldner, A. (ed.) [1976] *Studies in Leadership*, Garland Publishing INC.

Wrong, D. [1977] *Power: Its Forms*, Bases and Uses, Basil Blackwell.

山田登世子 [2007]『ブランドの条件』岩波書店.

山嵜哲哉 [1991]「バーガー社会学とその批判的位相」西原和久・浜日出夫・張江洋直・小川英司・山崎敬一・山嵜哲哉・鎌田勇 [1991]『現象学的社会学の展開 A・シュッツ継承に向けて』青土社.

柳父章 [1976]『翻訳とはなにか：日本語と翻訳文化』法政大学出版局.

―――― [1977]『翻訳の思想』、平凡社.

―――― [1982]『翻訳語成立事情』、岩波書店.

油井清光 [2002]『パーソンズと社会学理論の現在―あるいはT・Pと呼ばれた知の領域―』世界思想社.

―――― [2010]「グローバル化と他者」西原和久・油井清光編 [2010]『現代人の社会学・入門―グローバル化時代の生活世界―』有斐閣、第1章.

吉田裕 [1958]「支配の構造―正当性と勢力―」日本社会学会『社会学評論』33.

与那国暹 [1997]「ウェーバーの『ゼクテ』論再考」与那国暹 [1997]『ウェーバーにおける契約概念―契約思想の根源をさぐる』新泉社.

Zelditch, Morris Jr. and Walker, H. A. [1984] "Legitimacy and the Stability of Authority", Lawler, Edward J. (ed.) [1984] *Advances in Group Processes: Theory and Research*, JAIPress.

謝　辞

　『権威主義的人間』を著された学部時代の指導教授の曽良中清司先生には身に余るご評価をいただき、また同書が本書を執筆する直接の動機となったことは先生もご存じで、しばしば励ましのお言葉をいただきました。
　それだけにその早すぎるご逝去がいっそう残念でなりません（本書の上梓に当たり、ご内室の曽良中和可子氏より原稿をいただきました。この場を借りて厚く御礼申し上げます）。アプローチは違うものの、本書に広義の権威研究を受け継ぐところがいささかなりともあるとすれば、この上ない喜びです。
　修士論文の副査を担当していただいた秋元律郎先生、佐藤慶幸先生、間宏先生、大学院進学に当り相談に乗っていただいた下田直春先生といった諸先生方より、励ましの言葉をいただきました。親の介護のため、書きためた原稿を発表する機会をこれまで逸しておりましたが、大学の先輩で、現代社会理論研究会（現：日本社会学理論学会）の西原和久先生のおかげで"記録"を残すことができました。
　また、相原義信、富田満、中島信一郎、新倉哲郎、西尾寿一、浜和彦、平井剛、菅原謙の各氏からは貴重なご意見をいただき、妻・華子、自由が丘の新垣兄妹、ナナリ・アルジュナにも感謝しています。
　そして本書の企画段階から上梓に至るまで、本書の"名付け親"である西原先生にはほんとうにお世話になり通しでした。大変お忙しいところお手数をかけてしまい、ご寛恕賜りますことを願って止みません。
　最後に、本書の出版を手掛けてくださった東信堂の下田勝司代表取締役、そして向井智央氏に御礼申し上げます。
　お世話になった皆様、本当にどうも有り難うございます。

藤田　哲司　（HASSELSWCM@gmail.com）

『権威主義的人間』出版25年に寄せて

　この度は、藤田哲司氏の長年のご努力の結晶になります論文が刊行される運びとなり心よりお祝い申し上げます。

　藤田氏は夫、曽良中清司の直弟子では院の一期生であり、権威主義の課題を唯一引継いで取り組んでこられた方と認識しております。

　今年は曽良中の「権威主義的人間」出版より四半世紀になり、今回の論文の刊行は私共に取りましても誉であり、亡き夫も満足な事と思っております。

　思い起こせば、曽良中は大学院時代より、研究課題としては取り上げられる事が少なく、確立されていなかった社会運動論に着目し、ヒトラーから権威主義へと、この研究一筋に進んでまいりました。

　出版数年前には、寝食を忘れて没頭し、胃潰瘍で吐血し、入院、手術となり、その折の輸血により劇症肝炎に罹って、当時としては奇跡的に九死に一生を得て、その後の病身の中を懸命に仕上げた論文でした。

　晩年になり、時代的背景もあって、この方面を研究される方々も増え、一分野を確立し新進気鋭の諸先生方のお力で「運動論研究会」の集まりも出来て、大変お世話になりまして深く感謝しております。
五十年前には、社会学の名さえあまり知られていなかった頃を思うと隔世の感があります。

　私には社会学に関する知識は無いのですが、藤田氏の出版のお知らせを伺い、今後のご発展をお祈りしつつ、僭越ながらお祝いの言葉とさせていただきます。

曽良中清司 内

※この文章は2008年に書かれたものです。

事項索引（権威関連用語集）

※項目について詳しく記載されている頁は太字とした。

ア行

アイデンティティ　282-283, **388**, 398
　──問題　**387**
曖昧さ　257, 353
アウクトリタス（auctoritas）（"authority" の語源としての）　**42**, 69, 106, 109, 117, 264
アナーキスト　275-276, 285
天津神　271
操り人形（縦糸と横糸の付いた権威受容者のイメージとしての）　308
有賀・喜多野論争　206
『諳厄利亜語林大成』　109
安心感　322
　──の獲得　321
安定化　384
　──メカニズム　17
「威光と権威」（高田保馬）　203
遺産　385
「意識が存在を規定する」（ヴェーバー）　209
『医心方』　214, 261
いす取りゲーム（権威者側排除問題のイメージとしての）　272
「一般的利害」（ロック）　288
「威」の字義についての三通りの考え方　124-125
畏怖　393, 400
ヴォランタリズム（権威関係における）　225
エスタブリッシュ（先行的存在としての）　181
エリート理論家　274
オーソリティ教育　102-105, 125
オーソリティ概念定義の受容連鎖　**33-35**
オルタナティヴ　219-220, 398
　──な権威　407
Alternatives（下位者権威論における）　221

カ行

下位者イニシアティヴ　222
　──権威（論）　191, 211, 214, 256
下位者からみた権威正統性の6水準　356
概念定義の受容連鎖　77
科学　197, 277, 419
　──と権威　147
　──の社会学　149
科学的権威　149, 197
　──知識の権威的力の大小　151
科学的識見（"実証的知識"（サン・シモン）の具体的内容としての）　294
「垣根」としての権威（ホッブズ）　286
仮構（フィクション）（バーナード）　284
価値自由（論）　195, 206, 250
価値優越性　151, 163, 199, 231, 377, 384, 387, 390, 397, 407, 425
過程　21
　──と "process" のちがい　21
過程論的権威観　400
寡頭制の鉄則　280
加入　341
カリスマ　170, 172, 175-178, 185, 329-339, 356, 369, 371
　──の日常化　175, 177
　──権威源泉の優越的価値としての「独特な生得的能力」の具体例　332
カリスマ的支配　172
加齢　398
感謝の "脱返報性"　365
感情の社会学　204
間接的サンクション　200
規格の権威　424
帰属（的性質）　135-137, 152, 224
　──傾向　135-137, 207
　──的側面　136, 418
期待・期待圧力　242, 363, 375, 382, 386
　──の行使　387
　──の存在　377
　──の不在　393
期待斉一化　392

期待分岐　390, 392
義務的　21, 152, 334
　──権威　140, 142-144, 216, 249, 307, 324, 356, 397
客観　195, 417
　──的認識　342
　──的知識　102-105, 118, 128-132, 153, 157, 166, 192, 195, 385
旧約聖書　167
共通の福祉（ブラウ）　260
強制的正当化　383
行司（相撲という職業権威化における）　159, 183
局面配列　7, 15-16, 128, 415, 418, 425, 426-427
キリスト教　65, 330
近代精神の本質（丸山真男）　406
空間性　160, 231, 252
　──権威　154, 183-184, 186, 192, 198, 200, 418, 426
　──と時間権威　180
　──ネット（権威）　429, 431
空気　348
　──読め　370
国津神　271
グローカル化としての訳語の急造　**113**
敬意（的）　iii, 7, 17, 102, 119, 127, 164, 181, **201**, 225, 233-237, **254**, 372, 386, 414, 421
　　──による正統化　235
　　返報義務の遂行としての──　246
　　　──感情なき「ドライな」権威関係　249
敬意作用　225, 232, 250
敬意要因　164, 204, 225, 253, 256, 353, 368
『経営行動』（サイモン）　139
継受　7, 44, **49-51**, 100, 117-118, 186, 192, **200**, 256, 303, 353, 392
　　──内容のセレクト　177, 188, 193, 194, 200
　　──内容の認知　**177**
　　──の累積　192
　　──をめぐる3つの問題（権威源泉をめぐる）　**177, 193-195**
継受（者）資格　**49**, 69, 126, 177, 188-189, 193-194, 200

継続（力の高さ）　315, 339-341, 368
系統（性）　158, 202, 418, 420, 427-428
系統化　334
系譜　252
　──作成　185, 200
　──付けによる権威源泉の発生　186
結果優先の傾向　431
権威　201-202
　──である（an authority）・権威にある（in authority）　324
　──的統制の「交換外在性」　**162-163**, 181
　──とオーソリティ問題　107-108, 114, 119
　──として承認する基準（ルークス）　265-267, 306, 309
　──との絆（フロム）　350
　──との"出会い"のきっかけとしての受容者側の状況の流動化　351
　──ならではの強制の在り方　368
　──に対してとる態度　134
　「──についての問題論」（森博）　410
　──に対する恐れ（セネット、フロム、バーナード）　124, 350
　──の曖昧さ　411, 416
　「──の概念」（ブラウ）　259
　"──の拡大（成り上がり）期"としての関係加入局面　161
　──の客観視　320, 342
　──の誤用　144-145
　──の三類型　278
　──の諸定義　22, 399
　──の趨勢の歴史的変遷　350
　──の相対視　385, 396, 427
　──の〈知識社会学〉的問題　256
　──の"背景"　179
　──の派生物としての権力（パーソンズ）　299
　──の魅力（高齢性を承認する働き）　432
　──の利他性　389
　──への依存　324-325
　──への依存の二重性　358-362, 365-366
　──への反逆　22, 259, 389
　──をふるう（『日葡辞書』）　93

索引　449

個人―― 186-188, 193, 418
　実体概念としての―― 138-139
　通世代継承―― 188, 192
　添加物（additive）（≒追加・後見）としての
　　―― 367, **403-404**
『権威と家族』（フロム） 27
権威過程（論） 14, 16, 153, 163, 180, 191-192,
　424, 427
権威関係 **19-20**, 130, 426
　――の性質 133-137, 153-154
　――の強さ 196
　――の背景 **130-133**, 160, 165
　――への加入 153-154, 334-338
権威現象 4-5, 348, 411, 415, **421-422**
　――の変化 354-355, 386, 389
権威源泉 8, 16, 21, 121, **155-159**, 168,169, 284,
　291, 331-334, **355-356**, 369-371, 384, 404, 418,
　425
　――に対する正統性の信念　355, **369**, 386-394
　――の関係外在性 164, 190
　――の具体的イメージ 164, 186, 267
　――のシステム（系統）的性格 **178-180**
　――の"自然"さ **184**, 193, 366
　――の所在（二村敏子） 155
　――の所在（バーナード） 405-406
　――の所在（羽田新） 155
　――発生（創造） 155, 163, 168, **180-190**,
　198, 400, 405
　――への合理的依存 355
権威根拠（ルークス） 265-266, 309
権威者（権威源泉の担い手） 139
　――崇拝の根絶の仕方（公衆便所化） 167
　――にとっての源泉の外在性 228-229
権威主義 319, 360
　――的パーソナリティ 246
『権威主義的パーソナリティ』（アドルノ） 27
権力 6, 10-12, 15, 21-24, 62, **67**, 73-75, **80**, **91**,
　114, 121-122, 151, **161-164**, 181, 188, 203, 227,
　238, 253, 259, 273, 359, 367, 413
　――の「現れ」としての権威（ミヘルス） 281
　――の権威への転化 **260**, 396
　忌み言葉としての―― 120

　正統的―― 363-364, **403**
『権力』（ルーマン） 208
権力還元論 199, 259-260, 273-281, 307, 312, 315
現象（「現象」という訳語） 16-18, 420-422,
　428-429
　――（映像）化 18, 407
　――としての権威（自発的遵守・私的判断の
　　放棄） 4-5, 201-203, 346, 421-422
現象学的社会学 103, 112, 194, 262
皇位継承の問い（地位の継受とその累積をめぐ
　る） 186
硬直性（権威的排除における） 398
皇統の連続性（時間権威（個人権威と通世代継
　承権威）における源泉のありどころ） 185
行動権威 306, **308**, 315, 325, 331, 343, 350,
　397, 400, 405, 426
行動権威的私的判断の放棄 346-347
行動権威論 272, **281-288**
高度に専門化した判断内容に対する思考の節約
　の必要 402
高齢（性・要素） 7-8, 17, 21, 44, 55, 66, 116,
　124, 127, 192, 201, 255, 409, **413**, 426, 431
　――・個人・人格（的要素） 10, 41, **44-46**,
　66, 65, 92, 103, 107, 110, 116, 151, 255, 263,
　412-413, 421
高齢化（社会） 413, 429
高齢者の叙勲志向 429
合理化（可測化・計算可能化） 417, 419
　――が含みもつ3つのニュアンス 64, 402
合理的依存（の側面） 355, 360, 389-390
合理的権威（フロム） 350
交換の外在性（交換理論的な権威既定） 360
交渉と駆け引き（negotiation and bargaining）
　217, 219
昂揚感 13-14, 335-336, 348, 432
五感（私的判断放棄問題の生物的制約性として
　の） 344
国民の教師（デュルケム） 297
語源（的）三要素 18, **41-46**, 62, 66, 203, 393,
　404, 412, 418, 426
古典の中心性（アレグザンダー） 349-350

サ行

サイエンティア（scientia）（地上でローマ教皇のみが具有する信条権威の源泉）　289
在来漢語・新漢語という評価基準　116
サンクション（賞罰）　23, **160-163**, 220, 239, 258, 368, 375, 382, 388, 403
　　──の水平性　248
三次元権力観（ルークス）　303
視覚経験　75, 132, 170, 190, 191, 357, 394, 407, 422
視覚認識（セネット）　22
時間（性）　192, 231, 252
「時間化された影響力」（ルーマン）　208
時間権威　154, 183-187, 192, 193, 418, 427
時間耐久性　253, 422, 427
時間的システム（系譜・系統性）　158, 428
時間的節約の必要　402
識見による統治（コント）　295
字義と語源　121
思考判断（労力）の省略（習慣化）（バーガー＆ルックマン）　146, 148, 156, **318**
自己物語論の問題点　**19**
指示受容期待や期待圧力　365, 392
指示受容の相互強制　376, 377
指示正当化　388
システム　158, 170, 176, **199**, 202, 399
時代効果　8, 15, 46, 214, 349, 380
実証的知識（サン・シモン）　294
私的判断（の）放棄　320, **322-325**, 340-348, 397, 403
　　──回避　341
　　──の「常態化」　320, 335
慈と仁としての医（『医心方』）　214
自動人形（フロム）　146
支配概念（ヴェーバー）　278, 369
『支配の社会学』　168-169, 176, 238, 278
自発的受容　353, 367, 368, **370**, 372, 385-389
自発的遵守　4, 15, 96, 99, 117, **162-163**, 201-203, 239, **248**, 256, **272**, 310, 315, 331, 351, 358, 415, 420-423, 431
「社会再組織のために必要な科学的作業のプラン」（コント）　409
『社会学的分析の歴史』（ボットモア＆ニスベット（編）　313

社会化　243-245
社会圏　385, 387
社会契約（思想）　159, 285
社会的時間による先験的決定性と個人の主観的切迫感　402
『社会学的伝統』（ニスベット）　409
社会的是認（ブラウ）　241
宗教的権威　399
集合的アイデンティティ　339
集合的強制（自発的遵守と判断放棄における）　423
集合的忘我　5
集団・社会圏　376, 392, 395
「集合」と「魅力」（判断放棄における）　339
主人と奴隷のアイデンティティ論的傾向（ヘーゲル）　132
主題領域　8, 14-15, **20**, 132-134, 136-140, 142-154, 273, 342, 356, 358, 384, 401, 403, 406, 412-413, 419, 428
　　──の制約性　380
受容継続の強制　354, **370**, **372**, 375-376, 385-387, 394
受容姿勢の盲目性　**364-365**, 400
受容者　376, 396
　　──オルタナティヴ　249, 264, 268, 272, 309, 310, 415
　　──間排除問題　264, 272
　　──期待（圧力）　355, **362-364**, 376-378, 389-390
　　──期待・期待圧力の不在　365
　　──期待の斉一性　**391-392**, 427
　　──期待分岐　355, 386, 391, 392
　　──圏　353, 373-374, 380, 383, 398, 405-406
受容者集団　10, 230, 238, 336, **373-375**, 377, 382-388
　　──におけるサンクション　388
準新漢語（問題）　29, 100, 111, 114, 116, 120, 123, 124, **255**
情報過多　320-321
情報量の増大に対する個人の疲弊　322
職位の権威（バーナード）　157
信条（信念）（belief）　210, 329

索引　451

──が伴っている"喜んでいる"という含み　210
信条権威　157, 174, 274, **288-291**, 306-308, 311, 315, 324, 325, 328-331, 333, 335, 343, **350-351**, **396-397**, 425-426
　──全盛の中世から行動権威全盛の近現代へ　308
　──的私的判断放棄　346
信条権威論（ルークス）　8, 272, 280, **282-303**
　──にみられる秩序構築の重視姿勢　302
〈進歩〉と〈秩序〉（コント）　63, 295
「心理的貧困化」（ラスウェル）　352
崇拝（崇敬・尊敬・敬意）　5, 14, 15, 19, 194
　──は差別の始まり　250
相撲の節会　184
政治権力　293, 409
政治的主題領域　288
政治的有効性感覚　245
政治偏重（政治的権威中心主義・担い手側偏重の権威観）　52, **62-63**, 263, 412
精神的権威（コント）　60
正当化　211, **251**, 363, 366, 373-375, 394
　──（justification）と正統化（legitimation）　196, 251-252, **356**
正統化　204, 223-237, 240, 246-252, **356**, 392, 413-415, 418, 424
　２つの──（認可・是認）のタイムラグ　224
正統性　**225-228**, 293, 309, 377, 399
　生物的　349
　　──制約　344, 348
『勢力論』（高田保馬）　242
世界遺産　413
責任の宛先の転嫁（〈現代社会と私的判断放棄問題〉における）　322
セクト主義　339
接続　126, 158-159, **181-190**, 198-200, 342, 418,
是認（下からの権威正統化：認可も参照せよ）　223, 227, 230-232, 240, 247, 249, 251, 259, 261, 375
セレクト　**49-51**, 189
世論の専制（トクヴィル）　301
先祖崇敬　127

先行的存在　64, 124, 125-128, 154, **181-183**, 188-190, 192-194, 331, 426-429
　──の継受　127
　──の認知　193-194
　──の認知・継受者資格・継受内容のセレクト（権威化問題一般）　49-51, 118, 125, 193-194
相互監視（規制・牽制）　154, 254, 353, 355, 378, 381, 412, 414
　──状態　381
創始・開始（的要素）　41, **43-44**, 56-58, 62, 66, 110, 255, 393, **412-413**
疎外感　iii , 321
組織内権威　226
　──の基質特性　259
組織論的権威論　399
「尊敬」としてのオーソリティ（"authority"に対する最初の訳語は"尊敬"）　109, **254-255**

タ行

体系において限定的（権威源泉の優越的価値の特性として）（パーソンズ）　359, 370, **401**
対立する諸根拠の排除（問題）　**265-270**, 306, 347, 349, 424
縦（糸型権威）　118, 308, 322, 328, 332, 340-341, 354-355, 368, 370, 385, 392, 422
縦糸型権威から横糸型権威へ　7-8, 308, 370-371
縦（糸）的作用　328, 350, 372
縦方向の絆と受容継続の強制　385
団塊世代　413
地域効果　8, 15, 47, 194, 214, 331, 380
地位連鎖回数　428
近道（shortcut）（ルークス）　270
知識としての権威論　256
　──の"受け継ぎ場所"　105
　──の認知・継受者資格・継受内容のセレクト（権威化の一例としての訳語という知識の定着過程）　**50**, 72, 125, 303
知識"継受"（の問題）　118, 205, 331
　──のあり方の検証　69, 124
知識サイクル（バーガー＆ルックマン、下田直春）　**101-102**, 118

知識社会学　11, 51, 71, 80, 103, 112, 116, 124, 194, 303, 313
　　広義の——　262, 313
知識的権威（関係）　140-142, 152, 216, 249, 307, 324, 330, 356
長老（継受者資格としての）　49-51
長期的継続（"持続"）　348
追加・後見（要素）　**41-43**, 55-56, 66
　　——要素偏重　62-63, 263, 412, 414
　　——要素は、三要素の中でも根源的　42-43, 404
定義受容連鎖（"オーソリティ"をめぐる）　**33-39**, 117-118, 124, 194
定訳語という権威　18, 107, 112, **119-120**
　　——の類型（カテゴリー）的性質の獲得による現実創出　**121**
伝統　155, 170, **176-180**, 184-188, 192, 208, 369-371, 420
　　——の神聖さ　172
伝統的支配　172, 369, 418
『伝統と権威』（フリードリッヒ）　6, 175, 195
同意（行動権威論が前提とする）　282
同調　129, 316, 325, 326, 328, 348, 357, 370, 414
道具（性）　152, 160-161, 182, 191-192, 224, **422-424**
　　——から帰属性へ　135-137, 152
　　——的依存　402
　　——的権威関係　224
　　——的側面　**133-135**, 160, 171, 217, 220, 359, 402, 418, 431
道徳的力（コント）　296
匿名（性）（バーガー＆ルックマン）　350
　　——の権威　326-328, 341, 350-352
　　——の権威に対する同調　308

ナ行

『長崎ハルマ』　122, 261
『日葡辞書』　93, 96, 124
二重の依存　355, 362, 366
　　——状態　365
日常的生活世界　344
担い手（権威源泉についての）　**139**
　　——側の排除問題　265-272, 303-306, 309-312, 347
　　——側偏重の権威観　263, 313, 412
　　——に対する狂信性　401
　　——に対する敬意　381
　　——の無関心　362
　　——への依存　**358-361**, 364-365, 371
　　——への依存の非合理性　365
日本語と中国語の交互浸透　106-107
認可（上からの権威正統化：是認も参照せよ）　224, 227, 230-232, 249, 251, 259, 375
「人間性の二元性とその社会的条件」（デュルケム）　400
人間精神の導き手（サン・シモン）　294
ネオ・マキャヴェリアン　274, 278
ネット（ワーク性）　421-422, 427-428
ノーブレス・オブリージュ　300, 312

ハ行

バアル（Ba'al）神（権威の消滅と形を変えての存続の例としての）　167
排除問題　8, 21, 129, 154, 201, 263-272, 310, 347, 353, 370, 382, **388**, 397-398, 405, **414-415**, 424
背景（巻き込まれる／入り込む）　128, **130-133**, 138, 144, 152-154, 162, 191, 426
入り込む（権威関係）　**130-133**, 136, 137, 143, 144, 152, 154, 160, 165, 171, 172, 191, 224, 405, 426
『万国公法』　122
ピエテート（Pietät）（恭順の念）　256, 371
非合理的権威（フロム）　350
非日常性（カリスマ論における）　172, 338
不安軽減（説）（サリヴァン）　235, 245
フィクション（性）（バーナード）　157, 284, 350, 405
副次的存在としての権力（信条権威論における）　291-292
父権的温情主義（医療倫理としての）　214
2つの正統化（認可・是認）のタイムラグ　226
不変属性（権威の魅力としての）　427
プラスイメージの感情　377
フランス革命　409, 425
ブランド　109, 351
　　——による王室に対する〈接続〉努力　126

法体系　　428, 429, 431
傍観者（第三者）　**351**, 356, 363, **366**, 375, 377-382, **403**
忘我（的同調）　4-5, 18, 333, 348, 423
ポテスタス（potestas）（"power"の語源としての）　106, 109
本能的肯定・否定（ミヘルス）　134-135

マ行

マイナス感情　377
巻き込まれる権威関係　**130-133**, 136, 143-144, 152- 154, 160-162, 165, 171, 191, 196, 210, 405, 418, 426
迷い　i-ii, 230
マルキシスト　275-276, 285
ミクロ―マクロ・リンク　396
魅力（権威源泉の優越的価値が帯びる）　340
　　――に基づく放棄　343
民主主義の独裁（トクヴィル）　301
無私性（権威者＝権威の担い手の）　423
無能力化の問題（イリイチ）　318-319, 345
目にみえない、具体的存在を実体としてイメージしにくい権威（近現代社会特有の）　303
盲目的（フロム）　350

ヤ行

役割分化　382
「役割分析の基本問題」（佐藤勉）　417
役割転換　154, 252, 355, 378-386, 390, 393, 395, 427
　　――による相互規制（監視）　380, 382, 393
　　――の原動力　382
　　――の連続　388, 407, 427
　　――の遅滞と権威の変化　355, 390, 392, 427
　　――説（フィアカント）　379
　　問題発生的――・通世代的――　384, 427
「野蛮なる大衆」（オルテガ）　150
『有用性評価と権威行使』（ドーンブッシュ＆スコット）　226

有識者（savant）（コント）　296
優越的価値　126, 127, 134, 181-183, 190, 193, 251, 309, 333, 339-340, 344, 355- 356, **358-359**, 360- 362, 364-365, 369, 370-372, 381-382, 388-390, 399-402, 404, 425
　　――の体系内限定的性格　359, 401
　　――への依存　359
有職故実（新たな権威化のための先行的存在（知識）としての）　184
　　――の形成（先行的存在自体の作為性）　184
「予見するためにみる」（コント）　130
横（糸型権威）　99, 261, **308**, 328, 332, 340-341, 354-355, 366, 368, 370, 376-377, 385, 422
横（糸的）作用　328, 350, 353, 367, 373, 395, 403
横方向　376
　　――的（権威における強制が上（縦方向）からではなく）　189
四局面配列　16, 153, 154, 166, 411

ラ行

利益指向の同一性(権威)と対立性(権力)　363- 364
リーダーシップの権威（バーナード）　157
"relevance"の訳語問題（下田直春）　30
ルークス権威論の政治的主題領域への偏重　304
ルサンチマン　164, 181
連携（coalition）　220-222, 252
ローマ教皇（信条権威の源泉の担い手としての）　188, 289, 291, 425

ワ行

『和英語林集成』（ヘボン）　123

人名索引

ア行

間場寿一　202
秋元律郎　18, 70
アクィナス　317
浅野智彦　19
アダム・スミス　285
アドルノ　27
アレグザンダー　149, 197, 350
アーレント　41-45, 69-71, 228, 323, 409
池田義祐　389, 407
イリイチ　318, 319, 345
ウィレンスキー　413
上野千鶴子　403
ヴェーバー　21, 23, 62, **67**, 147, 168, **173-180**, 208, 238, 250, 256, 274-280, 293, 312, 328, 332-335, 337, 338, 342, 349, 350, 369, 370, 371, 402-404, 407
ウォーカー　259, 405
ウォルパート　149, 150, 198
エケ　243
エツィオーニ　236
エマーソン　257
エンゲルス　276, 285
大塚久男　260
大野伴睦　291
小川晃一　131, 156
オークショット　323
小口偉一　399, 400
オドンネル　155, 371
オルテガ　150, 431

カ行

片桐雅隆　120
加藤康司　123
加藤新平　392
カプラン　32, 68, 399

河内祥輔　185, 200
カント　420
北山晴一　18
君塚大学　304
木村利人　254, 257, 259
久慈利武　199
グラスキー　236
クラップ　35
グラムシ　285
クーリー　406
クリーガー　11, 40-42, 44, 47-49, 51-53, 55, 60, 62, 63, 71, 72, 115, 306, 307, 359, 421
栗島紀子　18
グリーン　167
グールドナー　198
クレスピ　303
クレデンダ　278
クーンツ　155, 371
見坊豪紀　86
ゴッドウィン　323
コノリー　349
コリンズ　150
コント　20, 55, 61-63, 274, 292, 295, 296, 298, 313, 409
コンドルセ　295

サ行

サイモン　11, 22, 35, 36, 139, 140, 208, 227, 259, 284, 350, 373, 374, 399, 404
佐藤勉　416-417
佐藤慶幸　260
サリバン　235, 259
サン・シモン　20, 292, 294, 296, 298
シェフ　204
島田裕巳　161
下田直春　30, 101, 125

索引 455

ジャン・ボダン　55
ジュヴネル　362, 373
シュッツ　30, 125, 183
白川静　74, 124
ジンメル　242, 405, 419
杉田敦　313
杉本つとむ　123
鈴木直　108, 120
スコット　4, 21, 226, 257, 259, 305, 367, 373, 374, 386, 395, 404, 420, 421
スティヴンソン　326
ストラウス　257
スハール　69, 226-232, 251, 252
スピロ　403
セネット　20, 119, 129, 146, 189, 250, 253, 333, 342, 354, 393
ゼルディッチ　259, 405
曾根原理　199
曽良中清司　27, 152, 352, 401

タ行

高田保馬　203, 242, 403
高埜利彦　185, 199
ターナー　257
田中建彦　107
ダライラマ　291
手島邦夫　17
デュルケム　10, 20, 62, 245, 274, 292, 293, 296-298, 304, 311-312, 328, 335-337, 348-350, 354, 356, 357, 367, 393, 394, 400, 409, 419
寺田篤弘　254
藤堂明保　75
トクヴィル　20, 292, 300-302, 313
ド・メーストル　295
トラッドギル　112
ドーンブッシュ　226, 258, 259, 373, 374, 386, 404, 405

ナ行

長尾周也　260
中島吉弘　312

中村正直　123
西周　17, 18, 73, 123
西原和久　68, 125
ニスベット　20, 260, 274, 292, 293, 300, 311, 409, 415, 416, 431

ハ行

バーガー　30, 71, 125, 146, 148, 318, 323, 344, 350
バーク　55, 59, 60, 292
橋本晃和　321
パーソンズ　20, 257, 278, 292, 298, 299, 313, 344, 359, 401, 405
羽田新　155
バックレイ　198
バーナード　11, 22, 35, 117, 134, 147, 155, 157, 179, 197, 284, 350, 373, 374, 404
ハーベイ　400
パレート　20, 62, 274, 276, 277
ビアステット　22, 35, 227, 229, 230, 371
ピーター　37, 69
ヒトラー　351, 352
フィアカント　379, 383, 386
二村敏子　155
フックス　150, 151, 419
ブラウ　10, 11, 21, 201, 204, 205, 226, 238-244, 246-250, 252, 253, 254, 259, 260, 305, 312, 370, 373, 374, 378, 379, 386, 404, 420, 421
フリードソン　349
フリードマン　37, 69, 282, 290, 306, 307, 308, 312, 323-325, 329, 330, 349
フリードリッヒ　22, 156, 175-177, 185, 196, 208, 228, 402
ブレーゲン　211-218, 224, 249, 251, 258, 431
フレースマン　322, 323
プレサス　10, 204, 205, 225, 232-238, 243-250, 252, 256, 260, 423
フロム　19, 20, 21, 27, 77, 135, 146, 196, 315-317, 322, 326-328, 350, 402
ヘイヴンズ　18
ヘーゲル　55, 60, 136, 285
ヘボン　87, 91

ベールズ　405
ペロー　35, 227
保坂稔　261
保立道久　200
ポットモア　264
ホッブズ　20, 55, 56, 239, 266, 274, 285, 287, 288, 312, 317, 323
ポヘンスキー　22, 138-146, 151, 197, 307, 324, 364, 399, 418
ホマンズ　145, 162-164, 181, 190, 198, 360, 372
ポールウォルフ　323
ホルクハイマー　62

マ行

マキアベリ　55
正岡寛司　256
マートン　149, 198
マルクス　55, 58, 208, 209, 285
丸山真男　22, 363, 364
ミード　236
ミヘルス　19, 20, 33, 35, 63, 68, 69, 102, 117, 134, 135, 147, 149, 155, 174, 179, 189, 194, 196, 274, 280, 281, 399
宮崎正勝　24, 67, 71
宮台真司　403
宮本孝二　313
ミル　58, 55, 285
ミルズ　344
メリアム　278
モース　157, 180
モスカ　274
モニペニー　237

森博　260, 367, 400, 403, 407, 410-411
森田数実　261

ヤ行

柳父章　76
山嵜哲哉　71, 125
山田登世子　110
油井清光　113

ラ行

ラスウェル　68, 399
ラズ　323, 349
ラントン　104, 105, 245
リースマン　406, 407
リプセット　227-230
リンドホルム　332, 333
ルイス　402
ルークス　12, 69, 169, 196, 242, **264**, 264-266, 293, 296, 298, 301, 303, 308, 309, **311-312**, 316, 322, 324, 329, 349, 352, 399, 404, 412, 431
ルックマン　318, 323
ルソー　20, 55, 57, 58, 285
ルーマン　35, 77, 117, 130, 134, 207, 208
ローゼンブラム　311
ロック　20, 55, 57, 72, 285, 287, 288
ロールズ　323
ロング　22, 239, 403

ワ行

ワイク　257
ワイガート　402

著者紹介

藤田　哲司（ふじた　てつじ）

1966年1月13日、東京生まれ。
早稲田大学大学院文学研究科博士課程修了。文学博士（社会学）
早稲田大学、放送大学で権威論を教えつつ、要介護認定一級の親の介護をするという経験をへて、現在、武蔵大学教員。日本社会学理論学会会員。

主要論文

「権威的指示の受容原理」（『社会学評論』179号、日本社会学会、1994年）
『権威過程の基礎的研究』（博士論文、早稲田大学大学院文学研究科、2006年）
「〈権力という訳語〉は適切か？―"グローカル化"・"時間的連帯"としての"定訳語の権威"の正統性検証行為」（『コロキウム』5号、東京インスティテュート2010年）

AUTHORITY: social phenomenology of its occurrence, acceptance, and sustainment
―Why does a Japanese quest for an authority?

権威の社会現象学――人はなぜ、権威を求めるのか
2011年8月10日　初　版第1刷発行　〔検印省略〕

＊定価はカバーに表示してあります

著者©藤田哲司　発行者　下田勝司　印刷・製本　中央精版印刷

東京都文京区向丘1-20-6　郵便振替 00110-6-37828
〒113-0023　TEL 03-3818-5521(代)　FAX 03-3818-5514
E-Mail tk203444@fsinet.or.jp

発行所　株式会社 東信堂

Published by TOSHINDO PUBLISHING CO.,LTD.
1-20-6, Mukougaoka, Bunkyo-ku, Tokyo, 113-0023, Japan

ISBN978-4-7989-0066-7　C3036 Copyright©2011 FUJITA, Tetsuji

東信堂

グローバル化と知的様式——社会科学方法論についての七つのエッセー	J・ガルトゥング 大矢・奥澤・芝光太郎訳	二八〇〇円
組織の存立構造論と両義性論——社会学理論の重層的探究	舩橋晴俊	二五〇〇円
社会学の射程——ポストコロニアルな地球市民の社会学へ	庄司興吉	三二〇〇円
地球市民学を創る——変革のなかで	庄司興吉編著	三二〇〇円
社会階層と集団形成の変容——集合行為と「物象化」のメカニズム	丹辺宣彦	六五〇〇円
階級・ジェンダー・再生産——現代資本主義社会の存続メカニズム		三二〇〇円
現代日本の階級構造——理論・方法・計量分析	橋本健二	四五〇〇円
人間諸科学の形成と制度化——社会諸科学との比較研究	長谷川幸一	三八〇〇円
現代社会と権威主義——フランクフルト学派権威論の再構成	保坂稔	三六〇〇円
権威の社会現象学——人はなぜ権威を求めるのか	藤田哲司	四九〇〇円
インターネットの銀河系——ネット時代のビジネスと社会	M・カステル 矢澤・小山訳	三六〇〇円
自立支援の実践知——阪神・淡路大震災と共同・市民社会	似田貝香門編	三八〇〇円
〔改訂版〕ボランティア活動の論理——ボランタリズムとサブシステンス	西山志保	三六〇〇円
NPO実践マネジメント入門	パブリックリソースセンター編	二三八一円
貨幣の社会学——経済社会学への招待	森元孝	一八〇〇円
市民力による知の創造と発展——身近な環境に関する市民研究の持続的展開	萩原なつ子	三三〇〇円
個人化する社会と行政の変容——情報、コミュニケーションによるガバナンスの展開	藤谷忠昭	三八〇〇円
日常という審級——アルフレッド・シュッツにおける他者・リアリティ・超越	李晟台	三六〇〇円
日本の社会参加仏教——法音寺と立正佼成会の社会活動と社会倫理	ランジャナ・ムコパディヤーヤ	四七六二円
現代タイにおける仏教運動——タンマガーイ式瞑想とタイ社会の変容	矢野秀武	五六〇〇円

〒113-0023 東京都文京区向丘1-20-6　TEL 03-3818-5521　FAX 03-3818-5514　振替 00110-6-37828
Email tk203444@fsinet.or.jp　URL http://www.toshindo-pub.com/

※定価：表示価格（本体）＋税